KB166816

싸우는 여자가 이긴다

My Own Story

by Emmeline Pankhurst

First Published in United Kingdom by Eveleigh Nash, 1914.
Korean Translation Copyright © 2016 by Hyunsil Publishing Co.

싸우는 여자가 이긴다

우리 시대 여성을 만든 에멀린 팽크허스트 자서전

1판 1쇄 2016년 3월 8일
1판 3쇄 2018년 3월 1일

지은이 에멀린 팽크허스트
옮긴이 김진아 권승혁
펴낸이 김수기
편집 김주원 강정원 백지윤

펴낸곳 현실문화연구
등록 1999년 4월 23일 / 제25100-2015-000091호
주소 서울시 은평구 통일로 684 서울혁신파크 1동 403호
전화 02-393-1125 / **팩스** 02-393-1128 / **전자우편** hyunsilbook@daum.net
ⓗ hyunsilbook.blog.me   ⓕ hyunsilbook   ⓣ hyunsilbook

ISBN 978-89-6564-178-0 (03900)

이 도서의 국립중앙도서관 출판예정도서목록(CIP)은
서지정보유통지원시스템 홈페이지(http://seoji.nl.go.kr)와
국가자료공동목록시스템(http://www.nl.go.kr/kolisnet)에서 이용하실 수 있습니다.
(CIP제어번호: CIP2016000604)

싸우는 여자가 이긴다

에멀린 팽크허스트 지음
김진아 · 권승혁 옮김

우리 시대
여성을 만든
에멀린 팽크허스트
자서전

현실문화

차례

3부 여성 혁명

에멀린 팽크허스트(1858~1928).

에멀린 팽크허스트와 그녀의 첫째딸 크리스타벨(가운데), 둘째딸 실비아(오른쪽).

크리스타벨 팽크허스트
(Christabel Pankhurst, 1880~1958).

실비아 팽크허스트
(Sylvia Pankhurst, 1882~1960).

거리에서 여성 참정권 집회를 홍보하는 여성사회정치연합 회원들.

여성사회정치연합 회원 애니 케니(Annie Kenney, 왼쪽)와 크리스타벨 팽크허스트.

1908년 6월 21일, 여성사회정치연합은 런던 하이드파크에서 대규모 정치 집회를 열었다.

1908년 10월 11일, 트라팔가 광장에서 연설하는 에멀린 팽크허스트.

1910년, 조정법안의 통과를 촉구하는 시위 행렬. 조정법안은 여성 가구주와 10파운드 이상의 집세를 내는 여성에게 의원 선거권을 부여하는 법안이었다.

1911년 에멀린 팽크허스트가 제안한 전투적인 전략에 따라 시내 곳곳의 상점 유리창이 돌에 맞아 깨졌다.

1911년 여성사회정치연합이 벌이는 재물손괴를 막기 위해 상점 앞을 지키고 선 런던 경찰.

여성사회정치연합은 유리창 깨기 다음 단계로 방화를 전술로 삼았다.

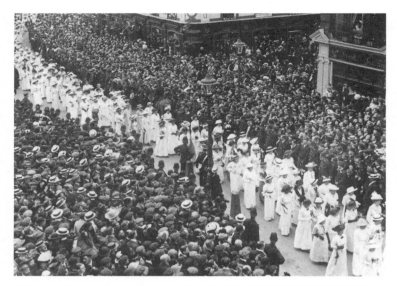

1913년 6월 14일, 에밀리 와일딩 데이비슨의 장례 행렬. 에밀리 와일딩 데이비슨은 여성 참정권을 주장하며 엡섬 더비 경마장에서 달리는 국왕의 말에 뛰어들어 사망했다.

에밀리 와일딩 데이비슨
(Emily Wilding Davison, 1872~1913).

1914년 5월 21일, 대표단을 꾸려 국왕을 알현하려다 버킹엄 궁 앞에서 체포되는 에멀린 팽크허스트.

홀로웨이 교도소에 함께 수감된
에멀린 팽크허스트와 딸 크리스타벨.

일러두기

1. 이 책은 Emmeline Pankhurst, *My Own Story*, London: Eveleigh Nash, 1914를 저본으로 삼아 한국어로 번역했다.

2. 본문 아래 달린 각주는 별다른 표시가 없는 경우 모두 옮긴이 주이며, 지은이 주는 내용 끝에 괄호로 표시했다. 본문의 괄호와 강조는 모두 지은이의 것이다.

3. 단행본은 『 』, 신문과 잡지는 〈 〉, 공연이나 미술품은 〈 〉를 써서 표시했고, 법률과 법안은 별다른 표시 없이 한 단어로 표기했다.

4. 책 앞쪽의 도판은 원문의 이해를 돕기 위해 출판사가 삽입한 것이며, 이에 대한 책임은 출판사에 있다.

서문

이 책의 마지막 단락은 1914년 늦여름에 쓰였다. 1914년 유럽에서는 거대한 권력을 가진 군대가 동원되어 야만스럽고 무자비하고 난폭한 전쟁을 수행하고 있다. 한 나라가 다른 나라를, 때로는 작고 평화로운 나라를 침략하고 있으며, 연약한 여성과 아이 들, 그리고 문명 그 자체를 향해 전쟁을 벌이고 있다. 매일 아침 신문에 실리는 특보들의 내용과 비교해본다면, 유럽의 작은 구석을 차지하고 있는 영국이라는 나라에서 정치적, 사회적 불의에 대항했던 여성들의 투쟁을 기록한 이 글은 비록 전투적인 면이 있다 해도, 매우 온건하게 보일 것이다. 그러나 이제 세상에서 거의 찾아볼 수 없는 평화, 문명, 그리고 질서 있는 정권을 배경 삼아 이루어진 여성들의 영웅적인 행위를 다룬 이 글을 부족한 대로 출판하고자 한다. 남성들의 전투는 몇 세기 동안 세계를 피로 물들였다. 남성들은 이러한 공포와 파괴 행위에 대해 기념비와 위대한 노래와 서사시라는 보상을 받았다. 올바른 대의를 위해서 싸운 여성들은 자신들의 목숨 말고는 누구의 목숨도 해치지 않았다. 이 여성들이 어떤 보상을 받게 될지는 시간만이 알려줄 것이다.

유럽에 몰아친 절망의 시기에 남성들은 여성들에게 문명을 지키는 일을 맡겼다. 여성들은 전장에 나간 남성들과 전쟁으로 아버지를 뺏긴 아이들을 위해 들판과 과수원과 포도밭에서 식량을 수확하고 있으며, 도시에서 가게를 열고, 트럭과 전차(電車)를 운전하고, 수많은 사업을 돌보고 있다.

살아남은 군인들이 돌아오고, 남성들이 다시 일상의 업무를 도맡게 될 때, 여성들이 훌륭하게 수행한 역할은 잊힐 것인가? 남성들은 여성들이 계층을 막론하고 자신의 이해관계를 제쳐둔 채 부상자를 간호하고, 가난한 이를 돕고, 병든 이와 외로운 이를 위로할 뿐 아니라, 국가 자체의 존속을 위해서 애쓰고 있다는 사실을 잊어버릴 것인가? 여성들의 희생과 헌신을 영국 정부가 인식하고 있다는 증거는 아직 눈에 띄지 않는다. 지금까지 정부가 마련한 실업 대책은 남성만을 대상으로 하고 있다. 어떤 경우에는 옷을 만드는 일처럼 전통적으로 여성의 일이었던 것마저 빼앗아가고 있다.

세계대전이 시작되려는 조짐이 보이자마자 전투파 여성 참정권 운동가들은 참정권을 얻기 위한 싸움에서 휴전을 선언했다. 이에 대해 정부는 참정권 운동을 하다가 수감된 이들이 '앞으로 범죄나 과격한 행동을 하지 않겠다고 약속'한다면 모두 풀어주겠다고 마지못해 발표했다. 그러나 우리가 이미 휴전을 공표했으므로, 참정권 수감자들은 내무장관이 내건 단서 조항에 아무도 답변하지 않았다. 며칠 후, 우리의 혁명적 전술을 전혀 지지하지 않았던 사람들뿐 아니라 다양한 정치적 신념을 가진 남성과 여성 들까지 정부에 대표단을 보냈다. 그러자 내무장관인 레지널드 매케너 씨가 하원에서 며칠 내로 모든 참정권 수감자를 조건 없이 석방하겠다고 공표했다.

이렇게 해서 여성 대 남성의 전투는 당분간 멈추게 되었다. 여성은 예전처럼 남성을 양육하는 어머니가 되었고, 누이가 되었으며, 불평하지 않는 조력자가 되었다. 미래는 아직 멀리 있다. 그러나 완전한 여성 참정권을 위한 투쟁이 종결되지 않았음을 확인하면서, 이 책을 세상에 내놓는다. 여성 참정권을 위한 투쟁은 잠정적으로 중단된 상태일 뿐이다. 무력이 충돌하는 전쟁이 끝나고, 정상적이고 평화롭고 합리적인 사회가 다시 기능하기 시작하면, 여성 참정권에 대한 요구가 다시 시작될 것이다.

참정권이 빨리 부여되지 않으면 여성들은 관대하게 내려놓은 무기를 다시 한 번 집어들 것이다. 인간이라는 가족의 절반인 여성이 이 세상에서 자유를 얻을 수 없다면 진정한 평화는 존재할 수 없을 것이기 때문이다.

1부

전투파의 탄생

1

'남자로 태어나지 않아서 안됐어'

***

인간이 자유를 향해 위대한 투쟁을 벌이는 시기에 태어난 사람은 행운아다. 부모가 당대의 위대한 운동에 참여했다면 그 사람은 더욱 운이 좋은 경우다. 내게 이 두 가지가 모두 해당되어 기쁘고 감사하다.

아직도 내 기억에 생생하게 남아 있는 어릴 적 경험이 하나 있다. 내 고향 맨체스터에서는 당시 미국에서 막 해방된 가난한 흑인 노예들을 돕는 기금을 마련하기 위한 바자회가 열렸다. 어머니가 바자회에 적극적으로 참여했기에, 어린 나도 기증받은 물건이 들어 있는 주머니를 팔며 도왔다.

나는 그때 다섯 살 정도밖에 되지 않았지만, '노예'나 '해방'

이라는 말을 잘 알고 있었다. 아주 어릴 때부터 노예제와 남북전쟁에 대한 논쟁을 들으며 자랐기 때문이다. 영국 정부는 결국 남부 연합을 인정하지 않기로 결정했지만, 영국 내 여론은 노예제와 남부의 연방 탈퇴를 둘러싸고 찬반이 팽팽하게 맞섰다. 부유한 계층은 대개 노예제를 찬성했지만 예외도 많았다. 우리 가족과 친분이 있던 사람들은 대부분 노예제에 반대하는 편이었다. 나의 아버지 로버트 굴든(Robert Goulden)은 열렬한 노예해방론자였다. 아버지는 노예제 반대 운동에서 꽤 유력한 인사였기 때문에, 미국의 노예해방 운동가 헨리 와드 비처 목사가 영국을 방문했을 때 환영위원회의 일원이 되었다. 어머니는 그의 누나인 해리엇 비처 스토 여사의 소설 『톰 아저씨의 오두막』을 몹시 좋아해서 우리가 잠자리에 들 때마다 읽어주셨고, 그때마다 우리는 귀를 쫑긋하고 듣곤 했다. 벌써 50년이 지났지만, 그 소설에서 일어난 사건들은 오늘 아침 신문의 뉴스만큼이나, 아니 그보다도 훨씬 더 생생하게 내 마음속에 남아 있다. 왜냐하면 그 사건들이 뉴스보다 훨씬 강한 인상을 내 의식에 남겼기 때문이다. 일라이자가 깨진 얼음을 딛고 오하이오 강을 건너 자유를 찾아 도망칠 때의 이야기, 그녀를 잡기 위한 무시무시한 추격, 그리고 그녀가 마침내 늙은 퀘이커교도에게 구출될 때의 이야기에서 느꼈던 아슬아슬한 심정이 아직도 또렷하게 기억난다. 한 흑인 소년이 잔인한 주인의 농원에서 도망칠 때의 이야기는 아직도 오싹하다. 그 아이가 낯선 철도를 따라 걸을 때 난생 처음 본 기차가 굉음을 내며 달려왔다. 그때 덜컹거리는 기차 바퀴 소리가 공포에 질린 그 아이의 귀에는 '깜둥이 잡아라, 깜둥이 잡아라, 깜둥이 잡아라'라는 무서운 소리로 들렸다. 이 이야기는 너무나 무서웠고, 어린 시절 내내 기차를 탈 때마다 끔찍한 주인에게서 도망치는 불쌍한 노예가 생각났다.

이런 이야기들이야말로 바자회와 구호 기금, 기부금에 대한 기억과 더불어 내 정신과 성품에 영구히 각인되어 있다는 확신이 든다. 이 이야기들은 내 삶에서 중요한 역할을 해온 두 가지 감정을 일깨워주었다. 첫 번째는 문명의 정수를 구할 수 있는 유일한 수단인 투쟁 정신과 영웅적 희생에 대한 존경심이다. 두 번째는 투쟁이 초래한 파괴의 상흔을 보상하고 치유하는 부드러운 마음씨에 대한 감사다.

나는 아주 어린 시절부터 책을 읽기 시작했는데, 독서는 언제나 내게 기쁨이자 위안이었다. 기억이 닿는 어린 시절부터 이야기를 좋아했고, 특히 낭만적이고 이상적인 인물들의 이야기를 좋아했다. 어릴 때 좋아한 책은 존 번연의 『천로역정』이다.

그리고 잘 알려지진 않았지만 번연의 영적인 비전에 관한 책, 『신성한 전쟁』도 좋아했다. 아홉 살 때 『오디세이』를 알게 되었고, 내 인생에서 영감의 원천이 되어준 고전인 토머스 칼라일의 『프랑스 혁명』도 그 무렵 읽었다. 처음 그 책을 읽고서는 존 키츠가 채프먼이 번역한 호메로스를 처음 읽었을 때 표현한 것과 똑같은 느낌을 받았다. 마치 "천체 관측자가 시야 속으로 새로운 행성이 헤엄쳐 들어오는 것을 발견했을 때"처럼 느낀 것이다.

그 책들은 어린 시절의 사건들에 대한 내 생각에 강력한 영향을 미쳤고, 그 책들의 첫인상은 지금까지도 내 마음에 깊게 남아 있다. 맨체스터에서는 정치적인 활동이 특히 활발하게 일어나고 있었다. 맨체스터 시민들은 대개 자유주의적 정서를 갖고 있었고, 언론의 자유와 자유로운 의견 개진을 옹호했다. 1860년대에는 이런 일반적인 경향에서 벗어나는 끔찍한 사건이 하나 발생했다. 영국의 지배에 대항해 아일랜드 공화주의 형제단 페니언의 반란이 일어나고 주동자들이 체포된 것이었다. 호송 마차에 실려 감옥으로 끌려가는 도중에 마차를 멈추고 죄수들을 구하려는 시도가 있었다. 누군가 마차의 자물쇠를 부수려고 총을 쏘았는데, 경찰이 그 총에 맞아 중상을 입고 쓰러졌고, 그 사건으로 몇 명이 체포되어 살인죄로 기소되었다. 나는 그 일을 직접 보지는 못했지만, 오빠가 생생하게 들려주었기 때문에 분명하게 기억하고 있다. 그날 오후 나는 차를 마시며 친구 집에서 놀고 있었고, 오빠가 와서 나를 집으로 데려갔다. 11월의 저녁, 짙어가는 어둠 속을 걸어가는 동안 오빠는 흥분에 들떠 그날의 총격 사건과 부상당한 경찰관에 대해 얘기해주었다. 피를 흘리며 땅에 누워 있는 그 사람 주변에서 다른 사람들이 어쩔 줄 몰라 괴로워하는 광경이 눈에 보이는 듯했다.

이 사건의 결과는 법정이 자주 저지르는 끔찍하고 터무니없는 실수를 잘 보여준다. 분명히 누군가를 죽이려는 의도로 총을 쏜 것이 아니었는데도 피의자들은 살인죄로 재판정에 섰고, 세 명이 유죄 판결을 받고 교수형에 처해졌다. 맨체스터 시민들은 이 처형에 매우 분노했다. 결국 그것은 이 도시에서 행해진 거의 마지막 사형 집행이 되었다. 당시 나는 맨체스터 근교의 기숙학교에 다니면서 주말만 집에서 보냈다. 어느 토요일 하교길에 감옥 앞을 지나갔던 일이 생생하게 기억난다. 감옥의 한쪽 벽이 무너져 생긴 커다란 틈새로 얼마 전 사형 집행을 했던 교수대의 흔적이 보였다. 나는 공포로 얼어붙었고, 그 사람들을 교수형에 처한 것은 큰 실수이자 범죄라는 확신이 들었다. 이 일로 나는 삶의 가장 끔찍한 진실, 즉 정의와 법적 판단 사이에는 엄청난 간극이 존재하는 경우가 자주 있다는 사실을 깨닫게 되었다.

성장기에 겪은 이 일화를 보면 유전이나 교육보다 어린 시절 받은 인상이 성품과 장래의 행동에 더 많은 영향을 끼친다는 것을 알 수 있다. 이 일화는 또한 내가 전투파*의 옹호자가 되는 데 연민이 중요한 요소로 작용했음을 보여준다. 수많은 사람이 고난이나 쓰라림, 슬픔 때문에 사회적 불의에 눈뜨게 되는 반면, 나는 개인적으로 그런 것을 겪어본 적이 없다. 어린 시절 우리 집은 사랑이 넘쳤고 안락하고 편안했던 것이다. 그러나 아주 어린 시절부터 나는 본능적으로 뭔가가 결핍되어 있다는 것을 느꼈다. 심지어 우리 집의 가족 관계에서도 잘못된 관념이나 이상에 못 미치는 불완전함이 눈에 띄었다.

---

* 1860년대부터 조직적으로 등장한 영국의 여성 참정권 운동가들은 서프러지스트(suffragist)라고 불렸으며, 평화로운 집회나 서명, 청원서 등을 통한 온건한 활동을 했다. 이들의 방식이 여성 참정권을 획득하는 데 실패를 거듭하자, 에멀린 팽크허스트가 설립한 여성사회정치연합 회원들은 유리창 깨기, 방화, 투옥, 단식 투쟁을 불사하며 '전투파' 운동을 시작했다. 당시 언론은 이들을 온건한 참정권주의자와 구별해 '작은 것'을 뜻하는 어미 -ette를 붙여 서프러제트(suffragette)라고 명명했다. 이 책에서 기존의 온건파와 전투파를 구별해야 할 필요가 있을 때, 맥락에 따라 'suffragist'는 '여성참정권론자' '여성 참정권주의자' 혹은 '여성 참정권 지지자'로, 'suffragette'는 '서프러제트' 혹은 '전투파 여성 참정권 운동가'로 번역했다.

오빠들과 내가 학교에 갈 시기가 되자 이런 막연한 느낌은 확신으로 바뀌었다. 그때나 지금이나 영국에서는 소년 교육을 소녀 교육보다 훨씬 중요하게 여긴다. 부모님, 특히 아버지는 아들의 교육을 매우 중요하게 생각했다. 나와 여동생의 교육은 거의 논의된 적이 없었다. 물론 여동생과 내가 다닐 학교는 매우 신중히 선정되었다. 하지만 교장선생님이 교양 있는 숙녀거나, 학생들이 나와 같은 계급 출신의 소녀라는 사실 말고 다른 문제에는 관심이 없었다. 당대 소녀 교육의 최대 목표는 '집을 매력적인 곳으로 만드는', 즉 아마도 집에 드나드는 남자 친척들을 위해서 그곳을 매력적으로 만드는 기술을 배우는 것이었다. 나는 남자 형제들을 위해서 집을 매력적인 곳으로 만드는 것이 왜 그다지도 중요한 의무였는지 이해할 수 없었다. 형제들과의 사이는 매우 좋았지만, 남자아이들에게는 나를 위해 집을 매력적인 곳으로 만들 의무가 없었다. 어째서일까? 아무도 그 이유를 알지 못하는 것 같았다.

어느 날 침대에 누워 잠을 청하는 동안, 뜻밖에 이 수수께끼의 답을 알게 되었다. 아버지와 어머니는 침실에 들기 전에 아이들의 침실을 둘러보곤 하셨다. 그때 나는 깨어 있었지만 그냥 자는 척했다. 아버지는 커다란 손으로 촛불을 가리고 나를 굽어

보다가, 무슨 생각에서였는지 "얘가 남자애로 태어나지 않아서 안됐어"라고 슬픈 목소리로 말했다.

벌떡 일어나서 남자애가 되고 싶지 않다고 항의하고 싶은 강렬한 충동이 일었지만, 가만히 누워서 부모님이 다른 침대로 가는 소리를 듣고만 있었다. 아버지의 말씀을 곰곰이 생각해보아도 내가 여자라는 게 싫다는 생각은 들지 않았다. 하지만 남자들은 자신들이 여자보다 우월하다고 생각하고 있고, 여자들도 그런 믿음을 받아들인다는 사실을 분명히 알게 되었다.

아버지와 어머니는 남녀가 평등하게 참정권을 가져야 한다고 믿는 분들이었으므로, 아버지가 그런 생각을 하는 것이 이상하게 여겨졌다. 1866년에 입안된 선거법개정안이 통과될 당시 나는 아주 어렸지만 이 법안을 둘러싼 논란을 잘 기억하고 있다. '가구당 선거권 법안'으로 알려진 이 법안이 통과되면서 1832년 이후 처음으로 많은 국민이 선거권을 갖게 되었다. 이 법안에 따라 1년에 최소한 10파운드를 집세로 내는 가구주는 의회 의원을 선출할 권리를 갖게 되었다.* 하원에서 이 법안을 심의할 때, 존 스튜어트 밀은 이 법안에 남성 가구주뿐 아니라 여성 가구주도 포함해야 한다는 수정조항을 제안했다. 이 조항은 기각되었지만, 통과된 법안에서는 통상 사용되는 '남성'(male person)이라는 단어 대신 '인간'(man)이라는 단어가 사용되었다. 그리고 '인간'이라는 단어는 특별히 명기되지 않는 경우 언제나 '여성'을 포함한다고 못박는 다른 법안도 통과되었다. 예를 들어 재산세 조항이 포함된 법안에는 언제나 남성 명사와 남성 대명사가 사용되었는데, 이런 조항은 이제 남성뿐 아니라 여성에게도 적용되게 되었다. 그래서 '인간'이라는 단어가 사용된 선거법 개정안이 통과되었을 때, 여성들은 자신들이 실제로 참정권을 갖게 되었다고 믿었다. 수많은 논쟁이 뒤따랐고, 많은 여성이 투표자 명단에 자신들의 이름을 올려서 이 문제를 시험대에 올렸다. 맨체스터에서는 투표 자격이 있는 4215명의 여성 중 3924명이 투표권을 주장했고, 훗날 내 남편이 된 팽크허스트 박사를 비롯한 저명한 변호사들이 변호를 맡았다. 물론 법정은 여성들의 주장을 기각했다. 그러나 이 사건으로 나라 전역에서 여성 참정권 운동이 더욱 거세졌다.

나는 너무 어려서 이 사건이 갖는 함의를 정확히 이해하지

---

* 전통적으로 영국의 선거권과 피선거권은 돈과 여가를 가진 지주층에게만 부여되었으나, 1832년의 1차 선거법개정(Great Reform Act)으로 부패 선거구를 없애고, 산업혁명으로 커진 도시의 선거구가 새롭게 도입되었고, 중산계급이 대거 참정권을 부여받았다.

못하면서도 흥분에 휩싸인 분위기에 동참했다. 아버지에게 신문을 읽어드리며 정치에 대한 진지한 관심을 키워나갔고, 어린 마음에도 개정법이 이 나라에서 가장 멋진 일이라고 생각했다. 법안이 통과된 후 최초의 선거는 당연히 오래 기억에 남을 만한 사건이었다. 그 선거는 내가 참여한 최초의 선거운동이었기 때문에 더욱 기억에 남는다. 여동생과 나는 점잖은 영국 가정의 관습에 따라 똑같은 모양의 녹색 겨울용 드레스를 선물 받았다. 그리고 당시에는 모든 여자아이가 빨간색 플란넬 속치마를 입었기에, 새 드레스를 입자마자 우리가 자유당의 상징인 빨강과 녹색을 입고 있다는 사실을 깨달았다. 아버지가 자유당원이니까 자유당이 물론 선거에서 이겨야 했다. 우리는 자유당의 승리를 도울 멋진 계획을 떠올렸다. 나는 꼬마 여동생을 데리고 가장 가까운 투표소까지 1마일 정도 걸어갔다. 투표소는 험한 공장 지역에 있었지만 우리는 그런 줄도 몰랐다. 투표소에 도착해 여동생과 나는 녹색치마를 들어올려 빨간 속치마를 드러낸 채 자유당을 위한 투표를 격려하려고 사람들 앞을 우쭐거리며 걸어다녔다. 유모가 화를 내며 우리의 돌출 행동을 바로 저지했다. 그 뒤에 곧 침실로 보내진 듯한데, 이 기억은 분명하지 않다.

참정권 모임에 처음 가본 건 열네 살 때였다. 학교에서 막

돌아왔을 때 어머니가 마침 모임에 나갈 준비를 하고 계셔서, 나도 따라가게 해달라고 졸랐다. 어머니의 허락을 받은 나는 책가방을 내려놓을 새도 없이 따라나섰다. 연설은 모두 흥미진진했는데, 특히 유명한 여성 참정권 운동가인 리디아 베커의 연설이 몹시 흥미로웠다. 영국에서 리디아 베커는 미국의 여성 참정권 운동가이자 반노예제 운동가인 수전 B. 앤서니처럼 대단한 인물이었고 훌륭한 웅변가였다. 그녀는 맨체스터위원회의 간사이자, 어머니가 매주 구독하던 《여성 참정권 저널》(The Women's Suffrage Journal)의 편집자였다. 모임을 마치고 집에 돌아올 때 나는 이미 의식이 깨고 확신에 찬 참정권 지지자가 되어 있었다.

의식적이지는 않았지만 아마 나는 이전부터 늘 참정권론자였던 것 같다. 기질이나 환경으로 볼 때 그럴 수밖에 없었다. 참정권 운동은 1870년대 초반에 활발하게 진행되고 있었고, 어떤 곳보다도 맨체스터에서 활기를 띠고 있었다. 맨체스터에서는 탁월한 남성과 여성 들이 이 운동을 이끌고 있었다. 그중에는 제이컵 브라이트 부부도 있었다. 존 브라이트의 동생인 제이컵 브라이트는 오랫동안 맨체스터 지역구의 의원을 역임했고, 죽을 때까지 여성 참정권을 적극적으로 지지했다. 리디아 베커 외에도 매우 재능 있는 여성 두 명, 즉 앨리스 클리프 스캐처드 여사와 지금은 울스텐홀름-엘미 여사가 된 울스텐홀름 양이 맨체스터위원회에 속해 있었다. 그리고 그 위원회의 중요한 창립 멤버 중에 리처드 마스든 팽크허스트 박사도 있었는데, 나는 나중에 그의 아내가 되었다.

열다섯 살이 되자 나는 파리로 가서, 여학생을 위한 고등교육 분야에서 유럽의 선구자 역할을 한 학교에 입학했다. 그때도 지금도 저명한 문필가로 알려진 에드몽 아담 여사가 설립자 중 한 명인 그 학교는 드 노일리 가의 오래된 멋진 집에 자리 잡고 있었다. 교장은 마르세-지라르 양이었는데, 교육 분야에서 탁월한 분이었으며, 나중에 프랑스 정부의 교육감이 되었다. 마르세-지라르 양은 소녀 교육도 당대의 소년 교육만큼 깊이가 있어야 하고, 심지어는 더 실용적이어야 한다고 믿었다. 그녀는 화학과 다른 과학 분야도 교육 과정에 넣었고, 수놓기뿐 아니라 장부 정리용 부기도 가르쳤다. 학교에서는 다른 선진적 사고방식도 쉽게 접할 수 있었고, 학생들이 받았던 도덕적인 훈육 역시 지적인 훈련만큼 가치 있는 것이었다. 마르세-지라르 양은 여성들이 높은 기준의 명예심을 가져야 한다고 주장했다. 학생들은 진실만을 말하고 솔직해야 한다는 엄격한 원칙을 지켜야 했다. 마르세-지라르 양은 나를 이해했고, 신뢰했다. 그녀를 향한 나의 진실한 애정이 만약 깊지 않았더라도, 그녀가 나에게 보내준 신뢰를 배신할 수는 없었을 것이다.

이 즐거운 학교에서 내 룸메이트는 노에미 로슈포르라는 재미있는 동갑내기 소녀였다. 노에미의 아버지는 유명한 공화주의자이자 공산주의자이며, 저널리스트에다 검술에도 능했던 앙리 로슈포르였다. 당시는 보불전쟁 직후였고, 제국의 몰락이나 유혈과 참극의 현장이었던 코뮌에 대한 기억이 파리를 지배하고 있었다. 노에미의 아버지와 다른 많은 사람이 파리 코뮌에 가담했다는 이유로 뉴칼레도니아로 추방당했다. 노에미는 아버지가 걱정되어 어쩔 줄 몰라 했다. 그녀는 끊임없이 자신의 아버지에 대한 얘기를 들려주었는데, 주로 담대하고 애국적이며 피가 얼어붙을 만큼 오싹한 이야기들이었다. 앙리 로슈포르는 프랑스에서 공화주의 운동을 이끄는 세력 중 하나였으며, 보트를 타고 뉴칼레도니아를 극적으로 탈출한 후 오랫동안 활기차고 멋진 정치적 모험을 하며 생애를 보냈다. 그녀를 만난 후 내가 이전에 갖고 있던 자유주의적 사고는 더욱 강해졌으며, 학창시절 이후에도 노에미와는 오랫동안 좋은 친구로 지냈다.

열여덟 살에 나는 교양 있는 젊은 숙녀가 되어 파리의 학교를 떠나 아버지의 집으로 돌아왔다. 그리고 여성 참정권 운동에 공감하며 헌신적으로 참여해온 리처드 팽크허스트 박사를 만나게 되었다. 여성무자격제거법안(Women's Disabilities Removal Bill)이라고 알려진 최초의 여성 선거권 법안 초안을 작성한 사람이 바로 팽크허스트 박사였다. 그리고 제이컵 브라이트 씨가 이 법안을 1870년에 하원에 제출했다. 이 법안은 33표차로 다수결을 얻어서 2차 독회에 상정되었는데, 윌리엄 E. 글래드스톤 수상의 독단적인 명령으로 위원회에서 기각되었다. 팽크허스트 박사는 저명한 변호사인 콜리지 경과 함께 1868년에 선거인 명부에 이름을 올리려는 맨체스터 여성들을 위해 상담고문으로 활동하고 있었다. 그는 결혼한 여성들이 자신의 재산과 수입을 전적으로 통제할 수 있도록 하는 법안의 초안을 마련했고, 1882년에 기혼여성재산법이 제정되었다.

나는 1879년에 팽크허스트 박사와 결혼했다. 초기 단계의 참정권 운동이 분투하는 과정에 명예로운 이름을 더해준 팽크허스트 박사와 같은 남성과 여성 들에게 아무리 감사해도 모자란다고 생각한다. 이들은 참정권 운동이 대중화될 때까지 기다리지도 않았고, 여성들이 투쟁에 적극적으로 나설 때까지 망설이지도 않았다. 그들은 언젠가 발생할 투쟁을 위해서 교육하고 조직하고 준비하는 사람들과 더불어 한평생 일했다. 이 선구자적인 사람들은 자신들의 페미니즘적인 관점 때문에 당연히 인기를 잃었다. 어떤 사람은 경제적으로, 어떤 사람은 정치적으로 고통을 겪었지만, 그들은 결코 흔들리지 않았다.

내 행복한 결혼생활은 19년간 지속되었다. 나는 여성참정권론자들은 자신의 감정을 정상적으로 배출할 길을 못 찾아서 비비 꼬이고 실망한 사람들이라는 조롱을 자주 접해왔다. 이런 조롱은 어떤 여성참정권론자에게도 해당되지 않지만, 특히 내 경우에는 더더욱 해당 사항이 없다. 오히려 내 가정생활과 가족 관계는 이 불완전한 세상에서 꿈꿀 수 있는 이상에 가까웠다. 결혼하고 나서 1년 후에 맏딸 크리스타벨이 태어났고, 그다음 18개월 후에 둘째딸 실비아가 태어났다. 그 뒤로 두 아이가 더 태어났고, 나는 몇 년간 가정사에 깊이 몰두해 있었다.

그렇다고 해서 공동체의 일에 흥미를 잃은 적은 한 번도 없었다. 팽크허스트 박사는 내가 가정만 지키는 기계가 되는 것을 원치 않았다. 여성이 가정에서뿐 아니라 사회에서도 해야 할 역할이 있다는 것이 그의 확고한 신념이었다. 그래서 아이들이 아직 요람에 있을 때에도 나는 여성참정권협회(National Society for Women's Suffrage)의 실행위원으로 일했고, 기혼여성재산법*제정을 위한 위원회에도 참여했다. 이 법안은 1882년에 통과되었다. 그 후 참정권 운동에 새롭게 힘을 쏟았다. 당시에는 농장 노동자에게까지 참정권을 확대한 새로운 개혁법으로 주선거권법안(the County Franchise Bill)이 논의되고 있었다. 우리는 그동안 교육과 선전에 힘을 쏟았으므로, 이 법안에 여성 참정권 수정조항을 넣자는 우리의 요구를 이 나라가 당연히 지지해줄 거라고 믿었다. 우리는 여러 해 동안 영국 전역의 도시에서 멋진 집회를 가졌다. 집회에 모인 군중과 그들의 열성, 그리고 지지 호소에 쏟아지는 관심을 보면 여성 참정권 획득이 가까워졌다는 우리의 믿음이 실현되는 것만 같았다. 사실 1884년에 주선거권법안이 입안되었을 때, 하원에서는 여성 참정권에 호의적인 의원이 다수를 이루고 있었다.

그러나 하원 의원 다수가 호의를 표명했다고 해서 그 법안의 성공이 보장된 것은 아니다. 우리는 나중에 여성 참정권 지지자라고 공언한 후보들을 반대하는 낙선운동까지 펼치게 되는데, 그 때문에 미국의 활동가들도 적잖이 당황했다. 이 문제는

---

*   Married Women's Property Act. 기존의 영국법 아래에서 기혼 여성은 남편의 법적 소유물로서, 남편이 아내의 모든 인격과 권리를 대표하는 것으로 여겨졌다. 기혼여성재산법이 몇 차례에 걸쳐 통과되고 나서야 여성들은 재산과 수입에 대한 권한을 가질 수 있었다.

뒤에서 자세히 다루겠다. 1884년에는 자유당이 정권을 잡고 있었고, 우리는 당시 수상이었던 추밀원 위원 윌리엄 글래드스톤에게 주선거권법안에 덧붙이는 여성 참정권 수정조항을 하원에서 편견 없이 심의해달라고 요청하는 진정서를 보냈다. 글래드스톤은 여성 참정권 수정조항이 승인된다면 정부는 그 법안에 대한 책임을 일절 거부하겠다면서 퉁명스럽게 거절했다. 글래드스톤 수상은 제출된 수정조항에 관한 자유로운 토론을 허락하지 않았고, 자유당원들에게 그 법안에 반대표를 던지도록 명령했다. 여성들이 요구하는 수정조항에 반대하는 투표를 위해 특정 시간에 대기하라고 당원들에게 명령하는 쪽지, 즉 우리가 '채찍'이라고 부르는 쪽지가 돌았다. 여성들은 여기에 굴하지 않고 독립된 참정권법안을 도입하려고 노력했다. 그러나 글래드스톤은 의회의 일정을 조정해 그 법안이 논의에 오르는 것조차 막았다.

나는 1903년 여성사회정치연합(The Women's Social and Political Union; WSPU)이 설립되기 이전의 영국 여성 참정권 운동의 역사를 전부 쓰지는 않겠다. 그 역사는 방금 기술한 것과 같은 이야기들의 반복일 뿐이다. 글래드스톤은 여성 참정권에 가차없이 반대했다. 그는 여성의 일과 정치는 남성들의 정당을 위해서 봉사하는 것이라고 믿었다. 글래드스톤의 경력에서 가장 교활한 행동은 영국의 여성 참정권 조직을 와해시킨 것이었다. 그는 여성자유당협회(Women's Liberal Associations)를 만들어 기존의 조직을 대체하도록 했다. 1881년에 브리스톨에서 시작된 이 협회는 전국적으로 급속도로 확산되었고, 1887년에 전국여성자유당연맹(National Women's Liberal Federation)이 되었다. 정당의 남성들과 제휴함으로써 여성의 투표권을 곧 얻을 수 있으리라는 것이 이 연맹의 믿음이었다. 이 믿음을 열렬히 받아들인 여성들이 자신들을 위해서는 일하지 않고, 남성들의 일에 헌신하는 기막힌 일이 일어났다.

전국여성자유당연맹은 자유당의 원칙을 믿는 여성들의 조직이었고, 좀 더 오래된 프림로즈연맹(Primrose League)은 보수당의 원칙을 지지하는 여성 조직이었다. 이 조직들은 당의 이념을 지지하기 위해 만들어졌고, 정당 후보의 선출을 위해서 일했을 뿐, 두 조직 모두 여성 참정권을 목표로 삼지는 않았다.

여성이 정치적 능력을 가지고 있고, 정치는 여성에게도 남성과 마찬가지의 일이라고 남성들을 설득함으로써 여성 참정권에 대한 반대를 물리칠 수 있다고 믿기 때문에, 미국 여성들도 최근에 우리가 했듯이 정당과 제휴를 맺었다고 들었다. 그러나 미국 여성들도 속아서는 안 된다. 주요 정당과의 오랜 연맹, 정당 프로그램에 대한 헌신, 선거에서의 충실한 도움 등이 여성 참정권이라는 명분에 전혀 도움이 되지 않았다는 것을 미국 여성들에게 확실하게 전하고자 한다. 남성들은 여성의 봉사만 받고 어떤 대가도 지불하지 않았다.

　이 문제에서 나는 거짓된 희망에 현혹된 적이 없다. 나는 여성자유당연맹이 창립될 당시 현장에 있었다. 글래드스톤 여사가 '우리의 위대한 지도자'인 글래드스톤 씨가 참석하지 못한 것에 대해 애석해하면서 회의를 주도했다. 물론 글래드스톤 씨는 여성 모임에 낭비할 시간이 없었다. 브라이트 부인의 요청으로 나는 그 동맹에 가입했다. 당시 나는 페이비언협회 회원으로서 사회 전체로 퍼져나가는 온건한 사회주의의 힘을 무척 신뢰하고 있었다. 그러나 나는 이미 정당을 신뢰하는 것은 소용없다는 것을 잘 알고 있었다. 어릴 때부터 지도자들의 약속을 순진하게 믿는 당원들을 보면서 의아해하기 시작했다. 아버지가 밝은 얼굴로 정치 회합에서 돌아왔을 때 "아버지, 무슨 일이 있었나요?"라고 여쭈어보면, 아버지는 "결의안을 통과시켰어"라고 대답하곤 했다. 나는 "그러면 다음 회기에는 법안이 생기겠네요"라고 예측했다. 그렇지만 대개는 "그렇게 볼 수는 없어"라는 대답이 돌아왔다. "일이 그렇게 빨리 진척되지는 않는 법이란다. 그래도 결의안은 통과됐어."

여성참정권론자들이 여성자유당연맹에 가입했을 때도 마치 결의안이 통과된 것처럼 느꼈을 것이다. 그들은 정당을 위해서 일하기로 했고, 자신들이 최근에 투표권을 부여받은 농장 노동자들만큼 투표를 잘할 수 있다는 것을 증명하려고 애썼다. 물론 그중 몇몇은 참정권 문제에 충실했고, 늘 그래왔듯이 참정권이라는 대의를 위해서 대중의 의식을 깨우는 교육을 다시 시작했다. 그러나 농장 노동자들이 어떻게 그리고 왜 선거권을 얻게 되었는지 진지하게 고민하는 여성은 아무도 없었다. 농장 노동자들은 건초 더미를 불태우고 폭동을 일으키는 등 영국 정치인들이 이해할 수 있는 유일한 방식으로 자신들의 힘을 보여줌으로써 투표권을 획득했다. 법안이 통과되지 않으면 10만 명의 남성이 하원까지 행진하겠다는 위협이 농장 노동자들이 정치적 자유를 얻는 데 도움을 준 것이다. 그러나 어떤 여성참정권론자도 이 사실을 깨닫지 못했다. 나 역시 그 당시에는 너무 어려서 그런 교훈을 얻지 못했다. 공적인 영역에서 여러 해 일하고 나서야 영국 정부의 합의를 이끌어내는 방법과 관련한 경험과 지혜를 얻을 수 있었다. 공적 직위를 수행해보는 과정도 도움이 되었다. 그리고 정부 지원을 받는 공립학교와 빈민구호소, 자선단체들의 이면을 알고, 남자들이 만든 세상의 비참함과 불행을 가까이서 직접 보고 나서야 그런 세상에 효과적으로 저항할 수 있게 되었다. 3차 선거법개정이 있던 1884년 여성 참정권 운동이 와해된 직후 내 삶은 새로운 국면으로 들어섰다.

2

빈민구호소의 여성과 아이들

***

여성참정권법안이 세 번째로 기각되고 나서 1년 후인 1885년에, 남편 팽크허스트 박사는 런던 리버사이드 선거구 로 덜라인 지역의 자유당 의원 후보가 되었다. 나는 남편을 도와 능력이 닿는 데까지 연설도 하고 유세도 하면서 선거운동에 참여 했다. 팽크허스트 박사는 유력한 후보였으므로, 아일랜드 자치 파가 반대만 하지 않았더라면 당연히 당선되었을 것이다. 아일 랜드 민족당을 창설한 찰스 스튜어트 파넬은 아일랜드 자치파 를 진두지휘하면서 여당 후보는 누구든 반대한다는 방침을 세 우고 있었다. 팽크허스트 박사는 아일랜드 자치를 확실하게 지 지하는 입장이었지만, 안타깝게도 파넬 파가 강경하게 반대해서 선거에서 졌다. 나는 몹시 화를 냈으나, 남편은 파넬의 정책이 절대적으로 옳다고 지적했다. 파넬의 소수파 정당으로는 자신들의 주장에 적대적인 다수파에게서 아일랜드 자치를 얻어낼 수 없을 것이므로, 정부가 지쳐서 항복할 때까지 계속 압박하는 수밖에 없다는 것이다. 이것은 아주 훌륭한 정치적 교훈이었고, 훗날 나는 이 교훈을 실천에 옮기게 되었다.

우리 가족은 이듬해에 런던으로 이사했고, 늘 그랬듯이 노동 문제와 사회운동에 관심을 가졌다. 그해에 일어난 중요한 사건은 '브라이언트 앤 메이' 성냥공장 여성 노동자들의 대파업이었다. 나는 노동자들과 함께, 그리고 유명한 사회운동가 애니 베전트 같은 뛰어난 여성들과 함께 열정적으로 파업에 참여했다. 파업은 성공적이었고, 여성 노동자들의 작업 조건은 상당히 개선되었다.

당시는 노동운동, 파업, 공장 폐쇄 등이 연속적으로 일어나던 격동의 시대였다. 정부 당국이 매우 어리석은 반동 정신에 사로잡힌 것처럼 보이던 시기이기도 했다. 특히 구세군, 사회주의자, 노동조합주의자를 비롯해 사실상 야외 집회를 여는 모든 단체가 정부의 공격 대상이 되었다. 이런 정책에 대한 항의로서 런던에서 법과자유연맹(Law and Liberty League)이 결성되었고, 트라팔가 광장에서 존 번스와 커닝엄 그레이엄을 주요 연사로 내세운 대규모 언론 자유 집회가 열렸다. 이 집회는 결국 경찰과 민중 사이의 유혈사태로 번졌다. 트라팔가 광장 폭동은 역사적으로 중요한 사건이 되었고, 존 번스는 이 사건 덕분에 정치적으로 중요한 인물이 되었다. 존 번스 씨와 커닝엄 그레이엄 씨는 이 집회 때문에 감옥에 가긴 했지만, 그 덕분에 유명해졌다. 그들은 영국 남성들을 위한 언론 자유의 권리를 수립하는 데 크게 기여했다. 그러나 영국 여성들은 아직도 언론의 자유를 얻기 위해 분투 중이었다.

1890년에 막내 아이가 런던에서 태어났다. 아이가 다섯이 되자, 당분간 공적인 일에 적극적으로 참여하기가 어려워졌다. 그 무렵 애니 베전트가 런던 교육위원회(London School Board)의 위원직을 사임했고, 내게 후보가 되어달라는 요청이 들어왔다. 나는 그 일을 하고 싶었지만 아이들 때문에 고사할 수밖에 없었다. 다음 해에는 새로운 참정권 연합인 여성선거권연맹(Women's Franchise League)이 결성되었고, 그 모임에 가입하는 게 나의 의무라고 느꼈다. 이 연맹은 새로운 참정권법안을 준비하고 있었는데, 나는 그 법안의 특정 조항*들을 받아들일 수 없었다. 그래서 제이컵 브라이트 여사와 당시 런던 교육위원이었던 울스텐홀름-엘미 여사, 당시 영국에 거주하고 있었던 스탠튼 블래치 여사 등 옛 친구 여러 명과 힘을 합쳐 그 법안을 팽크허스트 박사가 초안을 잡았던 원래의 법안으로 바꾸고자 했다. 사실 두 법안 모두 그해에 열린 의회에는 제출되지 않았다. 그 대신에, 그 법안을 담당했던 지금은 홀데인 경이 된 리처드 홀데인 씨가 자신이 손수 초안을 잡은 법안을 심의에 부쳤다. 이 법안은 참정권을 두루 확대하는 규정을 지닌 진정 놀라운 법안이었다. 이 법안은 가구주인 독신 여성과 기혼 여성 모두에게 선거권을 부여할 뿐 아니라, 여성에게 국왕 아래의 모든 관직을 허용하는 내용을 담고 있었다. 물론 정부는 이 법안을 진지하게 받아들이지 않았다. 나중에 알게 되었지만, 이 법안은 진지한 심의 대상이 될 수 없으리라는 사실을 전제로 깔고 제출되었던 것이다. 통과될 가능성이 조금도 없는 법안을 제출한 데 대해 홀데인 씨에게 항의하기 위해 스탠튼 블래치 여사와 함께 법원에 갔던 기억이 난다.

"아, 그 법안은 미래를 위한 것입니다"라고 홀데인 씨는 말했다.

---

*   혼인하지 않은 여성에게만 투표권을 주는 내용의 조항을 말한다.

그들이 어떤 여성참정권법안을 제출하든 그것은 머나먼 미래, 즉 너무도 멀어서 언제일지 알 길이 없는 미래를 위한 것이었다. 우리는 1891년에 이미 그 점을 깨닫고 있었다. 그러나 법안이 제출되기만 한다면 어쨌든 그 법안을 지지하고자 확고하게 마음 먹고 있었다. 그래서 의원들을 만나서 설득도 해보고, 여러 문건을 만들어서 배포도 하고, 집회도 열고, 연설도 했다. 우리뿐 아니라 우호적인 국회의원들도 연단에 나서게 했다. 이스트엔드급진파클럽(East End Radical club)에서 열린 한 집회에서는 홀데인 씨도 연사로 나섰고, 그와 함께 온 젊은 청년도 연설을 했다. 이 청년은 당시 정치에 막 입문한 에드워드 그레이 경으로, 여성 참정권을 위해 감동적인 연설을 했다. 그러나 에드워드 그레이 경이 나중에 여성 참정권의 원수로 변모한 것은 놀라운 일이 아니다. 많은 영국 청년이 정치 초년생일 때는 여성 참정권을 옹호하다가 나중에 반참정권론자가 되거나, 혹은 '친구'라는 이름을 달고서 이 대의를 배신하는 경우를 우리는 자주 보았다. 젊고 야심만만한 정치가들은 어떤 식으로든 이목을 끌 필요가 있었는데, 노동 문제나 여성 참정권 문제같이 진보적인 운동을 옹호하는 것이 가장 쉬운 방법이었다. 어찌됐건 우리의 연설도 설득도 홀데인 씨가 제출한 실현 가능성 없는 법안을 입법화하는 데 도움이 되지 않았다. 법안은 1차 독회에 상정되는 것으로 끝났다.

1893년에 나는 런던 생활을 정리하고 맨체스터의 집으로 돌아가서 여성참정권협회 일을 다시 시작했다. 회원들은 나의 제안을 받아들여 최초의 야외 집회를 조직하기 시작했다. 열심히 노력한 결과 첫 번째 집회에는 사람들이 아주 많이 모였다. 자유무역홀을 가득 채우고도 사람이 넘쳐서 인근의 작은 홀까지 가득 찼을 정도다. 우리는 이 집회에서 노동자들을 대상으로 한 캠페인도 시작했는데, 이는 내가 오랫동안 바랐던 목표 하나를 달성한 셈이다.

그때는 내 인생의 새로운 국면이 열리기 시작했던 시기였고, 돌이켜 보면 실로 흥미로운 일이 많았다. 나는 자유당 지도자들이 여성들에게 도시 지자체의 공직, 특히 무임금 공직에 봉사함으로써 자신들이 의회 차원의 선거에도 능히 참여할 수 있음을 증명해 보이라고 충고한 사실을 다른 사람들에게 알려주곤 했다. 많은 여성이 그 충고에 따라 빈민구제위원회(Board of Poor Law Guardians)나 교육위원회와 다른 여러 위원회에서 봉사했다. 이제 내 아이들이 어느 정도 자라 믿을 만한 유모의 손에 맡길 수 있었던 덕분에 나도 이런 일들을 함께했다. 맨체스터로 돌아오고 나서 1년 후 나는 빈민구제위원회의 후보가 되었다. 앞서 몇 주 전에 지원한 교육위원회에서는 탈락했으나, 이번에는 다수의 지지를 받고 위원으로 선출되었다.

독자들을 위해 영국의 빈민법이 어떤 식으로 작동하는지 설명하겠다. 이 법은 현명하고 인간적인 군주였던 엘리자베스 여왕이 발의한 가장 위대한 개혁법 중 하나다. 엘리자베스 여왕이 처음 왕위에 올랐을 때, 여왕은 당대 시인들이 '유쾌한 영국'이라고 불렀던 우리나라가 끔찍하게 빈곤한 상태에 놓여 있다는 것을 알게 되었다. 수많은 사람들이 초라한 오두막에서, 길거리에서, 그리고 궁전 바로 앞에서 비참하게 굶어 죽어가고 있었다. 헨리 8세가 종교개혁을 하면서 영국 국교회를 로마와 분리한 것이 그 원인이었다. 헨리 8세가 수도원과 수녀원의 토지를 몰수해 자신의 정책을 지지했던 귀족들과 총신들에게 나누어준 것이다. 개신교 귀족들은 교회의 재산은 차지했지만 교회가 오랫동안 해왔던 의무들, 즉 방랑자를 재워주고, 자선을 베풀며, 병자를 돌보고, 젊은이를 교육하고, 어린이와 노인을 돌보는 의무는 떠맡지 않았다. 수도승과 수녀 들이 수도원에서 쫓겨난 후 누구도 이런 의무를 수행하지 않았다. 그 결과 에드워드 6세의 짧은 통치 기간과 메리 여왕의 피에 물든 치세 기간을 거친 후 엘리자베스 여왕이 물려받은 것은 사회적 무정부 상태였다.

이 위대한 군주이자 훌륭한 여성인 엘리자베스 여왕은 가난한 자와 힘없는 자를 위한 책임이 온전히 공동체에 있다는 점을 인식했고, 각 지역의 빈곤 문제를 다룰 공공기관을 교구에 설립하는 법안을 통과시켰다. 빈민구제위원회는 빈민세로 얻은 수입과, 내각의 각료가 수장으로 있는 지방정부위원회가 허용하는 범위 내의 추가 예산을 빈민을 위해 사용했다. 당시에는 존 번스 씨가 그 직위를 맡고 있었다. 그리고 빈민구제위원회가 빈민구호소를 관할하고 있었다. 미국의 공립구빈원보다 더 규모가 큰 우리의 빈민구호소는 온갖 종류의 기관을 한곳에 합친 것이다. 빈민구호소 내에는 수백 개의 침대를 갖춘 병원이 있고, 한번에 몇백 명을 가르칠 수 있는 학교와 농장 및 작업장이 많이 있었다.

내가 빈민구제위원회 일을 시작했을 무렵, 우리 구역인 출튼에서는 구빈법이 매우 형편없이 시행되고 있었다. 위원은 '재산세 절약자'라고 알려진 사람들로 구성되어 있었다. 그들은 빈민이 아니라 자신들이 내는 재산세를 보호하고 있었으며, 나중에는 빈민구호소에 사용되는 재정도 엄격하게 관리하지 않은 것으로 드러났다. 예를 들면, 구호소 사람들은 형편없는 음식을 먹고 있었는데도 낭비되는 음식이 많았다. 구호소의 모든 사람이 일정한 양의 음식을 매일 배급받았는데, 배급에서 빵이 차지하는 양이 너무 많아서 누구도 다 먹지 못했다. 구호소 농장에서는 남는 빵을 먹어치울 돼지를 키웠다. 그러나 딱딱한 빵만 먹고 자란 돼지들은 다른 농장에서 잘 먹고 자란 돼지들보다 시장 가격이 훨씬 쌌다. 나는 모든 입소자에게 커다란 빵 한 덩어리를 지급하는 대신, 빵을 잘게 잘라서 마가린을 바르고 각자 먹고 싶은 만큼만 먹도록 하자고 제안했다. 다른 위원들은 우리가 돌보는 빈민들이 자신의 권리에 대해 아주 예민해서 배급량의 일부를 빼앗으려는 시도로 의심할 것이라며 내 제안에 반대했다. 정책을 바꾸기 전에 입소자들과 먼저 의논하는 방법으로 이 문제는 쉽게 해결되었다. 물론 가난한 입소자들은 동의했고, 절약한 빵값으로 구호소의 노인들에게 줄 건포도 푸딩을 만들 수 있었다. 이 노인들은 안락한 의자 하나 없이 등받이 없는 벤치에 앉아 있곤 했다. 이들에게는 프라이버시도 없었고, 소유물도 없었고, 심지어는 사물함도 없었다. 늙은 여인들의 옷에는 주머니도 없어서 소소한 물건들을 품에 넣어 보관해야 했다. 그 일을 맡고 나서 얼마 후 나는 노인들이 앉을 만한 편안한 의자를 마련해주었고, 그들의 삶을 좀 더 견딜 만하게 만들어주려고 여러 가지로 애썼다.

　사실 이런 일들은 사소한 혜택일 뿐이다. 그래도 맨체스터 빈민구호소의 아이들에게 우리가 해준 일을 돌이켜 보면 만족감을 느낀다. 처음 그곳을 방문했을 때 일고여덟 살 정도의 어린 여자아이들이 긴 복도에 무릎을 꿇고 앉아서 차가운 돌바닥을 닦는 걸 보고 깜짝 놀랐다. 이 어린아이들은 여름이나 겨울이나 짧은 소매에 목이 파인 얇은 면 옷을 입고 있었다. 극빈자들에게 잠옷은 사치품이었기 때문에 이 아이들은 밤에 아무것도 입지 않은 채 잠을 잤다. 아이들이 늘 감기에 걸려 있어도 후원자들은 아이들 옷을 바꿔줄 생각을 못 했다. 아이들을 위한 학교도 있었지만 교육은 형편없었다. 내가 이 순진한 아이들을 처음 만났을 때, 아이들의 상태는 아주 비참해 보였다. 나는 5년에 걸쳐 이 아이들의 삶을 많이 바꿔놓았다. 시골에 땅을 사서 아이들을 위한 집을 마련했고, 훈련된 교사가 있는 현대식 학교도 설립했다. 아이들을 위한 체육관과 수영장도 마련했다. 당시 나는 이 위원회에서 건축 문제를 담당하던 유일한 여성 위원이었다.

　영국의 빈민법 체계가 어떤 문제를 가지고 있든 간에, 빈민법의 보호를 받는 구호소의 아이들에게 거지라는 낙인을 찍을 필요는 없다는 것이 내 생각이다. 그들이 거지 취급을 받는다면 그들은 물론 거지가 될 것이고, 사회에 영구적인 부담이 되는 거지로 자라날 것이다. 그러나 그들이 단지 국가의 후원을 받는 어린이로만 여겨진다면 그들은 완전히 다른 성품을 갖게 될 것이다. 부유한 아이들이 영국의 축복이라고 할 만한 무료 공립학교에 다닌다고 해서 그 아이들을 거지라고 여기지 않는 것처럼 말이다. 사실 현재 중상위 계층 소년 교육을 담당하는 많은 공립학교는 원래 가난한 여자아이들과 남자아이들을 교육하도록 설립된 것이었다. 영국의 빈민법이 제대로 실행만 된다면 상류계급이 빼앗은 것, 즉 자존감에 바탕을 둔 좋은 교육을 가난한 아이들에게도 당연히 돌려주게 될 것이다.

빈민구제위원이 되고 나서 깨달은 것은 현행 빈민법은 그 법의 원래 목적을 실행할 수 없게 만드는 여러 가지 문제가 있다는 점이다. 어린이를 위한 조항에서도 이 법은 문제가 많았다. 그 법의 목적을 제대로 이행하려면 새로운 법률을 만들어야만 한다. 그러나 여성이 투표권을 가질 때까지는 새로운 법률을 만들기가 가능하지 않을 것이 분명하다. 내가 위원회에서 일할 당시에도 그랬고, 그 이후에도 오랫동안 전국의 여성 후원자들이 여러 상황을 개선할 수 있도록 법률을 개정하려고 애썼지만 소용이 없었다. 예를 들어 빈민구호소 마룻바닥을 청소하던 어린 여자아이들의 경우처럼, 여성들의 마음은 찢어지게 아프지만 남성들은 별로 신경 쓰지 않는 그런 상황 말이다. 동정심을 아프게 자극하던 또 다른 끔찍한 노동도 있었다. 빈민구호소에는 임신한 여성들도 있었는데, 그들 역시 아기가 세상에 태어날 때까지 마룻바닥을 닦거나 고된 일을 해야 했다. 그들 중 많은 이가 아주 젊은 미혼모들이었고, 아직 어린 소녀들이었다. 이 가엾은 엄마들은 해산을 하고 난 후 단 2주 동안만 병원에 머물 수 있었다. 그들은 아기와 이별한 채 청소나 다른 일을 하면서 빈민구호소에 머물며 생계를 유지하거나, 아니면 아기를 데리고 떠나야 했다. 이곳에 머물면서 극빈자로 살거나 2주 된 아기를 팔에 안고 아무런 희망도 집도 돈도 갈 곳도 없이 떠나야만 했다. 이 여자애들과 불운한 아기들은 도대체 어떻게 될까? 이 질문이야말로 여성 위원들이 빈민법의 일부를 개정하라고 요구하는 바탕이 되었다.

개정을 요구한 법률 조항은 빈민구호소가 아닌 부모에 의해—대부분 어머니에 의해—아이들이 구호소를 떠나게 되는 경우를 다룬다. 구빈원에서 사생아를 가장 많이 낳는 엄마들은 대개 젊은 하녀들이다. 그런데도 생각 없는 사람들은 노동계급 소녀들에게 하녀가 되라고 말한다. 이 가엾은 어린 하녀들은 저녁에만 외출이 허락되고 교양을 배우지 못할 뿐 아니라 싸구려 소설로 삶의 감수성을 배워, 유혹자에게 먹잇감이 되기 쉽다. 이들은 대개 아기를 유모에게 맡기고 양육비를 낸다. 물론 아기들은 제대로 보살핌을 받지 못한다. 빈민구제위원들은 아기들이 맡겨진 가정을 방문하는 감독관을 임명해서 그 아기들을 보호하도록 되어 있다. 그러나 현행법 아래에서는 소녀를 유린한 남자가 20파운드, 즉 100달러도 되지 않는 돈을 보증금으로 지불하면 아기를 맡은 집은 감독을 받지 않아도 된다. 작물을 키우듯 아이를 맡아서 키우는 이른바 '아기농부'가 한 번에 한 아이만 맡고, 20파운드만 받게 되면 감독관은 감독을 할 수 없다. 물론 아기들은 무서울 정도로 빠르게 죽어버린다. 20파운드를 전혀 쓰지 못하고 죽는 경우도 많다. 그러면 아기농부들은 또 다른 아기 희생자를 구할 수 있다. 이미 언급했듯이 여성들은 여러 해 동안 구빈법의 이 작은 조항 하나를 개선해서 모든 사생아를 보호하고, 부유한 악인이 돈으로 아이에 대한 책임을 벗어나지 못하게 하려고 애썼으나 소용이 없었다. 이 노력은 수없이 반복되었지만 계속 실패했다. 이 문제에 대해 진정으로 염려하는 사람이 단지 여성뿐이라는 이유로 말이다.

빈민법 후원자가 되기 전부터 여성 참정권을 지지하고는

있었지만, 이제 여성의 손에 투표권이 쥐어지는 것은 권리일 뿐 아니라 꼭 필요한 일이라고 생각하게 되었다. 보호받지 못하는 엄마와 아기들이 내가 전투파가 되는 과정에 강력한 영향을 미쳤다고 확신한다. 사실 빈민구호소에서 만난 모든 여성이 나를 교육시켰다. 위원이 된 지 얼마 안 되었을 때, 나는 빈민구호소에 들어오는 나이 든 여성들이 나이 든 남성들보다 여러 면에서 훨씬 더 낫다는 것을 알게 되었다. 그 사실은 너무나 분명했다. 우선 여성들이 남성들보다 훨씬 더 부지런했다. 사실 그들의 근면과 인내를 보고 있으면 감동할 수밖에 없다. 60~70대 노인 여성들이 그곳의 거의 모든 일을 해낸다. 그들은 거의 모든 바느질과 청소, 입소자들에게 옷을 제공하는 일을 한다. 나이 든 남성들은 거의 일을 하지 않았다. 그들은 담배를 피우는 것이 허락된 작업장, 즉 낡은 로프에서 섬유를 뽑아내는 일을 하는 작업장에는 자주 들렀지만 실제로 일은 거의 하지 않았다.

나는 이 나이 든 여성들에 관해 알아보기 시작했다. 대부분의 여성들은 방탕하거나 범죄를 저지른 사람들이 아니라 아내이자 어머니로서 점잖은 삶을 살던 기혼 여성이거나 스스로 생계를 유지하던 독신 여성이었다. 많은 이가 하녀 출신이었는데, 결혼도 못 하고 직장도 잃고 더 이상은 일자리를 찾을 수 없는 나이가 된 사람들이었다. 그들이 빈민구호소에 온 것은 그들의 잘못 때문이 아니다. 그들은 단지 저축할 만큼 많은 돈을 벌어본 적이 없었기 때문에 이곳에 온 것이었다. 영국 여성 노동자의 평균 임금은 미국 돈으로 치면 주당 2달러에 조금 못 미친다. 저축은 고사하고 생계를 유지하기도 힘든 액수다. 여성 노동자의 삶의 조건을 조금이라도 안다면, 나이가 들어서도 생활할 수 있을 만큼 저축하기란 거의 불가능하다는 것을 알 것이다. 게다가 대부분의 여성 노동자는 자신 말고도 다른 사람들을 먹여 살려야 한다. 그러니 어떻게 저축을 할 수 있겠는가?

구호소의 나이 든 여성 중 일부는 기혼 여성이다. 그중 많은 이는 남편이 조합에서 연금을 받는 숙련된 장인이었다. 그러나 남편이 죽으면 이 여성들은 연금을 받을 수 없다. 이 여성들은 스스로를 위해 일할 수 있는 능력을 포기하고 남편과 아이들을 위해 헌신했고, 그 결과 무일푼으로 남겨졌다. 그들이 할 수 있는 건 빈민구호소로 가는 것뿐이다. 또한 그들 중 많은 이가 육군이나 해군에서 나라를 위해 복무했던 남자들의 미망인이다. 남자들은 정부에서 연금을 받았으나, 그들이 죽자 연금이 끊겼고, 여성들은 빈민구호소로 오게 되었다.

미래에는 영국의 빈민구호소에서 덕망 있는 노인 여성을

많이 볼 수 없기를 바란다. 이제는 노령연금법이 생겨서 노인 남성뿐 아니라 노인 여성에게도 일주일에 5실링, 즉 1달러 20센트가 지급된다. 이 정도 돈이면 먹고 살기에 충분하다고 볼 수는 없지만, 가난한 이들이 늙은 부모를 빈민구호소에 보내지 않고 부양하는 경우, 자신과 아이들이 굶주리지 않아도 되었다. 그러나 내가 위원으로 활동할 당시에는 일을 할 수 없게 된 여성은 빈민구호소로 오는 수밖에 다른 도리가 없었다.

그 위원회에 있는 동안 목격한 다른 여성들의 비극에 대해서도 이야기해야겠다. 일할 능력이 있는 빈민과 그 가족들을 돕는 구호 부서에서 일하면서, 집과 가족을 지키려고 필사적으로 애쓰는 미망인을 많이 만났다. 법률이 이런 여성들에게 제공하는 도움이라고는 정말 형편없는 수준이었다. 결국에 여성 자신과 아이가 갈 곳이라고는 빈민구호소밖에 없었다. 설혹 젖먹이를 데리고 있더라도 여성은 법률적으로는 노동할 능력을 갖춘 인간으로 여겨져서 아이를 떼어놓고 일을 해야 했다. 사람들은 통상 여성의 임무는 집에 머무르며 아이를 돌보는 것이라고 말하지만 현실은 그렇지 않다. 나는 남성 동료들에게 "여성이 투표권을 가지면 엄마와 아이들이 집에 머물며 아이들을 돌볼 수 있을 것입니다. 하지만 당신들 남성들은 이 엄마들이 그렇게 하

지 못하도록 만들고 있습니다"라고 말해서 그들을 놀라게 하곤
했다.

여성이 선거권을 갖게 되면 적어도 가난이라는 저주를 완
화시킬 여러 방법을 찾을 것이라고 확신한다. 여성들은 빈민구
호, 특히 극심한 가난을 예방할 실용적인 아이디어를 남성보다
더 많이 갖고 있다. 지역 회의나 위원회 연합 연례 연석회의에
참석할 때마다 그 사실을 새삼 깨달았다. 여성들은 토론할 때도
남성들보다 훨씬 더 유능하고 지혜로웠다. 내가 준비했고 많은
논란을 불러일으켰던 보고서가 몇 개 기억난다. 그중 하나는 실
업자에 대한 후원자의 의무에 관한 것으로, 정부가 실업자를 위
해 언제든 제공할 수 있는 여분의 일자리가 있다는 점을 지적한
보고서였다. 예컨대, 북서해안 쪽의 연안이 계속 쓸려가서 줄어
드는 상황에서 연안을 어떻게 복원할 것인가 하는 문제가 가끔
제기되곤 한다. 그러나 누구도 연안 복원 문제를 실업자 구호 방
안으로 제시하는 것을 들어본 적이 없다.

1898년에 나는 남편의 죽음을 맞아 돌이킬 수 없는 상실
감을 맛보았다. 남편이 갑작스럽게 죽었기 때문에 나는 아이들
―맏이가 겨우 열일곱이었다―을 돌보는 무거운 책무를 떠맡게
되었다. 빈민구제위원회의 직책을 사임하고, 곧바로 출생과 사

망을 다루는 맨체스터의 등기소에서 봉급을 받는 직책을 맡게 되었다. 영국에는 출생, 사망, 결혼을 기록하는 등기담당관이 있다. 그러나 마지막으로 제정된 결혼에 관한 법률에 '남성'(male person)이라는 단어가 명기되어 있으므로, 여성은 결혼을 기록하는 담당관으로는 임명될 수 없었다. 이 정부 부서의 본부는 런던의 서머셋 하우스에 있는 중앙호적등기소로서, 모든 중요한 통계 기록이 그곳에 모여 보존된다.

내 임무는 우리 구역의 주요 인구조사 담당관으로서 출생과 사망 증명서를 받아서 기록하고, 분기마다 중앙호적등기소로 장부를 보내는 일이었다. 내가 맡은 구역은 노동계급이 사는 지역이었기 때문에, 일주일에 두 번씩 저녁 시간에도 일을 했다. 여성들이 여자 등기사무관을 보고 얼마나 좋아했는지 생각하면 뭉클하다. 그들은 각자의 이야기를 내게 들려주었다. 어떤 이야기는 아주 끔찍했고, 가난에 대해 불평하지 않고 인내하는 모든 이야기에 슬픔이 깃들어 있었다. 빈민구호소에서의 경험을 하고 난 뒤인데도, 세상이 여성과 아이들을 전혀 존중하지 않는다는 사실을 볼 때마다 새삼 충격을 받았다. 열세 살 정도 된 여자아이가 자신이 낳은 사생아의 출생신고를 하러 등기소에 오곤했다. 아이의 아버지 혹은 가까운 친척이 아이를 임신시킨 경우가 많았다. 대부분의 경우에 우리는 아무것도 해줄 수 없었다. 영국에서 성행위에 대한 동의는 16세부터 가능한데, 남자는 여자아이가 16세가 넘은 줄 알았다고 주장하면 그만이었다. 내가 등기사무관으로 일하던 어느 날, 사생아를 낳은 아주 어린 엄마가 자신의 아이를 방치해서 죽게 만든 일이 발생했다. 그 소녀는 살인죄로 재판을 받았고, 사형을 선고받았다. 나중에 형이 경감되었지만 그 불쌍한 아이는 힘겨운 재판 과정을 겪어야 했고, 교수형 선고를 받는 끔찍한 경험을 해야 했다. 그러나 정의의 측면에서 볼 때 사실상 아기의 살인자인 아기 아버지는 아무런 벌도 받지 않았다.

미래에 문명이 진보하려면 정치적인 족쇄에서 풀려난 여성, 즉 사회에서 자신의 의지를 실현시킬 수 있는 힘을 가진 여성의 도움이 필수적이라는 확신을 더욱 강하게 만든 또 다른 경험이 있다. 이 경험 역시 여성으로서의 나의 삶과 여성이라는 신분과 밀접한 관련이 있다. 1900년에 나는 맨체스터 교육위원회의 후보가 되어달라는 요청을 받았다. 당시에 학교는 여전히 낡은 법률의 규제를 받고 있었지만, 각 지역의 교육위원회는 매우 여러 가지 활동을 하고 있었다. 그들은 초등교육법을 이행하고, 학교 부지를 사들이고, 건물을 세우고, 교사들을 고용하고 월급을 주었다. 그런데 학교의 규약과 교과과정은 정부 산하의 중앙 교육위원회에서 만들었다. 이것은 말도 안 되는 일이다. 런던에 있는 몇 사람이 영국의 외딴 시골에 사는 아이들에게 필요한 것을 어떻게 다 알겠는가? 그래도 현실은 그러했다.

맨체스터 교육위원회의 일원으로 일하면서 고급 직종인 교사들의 상황도 낮은 직종의 노동자들과 다를 바가 없다는 것을 알게 되었다. 남자들이 우월한 위치를 모두 차지하고 있었다. 교사들은 교육위원회에 대표를 보냈는데, 물론 대표는 남자 교사였고, 당연하게도 그는 남자 교사의 이익을 도모했다. 많은 여자 교사들이 정규 업무 외에도 바느질이나 가사 과목을 덤으로 가르치고 있는데도 남자 교사가 여자 교사보다 월급을 훨씬 더 많이 받았다. 여자 교사들은 과외로 일을 더해도 초과수당을 받지 못하는 등 업무 부담도 더 많고 월급도 적었지만, 남자 교사들보다 자신의 일에 더 열심이었고 아이들도 더 잘 챙겼다. 그 당시 맨체스터에는 겨울 동안 가난과 실업이 넘쳐났다. 그럴 때 여자 교사들은 얼마 안 되는 월급을 떼어 아이들에게 매일 저녁을 먹였고, 시간을 쪼개 그 아이들이 제대로 영양 공급을 받는지 감독하고 있었다. 교사들의 요지는 간단명료했다. "아이들은 수업을 받지 못할 정도로 가난합니다. 뭔가를 가르치기 전에 우선

먹여야 해요."

　1900년에 영국 의회는 여성이 남성보다 학교와 아이들에게 더욱 헌신적이므로 교육 분야에서 힘을 더 많이 가져야 한다는 사실을 인식하기는커녕, 교육을 여성의 손에서 완전히 빼앗아버리는 법을 통과시켰다. 이 법률은 지역의 교육위원회를 아예 없애버리고 학교 행정을 지방자치체에 맡겼다. 이에 따라 만약 맨체스터에 멋진 기술대학을 세울 때 몇몇 기업이 기술교육을 위한 기부금을 냈다면, 이제 그 기업들이 초등교육, 중등교육까지 전부 관할하게 된 것이다.

　그 법안의 조항에 따르면 기업들은 교육위원으로 최소 한 명의 여성을 선출해야 했다. 맨체스터 시 당국은 네 명의 여성을 추천했고, 노동당의 강력한 추천으로 나는 기술교육위원회의 유일한 여성위원이 되었다. 맨체스터 기술대학은 유럽에서 두 번째로 훌륭한 교육기관으로 연간 수천 파운드를 기술교육에 쓰고 있지만, 여성을 위한 정책은 거의 전무했다. 여성들은 제빵이나 제과처럼 여성들이 쉽게 들을 수 있는 과목에서도 배제되었다. 남성들의 노동조합에서 여성들이 이런 숙련된 기술을 배우는 걸 반대했기 때문이다. 남성들은 여성을 공동체의 하인 계급으로 여기고 있었고, 여성들이 스스로 그 상황에서 빠져

나오지 않으면 계속 하인으로 남아 있을 것이라는 사실이 분명하게 다가왔다. 나는 도대체 무엇을 해야 하는지 수없이 자문했다. 노동당이 무언가 획기적인 방안을 마련할 수 있으리라는 생각으로, 즉 정치가들이 무시할 수 없을 만큼 강력하게 여성 참정권을 요구할 수 있을지도 모른다는 생각으로 노동당에 가입하기도 했지만, 아무런 소용이 없었다.

이렇게 일하는 동안 내 딸들도 성장하고 있었다. 아이들은 언제나 여성 참정권에 관심을 가졌다. 크리스타벨과 실비아는 어릴 때부터 자신들을 내가 나가는 집회에 데려가달라고 했다. 우리 집 응접실에서 모임을 가질 때도 아이들은 나름대로 열심히 도왔다. 아이들이 자라면서 우리는 참정권에 관해 얘기를 나누었고, 이 운동이 성공할 것이라고 확신하는 청년들의 자신감에 나는 다소 겁이 나기도 했다. 어느 날 크리스타벨은 "엄마 같은 여성들이 얼마나 오래 투표권을 얻으려고 애써온 건가요? 나는 무슨 일이 있어도 투표권을 얻을 작정이에요"라고 말해서 나를 놀라게 했다.

투표권을 얻으려고 애쓰는 상황을 벗어나서 그것을 실제로 얻으려면 우리가 어떤 차이를 만들어내야 하는 것일까. '만일 젊은이가 알 수 있고, 노인이 할 수 있다면'이라는 프랑스 속담

이 있다. 만일 나이 든 참정권 운동가들이 혈기왕성하고 재능 있는 젊은 참정권론자들과 손을 잡을 수 있다면, 이 운동도 새로운 생명과 가능성을 얻을 수 있지 않을까 하는 생각이 들었다. 그 이후 딸들과 나는 새로운 방식을 찾고 새로운 길을 낼 수 있도록 젊은이들과 나이 든 이들을 연결하는 방법을 찾으려 애썼고, 결국 우리는 그 방법을 발견했다고 생각했다.

3

질문에 대한 답변을 요구합니다

***

아마도 1902년이었을 것이다. 미국의 사회운동가 수전 B. 앤서니가 맨체스터를 방문했다. 그녀의 방문은 우리 전투파 참정권 조직인 여성사회정치연합을 설립하는 데 상당한 영향을 끼쳤다. 크리스타벨은 수전 B. 앤서니에게 깊은 인상을 받아서 지역 신문에 이 존경스러운 개혁가의 삶과 활동에 대해 글을 기고했으며, 자주 그녀에 대해 이야기했다. 1906년 앤서니가 사망하자 크리스타벨은 인류를 위해 그토록 훌륭한 일을 한 분이 평생 희망했던 일을 못 이루고 죽었다는 사실에 슬퍼하고 분노했다. "또 다른 세대가 여성 투표권을 구걸하면서 삶을 낭비할 것을 생각하면 견딜 수가 없어요. 우리는 더 이상 시간을 낭비하면

안 돼요. 바로 행동에 돌입해야 합니다."

이 무렵 나는 여전히 노동당원이었다. 당시 노동당은 노동당이 최초로 의회에 입성시켰던 제임스 키어 하디를 의회에 다시 진출시켰다. 우리는 첫 번째 활동으로 노동당이 새로운 참정권법안을 책임질 것을 요구하기로 했다. 나는 노동당 연례회의에서 노동당 의원들이 여성 선거권 법안을 제출하기 위해 다른 의원들을 설득해야 한다는 결의안을 냈고, 이 결의안은 채택되었다. 그 후 우리는 낡아빠진 홍보 방식이 아니라 정치적인 행동을 통해서 즉각적인 선거권을 요구할 여성 단체를 조직하기로 결정했다.

이 단체를 조직하기 위해 1903년 10월에 맨체스터의 넬슨 가에 있는 우리 집에 여러 여성을 초대했다. 이 모임에서 투표를 거쳐 우리 단체를 여성사회정치연합이라고 부르기로 정했다. 단체의 민주적인 특성을 강조하는 한편, 이 단체의 목적이 홍보가 아니라 정치에 있다고 규정하기 위해서 이름을 그렇게 정했다. 이 단체는 여성만을 회원으로 받아들이고 어떤 정당과도 제휴하지 않고, 우리 의제에 대한 행동만 실천할 것을 결의했다. '말이 아니라 행동을'이 우리의 지속적인 모토가 되었다.

당시 여성 참정권 운동은 막다른 골목에 부딪혀 있었다.

예전에는 대중을 교육하는 일을 훌륭하게 수행했던 나이 든 지도자들이 이제는 위선적인 정치가들의 동정과 유감 표현만으로 만족하는 것처럼 보였다. 여성사회정치연합을 설립할 당시에 일어난 사건으로 인해 이런 사실을 새삼 깨달았다. 우리 의회에서는 어떤 법안도 정부가 직접 발의하지 않는 한 법률로 통과될 가능성이 거의 없었다. 일반 의원들은 자유롭게 법안을 입안할 수 있으나 이 법안이 2차 독회나 토론 단계까지 올라가는 경우는 없다시피 했다. 정부가 제출한 법안을 논의하는 데 너무 많은 시간이 할당되기 때문에 의원이 발의한 법안에는 시간이 거의 주어지지 않았다. 정부가 우선권을 준 의원 발의 정책에는 한 주에 하루 정도의 시간이 주어졌다. 한 회기에는 단 몇 주밖에 없으므로, 의회 첫날 의원들이 모여서 누구의 법안을 토론에 부칠지 제비를 뽑았다. 제비를 뽑은 의원들만이 법안을 발의할 기회를 가졌으며, 일찍 논의될 기회를 얻은 법안만이 심도 있는 심의 기회를 얻었다.[*]

예전의 여성참정권론자들은 정부가 참정권법안을 발의하리라는 기대를 오래전에 버렸고, 일반 의원들의 법안이 언젠가 고려 대상이 되리라는 희망에 매달렸다. 매년 의회가 열리는 날 참정권협회의 대표자들은 하원에 가서 소위 우호적인 의원들을 만나 여성 참정권 문제를 고려해달라고 부탁하곤 했다. 이 만남은 매우 관례적이었고, 심지어 희극적이기까지 했다. 우선 이 모임에 참석한 여성들이 연설을 했다. 그러고 나서 의원들도 연설을 했다. 여성들은 우호적인 의원들이 보여준 공감에 감사를 표했고, 의원들은 자신들이 여성 참정권을 지지하고 있으므로 기회가 닿으면 이 의제에 찬성하는 표를 던지겠다고 약속했다. 여성 대표자들이 씁쓸하지만 평화로운 마음으로 회의장을 떠나고 나면, 의원들은 자신이 속한 정당의 정책을 지지하기 위한 실무를 재개했다.

여성사회정치연합을 창설한 지 얼마 되지 않아 이런 행사에 참석한 적이 있다. 여성 참정권에 우호적인 찰스 매클라렌 경이 사회를 봤고, 그는 여성 참정권 운동에 공식적으로 지지 발언

---

*　영국 의회에서 법률안의 통과 과정은 다섯 단계를 거친다. 1차 독회에서 법률안이 공식적으로 제출되며, 2차 독회에서 법률안의 일반적 원칙에 대한 토론과 수정 사항 등에 대한 논의가 이루어진다. 야당이 법률안에 반대하면 표결이 이루어진다. 그다음으로 위원회 단계에서 법률을 상세히 검토한다. 네 번째 보고 단계에서는 본회의에서 수정안을 심사하며, 추가 수정안을 제안하기도 한다. 마지막으로 3차 독회에서는 법안의 최종 검토와 표결이 이루어진다. 하원을 통과한 법안은 상원으로 올라가서 다시 위의 다섯 단계를 거친다. 상원에서 인가된 법안은 최종적으로 국왕의 재가를 얻어 법률로 확정된다.

을 보내는 것으로 자신의 의무를 마쳤다. 그는 그토록 지적이고 헌신적이며 다른 자질을 많이 갖춘 여성들이 아직도 선거권이 없다는 사실에 자신과 많은 동료들이 깊은 유감을 느끼고 있다고 말했다. 다른 의원들도 비슷한 연설을 했다. 나는 연사는 아니었지만 행사가 끝날 무렵 발언을 해야겠다고 생각했다.

"찰스 매클라렌 경은 많은 동료 의원이 여성 참정권 운동의 성공을 바란다고 말씀하셨습니다. 그런데 현재 하원 의원들이 토론에 부칠 법안에 제비뽑기를 하고 있다고 알고 있습니다. 그렇다면 매클라렌 경께서는 어떤 의원이 여성참정권법안을 제출할 준비를 하고 있는지 말씀해주실 수 있으신지요? 매클라렌 경과 다른 의원들께서는 자신들이 열렬히 지지한다는 여성 참정권 개혁을 위해서 구체적으로 어떤 일을 하고 계신지요?"

당황한 매클라렌 경은 물론 아무 말도 해줄 수 없었고, 대표단은 혼란과 분노를 느끼면서 자리를 떴다. 나는 주제넘고 뻔뻔하게 간섭했다고 비난을 받았다. 사람들은 누가 나한테 발언권을 줬느냐고 따지기도 했다. 불시에 끼어들어서 자신들이 쌓아온 좋은 인상을 무너뜨릴 권리가 과연 나한테 있는지 묻기도 했다. 그들은 내 말 때문에 얼마나 많은 우호적인 의원들이 우리에게서 멀어질지 알 수 없다고 불평했다. 이런 일을 겪고 난 뒤

나는 맨체스터로 돌아가서 여성사회정치연합을 조직하는 데 새롭게 온 힘과 열정을 쏟았다.

나는 1904년 봄에 독립노동당 연례회의에 참석했다. 혹시 가능하다면 다음 회기에 여성참정권법안을 준비하도록 의원들을 설득해볼 작정이었다. 나는 독립노동당 전국집행위원회 위원이어서 당 안에서 어느 정도 영향력이 있었지만, 소수강경파가 내 계획에 강력하게 반대하리라는 것을 알고 있었다. 이 소수강경파는 남성과 여성을 망라해 모든 성인의 보통선거권을 확보하는 데 노동당이 힘써야 한다고 주장했다. 물론 노동당은 이론적으로는 성인 보통선거권을 추구할 수밖에 없다. 그러나 정부가 나서서 법안을 제정하지 않는다면 그렇게 포괄적인 개혁은 당시 상황으론 가능하지 않다는 것이 분명했다. 당시 하원 의원 다수는 현재의 남성 참정권과 동등한 수준에서 여성 참정권을 부여하는 법안을 지지하겠다고 서약했지만, 사실 모든 남성에게 참정권을 주는 것도 어려운 상황에서 남성과 여성을 포함한 모든 성인에게 참정권을 주는 법안을 의원들이 지지할지 알 수 없었다. 그런 법안이 나온다면, 설혹 그것이 정부 법안일지라도 통과하기 어려웠을 것이다.

전국집행위원회는 긴 논의 끝에 팽크허스트 박사가 초안

을 잡고 1879년에 하원에서 2차 독회에까지 상정되었던 여성 선거법 원안을 채택하기로 결정했다. 노동당 연례회의에서 압도적인 다수가 이 결정을 지지했다.

열심히 기다리던 의회의 새로운 회기가 1905년 2월 13일에 시작했다. 나는 맨체스터에서 런던으로 가서, 당시 사우스켄싱턴의 왕립예술원 학생이던 딸 실비아와 함께 하원으로 갔다. 우리는 8일 동안 하원의 외부인용 로비에 가서 여성참정권법안이 제출되면 지지해주겠다고 서약한 의원들을 모두 만나보았지만, 자신이 제비를 뽑을 경우 그 법안을 제출하겠다는 의원은 한 명도 없었다.

모든 위원은 자신이 관심을 쏟으면서 입안하고자 하는 법안이 있었다. 키어 하디 씨는 우리의 법안을 제출하기로 약속했지만, 우려했던 대로 제비뽑기에서 탈락했다. 우리는 제비를 뽑은 모든 의원을 만났고 열네 번째를 차지한 뱀퍼드 슬랙 씨에게 우리 법안을 제출해달라고 설득했다. 열네 번째는 좋은 기회는 아니지만 그래도 도움이 되었고, 우리 법안의 2차 독회가 5월 12일 금요일 두 번째 순서로 열리게 되었다.

8년 만에 처음으로 상정된 여성참정권법안이라 우리뿐 아니라 모든 여성 참정권 단체가 흥분해서 들썩였다. 이를 위해 여러 집회가 열렸고, 많은 청원서가 작성되었다. 우리 법안을 심의하는 날 부자와 가난한 자를 막론하고 모든 계층의 여성이 몰려와서 외부인용 로비에 다 들어갈 수 없을 정도였다. 여성들의 얼굴에서 빛나는 희망과 기쁨을 보고 있자니 마음이 아팠다. 우리의 가엾은 법안이 통과될 가능성이 거의 없다는 것을 이미 알고 있었기 때문이다. 그날 첫 번째로 심의된 법안은 공공도로에서 한밤중에 운행하는 모든 수레는 앞쪽뿐 아니라 뒤쪽에도 등을 달아야 한다는 법안이었다. 우리는 우리 법안을 위해서 이 사소한 법안을 제출한 사람들에게 철회를 부탁했으나 거부당했다. 우리는 보수당 정부에게 우리 법안이 충분히 토론될 수 있도록 우선권을 달라고 부탁했으나 그것 역시 거절당했다. 우리가 예상했던 대로, 도로 등불 법안을 발의한 사람들이 논의를 질질 끌면서 우리 법안을 토론할 기회를 막았다. 그들은 어리석은 이야기와 바보 같은 농담으로 논쟁을 계속함으로써 우리 법안에 쓸수 있는 시간을 빼앗았다. 의원들은 이 모욕적인 짓을 박수와 웃음으로 환영했다.

외부인용 로비에서 기다리던 여성들은 안에서 무슨 일이 일어나고 있는지 알게 되자 몹시 흥분하고 분노했다. 그들이 분노하는 걸 보면서 나는 이제까지 어떤 전통적인 여성참정권론자도 시도하지 않았던 방식으로 항의를 해야 할 때라고 느꼈다. 여성들에게 정부에 항의하는 집회를 열기 위해 밖으로 나가자고 말했다. 우리는 야외로 몰려나갔고, 영국 여성 참정권 운동의 초창기 멤버인 울스텐홀름-엘미 여사가 연설을 시작했다. 그러자 바로 경찰이 달려와서 모여 있는 여성들을 이리저리 밀치면서 해산을 명령했다. 우리는 상원 입구에 서 있는 사자왕 리처드 동상까지 갔으나 다시 한 번 경찰이 개입했다. 마침내 경찰은 웨스트민스터 사원 입구 근처에 있는 브로드 생추어리에서 집회를 갖도록 허락했다. 우리는 이곳에 모여 연설을 했고, 소수 강경파가 우리 법안을 논의할 시간을 빼앗도록 내버려둔 정부에 항의하는 결의안을 채택했다. 여성사회정치연합으로서는 이 일이 최초의 전투적인 행동이었다. 이 일에 대해 여러 논평이 뒤따랐고, 경악하는 반응도 있었지만, 경찰은 우리 이름을 적어가는 것으로 만족했다.

그해 여름에는 주로 야외에서 하는 활동에 집중했다. 이 무렵 우리 단체에 아주 귀중한 회원들이 가입했고, 기부도 줄을 이었다. 새로운 회원 중에는 나중에 전투파 운동에서 중요한 역할을 맡게 될 사람이 있었다. 젊은 여성 공장 노동자였던 애니 케리는 여성 참정권 운동에 깊이 공감하고 있었다. 올드햄에서의 집회가 끝난 후 애니 케니를 알게 되었는데, 그녀가 우리 단체와 목적에 대해서 더 많은 것을 알고 싶어 해서 그녀와 기숙학교 선생인 그녀의 여동생 제니에게 차를 마시러 오라고 초대했다. 그들은 초대에 응했고, 우리 연합에 가입했다. 연합에 가입한 후 케니 양의 삶은 완전히 달라졌고, 우리는 가장 훌륭한 지도자이자 활동가 한 명을 얻게 되었다. 그녀의 도움으로 우리는 이제까지와는 다른 완전히 새로운 대중을 상대로 선전운동을 할 수 있게 되었다.

랭카셔에는 웨이크스라고 알려진 일종의 떠돌이 축제 단체가 있었는데, 이들은 장터에서 회전목마, 공 던지기 등의 놀이를 제공했고, 다양한 공연도 했으며, 온갖 물건을 파는 노점도 운영했다. 웨이크스는 여름과 가을에 여러 마을을 돌아다니며 한 주씩 머물렀다. 웨이크스 축제 전날인 일요일에는 마을 사람들이 다음날 시작될 축제를 기대하면서 노점들 사이를 돌아다니곤 했다. 그러면 구세군, 금주협회 연설가, 약장수, 장사꾼 들이 축제에 온 청중에게 홍보를 했다. 애니 케니의 제안에 따라 우리는 웨이크스를 따라다니면서 이 마을 저 마을에서 여성 참정권에 관한 연설을 했다. 우리는 곧 구세군이나, 이 뽑아주는 사람, 특허약을 파는 장사꾼만큼 인기를 얻었다.

여성사회정치연합이 창설되고 나서 전국적인 규모의 작업을 벌일 기회를 얻기까지 2년이 걸렸다. 1905년 가을에는 여성 선거권에 밝은 희망을 약속하는 것처럼 보이는 정치적 상황이 발생했다. 거의 20년간 보수당이 지배했던 의회가 종언을 고하면서, 자유당이 권력을 잡을 수 있는 기회인 총선이 코앞에 닥쳤다. 자유당 후보들은 각 지역으로 가서 가능한 모든 방향에서 개혁을 하겠다고 열심히 약속했다. 그들은 민주주의의 진정한 옹호자이며 지지자인 자신들이 다시 한 번 내각을 구성할 수 있게 해달라고 유권자에게 호소했고, 자신들이 특권층 귀족에 대항해 모든 대중의 권리를 위하는 정부를 만들겠다고 약속했다.

그동안의 경험을 통해서 우리는 여성 참정권을 획득하는 유일한 길이 정부가 법안을 만들게끔 하는 것뿐이라고 배웠다. 개별 후보의 지지 약속은 아무런 의미도 없었다. 그들의 약속은 있으나마나였다. 새로운 정부가 들어서면 여성 참정권을 공식 프로그램의 일환으로 만들겠다는 책임 있는 지도부의 약속만이 가치가 있었다. 우리는 자유당 내각에 들어갈 가능성이 있는 사람들과 접촉하며, 여성을 위한 정의를 그들의 개혁에 포함시킬 것인지 알려달라고 요청했다.

우리는 맨체스터 자유무역홀에서 에드워드 그레이 경을

주요 연사로 하는 대규모 집회에서 이 작업을 시작하기로 계획을 세웠다. 우리는 '자유당은 여성에게 투표권을 줄 것인가?'라는 말이 적힌 커다란 깃발을 만들었다. 연단 바로 앞 자리를 확보해 우리 연사들이 에드워드 그레이 경에게 질문하기 위해 일어설 때 이 깃발을 회랑 난간에 걸 예정이었다. 그러나 원하는 자리를 얻지 못해 마지막에 계획을 변경해야 했다. 우리가 만든 큰 깃발을 이용할 수 없었기 때문에 집회 날 오후에 '여성에게 투표권을'이라고 쓴 작은 깃발을 만들었다. 전 세계 여성 참정권 운동의 슬로건이 된 이 말은 이런 식으로 아주 우연히 생겨나게 되었다.

애니 케니와 내 딸 크리스타벨이 에드워드 그레이 경에게 질문하는 임무를 맡았다. 그들은 연설이 진행되는 내내 조용히 앉아 있다가 모임이 끝날 때쯤 질문 기회를 잡았다. 우선 남자들이 몇 가지 질문을 했고, 정중한 답변이 돌아왔다. 그러고 나서 애니 케니가 일어서서 질문했다.

"자유당이 정권을 잡으면 여성에게 투표권을 주는 절차를 밟을 것인가요?"

그때 크리스타벨은 홀에 있던 모든 사람이 질문의 성격을 알 수 있도록 작은 깃발을 높이 치켜들었다. 에드워드 그레이 경은 애니의 질문에 답변하지 않았고, 그녀 가까이 앉아 있던 남자들이 거칠게 그녀를 자리에 끌어 앉혔다. 집회 관리인이 모자로 그녀의 얼굴을 가렸다. 소리 지르고 야유하는 소리가 회당에 넘쳐났다.

질서가 회복되자 크리스타벨이 일어나서 질문을 반복했다. "자유당이 정권을 다시 잡게 되면 여성에게 투표권을 줄 겁니까?" 에드워드 그레이 경은 또다시 질문을 무시했고, 분노의 외침 속에 엄청난 소동이 벌어졌다. 맨체스터 경찰청장인 윌리엄 피콕 씨가 연단에서 내려와서 애니와 크리스타벨에게 질문을 적어주면 연사에게 전달하겠다고 약속했다. 그들은 이렇게 적었다. "자유당 정부는 여성 노동자들에게 투표권을 줄 것입니까? 여성사회정치연합을 대표해 방직노동자 올드햄위원회 위원 애니 케니가 서명함." 그리고 애니 케니는 방직업에 종사하는 9만 6000명의 조직된 여성 노동자의 한 명으로서 이 질문에 대한 대답을 진심으로 바란다는 말도 덧붙였다.

피콕 씨는 약속을 지켜서 질문을 에드워드 그레이 경에게 넘겨주었다. 그레이 경은 질문을 읽고 미소를 띠었고, 질문을 연단의 다른 사람들에게로 넘겨주었다. 그들 역시 질문을 읽고 미소를 지었지만 대답은 없었다. 연단 위에 있던 한 여성만이 뭔가 말하려고 했으나, 의장이 더럼 경에게 마무리로 연사들에게 감사 인사를 드리라고 요청함으로써 그 여성의 말을 막았다. 윈스턴 처칠도 이 제안을 재청했고, 에드워드 그레이 경이 짧게 답변한 후 집회는 해산하기 시작했다. 애니 케니는 의자 위로 올라가서 사람들의 발소리와 중얼거리는 대화 소리 속에 큰 소리로 외쳤다. "자유당 정부는 여성에게 투표권을 줄 것입니까?" 그러자 청중은 폭도로 변했다. 그들은 악을 쓰고 고함치며 남자들의 집회에서 감히 질문을 해댄 여성에게 맹렬하게 주먹을 휘둘렀다. 사람들은 애니를 의자에서 끌어내리려고 손을 뻗었지만 크리스타벨은 애니를 한 팔로 끌어안고 다른 팔로는 군중을 밀어냈다. 군중은 크리스타벨의 소매가 피로 물들 때까지 때리고 할퀴어댔다. 그래도 젊은 여성들은 함께 꼭 붙어서 계속 소리쳤다.

"질문이요! 질문이요! 질문에 대한 답변을 요구합니다."

집회 관리인 여섯 명이 크리스타벨을 붙잡아 연단을 지나 통로로 끌고 갔고, 다른 남자들이 애니 케니를 붙잡아 끌고 갔지만 둘은 여전히 질문에 대한 대답을 큰 소리로 요구했다. 연단 위에서는 자유당 지도자들이 이 수치스러운 광경이 벌어지는 동안 침묵을 지키며 냉정하게 앉아 있었고, 군중은 집회장에서 소리를 질러댔다.

거리로 내동댕이쳐진 후 그 둘은 비틀거리며 일어나서 군중에게 연설을 시작했고, 자유당 집회에서 무슨 일이 있었는지 전했다. 5분도 채 지나지 않아 그들은 공공질서 방해죄로 체포되었고, 크리스타벨에게는 경찰을 공격한 죄가 추가되었다. 그들은 다음 날 아침 경찰 법정에서 즉결심판에 회부되었다. 재판은 그저 우스갯거리에 지나지 않았다. 애니 케니는 5실링의 벌금을 내거나 3일간 옥살이를 해야 했고, 크리스타벨 팽크허스트는 10실링의 벌금을 내거나 일주일간 옥살이를 해야 했다.

두 사람 다 감옥행을 선택했다. 나는 그들이 재판정을 떠난 직후 대기실로 가서 말했다. "너희들은 이번 일에서 맡은 역할을 훌륭하게 해냈다. 이제 내가 벌금을 낼 테니 집으로 가자꾸나." 애니 케니의 말을 기다릴 새도 없이 내 딸이 외쳤다. "어머니가 벌금을 내시면, 저는 다시는 집으로 돌아가지 않겠어요." 집회에 가기 전에 크리스타벨은 "질문에 대한 대답을 얻든지, 아니면 오늘밤 감옥에서 자겠어요"라고 말했었다. 나는 딸의 용기가 꺾이지 않았다는 것을 알게 되었다.

이 사건은 내 남편이 저명한 인사였고 나도 오랫동안 공직을 갖고 있었던 도시인 맨체스터에서뿐 아니라 온 영국에서 어마어마한 반응을 일으켰다. 언론의 논평은 한결같이 신랄했다.

남성들이 모든 정치 집회에서 연사들에게 질문을 하고 대답을 요구하는 것은 우리 나라의 관례다. 그러나 신문은 이런 사실을 무시한 채 두 젊은 여성의 행위가 전례 없고 도리에 어긋나는 일이라고 비난했다. 그들은 이 사건에 대한 처분이 너무 관대하다고 입을 모았다. 여성의 본분을 벗어난 자들에게 벌금과 구류는 지나치게 약소하다는 것이다. 이들의 미성숙한 행위에는 감옥보다 오히려 어린이를 위한 '육아실에서의 처벌' 쪽이 훨씬 더 어울릴 것이라는 식이었다. 버밍엄의 한 신문은 "여성들이 정치적 지위와 권력을 가지면 안 된다는 증거를 맨체스터 사건이 제공했다"라고 선언했다. 여성 참정권 문제를 아는 척도 안 했던 신문들은 자신들이 이전까지 여성 참정권에 우호적이었지만 이제는 더 이상 그것을 너그럽게 봐줄 수가 없다는 뜻을 내비쳤다. 맨체스터에서 일어난 이 사건 때문에 여성 참정권은 돌이킬 수 없을 정도로 후퇴했다는 것이 그들의 의견이었다.

그러나 다음과 같은 일들이 과연 신문이 말하는 '후퇴'의 증거가 될 수 있을까? 수십 명이 신문사에 편지를 보내 이 여성들에게 공감을 표했다. 에드워드 그레이 경의 부인은 친구들에게 이들이 택한 수단은 정당한 것이었다고 말했다. 맨체스터의 의원 후보 자리가 신경 쓰였던 윈스턴 처칠은 직접 두 사람이 갇혀 있는 스트레인지웨이스 감옥을 방문했고, 자신이 벌금을 대신 내겠다고 교도관에게 간청했으나 소용이 없었다. 10월 20일에 석방된 후 그들은 전에 자신들이 쫓겨났던 자유무역홀에서 대대적인 환영을 받았다. 이 일로 여성사회정치연합에는 새로운 회원이 많이 가입했다. 무엇보다도 여성 참정권 문제가 대영제국 전역에서 인구에 회자되는 생생한 화제가 되었다.

그때부터 자유당 정부의 유력한 의원이 연설을 하려고 일어설 때마다 '여성에게 투표권을'이라는 깃발을 흔들기로 했고, 그들이 여성들의 질문에 대답할 때까지 한순간도 평화롭게 두지 않기로 결정했다. 우리는 새 정부가 자신들을 자유당이라고 부르지만 여성 문제에 관해서는 보수반동이라는 것을 깨달았고, 그들이 여성 참정권에 대해서 적대적이므로 그들이 항복하거나 혹은 정권에서 물러날 때까지 싸워야 할 것이라는 점을 인식했다.

그러나 싸움을 본격적으로 시작하기 전에 우리는 새 정부에게 우리가 원하는 약속을 할 수 있도록 가능한 모든 기회를 주고자 했다. 12월 초에 보수당 정부가 물러났고, 자유당 당수인 헨리 캠벨-배너먼 경이 새 내각을 구성했다. 12월 21일에는 런던의 로열앨버트홀에서 대규모 자유당 집회가 열렸고, 그 집회에서 헨리 캠벨-배너먼 경은 내각에 둘러싸인 채 수상으로서의 첫 번째 연설을 했다. 우리는 집회 전에 여성사회정치연합의 이름으로 배너먼 경에게 편지를 써서 자유당 정부가 여성에게 투표권을 줄 것인지 물었다. 우리 대표단이 그 집회에 참석할 것이고 수상이 공식적으로 그 질문에 대답해줄 것을 희망한다고 덧붙였다. 만일 그렇지 않다면 그의 침묵에 대해서 공개적으로 대항할 수밖에 없다고 알렸다.

물론 헨리 캠벨-배너먼 경은 아무런 답변도 주지 않았고, 그의 연설에서 여성 참정권에 대해 어떤 암시도 하지 않았다. 연설이 끝날 때쯤 우리가 변장시켜 홀에 들여보냈던 애니 케니는 흰 옥양목 깃발을 꺼내들고 맑고 상냥한 목소리로 물었다. "자유당 정부는 여성에게 투표권을 줄 것인가요?"

그 순간 연단 바로 위의 좌석에서 테레사 빌링턴이 '자유당 정부는 여성 노동자에게 정의를 이행할 것인가?'라고 쓰인 거대한 깃발을 늘어뜨렸다. 잠시 숨 막히는 정적이 흘렀고, 사람들은 내각 각료들의 반응을 기다렸다. 그들은 아무 반응도 보이지 않았다. 그러자 소란과 혼란스러운 외침 가운데 여성들은 붙잡혀서 홀 밖으로 쫓겨났다.

바로 이 사건이 영국뿐 아니라 다른 어떤 나라에서도 전례가 없는 캠페인의 시작이 되었다. 우리의 여력이 충분했다면 모든 자유당 후보의 낙선 운동을 진행했을 것이다. 그러나 재정도 회원도 한정되어 있었기 때문에 우리는 정부의 한 의원에만 집중했는데, 그가 바로 윈스턴 처칠 씨였다. 우리가 처칠 씨에게 적의를 품었던 것은 아니고, 단지 그가 우리 연합 본부의 힘이 미치는 선거구에서 나온 유일하게 중요한 후보였기 때문이다. 우리는 처칠 씨가 연설하는 모든 선거유세장에 참석해서 무자비하게 질문 공세를 퍼부었다. 또한 너무나 뻔한 응수를 해서 청중의 웃음을 자아내는 방식으로 그의 가장 중요한 주장을 망쳐놓았다. 방해를 하면 안 되는 순간에 예기치 못한 구석구석에서 우리는 하얀 작은 깃발을 치켜들었다. 때때로 사람들이 우리의 깃발을 빼앗아 짓밟기도 했다. 그러나 때로는 군중이 우리 편을 들기도 했고, 우리가 유세 모임을 실제로 해산시키기도 했다. 처칠을 낙선시키지는 못했지만, 그는 아주 근소한 차이로 선거에서 이겼다. 맨체스터 자유당 후보 중 가장 적은 표차였다.

우리의 노력은 처칠 씨를 괴롭히는 것에 그치지 않았다. 선거 유세 내내 영국과 스코틀랜드 전역의 집회에서 내각 각료들에게 질문하는 일을 계속했다. 수상이 연설하고 있던 리버풀의 선홀에서는 여성 아홉 명이 연달아 이런 질문을 던져서 홀에서 쫓겨났다. 배너먼 경이 공공연한 여성 참정권 지지자인데도 이런 일이 발생했다. 우리는 참정권에 대한 그의 개인적인 의견을 물은 것이 아니었다. 우리는 정부가 여성 참정권과 관련해 어떤 일을 하려고 하는지 물었던 것이다. 셰필드에서는 허버트 헨리 애스퀴스 씨에게, 올트링엄에서는 데이비드 로이드-조지 씨에게, 그리고 글래스고에서는 또다시 수상에게 질문을 던졌으며, 다른 많은 유세장에서도 마찬가지로 방해를 했다. 우리는 언제나 폭력적으로 쫓겨났고 모욕을 당했다. 고통스럽게 멍이 들고 다치는 일도 자주 있었다.

이런 일이 도대체 무슨 소용이 있는가 하는 질문을 자주 받았다. 심지어는 우리의 활동에 자극을 받아서 자신들이 전에는 결코 할 수 없다고 생각했던 행동을 하게 된 여성들도 이런 질문을 했다. 우선, 우리가 선거유세를 방해하는 일 덕분에 여성 참정권 운동이 뉴스거리가 되었다. 그전에는 한 번도 없던 일이다. 이제 신문에는 우리 얘기가 잔뜩 실렸다. 두 번째로는 오래된 여성 참정권 단체들이 잠에서 깨어났다는 점을 들 수 있다. 총선 기간 동안 다양한 비전투적인 여성참정권론자들이 다시 활기를 되찾았고 자유당 정부의 행동을 촉구할 엄청난 규모의 성명서를 작성했다. 그 성명서 중 여성협동길드(Women's Co-

operative Guild) 성명서에는 거의 2만 1000명이 서명했고, 여성
자유당연맹의 경우 7만 6000명이 서명했으며, 스코틀랜드 여성
자유당연맹은 1만 5000명, 북부영국직조공협회는 10만 명이 서
명했다. 영국여성금주협회는 11만 명이 서명했다. 그리고 독립
노동당에서는 2만 명이 서명했다. 이 모든 활동을 일깨운 것은
분명 대단한 일이었다.

　　우리는 다음 단계로 런던에서 투쟁을 전개하기로 결정했
고, 애니 케니가 런던에서의 조직가로 선정되었다. 이 용감한 젊
은 여성은 단돈 2파운드만 주머니에 소지한 채, 임무를 수행하
러 떠났다. 약 2주 후에 나는 호적 등기사무관의 직책을 다른 이
에게 맡기고 런던에서 일이 어떻게 되어가는지 보러 갔다. 놀랍
게도 애니는 내 둘째딸 실비아와 함께 의회 개회식 날에 맞춰 여
성의 행진과 시위를 조직했다. 이 자신만만한 젊은이들은 웨스
트민스터의 캑스턴홀을 빌렸다. 그들은 집회를 알리는 전단지
를 대량 인쇄했으며, 시위를 조직하느라 바쁘게 움직이고 있었
다. 애니 케니와 크리스타벨이 감옥에 갔을 때 여성사회정치연
합에 가입했던 맨체스터의 플로라 드러몬드 여사가 우리를 도
우러 오겠다고 전갈을 보냈다. 그녀는 기차삯을 빌려야 했지만
어떻게든 왔고, 언제나 그랬듯이 귀중한 도움을 주었다.

전단지를 나누어주고, 보도에 분필로 집회에 대해 알리는 글을 쓰고, 지인들을 포함해 이름만 아는 사람까지 모두 방문하고, 집집마다 돌아다니면서 우리는 얼마나 열심히 일을 했던지!

1906년 2월 19일에 런던 최초의 여성 참정권 행진이 시작되었다. 행진에는 300~400명 정도가 참가했는데, 이스트엔드 출신의 가난한 노동계급 여성들이 대열을 이끌었고, 계층을 막론하고 수많은 여성이 그 뒤를 따랐다. 내 딸 실비아가 장식한 소박한 깃발을 들고 명령이 떨어지길 기다리며 줄 서 있는 여성들을 보자 내 눈에는 눈물이 고였다. 물론 우리의 행진을 보려고 호기심에 찬 구경꾼들이 모여들었다. 그러나 경찰은 우리의 행렬을 해산하려 하는 대신에, 단지 깃발만 펴지 말라고 했다. 우리가 깃발을 펼쳐 들지 않을 이유는 없었으나, 단지 우리가 힘없는 여성이라는 이유로 그런 명령을 내린 것이다. 우리는 깃발을 펼치지 않은 채 캑스턴홀로 들어섰다. 놀랍게도 홀은 여성들로 가득 차 있었다. 그들 대부분은 이전의 참정권 집회에서 한 번도 본 적이 없는 사람들이었다.

우리 회합은 매우 열정적이었다. 애니 케니가 연설하며 박수를 받는 동안, 의회에서 낭독된 국왕 연설(왕이 한 말이 아니라, 의회에서 준비한 현 회기의 정부 프로그램을 공식적으로 공표하는 것을 의미한다)에서 여성 참정권 문제는 전혀 언급되지 않았다는 전갈이 왔다. 애니가 연설을 마친 후 나는 일어나서 위의 사실을 알렸고, 의원들이 참정권법안을 제출하도록 촉구하기 위해 하원 앞으로 행진하자고 제안했다. 제안이 받아들여져 우리는 다 함께 하원의 외부인 출입구 쪽으로 서둘러 갔다. 비가 억수같이 퍼붓고 있었고 혹독하게 추웠지만, 한 사람도 돌아가지 않았다. 하원의 문이 사상 최초로 여성들에게 닫혀버렸다는 사실을 알게 된 후에도 상황은 마찬가지였다. 우리는 개인적으로 친분이 있는 의원들에게 명함을 전달했고, 그중 몇 명이 나와서 우리를 들여보내달라고 압력을 가했다. 그러나 우리를 들여보내지 말라는 명령을 받은 경찰은 완강했다. 민중 권리의 옹호자라는 자유당 정부는 여성들이 더 이상 자신들의 본부에 발을 들여놓지 못하게 명령을 내렸다.

의원들의 요구가 강력해지자 정부는 어느 정도 누그러져서 한 번에 스무 명의 여성만 로비에 들어오도록 허락했다. 수백 명의 여성들이 비와 추위 속에서 자신들이 입장할 차례를 몇 시간씩 기다렸다. 몇 명은 끝내 들어가지 못했고, 들어간 사람들도 만족감을 맛볼 수 없었다. 우리의 대의명분을 지지해달라는 호소를 수용하는 의원은 단 한 명도 없었기 때문이다.

이 일은 물론 실망과 낙담을 안겨주었지만, 그래도 나는 그 전보다 훨씬 행복했다. 이 여성들은 하원까지 나를 따라왔고, 경찰에도 맞섰다. 여성들이 마침내 깨어난 것이다. 그들은 여성들이 한 번도 해본 적이 없던 일, 즉 그 누구도 아닌 자기 자신을 위한 싸움을 할 준비가 되어 있었다. 여성들은 그동안 남성을 위해서 싸웠고, 아이들을 위해 싸웠다. 이제 그들은 자신의 인간적 권리를 위해서 싸울 준비가 된 것이다. 우리의 전투적 운동은 이렇게 시작되었다.

4

서프러제트가 왔다

***

　여성사회정치연합이 런던에 생긴 후 엄청나게 성장한 이유나, 이제까지 무관심했던 여성들이 유독 이 조직에 즉각적인 관심을 갖게 된 이유를 설명하려면, 우리 연합이 다른 참정권 단체들과 정확히 어떻게 다른지 설명해야 할 것이다. 우선 우리 회원들은 오로지 한 가지에만 관심을 집중했다. 즉, 정치적으로 남성과 평등하려는 목적에만 온 힘을 쏟았다. 우리 회원은 여성 참정권 외에 다른 사회적 개혁으로 관심을 분산하지 않았다. 우리는 여성이 사회악, 특히 여성들 자신에게 직접적으로 영향을 미치는 사회악을 개혁하는 데 힘쓰는 것이 합리적이고 정의로운 일이라고 여겼다. 그러므로 우리는 여성 투표권이라는 기본적인 정의를 어떤 다른 법안보다도 우선적으로 요구했다.

모든 여성참정권론자가 이 단순한 원칙을 받아들였다면, 대영제국의 여성들은 이미 오래전에 선거권을 얻었을 것이다. 그러나 그들은 그러지 않았고, 현재도 많은 영국 여성이 이런 전략을 쓰려고 하지 않는다. 그들은 자신들이 정당의 당원이라는 사실을 우선시했고, 참정권 문제는 그다음이었다. 아니면 그들은 가끔씩만 참정권론자였고, 나머지 시간에는 사회이론가였다. 여성과 선거권 사이를 견고하게 가로막는 정치적 상황을 분명히 인식하고 있다는 점에서도, 우리 조직은 지금까지의 참정권 단체들이나 1906년에 존재하던 다른 조직들과 차별성이 있었다.

7년 동안 다수의 하원 의원이 참정권법안에 유리한 쪽으로 투표를 하겠다고 약속했다. 이전 해에도 의원들은 참정권법안에 찬성하는 투표를 했다. 그러나 법안은 통과되지 못했다. 왜냐하면 개별 의원 중 압도적인 다수가 찬성한다고 해도 정부 내각 각료 열한 명이 적대적이면 법률로 제정될 수가 없기 때문이다. 의회의 평의원 각자는 한때 개인적인 권한과 책임을 지니고 있었다. 그러나 의회의 관례와 정치에 대한 개념이 바뀌면서 평의원들의 역할이 점차 줄어갔다. 현재 그들이 가진 권력은 정부가 제출한 법안을 제정하는 걸 돕거나, 드물긴 하지만 정부가 승인한 일반 의원 법안의 제정을 돕는 것에 한정되어 있다. 물론 하원은 정부에 대한 불신임을 통해 정부를 물러나게 할 수도 있다. 그러나 이런 일은 거의 일어나지 않는다. 그리고 지금은 이런 일이 일어날 가능성이 이전보다 더 줄었다. 명목상의 권력만 갖고 있는 인물들은 반란을 일으키지 못하기 때문이다.

당시 우리가 접한 상황은 이러했다. 정부가 모든 권력을 소유하고 있었고, 그들은 언제나 우리에게 적대적이었다. 입법 의원들은 모두 무력했다. 나라는 무관심했고, 여성들 역시 관심사가 갈라져 있었다. 여성사회정치연합은 이런 상황을 극복하기 위해서 만들어졌다. 게다가 우리는 꾸준히 밀고 나가기만 하면 이 상황을 극복하는 데 결코 실패하지 않을 정책을 갖고 있었다. 그러니 우리가 집회를 열 때마다 새로운 회원이 생기는 것은 당연했다.

여성사회정치연합에 가입하는 데는 약간의 형식적인 절차가 필요했다. 여성이라면 누구나 1실링을 내고 가입할 수 있었다. 그러나 가입할 때 우리 정책에 충성을 다할 것이며, 여성이 투표권을 획득할 때까지 어떤 정당을 위해서도 일하지 않겠다는 서약서에 서명을 해야 했다. 이 점은 아직도 우리의 확고한 정책이다. 게다가 한 명의 회원이나 몇 명의 회원이 우리 정책을 더 이상 신뢰하지 못하거나, 특정 정책이 바뀌어야 한다고 제안하거나, 다른 정책을 덧붙임으로써 의제를 혼란에 빠뜨리려고 한다면, 즉시 회원 자격을 잃는다. 분명 독재적이라고 볼 측면이 있다. 여러분은 아마도 참정권 조직은 민주적이어야 한다고 반론을 펼 것이다. 그러나 우리 회원들은 그렇게 생각하지 않는다. 우리는 평범한 참정권 조직이 효과가 있다고 믿지 않는다. 여성사회정치연합은 복잡한 규칙에 방해받지 않는다. 우리에게는 어떤 회칙도 내규도 없다. 연례회의에서 수정하거나 고치거나 논쟁을 할 어떤 조항도 없다. 사실 우리는 연례회의도, 업무를 위한 회기도, 혹은 임원을 선출하는 선거도 없다. 여성사회정치연합은 간단히 말해서 전장에서 싸우는 참정권 군대다. 순수하게 자원하는 군대이고, 원하지 않으면 누구라도 남아 있을 필요가 없다. 우리는 군대의 정책을 열렬히 신봉하지 않는 사람은 남아 있길 바라지 않는다.

우리 정책의 기반은 여성에게 투표권을 거부하는 정부에 반대하는 것이다. 여성 참정권에 적대적인 정부를 말이나 행동으로 지지하는 것은, 그들의 적대적인 태도를 격려하는 것이나 마찬가지다. 우리는 자유당 정부가 정권을 잡고 있기 때문에 그들에 반대한다. 연합파*가 정권을 잡고 여성 참정권에 반대한다면 우리는 그들에 대해서도 반대할 것이다. 우리는 자유당에 가입해 있는 여성들이 그 정당에 남아 있는 한, 정부의 반여성참정권 정책에 암묵적인 지지를 보내는 것이라고 주장한다. 우리는 의회의 의원들이 정부의 어떤 정책이라도 지지하는 한, 반참정권 정책을 암묵적으로 지지하는 것이라고 알리고자 한다. 우리는 진정한 참정권론자라면 남성과 동등한 조건으로 여성들에게 투표권이 주어질 때까지 자유당 정부를 지지하지 말 것을 촉구한다. 우리는 모든 투표권자에게 자유당 정부가 여성들을 공정하게 대할 때까지는 자유당 후보들에게 반대하는 투표를 하라고 요구한다.

우리가 이 정책을 처음 만들어낸 것은 아니다. 35년쯤 전에 파넬이 아일랜드 자치 투쟁을 이끌 때 이런 정책을 성공적으로 펼쳤다. 파넬이 이끌었던 격동기를 기억할 만큼 나이 든 사람들이라면 1885년 아일랜드 자치파가 하원에서 정부에 대항해

---

*　1886년, 아일랜드 자치를 반대하고 영국과 아일랜드의 연합을 지지하는 일부 자유당원이 탈당해 구성한 자유주의연합파(Liberal-Unionist)는 보수당과 연합해 윌리엄 글래드스톤이 제출한 아일랜드자치법을 기각시켰다. 자유주의연합파와 보수당은 1895년부터 1905년까지 연합 정부를 유지했고, 1912년에 정식으로 합당했다.

끈질기게 투표함으로써 어떻게 글래드스톤과 그의 내각을 사퇴하게 만들었는지 기억할 것이다. 그다음 총선에서 자유당은 다시 정권을 잡긴 했지만 84표라는 근소한 차이로 이겼다. 아일랜드 자치파가 모든 자유당 후보와 맞서 싸웠고, 심지어는 내 남편처럼 아일랜드 자치를 열렬히 지지했던 자유당 후보들과도 싸웠기 때문이다. 글래드스톤은 하원을 장악하고 자신의 지배권을 유지하기 위해서 결국 아일랜드자치법안을 정부에서 발의해야 했다. 파넬이 개인적인 스캔들로 인해 몰락하고 결국 죽음에 이르게 되자, 그 법안은 입법되지 못했다. 그 후 오랫동안 아일랜드 민족주의자들은 파넬의 반정부 정책을 이끌 만큼 강한 지도자를 갖지 못했다. 그러나 최근에 제임스 레드먼드 씨가 이 투쟁을 이어갔고, 결국 하원에서 아일랜드자치법이 통과되었다.

전통적인 참정권론자들과 정치가들은 여성이 교육받은 대중의 여론에 의해서 결국 투표권을 얻게 될 것이므로 개혁을 위해서 애쓸 필요가 없다고 늘 주장해왔다. 우리는 대중을 교육해야 한다는 것에는 동의한다. 그러나 교육된 대중의 여론이 존재한다 해도 그것을 적극적으로 이용하지 않으면 아무런 쓸모가 없다는 것이 우리의 주장이다. 가장 날카로운 무기라도 용기 있게 휘두르지 않으면 아무 힘도 없는 법이다. 1906년에는 여성 참정권에 우호적인 여론이 엄청나게 많았다. 그러나 그것이 이 문제에 무슨 도움이 되었는가? 우리는 대중에게 공감보다 훨씬 더 많은 것을 요구해야 한다. 대중은 정부가 여론에 부응해 여성 투표권을 부여하도록 촉구해야 한다. 그래서 우리는 반참정권 세력뿐 아니라 모든 중립적이고 행동하지 않는 세력에 대항해서도 전쟁을 선포했다. 투표권이 있는 모든 남성은, 그가 적극적으로 여성 참정권의 친구가 될 준비가 되어 있지 않은 한, 여성 참정권의 적이다.

그렇다고 해서 교육을 위한 캠페인을 그만두어야 한다고 생각한 것은 아니다. 대중 교육을 계속할 뿐 아니라 오히려 예전보다 훨씬 더 적극적으로 해야 했다. 우선 우리는 대중에게 여성 참정권의 중요성을 일깨우기 위해 혁신적인 캠페인을 벌였고, 대중이 정부를 압박하는 우리 계획에 관심을 갖게 하는 데 힘썼다. 이 점에서 우리는 즉각적인 성공을 거두었고, 그 성공은 계속되었다. 초기 런던 시절에는 회원수도 얼마 안 되고 돈도 없었지만, 처음으로 여성 참정권 운동을 대중에게 알렸다. 우리는 구세군의 예를 따라 큰길이나 골목길에서 새로운 회원을 찾아다녔다. 우리는 '숙녀다운 행동'이라든가 '체면을 차린 방식' 따위의 관습적인 개념은 다 던져버리고 단 한 가지 시금석이 되는 질문, 즉 이 방법이 도움이 되는지 아닌지에만 집중했다. 구세군을 창설한 윌리엄 부스 부부와 그 관계자들이 길거리 군중 속으로 종교를 끌고 와서 교회 관계자들을 경악시킨 것처럼, 우리 역시 다른 참정권론자들이 경악할 만한 방식으로 참정권 문제를 일반 대중에게 끌고 들어갔다.

우리는 참정권에 관한 팸플릿을 많이 준비했고, 회원들은 매일 거리 집회를 열었다. 마음에 드는 장소를 찾으면 한 사람은 종을 울려대고, 다른 사람은 의자를 연단 삼아 연설을 했다. 그러면 지나가던 사람들이 무슨 일인지 궁금해 발걸음을 멈추곤 했다. 캠페인을 시작하고 나서 얼마 후부터는 종소리가 울리면 사람들이 마법처럼 모여들었다. 사방에서 "서프러제트가 왔다! 어서 나와봐!"라는 외침이 들렸다. 우리는 이런 식으로 런던을 누볐다. 청중은 늘 있었다. 무엇보다 여성 참정권에 대해 아무것도 모르는 청중도 많이 모여들어서, 우리는 대중들의 우호적인 여론을 만들어가며 그들을 일깨우기 시작했다. 거리 집회뿐 아니라 공회당이나 응접실에서도 모임을 자주 가지며 언론에도 많이 노출되었는데, 이는 여태까지의 참정권 운동과는 완전히 다른 방식이었다.

우리 계획에는 최대한 빨리 정부가 참정권법안을 발의하

게끔 하는 것도 포함되어 있었다. 1906년 봄에 헨리 캠벨-배너먼 수상을 만나러 우리 회원 30명가량을 대표단으로 보냈다. 첫 방문 때 수상이 부재중이라는 말을 들었다. 그래서 며칠 후에 다른 대표단을 보내자, 이번에는 하인이 우리의 요청을 수상에게 전달했다. 여성들은 한 시간가량 다우닝가 10번지 수상 공식 관저의 문 앞에서 참을성 있게 기다렸다. 문이 열리고 두 남자가 나타나 대표단 단장에게 즉시 떠나라고 거칠게 명령했다. 단장은 "우리는 수상에게 메시지를 전달했고, 대답을 기다리고 있습니다"라고 말했지만, "대답은 없을 것입니다"라는 단호한 대답이 돌아왔고, 문은 다시 닫혔다.

"아니요. 대답을 들어야겠어요." 단장이 외치며 문을 세게 두드려댔다. 남자들이 바로 다시 나타나 근처에 있던 경관을 불렀다. "이 여자를 체포하시오." 명령은 이행되었고, 대표단이 평화를 준수했는데도, 대표단 단장은 캐논로우 경찰서로 끌려갔다. 여성들은 곧 격렬하게 항의하기 시작했다. 애니 케니는 모여든 군중에게 연설을 시작했고, 드러몬드 여사는 경비원을 밀치고 대영제국의 신성한 수상 관저로 들어가기까지 했다. 두 사람도 체포되었다. 세 여성은 경찰서에 한 시간 정도 억류되었다. 아마 수상은 그 정도면 여자들이 완전히 겁먹어 그런 끔찍한 짓을 다시는 하지 않을 거라고 생각했던 모양이다. 그러고 나서 그는 그들을 고발하지 않겠다는 전갈을 보냈고, 오히려 여성사회정치연합의 대표단을 맞이할 것이며, 원한다면 다른 참정권 단체 사람들도 만나겠다고 밝혔다.

모든 참정권 단체가 이 큰 일을 위해 즉시 준비에 돌입했다. 의원 200명이 한꺼번에 정부가 발의한 여성참정권법안의 필요성을 수상에게 촉구하는 청원서를 보냈다. 캠벨-배너먼 경은 5월 19일에 의원들과 여성 참정권 조직의 합동 대표단을 만나기로 했다.

여성사회정치연합은 이 기회를 대중에게 가급적 널리 알리려 행진과 시위를 준비했다. 그날 우리는 웨스트민스터 다리 입구를 지키는 전사 여왕 보아디케아(Boadicea)의 아름다운 조각상 아래 모여서 외무부로 행진했다. 수상과의 회합에서는 여덟 명의 여성이 참정권법안의 즉각적인 발의를 촉구하기 위해 연설을 했고, 키어 하디 씨가 의회 내 참정권을 옹호하는 의원들의 주장을 전달했다. 나는 여성사회정치연합을 대표해 연설했으며 수상에게 어떤 다른 의제도 우리의 의제보다 더 급박할 수 없다고 강변했다. 나는 여성들에게 선거권은 너무나 중요하기 때문에, 그들은 그것을 얻기 위해 자신들이 소유한 모든 것, 즉

생계수단과 목숨까지도 내놓을 각오가 되어 있으니, 지체 없이 정의를 시행함으로써 그런 희생이 필요 없게 해달라고도 간청했다.

헨리 캠벨-배너먼 경은 우리의 의제에 공감하고 있으며, 그 의제가 옳다고 믿는 동시에, 여성들이 투표할 자격이 있다고 확신한다고 말했다. 그는 내각 각료 몇 명이 우리의 의제에 반대하기 때문에 아무것도 할 수 없으니, 참을성 있게 기다리라고 말했다. 그는 이 말에 몇 마디 덧붙이고 평소대로 감사의 인사를 마친 후 대표단을 물러나게 했다. 나는 그 이상을 바라지도 않았지만, 거리에서 기다리던 우리 연합의 여성들이 대표단의 결과 보고를 듣고 나서 실망한 것을 생각하면 가슴이 찢어졌다. 우리는 그날 오후 대규모 항의 집회를 열었고 우리의 운동을 더욱 적극적으로 수행해 나가기로 결정했다.

정부가 참정권법안을 발의하지 않을 것이 확실하므로, 단지 대중 연설과 시위만이 아니라 내각 각료들에게 끝없이 질문 공세를 퍼부으면서 이 나라를 일깨우는 방침을 계속하는 도리밖에 없었다. 크리스타벨 팽크허스트와 애니 케니가 에드워드 그레이 경의 맨체스터 회합에서 쫓겨나고, 정중한 질문을 던졌다는 죄목으로 감옥에 갇힌 이래, 우리는 내각 각료들에게 질문을 던질 기회를 놓치지 않았다. 이런 이유로 우리는 무자비한 비판을 받았고, 많은 경우 아주 거친 대접을 받았다.

　　나는 내가 미국에서 참석했던 거의 모든 모임에서 다음과 같은 질문을 받았다. "회합에 훼방을 놓아서 무엇을 얻을 거라고 기대하시나요?" 영국에서는 전통적이고 신성한 특권으로 여겨지는 훼방을 미국인들은 모른단 말인가? 훼방꾼의 목소리가 존재하지 않는 정치적 회합을 영국에서는 상상할 수 없다. 영국에서는 언제나 이런 방해의 '목소리'가 존재한다. 연사에게 질문 공세를 퍼붓고 그의 논의를 망치도록 계산된 질문을 던지는 것은 반대파의 양도할 수 없는 권리로 간주된다. 예컨대, 자유당원이 보수당 집회에 가게 되면 재치 있는 말과 날카로운 질문으로 보수당 연사가 하는 연설의 가장 중요한 부분을 엉망으로 만들 준비를 한다. 그러면 다음 날 신문 헤드라인에서 다음과 같은 구절을 볼 수 있게 된다. '멋진 훼방의 목소리'라든가, '토리의 장광설을 무자비하게 공격하다'라든가, '적의 연단에서는 말도 안 되는 답변만' 같은 것들 말이다. 본문을 읽어보면 '아무개 경은 모임에 참석한 자유당원들에게 적수가 못 되었다'라든가, '아무개 경의 연설 동안 끝없는 방해가 있었다' 혹은 '아무개 대령은 자기 연설을 들리게 하려고 애를 먹었다'라는 구절들이 있다.

이런 관습에 따라 우리는 내각 각료들에게 질문 공세를 퍼부었다. 예를 들어 윈스턴 처칠 씨가 "해결해야 할 아주 중대한 문제가 하나 남아 있습니다"라고 말한다고 치자. 그러면 "그것은 여성 참정권 문제입니다"라는 목소리가 청중 쪽에서 나온다. 처칠 씨는 연설을 이어가려고 애를 쓴다. "사람들(men)은 나에 대해 불평을 합니다"라고 말하면 "여자들 역시 당신에 대해 불평을 합니다, 처칠 씨"라는 목소리가 한 구석에서 되받아친다. "현재 상황에서 우리가 할 수 있는 것은 다만…"이라고 처칠 씨가 말하면, "여성에게 투표권을 주는 것입니다"라는 목소리가 튀어나온다.

물론 우리의 목적은 여성 참정권을 가장 첨예한 관심사로 유지하고 다른 어떤 개혁도 그만큼 직접적인 중요성을 갖고 있지 않다고 주장하는 것이다.

여성들의 방해는 처음부터 비이성적인 분노를 자아냈다. 나는 언젠가 데이비드 로이드-조지 씨가 자신의 연설을 방해한 남자에 대해 이렇게 말하는 걸 들은 적이 있다. "그 사람을 쫓아내지 마세요. 저는 방해받는 것이 마음에 듭니다. 내 의견과 다른 의견을 가진 사람이 참석했다는 걸 알게 되고, 그 사람들의 의견을 바꿀 기회가 제게 주어지니까요." 하지만 여성 참정권 운동가들이 그의 연설을 방해하자 그는 이렇게 말했다. "고양이들이 야옹거리는 데 관심을 두지 맙시다."

다른 내각 각료들은 좀 점잖은 표현을 쓰긴 했지만, 어쨌든 모두 경멸과 분노를 드러냈다. 여성들이 자유당 소속 관리인들에게 거칠게 쫓겨나면 모두들 만족감을 표했다.

로이드-조지 씨가 연설하는 모임에서 질문을 던져 방해하자, 그는 자신이 여성 참정권을 지지한다는 점을 들어 방청객들에게 공감을 호소했다. "그러시다면 어째서 여성의 투표권을 위해서 뭔가 행동하지 않습니까?"라는 것이 우리의 당연한 응수였다. 그러나 로이드-조지는 다른 질문을 해서 이 질문을 회피했다. "왜 당신들의 가장 큰 적을 공격하지 않고 여기서 이러시나요? 어째서지요?" 회당 전체에서 즉시 사람들이 "애스퀴스! 애스퀴스!"라고 외치기 시작했다. 초창기에도 애스퀴스 씨가 여성 독립의 엄혹한 적이라는 사실은 잘 알려져 있었던 것이다.

1906년 여름에 여성사회정치연합의 다른 회원들과 함께 애스퀴스 씨가 정부의 교육법안을 위해 대규모 공청회를 가지는 노샘프턴으로 갔다. 우리는 여러 야외 집회를 조직했고, 물론 애스퀴스 씨의 회합에도 참석할 준비를 했다. 그 지역 여성자유당협회의 회장과 대화를 나누면서 우리가 쫓겨날 것이라고 말했더니, 그녀는 여성들이 자유당을 위해 많은 일을 한 노샘프턴에서는 그런 일이 있을 수 없다며 분개했다. 나는 단지 그녀에게 회합에 참석하길 바란다고 말했다.

사실 나 자신은 회합에 갈 계획이 없었다. 나는 문 밖에서 따로 집회를 열 예정이었다. 그러나 우리 회원들이 애스퀴스 씨가 연설을 시작하기 전에 질문을 시도하다가 폭력적으로 밖으로 쫓겨나는 일이 벌어졌다. 그래서 내가 맡은 집회를 다른 이들에게 맡기고 조용히 회당 안으로 들어가서 자유당 지도부의 아내나 여성 지지자들을 위해 앞쪽에 따로 마련된 곳에 앉았다. 조용히 앉아 있으면서 남자들이 연사의 말을 끊고 질문에 대한 대답을 얻어내는 것을 듣고 있었다. 연설이 끝날 무렵 나는 일어나서 의장에게 말했다. "애스퀴스 씨에게 교육에 대한 질문을 드리고 싶습니다." 의장은 애스퀴스 씨를 보았고, 그는 얼굴을 찌푸리며 고개를 저었다. 의장이 한마디도 하기 전에 나는 말을 이었다. "애스퀴스 씨는 부모가 아이들 교육 문제에 의견을 낼 권리가 있다고 말씀하셨습니다. 특히 아이들이 받아야 하는 종교교육 같은 문제에 관해서요. 애스퀴스 씨는 여성이 남성들과 마찬가지로 투표를 통해서 아이들의 교육에 영향력을 행사할 권리가 있어야 한다고 생각하지 않으시나요?" 이렇게 말하자 관리인이 내 팔과 어깨를 잡고 나가라고 재촉했다. 내가 곧 중심을 잃고 비틀거리자 그들은 나를 문간으로 질질 끌고 가 건물 밖으로 던져버렸다.

이 사건이 노샘프턴 여성자유당협회 회장에게 미친 영향은 매우 유익한 것이었다. 그녀는 자신의 자리를 사임한 후 우리 연합의 회원이 되었다. 아마도 그 사건에 대한 언론 보도가 그녀의 결정에 더 크게 영향을 미쳤을 것이다. 나를 쫓아낸 후 애스퀴스 씨가 유권자들의 이성에 호소한다면서 대중 회합을 방해하는 전략을 택한 이 여성들의 정신 상태를 이해할 수 없다고 말했다는 사실이 보도되었던 것이다. 그는 분명 대중 회합을 방해하는 남성들의 정신 상태는 이해할 수 있었던 모양이다.

우리는 적대적인 정부에서 중책을 맡고 있는 의원들에게 질문 공세를 퍼부었을 뿐 아니라, 우리의 의제를 위한 정연한 논리를 제시할 목적으로 대표단도 보냈다. 애스퀴스 씨가 참정권론자들의 목적에 대해서 전혀 알지 못한다는 점이 드러나자, 우리는 그에게 여성사회정치연합 대표단을 만나달라고 요청하기로 했다. 우리가 보낸 정중한 편지에 대해서 애스퀴스 씨는 그가 맡은 특정 업무들과 관련되지 않는 주제에 관해서는 면담에 응할 수 없다며 차가운 거절의 의사를 보내왔다. 우리는 애스퀴스 씨에게 다시 편지를 써서 의회에서 다룰 만한 모든 문제는 정부의 일원인 그와 관련이 있다는 사실을 상기시켰다. 우리의 질문을 긴급하게 던지기 위해서 대표단을 보낼 테니, 우리를 만나는 것이 그의 의무임을 깨닫게 되길 바란다고 썼다.

첫 번째 대표단이 갔을 때는 애스퀴스 씨가 집에 없다는 답변을 들었다. 사실 그는 집 뒷문으로 빠져나가 자동차를 타고 도망가버렸던 것이다. 이틀 후 우리는 30명 정도로 구성된 더 큰 대표단을 캐번디시스퀘어에 있는 그의 집으로 보냈다. 정확히 말하자면 그들은 캐번디시스퀘어 입구까지밖에 가지 못했다. 그곳에서 철통같이 가로막고 있는 경찰들과 맞닥뜨렸기 때문이다.

수많은 여성이 '여성에게 투표권을'이라는 작은 깃발을 들고 있었는데, 경찰은 깃발을 빼앗아서 찢어버렸고, 주먹으로 때리고 모욕까지 주었다. 이 광경을 보고 대표단 단장이 외쳤다.

"우리는 앞으로 나아갈 것입니다. 당신들은 여자들을 때릴 권리가 없습니다."

이 말을 듣자마자 옆에 있던 경찰이 그녀의 얼굴을 때렸다. 그녀는 고통과 분노로 소리 질렀고, 그러자 그 경찰은 그녀의 목을 잡고 얼굴이 새파래질 때까지 공원 울타리에 대고 찍어 눌렀다. 이 젊은 여성은 몸부림을 치며 싸웠고, 이 일로 그녀는 경찰을 공격했다는 죄목으로 체포되었다. 다른 세 명의 여성도 체포되었다. 한 명은 경찰의 저지선을 뚫고 애스퀴스 씨 집의 초인종을 누르는 데 성공했고, 다른 여성은 응접실 창문으로 구경하며 웃던 부인들에게 항의를 했다는 죄목이었다. 그녀는 가난한 노동자 여성인 자신에게는 너무도 중대하고 심각하게 보이는 의제를 부유하고 보호받는 여성들이 비웃는 것이 끔찍하다고 생각했다. 네 번째 여성은 인도에서 떠밀려 내려온 뒤 다시 인도로 올라가려 했다는 이유로 체포되었다. 치안방해죄로 체포된 여성들은 2급 감옥*으로 6주간 보내졌다. 그들은 벌금을 낼 선택권이 있었으나 벌금을 내면 자신들이 유죄라는 것을 인정하는 것이므로 벌금을 낼 수는 없었다. 대표단 단장에게는 2개월의 금고형 혹은 10파운드의 벌금형이 선고되었다. 그녀는 벌금 내기를 거부하고 감옥에 갔다. 하지만 익명의 친구가 비밀리에 벌금을 대신 냈기 때문에 형기를 다 채우지 않고 석방되었다.

런던에서 이런 일이 발생할 무렵 맨체스터에서도 여성에 대한 폭력 사건이 발생했다. 맨체스터에서는 존 번스, 로이드-조

---

*   벌금형을 선고받고 벌금을 내지 않는 죄수들이 가는 감옥으로 중노동은 하지 않는다.

지, 윈스턴 처칠 등 세 명의 내각 각료가 대규모 자유당 집회를 열고 있었다. 언제나 그랬듯이 여성들은 우리의 법안을 지지할 것을 요구하러 갔다. 그들은 맨체스터의 집회에서도 쫓겨났고, 그중 세 명이 감옥에 갔다.

많은 영국인이 독자 여러분에게 서프러제트들은 재물손괴 죄로 감옥에 갔다고 말해줄 것이다. 그러나 실상 수백 명의 여성이 무언가를 파괴할 생각을 하기도 전에 위에서 설명한 바로 그런 이유로 체포되었다. 운동을 시작할 때 우리는 우리 목소리가 들리게 할 것이며, 정부가 우리의 질문을 받아들여 의회에서 행동을 취함으로써 응답하게 만들 것이라고 결의했다. 미국 독자들이라면 매사추세츠 주에서 초기 노예해방론자인 웬델 필립스, 윌리엄 로이드 개리슨 등이 취했던 입장과 유사한 입장을 우리가 취했다는 것을 알 수 있을 것이다. 그들도 자신들의 목소리를 전파하기 위해서 모욕과 체포라는 위협에 맞서 맹렬하게 싸워야 했다. 그리고 그들의 목소리는 널리 퍼졌다. 마찬가지로 시간이 지나면서 우리의 목소리도 들리게 되었다.

우리가 진지하게 주목받기 시작한 것은 자유당 후보를 낙선시키는 데 처음으로 성공한 후라고 생각된다. 1906년 8월 코커머스에서 진행된 보궐선거에서 일어난 일이다. 보궐선거란 의원의 사망이나 사퇴에 의해서 발생한 의회의 공석을 채우기 위해 열리는 지방선거로, 보궐선거 결과는 정부가 공약을 이행해온 방식에 대한 승인이나 비판으로 간주된다. 우리는 코커머스로 가서 유권자들에게 자유당이 과연 민주주의의 공약을 지켰는지, 혹은 모든 사람들의 권리에 대해 그들이 공언한 신념에 맞게 행동해왔는지에 대해 이야기했다. 우리는 런던과 맨체스터에서 일어난 체포 사건에 대해 알렸고, 자유당 집회에서 발생한 여성에 대한 수치스러운 대우에 대해서도 알렸다. 우리는 투표권에 대한 요구에 비인도적으로 응수한 정부를 견책해줄 것을 요청했다. 정치가가 알아들을 수 있는 유일한 질책은 의회에서 자리를 잃게 하는 것이니, 자유당 후보를 패배시켜달라고 부탁했다.

우리가 얼마나 비웃음을 당했는지! 신문들은 '그 미친 여자들'은 단 한 명의 유권자의 마음도 돌리지 못할 것이라고 조롱했다. 그러나 선거가 끝나자 자유당 후보가 의석을 잃었다는 사실을 알게 되었다. 1년 전 총선에서 655표 차로 압승을 거두었던 곳에서, 이번에는 연합파 후보가 609표 차로 다수를 차지해 의석을 얻었다. 우리는 엄청나게 의기양양해져서 또 다른 보궐선거가 있는 곳으로 회원들을 보냈다.

이제 조롱은 우리에 대한 맹렬한 비난으로 바뀌었다. 자유당 정부는 여전히 여성 문제에 관심 갖기를 거부했다. 그들은 자유당 지지 언론을 통해 코커머스에서의 패배는 중요하지 않을 뿐더러 그 패배는 서프러제트가 초래한 것이 아니라고도 했다. 그러면서도 자유당 지도부는 여성사회정치연합에 격렬한 분노를 표했다. 우리 회원 중 많은 이가 자유당 지지자들이었다. 그러므로 그들은 이 여성들을 배신자라고 여겼다. 이 여성들이 어리석고 경솔하다는 것이었다. 자유당은 여성이 투표권을 혹시 얻게 된다 해도 자유당을 통해야만 하는데, 자유당을 공공연히 적으로 돌리는 여성들에게 투표권을 줄 것이라고 생각하냐며 비난했다. 여성 자유당원이나 합법적 참정권론자들 역시 이런 현명한 체하는 논의를 펼쳤다. 그들은 정당을 위해 일하는 것만이 제대로 된 방식이라고 충고했다. 우리는 이미 여러 해 동안 그 방법을 썼으나 성공하지 못했다고 응수하면서 낙선운동을 계속했다.

그해 여름과 가을 내내 보궐선거에 집중하면서, 가끔은 실제로 자유당 후보를 패배시키기도 했고, 때로 자유당이 승리하는 경우 표차를 줄이기도 했다. 그리고 언제나 엄청난 반응을 불러일으켰고, 단체는 수백 명의 새로운 회원을 맞이했다. 방문하는 곳마다 지역 연합의 토대를 만들었고, 그해가 가기 전에 영국 전역과 스코틀랜드와 웨일스의 많은 지역에 지부를 갖게 되었다. 새뮤얼 에반스 씨가 후보로 나섰던 웨일스의 한 보궐선거가 특히 기억에 남는다. 그는 국왕이 관할하는 관직을 얻게 되어 재선에 나서야 했는데, 불행히도 그에 맞서는 다른 후보가 없었다. 그래서 우리에게는 그의 유세장을 떠들썩하게 만드는 방법밖에는 다른 도리가 없었다. 지금은 작위를 받아 에반스 경이 되었지만, 당시에는 평민이었던 에반스 씨는 키어 하디가 하원에 제출한 참정권 결의안을 거부하는 논의를 이끈 장본인이었다. 그래서 우리는 그가 주최하는 두 군데 집회에 가서 그를 말로 압도했고, 결국 재미있어 하는 군중의 웃음과 환호 속에 그 모임은 산회되었다.

10월 23일에 의회의 가을 회기*가 시작되었다. 우리는 여성 참정권을 위한 조치를 취하도록 정부를 설득하려고 다시 한번 대표단을 하원에 보냈다. 경찰의 명령에 따라 단지 스무 명만이 외부인용 로비에 들어갈 수 있었다. 우리는 자유당 원내 총무를 불러 수상에게 메시지를 전해달라고 부탁했다. 그 메시지는

---

* 영국의 회기는 총선이 있는 경우를 제외하고는 1년 단위로 구분되며 법안은 대개 법안이 제출된 회기에 통과되어야 한다.

늘 그렇듯이 이번 회기에 여성에게 투표권을 부여해달라는 요청이었다. 또한 우리는 수상에게 당시에 논의되고 있던 복수투표법안 조항에 자격을 갖춘 여성을 유권자로 포함시킬 계획이 있는지 물었다. 자유당 원내 총무는 이번 회기에는 여성을 위해서 아무것도 하지 않을 것이라는 대답을 갖고 돌아왔다.

"이번 의회의 어떤 회기에든, 혹은 미래에라도 수상께서 여성 참정권에 희망을 보여줄 건가요?"라고 내가 물었다. 여러분도 기억하시겠지만 수상은 여성 참정권 옹호자를 자처하고 있었다. 자유당 원내 총무가 대답했다. "아닙니다, 팽크허스트 여사. 수상께서는 그런 계획이 없으십니다."

선거권이 없는 남성 대표단이라면 이런 상황에서 어떻게 했겠는가? 자신들이 선거권을 가질 자격이 있다는 것을 알고 있고, 선거권이 주는 보호가 절박하게 필요하며, 대다수의 법률을 제정하는 의원들이 그들에게 선거권을 주는 것을 지지하고 있는 상황에서 말이다. 그들은 적어도 우리가 했던 행동을 그대로 했을 것이다. 즉 그 자리에서 항의 집회를 시작하는 것 말이다. 신문은 우리의 행동을 하원 외부인용 로비에서의 수치스러운 소란이라고 평했지만, 역사는 분명 다르게 평가할 것이다. 여성 한 명이 벤치에 올라가 모여 있던 사람들에게 연설을 시작했다. 1분도 안 되어 그녀는 끌려 내려왔지만 또 다른 여성이 그녀의 자리로 뛰어 올라갔다. 그리고 또 다른 여성, 또 다른 여성이 뒤따랐다. 마침내 로비에서 전부 나가라는 명령이 떨어졌고 우리는 모두 밖으로 쫓겨났다.

그 난투전 속에서 나는 마루로 내동댕이쳐졌고, 심하게 다쳤다. 내가 심하게 부상당한 것을 알게 된 여성들은 내 주위를 둘러쌌고, 내가 다시 정신을 수습할 때까지 자리를 지켰다. 이 일로 경찰은 몹시 화를 냈고, 밖에서 집회가 계속되고 있다는 걸 알게 되자 그들의 분노는 더욱 커졌다. 열한 명의 여성이 체포되었다. 체포된 사람 중에는 우리 회계간사인 페식 로런스 여사와 코브던 샌더슨 여사, 그리고 애니 케니와 우리 회원 세 명이 포함되어 있었다. 그들은 모두 홀로웨이 교도소*에 두 달간 수감되었다. 그러나 많은 여성이 우리 작업을 이어가려고 자원해온 걸 보면 우리 연합의 힘을 가늠할 수 있었다. 현재 여성사회정치연합의 명예 총무간사인 튜크 여사도 이때 연합에 가입했다. 그들의 행동이 이런 결과를 가져올 것이라고는 당국자들이 생각

---

*   1852년에 지어진 교도소로, 1902년 이래로 여성과 미성년 범죄자를 수용하고 있다.

도 못 했을 것이다. 그들은 우리 연합을 한 방에 부술 수 있을 것이라고 생각했다. 그러나 그들은 우리에게 이제까지 어떤 때보다도 더 강한 추동력을 주었다. 전통적인 여성 참정권 조직의 지도자들도 우리 방법에 대한 비판을 잠시 접어두고, 여성 작가, 의사, 여배우, 예술가 그리고 다른 저명한 여성들과 더불어 이일의 야만성을 비난하는 데 한목소리를 냈다.

당국자들이 고려하지 못했던 사항이 또 하나 있다. 영국 감옥의 상황은 아주 좋지 않다고 알려져 있다. 홀로웨이에 수감된 두 명의 여성은 심한 병에 걸려 수일 내에 석방해야만 했다. 정치가들은 이 일로 자신들을 향한 비판이 거세져 자신들의 특권을 잃을까 봐 우려했다. 서프러제트들을 일반 범죄자가 아니라 1급 감옥으로 갈 권리가 있는 정치범으로 대우해야 하지 않겠냐는 질문이 의회에 쇄도했다. 윌리엄 글래드스톤의 아들이자 내무장관인 허버트 글래드스톤 씨는 치안판사의 결정에 간섭할 권한이 없으며, 서프러제트들의 형벌에 대해 자신이 할 수 있는 것이 아무것도 없다고 답변했다. 여러분이 허버트 글래드스톤 씨의 말을 잘 기억하길 바란다. 왜냐하면 나중에 이 말이 고의적인 거짓말이라는 것을 밝힐 수 있었기 때문이다. 정부의 명령으로 형기를 반도 채우기 전 여성들이 석방되었을 때 거짓

말은 사실상 들통이 났다. 당시 영국 북부지방에서 중요한 보궐선거가 실시되고 있었는데, 자유당 정부가 리처드 코브던의 딸을 비롯한 아홉 명의 여성을 일반 범죄자 취급하며 수감하고 있다는 사실을 우리가 선거구에 널리 알린 것이 석방의 이유였다. 나는 풀려난 수감자들과 함께 허더스필드로 갔다. 그들이 들려준 감옥 이야기가 매우 효과적이어서, 자유당은 이기기는 했지만 540표나 잃었다. 언제나처럼 자유당 지도부는 그들이 근소한 차이로 승리한 것은 우리의 작업과는 아무 상관이 없다고 주장했다. 하지만 우리는 자유당 본부에서 나눠준 수천 장의 전단지 중 하나를 기념품으로 갖고 있다.

허더스필드의 남성들이여,

사회주의자, 서프러제트

혹은 토리당에 의해

현혹되지 마시고

아서 셔웰에게 투표하십시오.

그 와중에도 우리는 하원 앞에서 시위를 계속했고, 크리스마스 무렵에는 서프러제트 스물한 명이 아무런 범죄를 저지르지 않았는데도 홀로웨이 감옥에 수감되었다. 정부는 자신들이 눈 하나 깜짝 안 한다고 공언했고, 의원들은 우리를 '순교자인 척하는 사람들'이라고 비웃었다. 그러나 많은 의원이 이 새로운 종류의 참정권론자들이 보여주는 열정과 꺼지지 않는 열성에 감명받았고, 그해의 마지막 주에 참정권위원회를 발족시켰다. 위원회의 목적은 의회 회기 동안 여성에게 선거권을 부여하도록 정부를 압박하는 것이었다. 참정권위원회 위원들은 이 문제에 관해 더 많은 대중을 교육시키는 작업을 하고, 특히 자신들의 선거구에서 모임을 가질 때 여성 참정권을 지지하고, 기회가 있을 때마다 의회의 행동을 촉구하며, 다음 회기에서 참정권법안이 발의될 경우 가급적 많은 의원이 찬성표를 던지도록 설득하기로 결의했다.

런던에서의 첫 번째 해에는 멋진 성과를 거두었다. 우리가처음 시작했을 때는 회원이 많지 않아서, 신문은 우리를 '가족당'이라고 조롱하기도 했지만, 이제는 전국에 지부를 결성하고, 스트랜드 가의 클레멘츠 인에 본부를 둔 강한 조직으로 변했다. 우리는 넉넉한 재정 지원도 받게 되었으며, 무엇보다도 하원에 참정권위원회를 발족시키는 수확을 거뒀다.

2부

4년간의 비폭력 투쟁

1

벌금을 낼 바에야 감옥행을

***

　여성사회정치연합은 1907년의 첫 공식 행사로, 2월 13일 캑스턴홀에서 '여성의회'를 발족했다. 이 모임의 목적은 전날인 2월 12일 의회 회기 첫날에 낭독된 국왕 연설의 조항들을 검토하기 위한 것이었다. 앞에서 설명했듯이 국왕 연설은 그 회기에서 다룰 정부 프로그램을 공식적으로 선포하는 것이다. 그러므로 13일 오후 3시에 모인 여성의회는 정부가 올해도 여성 문제를 다룰 의사가 없다는 것을 이미 알고 있었다.

　여성의회는 전례 없는 열의와 확고한 결의로 무장해 있었다. 우리는 국왕 연설에서 여성 참정권 문제를 다루지 않은 점에 분노를 표현하고, 하원이 그 문제를 즉각 다루어야 한다고 요구하는 결의안을 만들었다. 캑스턴홀에서부터 행진해 가서 수상에게 직접 결의안을 전달하자는 제안 역시 통과되었다. "일어나라, 여성이여"라는 슬로건을 연단에서 외치면 이구동성으로 "지금 당장"이라는 외침이 돌아왔다. 선택된 대표단은 의회로 들어가든 감옥에 가든 운명이 이끄는 대로 하겠다는 각오를 다지면서 손에 결의안 사본을 들고 뉘엿뉘엿한 2월의 황혼녘에 서둘러 떠났다.

운명은 재빨리 결정되었다. 정부는 신성한 의회당이 투표권을 요구하는 여성들 때문에 더럽혀지는 일을 용납하지 않겠다고 결심한 것 같았다. 하원의 외부 구역에도 여성들을 들이지 말라는 명령이 내려졌다. 그래서 대표단은 웨스트민스터 사원 인근에 도착해 철벽같이 막고 선 경찰과 맞닥뜨리게 되었다. 경찰들은 상사의 날카로운 명령에 맞춰 우리 행렬을 뚫고 돌진하며 우리를 돌려보내려고 애썼다. 우리는 다시 결속해서 용감하게 조금씩 전진했다. 그러나 갑자기 기마경찰이 빠른 구보로 나타났다. 그 후 다섯 시간 정도 이루 말할 수 없이 잔혹하고 무자비한 싸움이 전개되었다.

기마경찰이 정면으로 돌진해 와서 우리를 좌우로 흩어놓았지만, 우리는 물러나지 않았다. 여성들은 무자비한 말발굽과 맞닥뜨리면 도망쳤다가도 다시 돌아왔다. 몇몇 여성은 도로에서 물러나 인도로 올라왔지만, 기마경관들이 인도까지 따라와 그들을 담장과 울타리 쪽으로 바짝 몰아댔다. 여성들은 짓밟히지 않기 위해 임시로 퇴각해야 했다. 몇몇 사람은 다른 전략을 써서 문간으로 피했다. 그러나 일반 경찰이 그들을 끌어내 기마경찰의 말 앞으로 몰아넣었다. 여성들은 결의안을 들고 하원으로 가야 한다는 일념으로 옷이 찢어지고, 온몸에 멍이 들고, 완전히 기진맥진해질 때까지 싸웠다.

우리 중 극렬히 싸운 열다섯 명이 수백 수천 명의 경찰부대를 뚫고 하원의 외부인용 로비까지 들어갈 수 있었다. 그들은 그곳에서 집회를 가지려고 했으나 체포되었다. 바깥에는 더 많은 여성이 억류되어 있었다. 10시가 되어서야 체포 작업이 끝났고, 광장에는 아무도 남지 않았다. 기마경찰은 자정에 하원이 종료할 때까지 하원 진입로를 지켰다.

다음날 아침 여성 쉰일곱 명과 남성 두 명이 두셋씩 짝을 지어 웨스트민스터 경찰 법청에 소환되었다. 크리스타벨 팽크허스트가 첫 번째로 피고석에 들어섰다. 그녀는 치안판사에게 대표단이 평화적으로 결의안을 제출하려고 했을 뿐이며, 그 결의안은 조만간 제출되어 법안으로 통과될 것이라고 설명했다.

또한 그녀는 치안판사에게 어제의 대표단이 하원으로 간 것은 정부가 여성들의 요구사항을 들어줄 때까지 쭉 계속될 캠페인의 시작일 뿐이라고 분명히 말했다. "우리는 결코 물러설 수 없습니다. 우리가 정의를 획득하지 못한다면 이보다 더 심각한 일이 발생할 것입니다."

치안판사 커티스 베넷—그는 나중에 '이보다 더 심각한 일'이 발생했을 때도 이 여성들을 재판하게 되었다—은 내 딸을 엄하게 꾸짖으며, 어제의 혼란에 정부는 아무런 책임이 없고 여성들에게 전적인 책임이 있으니, 이런 부끄러운 소란은 이제 그만두라고 말했다. 하지만 이 말은 스칸디나비아의 카누트 왕이 신의 전능함에 비해 왕권은 아무것도 아님을 신하들에게 증명하기 위해 밀려오는 대양의 파도에게 물러나라고 외쳤던 것과 마찬가지로 아무 소용이 없었다. 피고인은 "우리가 원하는 것만 얻으면 이 소란은 저절로 끝날 것입니다"라고 말했고, 치안판사의 대답은 "20실링을 내거나 14일간 감옥에 가시오"였다. 크리스타벨은 감옥행을 택했다. 다른 피고인들도 마찬가지였다. 대표단을 이끌었던 샬럿 데스파드 여사와, 그녀와 함께했던 실비아 팽크허스트에게는 3주 금고형이 선고되었다.

사람들은 이 일을 하원 '습격' 사건이라고 불렀는데, 이 습격으로 여성사회정치연합은 엄청난 홍보효과를 얻었다. 반응은 대체로 우리에게 우호적이었다. 신문들은 무장하지 않은 여성들을 기마경찰로 진압한 정부를 거의 한목소리로 비난했다. 분노에 찬 질문들이 의회에 던져졌고, 우리 연합은 수적인 면에서나 열정 면에서나 한층 더 성장했다. 남성과 여성을 막론하고 구식 참정권론자들은 우리가 여성 참정권에 우호적인 의원들을 멀어지게 만들었다고 외쳐댔다. 하지만 이는 사실이 아닌 것으로 입증되었다. 실제로 자유당의 윌로비 디킨슨 의원은 제비에서 첫 번째 자리를 뽑자, 그 기회를 여성참정권법안을 도입하는데 사용하겠다고 선언했다. 게다가 헨리 캠벨-배너먼 수상도 이 법안을 지지하겠다고 약속했다. 아주 짧은 기간 동안, 자유의 시대가 가까워졌다고 느꼈고, 우리의 죄수들이 소중한 투표권을 가져다주었다고 믿었다.

그러나 하원의 공언된 여성 참정권 지지자 중 많은 이가 디킨슨 씨가 발의한 원안 그대로의 법안이 충분히 '민주적'이지 않다고 비판했다. 의원들 대부분이 상류계급 출신이면서도, 이 법안이 상류계급의 여성들에게만 선거권을 준다는 점을 문제 삼은 것이다. 그러나 이 법안이 상류계급 여성에게만 선거권을 준다는 것은 사실이 아니었다. 지방의 호적등기부를 보면 많은 노동계급 여성의 이름이 자격을 갖춘 가구주로 등록되어 있음을 확인할 수 있었다. 의원들의 주장은 변명거리에 지나지 않았고, 우리도 그 사실을 알고 있었다. 그래서 우리는 수상이 지지 약속을 철회하고 그 법안을 심의에서 통과시키지 않은 것에 대해 전혀 놀라지 않았다.

이 일이 있은 후, 1907년 3월 20일에 제2차 여성의회가 소집되었다. 전과 마찬가지로, 공식적인 정부 발의 참정권법안을 제출할 것을 정부에 요구하는 결의안을 채택했고, 다시 한 번 캑스턴홀에서부터 행진해 가서 그 결의안을 수상에게 직접 제출하기로 했다. 레이디 하버튼이 대표단을 이끌었고, 수백 명의 여성이 즉시 자원해 동행했다. 이번에는 경찰이 캑스턴홀의 문을 막아섰고, 또 한 번 야만적이고 비인간적이며 수치스러운 장면이 연출되었다. 정부는 여성 몇백 명의 평화로운 '습격'으로부터 하원을 보호하기 위해서 자그마치 1000명이나 되는 경찰을 보냈다. 우리는 오후와 저녁 내내 캑스턴홀을 열어놓았다. 여성들은 상처를 씻어내고 찢어진 옷을 수선하려고 혼자서 혹은 몇 명씩 되돌아오곤 했다. 밤이 되자 거리의 군중은 훨씬 늘어났고, 여성들과 경찰 간의 투쟁은 더욱 필사적으로 이어졌다. 레이디 하버튼은 하원 입구까지, 아니 실제로 보초를 뚫고 외부인용 로비까지 가는 데 성공했다. 그러나 결의안을 수상에게 전하지는 못했다. 경찰은 그녀와 다른 여성들 여러 명을 체포하고 거리의 사람들을 해산시켜 이 끔찍한 사건에 종지부를 찍었다.

다음 날 웨스트민스터 경찰 법정에서는 치안판사가 20실링 혹은 14일간의 감옥행부터 40실링 혹은 한 달간의 감옥행까지 선고를 내리고 있었다. 우드록 양과 채터튼 여사는 겨우 일주일 전에 홀로웨이 감옥에서 나왔으므로 '전과자' 딱지가 붙어서 벌금형에 대한 선택권 없이 30일 수감이 선고되었다. 메리 리라는 여성은 피고석 가장자리에 '여성에게 투표권을'이라는 깃발을 걸었다는 이유로 판사를 모독한 죄로 30일이 선고되었다. '전투파'라는 단어를 방화 수준의 극렬한 행위와만 연결시키는 독자들에게, 1907년 첫 두 달 동안 영국 정부가 130명의 여성을 감옥에 보냈다는 사실을 말하고 싶다. 캑스턴홀에서 수상에게 결의안을 전달하려 했다는 이유로 말이다. 우리의 죄목은 공공질서를 방해했다는 것이다. 그러나 실제로 공공질서를 무너뜨린 것은 경찰이라고 봐야 할 것이다.

독자들은 어째서 내가 대표단을 이끌지 않았는지 의아해할 수 있을 것이다. 나는 다른 전장에서, 즉 보궐선거에서 정부측 후보를 패배시키기 위해 참정권 군대를 지휘하고 있었기 때문이다. 두 번째 '폭동'이 있던 날 밤 여성들이 거리에서 싸우는 동안, 나는 런던을 떠나 노섬벌랜드의 헥삼 지역으로 갔다. 그곳에서 열심히 일한 결과 자유당 승리표를 1000표나 줄였다.

그 뒤로 일곱 개의 보궐선거가 연이어 있었다. 보궐선거에 대한 우리 작업은 영국 정치에서 아주 새로운 일이었기 때문에, 우리는 어디를 가든 어마어마한 관심을 끌었다. 어느 지역에 가든 도착하자마자 일을 시작하는 것이 우리의 관습이었다. 만일 기차역에서 호텔까지 가는 길에 시장 같은 곳에 사람들이 모여 있으면, 그 자리에 멈춰 서서 집회를 연다든가, 아니면 언제 어디서 우리 집회가 열리는지 홍보하곤 했다. 숙소를 구한 후에는 대개 첫 단계로 숙소 창문을 참정권 팸플릿으로 도배하고, 보라, 녹색, 흰색으로 된 우리 깃발을 내걸었다. 그동안 몇 명은 바쁘게 다니며 가장 좋은 집회장을 확보했다. 가끔 우리가 남자들보다 먼저 전장에 나서면 좋은 장소를 전부 '매점'했기 때문에, 자유당 후보는 기껏해야 학교에서 옥내 집회를 열어야 했다. 사실상 그들의 집회보다 훨씬 인기가 좋았던 우리 쪽이 더 큰 장소가 필요했다. 때로는 우리 집회가 너무 인기 있는 나머지 이들과 경쟁하는 자유당 후보들은 거의 텅 빈 벤치를 두고 연설을 하는 경우도 있었다. 청중이 전부 여성들의 연설을 들으러 왔기 때문이다.

당연한 말이지만, 정치가들은 이런 일을 몹시 불쾌하게 여겼다. 그리고 구식의 자유당 지지자들도 경악했다. 어떤 곳에서는 남성들의 적대감이 재미있는 형태로 발현되었다. 아마도 요크셔의 콜른 밸리에서 일어난 일로 기억된다. 우리가 그곳에 도착한 날은 마침 보수당과 자유당 위원회가 후보를 선정하는 날이어서 몇 차례 야외 집회를 갖기에 좋은 기회라고 여겨졌다. 그런데 연단으로 쓸 짐마차를 빌리려고 했지만, 그 지역에서 큰 짐마차를 빌려줄 수 있는 유일한 사람이 서프러제트를 몹시 싫어해서 빌려주려 들지 않았다. 그래서 우리는 한 상점 여주인에게 의자를 빌리는 것으로 만족해야 했다. 우리는 곧 호의적인 군중의 커다란 관심을 받게 된 동시에 콩알 새총을 든 소년들에게도 주목받게 되어, 결국 마른 콩알이 날아오는 가운데 연설을 해야 했다.

다행히도 내가 연설을 하는 동안 꽤나 따끔한 콩알 사격이 중단되었다. 나는 다시 활기차게 연설을 이어갔지만, 군중들이 웃음을 터뜨리는 바람에 가장 중요한 주장을 전달하지 못한 채 어찌어찌 연설을 끝내고 자리에 앉았다. 알고 보니 우리를 싫어하는 자유당원인 이 지역의 유력 인사가 아이들을 매수해 콩알 새총을 쏘게 한 것이다. 그는 아이들의 콩알이 모두 떨어지자 썩은 오렌지라는 훌륭한 탄환을 제공했다. 그러나 썩은 오렌지는 조준하기가 쉽지 않았는지, 첫발이 방향을 잘못 잡아서 어떤 점잖은 신사의 목을 세게 때렸다. 이 사건으로 군중의 웃음이 터졌고, 결국 여성들에 대한 공격은 그렇게 끝났다.

우리는 몇몇 보궐선거에서 꽤나 거친 소란과 맞닥뜨렸고, 어떤 경우는 꽤나 야만적인 대우를 받기도 했다. 그러나 대체로 남자들은 기꺼이, 그리고 여성들은 아주 적극적으로 우리 연설을 들을 준비가 되어 있었다. 우리는 선거철 폭력에 익숙한 대중을 순화하고 교육했다. 심지어는 장난거리를 찾아 집회에 오는 남자아이들까지도 교육했다.

그해 봄에 러틀랜드셔에 갔을 때는, 소년 셋이 나에게 와서 참정권에 관심이 있다고 수줍게 말했다. 학교에서 이 주제로 토론을 했는데, 비록 반대하는 편이 이겼지만 아이들 모두가 이 주제에 대해 더 많이 알고 싶어 한다는 것이었다. 그 아이들은 내가 특별히 그들을 위해 모임을 열어줄 수 있는지 정중하게 물었다. 물론 나는 동의했고, 그 소년들이 아주 마음에 들었다. 내가 그 아이들을 좋아한 것의 반만큼이라도 아이들이 나를 좋아했으면 싶었다.

그해 봄 내내 보궐선거에 대한 작업이 계속되었고, 놀랄 만큼 성과를 거두었다. 하지만 정치인들은 우리의 영향력을 인정하려 들지 않았다. 그러나 유권자들은 정확히 알고 있었다. 한번은 우리가 연합파 후보의 표를 두 배나 늘려준 서포크의 선거에서 승리한 후보자가 호텔 창문으로 군중들에게 연설을 하며, "이 위대하고 영광스러운 승리의 원인은 무엇입니까?"라고 물은 적이 있었다. 그러자 군중은 즉시 "여성에게 투표권을! 서프러제트에게 만세삼창을!"이라고 대답했다. 예상했던 반응은 아니었으나, 그는 우아하게 손인사를 보내며 "물론 숙녀분들이 이 승리와 관계가 있지요"라고 말했다.

신문기자들은 우리의 영향력을 인정하는 데 그리 인색하지 않았다. 그들은 우리 정책을 비난할 때조차도 우리의 에너지와 우리 일꾼들의 용기와 열정에 감탄을 아끼지 않았다. 우리 전략에 적대적인 자유당 지지 신문인 《런던 트리뷴》의 기자는 이렇게 썼다. "남성들과 비교해도 여성들의 끈기는 놀랍다. 그들은 오후와 저녁 집회에서 남성들보다 두 배는 더 열심히 일했다. 그들은 더 일찍 시작해 더 늦게까지 일했다. 남성과 여성을 비교해 보자면 여성들이 더 훌륭한 연설가이고, 더 논리적이고, 더 지식이 많고, 말도 더 잘하며 논쟁을 인상 깊게 이끌 수 있는 통찰력도 갖추고 있다."

여름 내내 우리 힘을 강화하고, 새로운 지부를 결성하고 집회를 열고(5월부터 10월까지 3000번 정도), 각료들의 모임에 쳐들어가고(거의 매일 한 번씩), 선거운동을 하고, 여러 도시에서 대규모 시위를 조직하는 동안 어느덧 한 해가 저물어갔다. 그해 마지막 분기에 뜨겁게 달아오른 보궐선거 몇 개를 지휘했는데, 그중 한 선거에서 내 인생에 가장 심각한 재난 중 하나를 맞닥뜨렸다.

이 보궐선거는 자유당의 아성인 중부 데번 지역에서 열렸다. 사실 1885년 이래로 이 의석은 줄곧 자유당 의원이 차지했다. 이 지역은 여덟 지역으로 나뉜 큰 선거구였다. 이곳 민중은 거칠고 떠들썩한 무리들이었고, 유권자들은 자유당을 향한 맹목적이고 비이성적인 헌신을 보여주었다. 내가 도착한 직후, 어떤 연합파 여성은 자유당 후보에게 감히 반대하면 내 목숨이 위태로울 것이라고 협박했다. 그녀는 자신의 당 배지를 사람들 앞에서는 절대로 달지 못한다고 말했다. 그러나 나는 그 지역의 주요 도시인 뉴튼 애벗에 있는 우리 사령부에서, 그리고 헐과 보비 트레이시 지역에서 하루에 두 번씩 집회를 열어 연설을 했다. "중부 데번 지역에서 정부를 패배시킵시다. 여성이 내년에 투표권을 얻어야 한다는 메시지를 보냅시다." 몇몇 집회는 거칠었지만 우리는 두 명의 후보보다는 더 나은 대우를 받았다. 사람들이 소리를 지르며 후보들을 끌어내거나 싸움을 거는 일이 자주 발생했고, 집회에서는 썩은 채소와 더러운 눈뭉치가 난무했다. 우리도 때로 아주 난폭한 일을 당했다. 한번은 야외 집회에서 거친 젊은이들이 우리가 연단으로 쓰는 짐마차를 거의 뒤집어질 때까지 이리저리 끌고다녔다. 그리고 도저히 입에 담을 수 없는 말을 우리에게 던지는 군중도 꽤 있었다. 그러나 선거 날 연합파 후보가 1280표 차로 다수를 차지하며 의석을 얻게 되기까지 실질적인 폭력 사태는 일어나지 않았다. 우리는 자유당원들이 분노하리라는 것을 알았지만 그 분노가 적극적으로 우리를 향하리라고는 생각하지 못했다.

투표 결과가 공표된 후 나는 동료인 마텔 여사와 숙소로 걸어가고 있었다. 몇몇 친구들이 우리를 불러 세운 뒤 새로 선출된 연합파 의원은 경찰의 철통 같은 호위를 받으며 투표소에서 나갔다고 알려주었다. 우리도 안전을 위해 즉시 이 지역을 떠나라는 경고를 받았다. 나는 군중 속에 들어가는 것이 절대로 무섭지 않다고 웃으면서 안심시킨 뒤 계속 걸어갔다. 그러다 갑자기 젊은 청년과 소년 한 무리와 맞닥뜨렸다. 그들은 이 동네 변두리의 채굴장에서 토탄을 채취하는 사람들이었다. 이 젊은이들은 자유당을 상징하는 붉은 장미 매듭을 달고 있었으며, 지금 막 자신들의 후보가 패배했다는 사실을 알고 분노와 굴욕감에 치를 떨고 있었다. 그중 한 명이 우리를 가리키며 외쳤다. "저 사람들이 한 짓이야! 저 여자들이 저지른 짓이라니까!" 군중 속에서 외침 소리가 들리더니 진흙과 썩은 달걀이 우리에게 날아왔다. 크게 두렵지는 않았으나 달걀은 참기 어려웠다. 우리는 근처에 있는 작은 식료품 가게로 들어갔다. 가게 안주인은 문을 닫고 빗장을 질렀지만, 그녀의 남편은 자기 가게가 공격당할 것 같다고 겁에 질려 외쳐댔다. 물론 그런 일이 생기길 원하지 않았기 때문에 우리는 그에게 뒷문으로 내보내달라고 부탁했다. 마당은 좁은 골목으로 이어져 있었다. 그런데 우리가 마당으로 나가자 그 난폭한 자들이 우리가 나올 것을 예상하고 모퉁이를 돌아와서 기다리고 있었다.

그들은 마텔 여사부터 붙잡고 주먹으로 머리를 때려대기 시작했다. 그러나 용감한 가게 안주인이 남자들의 외침 소리와 욕설을 듣고서 문을 열고 우리를 구하러 달려왔다. 그녀와 나는 가까스로 마텔 여사를 폭도들에게서 떼어내 집안으로 들어가게 했다. 나 역시 집안으로 들어가려 했으나 문간에 다다랐을 때 머리를 심하게 얻어맞았고, 거친 손이 내 외투 깃을 붙잡아 나를 땅바닥으로 내동댕이쳤다. 너무나 놀라서 아마도 잠시 기절했던 모양이다. 다음 순간 의식을 차려보니 차갑고 축축한 진흙이 옷에 스며들고 있었고, 남자들이 말없이 서 있었다. 그들은 무섭고 낮은 목소리로 중얼거리며 내 주위로 원을 그리며 모여들기 시작했다. 그들이 만든 원 한가운데에는 빈 통이 있었다. 아마 그들이 나를 통 속에 쑤셔넣을 것이라는 끔찍한 생각이 순간 떠올랐다. 남자들의 원이 천천히 좁아들었고, 마치 아주 오랜 시간이 흐른 것처럼 느껴졌다. 나는 그들을 쳐다보았다. 황토색 진흙이 얼룩진 우중충한 옷을 입은 그 사람들은 영양실조에 걸린 것 같았고, 너무나 몸집이 작고 얼굴이 부석부석한 나머지 그들에 대한 연민이 끓어올랐다. 가엾은 사람들이라고 생각했다.

"당신들 중 진짜 남자는 없나요?"

내가 말하자 젊은이 하나가 나를 향해 달려들었다. 그래서 그들이 나를 어떤 식으로든 공격하기 시작했다고 생각했다. 그 순간 큰 외침 소리가 들리면서 경찰이 서둘러 다가왔다. 적의에 가득 찬 군중을 뚫고 우리를 구하러 온 것이다. 물론 폭도들은 꼬리를 내리고 도망쳤다. 나는 가게로 조심스럽게 옮겨졌고, 경찰은 우리가 안전하게 자동차를 타고 떠날 수 있을 때까지 두 시간 동안 가게를 지켰다. 마텔 여사도 나도 부상에서 회복되는 데 몇 달이 걸렸다.

그 난폭한 폭도들은 여성들을 먹잇감으로 삼는 데 실패하자, 보수당 클럽으로 가서 유리창을 전부 부수고 보수당원들을 밤새도록 그곳에 가두어두었다. 다음 날 머리에 끔찍한 타박상을 입은 남자의 시체가 도랑에서 발견되었다. 이 모든 무질서와 범죄에도 누구 하나 체포되지 않았다. 런던에서 우리 여성들이 받았던 처우와는 너무나 달랐다.

1908년 1월 29일 왕은 의회를 열었다. 이번 국왕 연설에서도 여성 참정권 문제에 대한 언급이 없었고, 여성사회정치연합은 2월 11일, 12일, 13일에 또다시 여성의회를 소집했다. 여성의회가 열리기 전에 이 운동의 지지자인 헨리 요크 스탠저 의원이 아주 유리한 제비를 뽑았다는 소식이 들렸다. 스탠저 씨는 참정권법안을 제출하겠다고 약속했다. 2월 28일이 이 법안의 2차 독회 날로 정해졌다. 작년 디킨슨의 법안처럼 거부되지 않게 하려면 이번 법안에 관해서도 강한 압력을 넣을 필요가 있었다. 그래서 여성의회 첫날에는 참석한 거의 모든 여성이 대표단으로 가겠다고 자원했다. 대표단은 결의안을 수상에게 전달할 예정이었다. 두 명의 유명한 초상화가가 대표단을 이끌었다. 대표단은 캑스턴홀을 떠나서 질서 있게 4열종대로 하원을 향해 행진해갔다. 거리에는 군중이 많이 몰려들었다. 수천 명의 사람들이 여성들에게 공감하며 도우러 나왔고, 수천 명의 경찰은 여성들이 도움을 받을 수 없도록 단단히 결의를 굳히고 있었다. 그저 호기심으로 구경 나온 또 다른 수천 명도 있었다. 이 싸움으로는 50명의 여성이 유치장에 갔다.

국왕의 이름으로 여성들을 기소한 머스켓 씨는 거리에서의 소란을 그만두라고 아무리 여성들에게 명령해도 전혀 소용이 없어서 아마도 많이 지쳤던 것 같다. 다음 날 아침 재판이 열렸을 때, 그는 매우 가혹하고 끔찍한 발언을 했다. 그는 여성들에게 최대 두 달의 감옥행이나 50파운드의 벌금형을 부과해야 한다는 말과 함께, 한 번만 더 문제를 일으킬 경우 훨씬 더 끔찍한 법률을 적용해야 할 것이라고 선언했다. 서프러제트 때문에, 찰스 2세 때 통과된 법률인 '국왕이나 의회에 소란스러운 청원'을 하는 자들을 다루는 법률을 되살려야 한다는 제안이 나왔다는 것이다. 이 일명 소란스러운청원법은 '청원이나, 불평, 비난, 선언 등의 이유로' 열두 명 이상의 사람을 동반하고 국왕이나 의회로 가는 자라면 누구에게나 적용되는 법률이다. 이 법률은 이런 행위에 대해 100파운드 혹은 3개월의 수감형을 내릴 수 있다. 치안판사는 두 명을 제외한 여성 모두에게 12개월의 집행유예 혹은 6주간 2급 감옥에 수감될 것을 명령했다. 두 명은 '전과

자'이므로 3급 감옥, 즉 최하급 감옥에서 한 달 수감을 선고했다. 집에 돌봐야 할 환자가 있는 여성 두 명을 제외하고는 모두 감옥행을 택했다.

여성의회는 그다음 날 아주 열띤 모임을 가졌다. 전날의 사건과 재판을 검토했고, 특히 찰스 2세 때 만들어진 낡아빠진 법률을 회생시키겠다는 위협에 대해 검토해보았다. 자유당은 스튜어트 왕조 때 생겨나서 찰스 2세 때 살아남기 위해 싸우고 있었는데, 당시 자유당이 커지는 것을 막기 위해 이 법률이 만들어졌다. 이런 자유당의 정치적 후손들이 조지 5세와 자유당 정부하에서 살아남으려고 투쟁하는 여성의 의제를 가로막기 위해서 그 법안을 회생시키겠다고 하는 것은 실로 놀라운 일이 아닐 수 없었다. 적어도 그것은 정부가 우리의 운동을 어떻게 막아야 할지 모른다는 증거였다. 여성의회 2차 모임을 주관하던 크리스타벨 팽크허스트는 이렇게 말했다.

"우리 조상들이 그랬던 것처럼 여성들도 자유를 위해 싸우는 중이라는 것이 마침내 밝혀졌습니다. 소란스러운청원법 위반으로 3개월간 수감될 여성을 저들이 원한다면, 열두 명이든 100명이든 여성들은 얼마든지 나타날 것입니다."

나는 이 모임에 참석하지 않았고, 첫 번째 모임에도 참석하지 않았다. 당시에 나는 사우스 리즈의 보궐선거를 위해 일하고 있었다. 이 보궐선거는 핵심 산업지역의 몇몇 중요한 보궐선거 중 마지막이었다. 이 지역에서 자유당 지지 언론 말고는 아무도 우리의 성공에 의심을 표하지 않았다. 이 선거는 멋진 행진과 하운슬렛 무어에서의 10만 명 집회로 마무리되었다. 경찰의 보호가 없었는데도 사람들이 훌륭하게 질서를 지키는 광경, 우리의 행진을 위해 수많은 군중이 갈라지며 길을 내주는 광경, 그리고 여성 공장노동자들이 거친 요크셔 사투리로 "우리가 이길 수 있을까? 우리가 투표권을 얻을 수 있을까? 물론 그럴 수 있지"라고 합창했던 것을 잊을 수 없다. 노인들이 머리를 저으며 "예전에는 이런 일이 한 번도 없었는데"라고 말한 것도 당연한 일이다.

2

온 도시가 우리와 함께하다

***

하운슬렛 무어에서의 용감한 외침 소리가 귀에 쟁쟁한 채로 나는 의회의 마지막 회기에 대비하러 런던으로 갔다. 찰스 2세 때 만든 낡은 법률을 되살리겠다는 정부의 위협에 최초로 도전하는 인물이 되기로 결심한 것이다. 그날 나는 여성들에게 지난 몇 달 간의 경험을 들려주었고, 전국을 다니며 보고 들은바, 여성 투표권이 필요하다는 신념이 더욱 확고해졌다는 내용으로 긴 연설을 했고, 다음과 같이 결론을 맺었다.

"행동해야 할 때가 왔다고 느낍니다. 저는 대표단의 일원으로 오늘 오후 의회에 결의안을 전하러 갈 것입니다. 시골에서 경험한 일들, 특히 사우스 리즈에서의 일은 그런 경험을 하지 못한 내각 각료들이 알지 못하는 것을 제게 가르쳐주었습니다. 그래서 내각 각료들을 한 번 더 만나, 끔찍한 재앙이 닥치기 전에 그들의 위치를 재검토하도록 촉구하는 마지막 시도가 필요하다고 생각하게 되었습니다."

우리는 찰스 2세 때 만들어진 소란스러운청원법으로 체포되고 재판을 받을 각오가 된 열세 명의 대표단에 참여할 여성들을 선정하면서 몹시 흥분했고 동요했다. 나는 중부 데번에서 공격당해 입은 부상이 낫지 않아서, 아직도 걸을 때마다 접질린 발목에 통증을 느꼈다. 걷기 시작하자마자 절룩대는 나를 보고 드러먼드 여사는 친절하게도 이륜마차를 불러 나를 하원까지 태워다달라고 부탁했다. 다른 여성들은 마차 뒤를 줄지어 따랐다. 하지만 얼마 후 경찰 한 무리가 우리를 둘러싸고 나에게 내리라고 명령해 나는 내려서 동료들과 함께 절룩거리며 걸어야 했다. 동료들은 나를 붙잡아주려고 했으나 경찰은 우리에게 일렬종대로 걸으라고 고집했다. 발목 통증이 너무 심해진 나는 두 여성의 부축을 받아 계속 나아갈 수 있었다. 우리가 경찰의 명령에 불응한 것은 이 일뿐이다. 군중이 어마어마하게 늘어나 우리는 힘들게 앞으로 나아갔다. 우리 주위에는 이리저리 움직이는 흥분한 군중이 눈 닿는 데까지 끝도 없이 이어졌다. 엄청난 수의 정복 경찰과 기마경찰이 사방에서 우리를 에워싸고 있었다. 아마도 절룩거리는 여성 한 명을 포함한 열세 명의 여성이 조용히 걸어가는 광경이라기보다는 도시 전체가 무장한 폭도의 손아귀에라도 있는 것 같은 형국이었다.

우리가 하원 입구에 도착하자 두 명의 건장한 경찰관이 내 양팔을 잡고 체포하겠다고 말했다. 나를 부축하던 두 동료 역시 내 곁을 떠나지 않겠다고 해서 체포되었다. 몇 분 후 애니 케니와 다섯 명의 여성이 체포되었다. 그날 밤 우리는 보석으로 풀려났으나 다음 날 아침 웨스트민스터 경찰법정에서 소란스러운청원법을 적용해 재판을 받게 되었다. 그러나 당국자들은 우리가 이 법률에 기꺼이 도전하는 걸 보고 당황했고, 결정을 번복해서 당분간은 일반적인 소란죄로 우리를 기소하겠다고 밝혔다.

재판을 받는 것은 처음이었다. 그리고 재판이 진행되는 걸 들으면서 귀를 의심할 수밖에 없었다. 검사들은 경악할 만한 위증을 해대고 있었다. 우리가 시끄럽게 소리 지르고 노래를 부르면서 캑스턴홀에서 출발했고, 행진 도중 경찰 헬멧을 쳐서 떨어뜨리고 경찰관들을 사방에서 공격하는 등 소란스럽고 천박한 행동을 했다는 것이었다. 우리의 증언과 목격자들의 증언은 무시되었다. 항변을 하려고 했으나 제지당했다. 우리는 2급 감옥에 6주간 수감되거나 집행유예를 받을 것이라는 선고를 들었다.

런던을 가로질러 홀로웨이 교도소까지 가는 길고 덜컹거리던 길이 희미하게 기억난다. 남자 교도소인 펜턴빌에서 먼저 멈추었고, 남자 죄수 몇 명이 내렸다. 우리 여성들, 특히 이제 겨우 소녀티를 벗었을 뿐인 많은 여성이 남자 죄수들과 같은 마차에 타고 끌려간다는 생각에 오싹했던 기억이 난다. 감옥에 도착한 뒤 접수실 쪽으로 난 어둑어둑한 긴 통로를 더듬더듬 걸어갔고, 접수실에서는 피상적인 의료 검사를 받기 위해 벽에 쭉 일렬로 섰다. 그 후 각자 독방에 갇혔다. 독방에는 낮은 나무 의자 하나뿐, 다른 것은 아무것도 없었다.

여자 간수가 문을 열고 들어오기까지 무한히 긴 시간이 흐른 것 같았다. 그녀는 나더러 따라오라고 했다. 따라 들어간 방에서는 다른 여자 간수가 책상에 앉아서 물품 목록을 작성하고 있었다. 나는 옷을 벗으라는 명령에 겉옷을 벗고 멈춰 서 있었다. 전부 벗으라는 명령이 뒤따랐다. "전부요?" 나는 움찔했다. 그들이 나에게 발가벗으라고 할 리는 없다고 생각했던 것이다. 결국 그들은 욕실에서 속옷을 벗도록 허락했다. 누덕누덕 기운 얼룩투성이 속옷을 입고 빨간 줄을 두른 거친 갈색 울 양말을 신고, 수치스러운 화살 모양*이 온통 찍혀 있는 죄수복을 입으면서 몸서리를 쳤다. 대부분 짝이 맞지 않는 낡은 신발이 들어 있는 커다란 바구니에서 신발 한 켤레를 꺼냈다. 거칠지만 깨끗이 세탁된 호청과 수건, 차갑게 식은 코코아, 그리고 두꺼운 갈색 빵 조각을 받고서 다시 독방으로 호송되었다.

방문이 닫혔을 때 느낀 감정은 불유쾌한 것만은 아니었다. 힘들었던 지난 몇 달 동안 일을 열심히, 어쩌면 좀 지나칠 정도로 열심히 했었기 때문에 심하게 지쳐 있었고, 전날의 흥분과 피로, 그리고 재판 과정에서의 분노로 완전히 기진맥진해 있었다. 그래서 딱딱한 감방 침대에 누워 눈을 감았을 때 한편으로 기쁘기도 했다. 하지만 아무 할 일 없이 혼자 있을 수 있다는 안도감도 잠시였다. 홀로웨이는 아주 오래된 감옥이어서, 오래된 건물이 대개 그렇듯 환기가 잘 되지 않았고, 햇볕도 들지 않았다. 몇십 년 동안 환기가 제대로 되지 않아 악취가 끔찍했고, 극도로 답답하면서도 외풍이 심한 이상한 구조였다. 신선한 공기가 부족해서 병이 날 것 같았다. 머리가 아프기 시작했다. 잠을 잘 수도 없었다. 밤새도록 추위에 떨고, 제대로 숨도 못 쉬고, 온몸이

---

* 넓은 화살 무늬는 영국 정부의 재산을 의미하는 것으로 군대의 물품이나 죄수복 등에 찍었다.

피곤에 찌들고 아픈 상태에서 고통스럽게 깨어 있었다.

　다음 날에는 본격적으로 아프기 시작했지만 아무 말도 하지 않았다. 감옥에서 편안하길 바랄 수는 없는 노릇이니까. 사실 정신적 고통이 너무 심해서 신체적 고통은 거의 잊어버릴 수 있을 지경이었다. 영국의 감옥 체계는 중세적이고 낡아빠진 것이다. 그러나 서프러제트들을 홀로웨이로 보내기 시작하면서 세부적인 면에서 약간의 개선이 있었다. 우리가 이 감옥의 체계를 공공연하게 고발하기 시작하면서 작은 개선을 가져왔다고 볼 수 있을 것이다. 1907년에는 감옥의 규칙들이 말할 수 없이 잔인했다. 가엾은 죄수들은 홀로웨이 교도소로 들어오는 순간 무덤으로 들어가는 것과 마찬가지였다. 처음 한 달 동안은 편지도 방문객도 허락되지 않았다. 한 번 생각해보라. 4주 넘게 한마디의 전언을 보낼 수도 받을 수도 없다니. 그동안 가장 가까운 사랑하는 사람들이 끔찍한 고통을 겪을 수도 있고, 병에 걸릴 수도 있고, 아니면 죽을 수도 있지 않은가. 게다가 죄수들은 24시간 중 23시간을 어둠침침한 좁은 감방에 홀로 수감되어 있으므로, 그런 일들을 상상할 시간이 아주 많다.

　독방에 갇히는 것은 누구든, 죄목이 무엇이든 간에 겪어서는 안 될 끔찍한 형벌이다. 남자 교도소에 갇혀 있는 냉혹한 범죄자들도 독방에 갇힐 바에야 채찍질을 당하겠다고 애원한다고 들었다. 대수롭지 않은 작은 범죄를 저지른 여성의 경우에는 어떨지 생각해보라. 홀로웨이에 수감되는 대부분의 여성들은 경범죄자들인데, 그들은 무겁게 드리운 독방의 침묵 속에서 매일 혼자 앉아 아이들을 생각하고 또 생각하면서 시간을 보낸다. 어떤 여성들은 미쳐버리기도 한다. 석방된 후에도 오랫동안 신경쇠약으로 고통받는 사람도 많다. 어떤 여성이라도 그런 끔찍한 일을 겪고 나면, 감옥에 들어가기 전보다 더 교화되어 나온다고는 할 수 없을 것이다.

하루 한 시간 끔찍하게 추운 감옥 마당에서 침묵을 지키며 운동을 하는 시간만 빼고, 꼬박 이틀간 독방에서 혼자 보낸 후 나는 의무실로 보내졌다. 의무실에서라면 조금은 더 편안할 수 있을 거라고 생각했다. 침대의 상태는 좀 더 나았고, 음식도 조금 더 괜찮았다. 그리고 손이나 얼굴을 씻을 따뜻한 물 같은 소소한 안락함도 주어졌다. 첫날에는 조금 잠을 잘 수 있었다. 그러나 자정 무렵 무슨 소리가 들려 일어나 귀를 기울였다. 옆방에 있는 여인이 지독한 고통으로 숨을 몰아쉬며 길게 신음하고 있었다. 몇 분간 멈췄다가는 또다시 무섭게 신음을 계속했다. 무슨 일인지 번뜩 깨닫고 나서 너무나 괴로웠다. 이 끔찍한 감옥에서 새 생명이 탄생하려는 것이었다. 남성이 만든 법 때문에 감옥에 갇힌 여성이 아이를 세상에 내보내고 있었다. 감방에서 태어나는 아이라니! 그날 밤을 나는 결코 잊을 수 없을 것이고, 그 여성의 진통 때문에 얼마나 괴로웠는지도 잊을 수 없을 것이다. 그녀는 당시 재판을 기다리고 있었는데, 재판 결과 무죄로 판명되었다는 사실을 나중에 알게 되었다.

병실에서 낮 시간은 천천히 흘러갔고, 밤은 훨씬 더 천천히 흘러갔다. 의무실에 있었기 때문에 예배도 보지 못했고, 일도 할 수 없었다. 결국 절박한 심정으로 간수에게 바느질거리를 달라고 부탁했다. 그녀는 친절하게도 자신의 치마를 꿰매라고 가져다주었고, 나중에는 뜨개질거리를 맡겼다. 수감자들은 몇 권의 책을 소지할 수 있었다. 주로 어린이용 '주일학교' 책이었다. 어느 날 목사님에게 프랑스어나 독일어 책이 도서관에 있는지 물었더니, 그가 귀한 책을 가져다주었다. 쥘 자냉이 쓴『내 정원에서』라는 책이었다. 며칠 동안 책을 읽거나, 혹은 종이와 연필 대신 받은 어처구니없는 작은 석판에 번역을 하면서 행복한 시간을 보냈다. 이 석판으로 온갖 일을 하면서 매우 위안을 받았다. 석판에다 일정을 적기도 했고, 기억나는 프랑스 시도 적었으며 예전에 학교에서 배운 합창곡과 영어 습자까지 적었다. 이 석판은 석방될 때까지 끝없이 펼쳐져 있는 시간을 보내는 데 큰 도움이 되었다. 입소할 때 모피 코트를 빼앗겼기 때문에 추위를 견디기 힘들었지만, 이런 작업을 하다 보면 추위도 잊을 수 있었다.

마침내 그들은 내 물건을 모두 돌려주면서 나를 석방했다. 문 앞에서 교도소장이 말을 걸면서 혹시 불평할 만한 사항이 있는지 물었다.

"당신이나, 여성 간수들에 대해서는 불평할 게 없습니다. 하지만 이 감옥과, 남성이 만든 모든 감옥에 대해서는 불평할 게 많습니다. 이런 감옥들을 전부 산산이 부숴버리고 말 겁니다."

안락한 집으로 돌아와서 사랑하는 사람들에 둘러싸인 채 며칠 동안 조용히 쉴 수도 있었을 것이다. 그러나 그날 밤 당장 앨버트홀에서 기금 마련 모임이 있었다. 나는 이 모임에 참가하는 것으로 극기의 세월을 보낸 한 주를 마치고자 했다. 이 모임에서는 여성들이 우리의 의제를 알리기 위해서 종이와 꽃, 장난감을 팔고 거리를 청소했으며, 거리에서 노래를 부르기도 했다. 문학과 예술계에서 잘 알려진 많은 여성이 이런 일에 참가했다. 나 역시 모임에 참가하는 것만으로도 조금은 기여할 수 있다고 생각해서 모임에 갔다. 나는 원래 다음 날 아침에나 석방될 예정이었으므로 아무도 내가 모임에 나타날 줄 몰랐다. 나를 위한 의장석에는 '팽크허스트 여사의 의자'라고 쓰인 커다란 천이 덮혀 있었다. 나는 모든 청중과 연사, 그리고 감옥에 다녀온 사람 수백 명이 자리에 앉은 다음 조용히 무대로 올라가서 천을 걷어내고 의자에 앉았다. 여성들은 자리에서 일어나 나를 향해 손을 뻗으며 큰 소리로 환영했다. 눈물이 앞을 가려 시간이 좀 흐른 다음에야 그들을 볼 수 있었고, 마음을 폭풍처럼 뒤흔드는 감정 때문에 목이 메여 조금 뜸을 들이고 나서야 연설을 할 수 있었다.

다음 날 아침, 나는 풀려난 다른 수감자들과 런던의 선거구인 페컴으로 갔다. 그곳에서는 여성사회정치연합 회원들이 보궐선거를 위해 열심히 싸우고 있었다. 우리는 지붕이 없는 대형 사륜마차를 타고 죄수복이나 죄수복을 본떠 만든 옷을 입고 거리를 행진하면서 많은 관심과 공감대를 이끌어냈다. 그리고 페컴의 중앙공원 페컴 라이에서 매일 열었던 집회에는 사람이 엄청나게 많이 모여들었다. 선거 날이 되자 우리 회원들은 투표소마다 진을 치고 앉아 있었고, 많은 남성이 난생 처음 여성을 위해 투표했다고, 즉 정부에 반대표를 던졌다고 말했다. 그날 밤 지난 번 총선 때 2339표 차로 다수를 점했던 자유당이 이번에는 2494표 차로 보수당에게 승리를 넘겨주었다는 소식이 알려지자 우리는 흥분의 도가니에 빠졌다. 신문사에는 중요한 자유당 의석을 잃은 것이 전적으로 서프러제트의 작업 때문이라는 내용을 담은 편지가 쇄도했고, 저명한 자유당원 여러 명이 당 지도부에 다음 총선 전에 여성들을 위해서 무슨 일이든 시작할 것을 촉구했다. 자유당 지도부는 정치인들이 늘 취하는 지혜로운 방식대로 아무런 응대도 하지 않았다. 그 대신에 그들은 모든 여성 참정권 운동의 적인 애스퀴스 씨가 가장 높은 권력을 갖게 된 것을 축하했다.

1908년 부활절 무렵 헨리 캠벨-배너먼 경이 건강상의 이유로 사임하자 애스퀴스 씨가 수상이 된 것이다. 정치적 지도력이 뛰어나다거나 개인적인 인기 때문이 아니라—그에게는 둘 다 없었다—단지 그 당시에 더 나은 사람이 없었기 때문에 선택되었다. 그는 영리하고 기민하고, 다소 부도덕한 변호사로 알려져 있었다. 그는 당내 고위직들을 만족스럽게 수행해냈고, 헨리 캠벨-배너먼 경 아래서 재무장관을 지냈다. 일반적으로 재무장관 자리는 수상직으로 가는 징검다리로 여겨진다. 자유당 지지 언론은 새 수상에 대해서 '강한' 사람이라는 말밖에는 더 칭찬할 말이 없었다. 대개 정치권에서 이 용어는 고집스러운 사람을 지칭하는데, 우리는 그의 고집에 대해 이미 잘 알고 있었다. 그는 여성 참정권에 대해 거리낌 없이 솔직하게 반대를 표했다. 그에게는 어떤 교육이나 설득도 소용이 없었으므로 우리는 이전보다 더욱더 행동에 의지하는 수밖에 없었다.

새 내각에 변화가 일어난 덕분에 곧 행동을 할 기회가 왔다. 영국법에 의하면 새롭게 내각으로 들어가는 사람들은 의원직을 사퇴하고, 자신의 선거구에서 보궐선거로 재신임을 받는다. 이런 이유로 생긴 공석 외에도, 의원의 죽음이나 의원이 귀족으로 서품을 받게 되면서 생긴 공석이 여럿 있었다. 여러 곳에서 보궐선거가 진행되었고, 여성사회정치연합은 다시 한 번 자유당 후보들을 낙선시키기 위해 전장으로 나갔다. 이 보궐선거에 대해서는 우리 참정권 운동이 정부에 끼친 영향을 보여주는데 필요한 만큼만 다룰 것이고, 그것이 우리의 운동을 점점 더 전투적으로 몰고 간 상황에 대해서만 다루고자 한다. 우리가 처음으로 유리창을 깼을 때 그 상황의 책임을 어디에 물어야 할지에 대해서는 독자들의 정직한 판단에 맡기고자 한다.

우리는 윈스턴 처칠 씨가 재무위원회 위원장직을 맡게 되면서 북서부 맨체스터 선거구에서 재선거에 나오자, 그를 첫 번째 낙선운동 후보로 결정했다. 내 딸 크리스타벨이 이 일을 맡았는데 그녀와 동료들의 운동이 매우 성공적이어서 처칠 씨는 420 표차로 의석을 잃었다. 신문들은 처칠 씨를 패배시킨 것이 서프러제트라는 사실을 인정했고, 런던의 자유당 지지 신문인 《데일리 뉴스》는 여성들에게 투표권을 부여해서 이 견디기 힘든 상태를 종식시키라고 당에 촉구했다.

그러나 낙선한 처칠 씨를 위해서 즉시 다른 의석이 마련되었다. 그것은 자유당을 강하게 지지하는 던디 지역의 의석이었고, 처칠 씨가 승리를 자신할 수 있는 곳이었다. 그렇지만 우리는 그곳에서도 처칠 씨와 싸워서, 가능하다면 그를 낙선시키고 자유당 의석을 줄여보기로 했다. 처칠 씨가 도착하기 전날 밤 키내어드홀에서 대규모 집회를 열었다. 그는 이 스코틀랜드 선거구에서는 당연히 승리할 것이라 믿었지만, 그래도 우리의 존재가 자유당을 지지하는 여성들에게 미칠 영향에 대해 걱정했다. 그래서 그는 던디에서 가진 두 번째 모임에서 여성 지지자들만을 대상으로 연설을 했다. 그는 정치가들이 통상 하듯이 정부 프로그램의 여러 법안을 지지해달라고 호소하는 대신, 의회가 곧 여성들에게 선거권을 부여할 것을 확신한다고 말했다. "다음 총선에서는 여성 참정권이 현실적이고 실질적인 의제가 될 것입니다. 그리고 다음 의회에서는 여성의 주장이 이루어져야 한다고 생각합니다. 현 의회에서 참정권이 다루어질 가능성도 배제하지 않습니다." 그는 자신이 여성에 관한 의제를 진심으로 지지하는 사람이라는 사실을 반복해서 강조했다. 그러나 현 정부가 구체적인 행동을 할 것이라는 공약을 해달라는 요구를 받자, 그는 동료들의 의견에 대해서 자신이 대신 밝힐 수는 없다고 말했다.

수많은 자유당 여성이 이런 허위로 가득 찬 약속, 즉 언젠가는 여성 참정권을 얻을 수 있을 거라는 예언 비슷한 말을 진심으로 받아들여 처칠 씨의 선거를 위해 충심을 다해서 일했다. 던디는 황마 공장과 마멀레이드 공장에서 일하는 노동자들처럼 극빈자가 많은 도시다. 이번 선거에서는 설탕세 문제에 대한 양보가 시의적절하게 이루어졌고, 새 정부가 노령 연금을 도입한다고 발표해 자유당 지지도가 어마어마하게 높아졌다. 우리가 쉬지 않고 작업했음에도 처칠 씨는 결국 쉽게 승리를 거두었다. 우리는 200여 차례 집회를 열었고, 선거 전날에는 다섯 개의 대규모 시위를 조직했다. 그중 넷은 야외에서 벌어졌고, 하나는 실내 운동장을 꽉 채울 만큼 많은 사람이 모였다. 5월 9일 선거일은 흥분된 열기로 가득했다. 모든 투표소에는 서프러제트 한 명당 여섯 명 정도의 자유당 남성과 여성이 모여 있었고, "여성들에게 관심 두지 말고 처칠에게 투표를!"이라든가 혹은 "처칠에게 승리를! 여성들에게 패배를!" 등이 적힌 전단지를 나눠주고 있었다. 이 모든 노력에도 처칠 씨는 지난 총선에서 자유당 전임자가 얻었던 표보다 2200표나 적게 얻었다.

　　우리는 애스퀴스 씨가 수상직을 맡게 된 뒤 처음 있었던 일곱 번의 보궐선거에서 자유당 표를 6663표나 줄이는 데 성공했다. 그러다가 우리의 성공을 가로막는 일이 발생했다. 자유당 의원 대표단은 2차 독회에서 압도적 다수의 찬성으로 통과한 스탠저 의원의 참정권법안을 법률로 제정하라고 애스퀴스 씨에게 요청했다. 애스퀴스 씨는 여성이 선거권을 받는 것을 바라지 않으며, 스탠저 법안에 정부가 우선권을 부여하는 것도 불가능하다고 답변했다. 그러나 그는 현 선거제도의 여러 문제점을 잘 알고 있으며, 정부가 다른 특별한 일만 안 생기면 이번 회기가 끝나기 전에 개혁법안을 통과시킬 것이라고 덧붙였다. 현 개혁법안에 여성 참정권이 포함되어 있지는 않지만, 어떤 의원이든 여성 참정권 수정안을 제안한다면 그 수정안을 개혁법안에 포함시킬 수도 있다고 말했다. 애스퀴스 씨는 여성 참정권이 수정안에 포함될 경우, 하원 다수가 그것을 승인하면 정부가 반대할 이유가 없다고 생각한다고 덧붙였다. 단, 그 수정안이 민주적인 내용을 담고 있으며, 현재의 유권자 외에도 이 나라 여성들의 강력하고 확실한 지지를 받는다면 반대하지 않겠다는 것이었다.

이런 식의 모호한 말을 듣고서, 애스퀴스 정권이 여성참정권법안을 통과시킬 실질적 기회를 약속한 것으로 생각할 수는 없을 것이다. 그러나 이 언명이 많은 이에게 진지하게 받아들여진 것을 보면 정당을 맹목적으로 지지하는 대중이 얼마나 속임수에 취약한지 알 수 있다. 자유당 지지 언론은 애스퀴스 씨의 '공약'을 찬양했으며, 정부가 행동을 시작할 있도록 전투파에게 휴전을 제안했다. 《스타》지는 사설에서 다른 신문들과 같은 논조로 "애스퀴스 씨의 공약이 갖는 의미는 명명백백하다. 여성참정권은 현 정부하에서 총선을 치르기 전에 하원을 통과할 것이다"라고 썼다.

여성자유당협회 사람들은 기쁨에 들떠 어쩔 줄 몰라했다. 현 정부에 감사하는 내용을 담은 결의안을 통과시키고자 모인 회의에서 레이디 칼라일은 다음과 같이 말했다. "이 영광스러운 날을 기뻐합시다. 우리의 훌륭하신 수상께서—모든 영예가 수상과 함께하길—너무나 오랫동안 우리에게 금지되어 있던 권리를 가질 수 있도록 길을 열어주었습니다."

그 시기 마지막 두 번의 보궐선거 때는 '수상의 위대한 개혁법안: 여성에게 투표권을'이라고 쓰인 거대한 포스터가 전시되었다. 우리는 이 공약이 슬쩍 봐도 허위이며, 그 수정안이 '민주적'이어야 한다는 허울 좋은 단서 조항을 보면 정부는 어떤 실용적인 수정안이 제안되더라도 분명 거부권을 행사할 것이라는 사실을 유권자들에게 알리려고 애썼다. 그러나 아무도 우리 말에 귀를 기울이지 않았고, 자유당은 다수표를 얻으며 약진했다.

일주일 후에 애스퀴스 씨는 하원에서 여성 참정권에 반대하는 한 의원의 근심 어린 질문을 받았다. 그 의원은 애스퀴스에게 이번 회기에 개혁법안을 상정할 것이라고 약속했는지, 개혁법안이 혹시라도 상정되면 이 법안이 여성 참정권 수정안을 포함할 것인지, 그렇게 된다면 참정권 수정안이 정부 정책의 일환이 될 것인지 질문했다. 수상은 언제나처럼 모호한 태도를 취했고, 약간의 논쟁 후에 "당신은 아주 멀고 순전히 이론적인 미래에 대한 질문을 하셨습니다"라고 대답했다. 애스퀴스 씨의 '공약'에 대한 우리의 해석이 본인의 입으로 확인된 것이다. 그러나 자유당 내 여성들은 여전히 정부의 행동에 희망을 걸었고, 자유당 쪽 언론 역시 희망을 갖고 있는 체했다. 그러나 여성사회정치연합은 더 많은 일을 준비했다. 우리는 새로운 노선을 설정해야 했다. 정부가 당분간 더 많은 거짓 약속으로 우리 보궐선거 작업의 효과를 상쇄할 것이기 때문이었다. 우리는 정부에 대항해 꼭 필요한 행동 이상으로는 나아가지 않는다는 정책을 펴고 있었으므로, 우리의 첫 번째 활동은 매우 평화로운 것이었다.

스탠저의 법안이 2차 독회에 부쳐지던 날—그날은 내가 처음으로 홀로웨이 감옥에 갇히고 나서 며칠 뒤였다—내무장관 허버트 글래드스톤 씨의 연설은 서프러제트의 관심을 몹시 끌었다. 그는 자신이 여성참정권론자라고 밝히면서 스탠저의 법안에 찬성하는 표를 던질 것이라고 선언했다. 그럼에도 그는 이 법안이 통과하지 못할 것이라 확신했는데, 이는 내각이 분열되어 있고, 또한 어떤 정당도 이 법안의 찬성이나 반대쪽으로 의견이 모아지지 않기 때문이라는 것이다. 글래드스톤 씨는 여성 참정권은 위대한 개혁이 성숙하는 데 필요한 모든 단계를 겪어야만 승리할 수 있을 것이라고 말했다. 남성 참정권의 역사를 보면 우선은 학계에서 토론을 거친 후에 효과적인 행동을 벌였는데, 여성 참정권도 마찬가지 단계를 밟아야 한다는 것이다.

"남성들은 이 교훈을 배웠고, 이 운동의 중요성을 증명하고 정부가 효과적인 작업을 하도록 뒷받침할 수 있는 다수의 힘을 모으는 것이 필요하다는 것을 알고 있었습니다. 이 위대한 운동의 지지자들 앞에 놓여 있던 과업이 바로 이것이었습니다. 1830년대, 1860년대, 1880년대의 커다란 정치적 위기를 돌이켜보면, 사람들이 몇 명 되지 않는 무리를 지어 몰려다니지도 않았고, 커다란 회당에서 열정적으로 집회를 여는 데 만족하지도 않았다는 것을 알 수 있습니다. 그들은 수천 수만 명이 되어 온 나라를 뒤덮었던 것입니다. 물론 여성들이 그렇게 많은 군중을 모을 수는 없겠지요. 그러나 권력은 군중에게 있고, 그 권력은 정부가 현 상황에서 취할 만한 행동보다 더욱 효과적인 행동을 취하도록 영향력을 행사할 수 있을 것입니다."

여성사회정치연합은 이 도전에 응하기로 결정했다. 여성 참정권이 학술적인 단계를 지나 정치적인 행동을 요구할 단계에 들어섰다는 것을 정부에게 확신시키는 데 거대한 군중 집회가 필요하다면, 내각에서 가장 회의적인 의원을 만족시킬 만큼 많은 군중을 모을 수 있다고 확신했다. 우리는 1830년대, 1860년대, 1880년대에 남성들이 개최했던 거대한 선거권 집회를 능가할 만한 집회를 조직할 수 있었다. 하이드파크에 모였던 역대 최대 군중은 약 7만 2000명이다. 우리는 적어도 25만 명이 모이는 하이드파크 집회를 조직하기로 했다. 1908년 6월 21일 일요일로 집회일이 정해졌다. 이 날을 참정권 운동에서 역사적인 날로 만들기 위해 몇 달 동안 열심히 일했다. 비전투파 참정권자들도 우리 방식을 모방해 우리 집회 일주일 전에 제 나름대로 멋진 행진을 조직했고, 1만 3000명의 여성이 행진에 참가했다.

우리 집회를 광고하는 데만 1000파운드, 즉 5000달러 이상이 들었다. 우리는 런던과 주요 지방 도시의 광고 게시판을 온갖 대형 포스터로 뒤덮었다. 포스터에는 스무 개의 연단에서 사회를 볼 여성들의 사진과, 일곱 개의 행진이 진행될 길이 표시된 런던 지도, 그리고 하이드파크의 회합 장소에 대한 청사진이 그려져 있었다. 물론 런던은 철저하게 조직되었다. 소집단으로 구성된 여성들이 일주일 내내 보도에 분필로 집회를 알리는 글을 적었고, 전단지를 나눠주며 집집마다 홍보를 했고, 포스터와 광고판을 메고 거리거리를 누비며 집회를 광고했다. 우리는 상원의원과 하원 의원을 비롯해 모든 이에게 와달라고 청했다. 집회가 열리기 며칠 전에는 드러몬드 여사를 포함한 여러 여성이 소형 증기선을 빌려 장식을 하고는 템스 강을 거슬러 올라가 의회까지 갔다. 그들은 의원들이 테라스에서 여성 지지자들에게 차대접을 하는 시각에 의회에 당도했다. 배가 멈춰 서자 모든 사람이 테이블에서 일어나 물가로 다가왔다. 드러몬드 여사는 맑고 강한 목소리로 내각 각료와 의원 들에게 하이드파크에서 열릴 집회에 참석해달라고 말했다. "일요일에 공원에 오세요. 경찰이 여러분들을 보호할 것입니다. 체포 행위도 없을 것이라는 것을 약속드리지요." 누군가가 놀라서 경찰 보트에 전화를 했지만, 경찰이 나타나기 전에 여성들은 얼른 떠났다.

6월 21일 일요일은 얼마나 멋진 날이었는지! 대기는 청명했고, 찬연히 빛났으며, 황금색 햇살로 가득했다. 내가 존경하는 울스텐홀름-엘미 여사와 함께 일곱 행렬 중 첫 번째 행렬을 이끌며 나아갔을 때, 마치 온 런던이 이 집회를 구경하러 뛰쳐나온 듯 보였다. 그리고 런던 인구의 상당한 숫자가 행렬을 뒤따라왔다. 하이드파크 연단에 올라서서, 집회가 열리기를 기다리고 있는 엄청난 군중과, 모든 방향에서 공원으로 쏟아져 들어오는 끝없는 군중의 물결을 보았을 때 놀라움을 넘어서 경외감마저 들었다. 그렇게 많은 사람이 정치 집회에 참가하려고 모여들 거라고는 상상을 못했다. 그것은 경이로울 뿐 아니라 유쾌하고 아름다운 광경이었다. 고색창연한 나무를 배경으로 하얀 드레스와 꽃으로 치장한 모자를 쓴 여성들의 모습은 거대한 정원에 꽃이 만발한 듯한 분위기를 연출했다.

나팔 소리가 울려 퍼지자 스무 개의 연단에서 연사들이 연설을 시작했다. 사람들이 너무 많이 모여 그중 절반이나 3분의 1 정도밖에 연설을 듣지 못했을 것이다. 그럼에도 사람들은 끝까지 남아 있었다. 5시에 나팔 소리가 다시 한 번 울려 퍼지면서 연설은 끝났다. 정부에게 공식적인 여성참정권법안을 즉각 제출하라고 촉구하는 결의안이 모든 연단에서 통과되었다. 반대표가 한 표도 없는 경우도 많았다. 그 후 군중이 "여성에게 투표권을"이라고 세 번 외친 뒤 이 위대한 모임은 종료되었다.

《런던 타임스》는 다음 날 이렇게 보도했다. "집회의 주최측은 25만 명을 예견했다. 그 기대는 확실히 충족되었다. 아마 그보다 두 배는 더 모였을 것이다. 그리고 어쩌면 세 배 이상이라고 해도 반대하기는 어려울 것이다. 별들이 너무 멀고 많아서 셀수 없는 것처럼 어제 모인 사람의 수도 우리가 셀 수 있는 범위를 넘어섰다."

《데일리 익스프레스》는 이렇게 보도했다. "영국 어느 곳에서도 그렇게 많은 사람이 한 광장에 모인 적은 없었을 것이다. 엄청난 규모였던 글래드스톤의 유세장에 다녀온 사람들도 그모임은 어제의 군중과 비교하면 아무것도 아니었다고 말한다."

우리는 "권력은 군중에게 속한다"고 했던 글래드스톤 씨의 도전에 응대했다고 느꼈고, 이 권력이 정부에게 영향력을 행사할 수 있으리라 생각했다. 그래서 우리는 정부가 유례없는 대규모 집회에 참가했던 사람들에게 여성 참정권 문제에 대해 어떤 대답을 줄 것인지 질문하는 결의안 사본을 수상에게 보내면서 진실로 희망을 품었다. 애스퀴스 씨는 그가 이전에 했던 선언, 즉 정부는 여성 참정권을 포함해 수정된 일반적인 개혁법안을 언젠가 발의할 작정이라는 선언에 아무것도 덧붙일 수 없다고 공식적으로 답변했다. 우리의 경이로운 집회도 그에게는 아무런 영향도 미치지 못했음이 분명했다.

3

법을 만드는 사람

***

이제 우리가 두 가지 선택 사항 중에서 하나를 택해야 할 시점이 왔다. 우리는 이제까지 가능한 모든 주장을 다 펼쳤다. 한 가지 선택은 1880년대의 참정권론자들이 대부분 그랬듯이 운동을 아예 그만둬버리는 것이다. 또 다른 한 가지는 정부가 이 기심과 고집을 꺾을 때까지, 혹은 정부 자체가 무너질 때까지 행동하고 또 행동하는 것이었다. 정부는 어쩔 수 없는 상황이 아니면 결코 여성에게 투표권을 주지 않는다는 사실을 우리는 인식하고 있었다. 1867년의 선거법 개정 운동 당시 존 브라이트가 말한 것이 얼마나 진실인지 뼈저리게 느꼈다. 그는 의회가 어떤 개혁도 절대로 기꺼이 받아들이지 않을 것이라고 말했다. 1832

년의 선거법 개정안도 당시의 정부로부터 억지로 얻어낸 것이고, 이제 또 한 번의 선거법 개정을 위해서 채링크로스부터 웨스트민스터 사원까지의 거리를 사람들로 꽉 채워야 한다는 것이다. 존 브라이트의 충고에 따라 우리는 사람들에게 6월 30일 하원 앞에서 열리는 대규모 집회에 참석해달라고 요청했다. 우리는 정부가 엄청난 지지자의 수를 직접 눈으로 확인하고, 그 의미도 읽어내기를 바랐다. 경찰청장은 대중에게 의회 광장에서 모여 의회로 가는 통로를 막지 말라고 경고했다.

그러나 우리는 집회를 열겠다고 선언했고, 나는 6월 30일 오후 4시 반에 대표단이 애스퀴스 씨를 만나러 갈 것이라는 편지를 보냈다. 우리는 늘 하던 대로 캑스턴홀에서 여성의회를 개최했고, 페식 로런스 여사와 다른 열한 명의 여성이 나와 함께 출발했다. 경찰은 우리 진로를 막지 않았다. 우리는 수많은 군중의 환호 속에 하원의 외부인 출입구로 들어갔다. 이곳에서 스캔들베리 경위가 이끄는 한 무리의 정복 경찰과 맞닥뜨렸다. 나는 스캔들베리 경위를 개인적으로 알고 있었지만, 그는 내게 공식적으로 물었다.

"당신이 팽크허스트 여사입니까?"

"그렇습니다."

"당신들이 하원에 들어오지 못하게 하라는 명령을 받았습니다."

애스퀴스 씨가 내 편지를 받았는지 묻자 경위는 주머니에서 내가 보낸 바로 그 편지를 꺼내 내게 넘겨주었다.

"애스퀴스 씨가 어떤 메시지도, 답변도 하지 않으셨나요?"

답변은 없었다는 말에 우리는 돌아서서 나왔고, 기다리고 있던 사람들에게 무슨 일이 있었는지 보고하기 위해서 캑스턴 홀로 돌아갔다. 저녁까지 참을성 있게 기다리면서, 의회 광장에서 모이자는 우리의 요구에 대중이 얼마나 호응을 해줄 것인지 기다려보는 수밖에 없다고 결론내렸다. 거리는 이미 사람들로 가득했고, 군중은 급속도로 늘어났다. 우리가 8시에 무리를 지어 의회 광장으로 나갔을 때, 대략 10만 명 정도로 추산되는 사람들이 발 디딜 틈 없이 모여 있었다. 여성들은 공공건물의 계단과, 난간 꼭대기의 돌 위, 그리고 궁전 마당의 철제 울타리에까지도 아슬아슬하게 올라서서 연설을 했다. 경찰이 연사들을 끌어내서는 움직이고 동요하고 흥분해 있는 군중 속으로 밀어 넣을 때까지 그들은 연설을 계속했다. 몇몇은 체포되었고, 다른 사람들은 서 있지 말고 떠나라는 명령만 받았다. 군중들은 환호성과 야유를 번갈아 보냈다. 그중 몇몇은 재미삼아 구경 온 불량배들이었지만, 다른 많은 사람들은 진정으로 공감을 표하면서 우리가 하원에 들어갈 수 있도록 용감하게 도와주고 있었다. 그 결과 경찰 저지선은 계속 무너졌다. 기마경찰이 전진하며 공격할 때에야 사람들의 전진이 멈추었다. 로이드-조지 씨와 윈스턴 처칠 씨, 그리고 허버트 글래드스톤 씨를 비롯한 많은 의원이 이 광경을 보러 나왔다. 싸움은 자정까지 계속되었고 스물아홉 명의 여성이 체포되었다. 그중 두 명은 돌멩이를 던져 다우닝 가에 있는 애스퀴스 씨의 관저 창문을 깼다는 이유로 체포되었다. 창문의 가격은 약 2달러 40센트 정도였다.

이 사건이 여성사회정치연합 역사상 최초의 창문 깨기였다. 돌멩이를 던진 것은 메리 리 여사와 이디스 뉴 양이었다. 그들은 명령을 받지 않고 마음대로 행동했으니, 연합 본부에서 자신들을 쫓아내도 수긍하겠다고 전갈을 보내왔다. 나는 그들을 쫓아내는 대신, 유치장으로 그들을 만나러 가서 그들의 행위를 승인한다고 말해주었다. 창문을 깨는 행위는 정치적 상황에 불만을 표하는 전통적인 방식이다. 한 신문이 이 사건에 대해 논평하면서 이렇게 덧붙였다. "국왕과 왕비는 이번 달 13일에 앱슬리에서 식사를 할 때, 정치적 반대파의 분노로부터 창문을 보호하기 위해 웰링턴 공작이 철제 셔터를 설치한 방에서 접대받을 것이다."

한 가지 예를 들자면, 몇 년 전 윈체스터에서는 역사적으로 의미 있는 대포를 마을의 다른 곳으로 옮긴 데 항의하는 커다란 폭동이 발생했다. 그 와중에 많은 창문이 깨졌고, 심각한 재산상의 손실이 발생했다. 그러나 이 폭동과 관련해서 어떤 처벌도 이루어지지 않았으며, 당국자들은 여론이 이렇듯 난폭하게 표출되자 대포를 원래의 장소로 되돌려놓았다.

영국에서 남성들이 창문을 깨면 정치적 의견을 정직하게 표현하는 방식으로 여겨진다. 그러나 영국 여성들이 창문을 깨면 범죄가 된다. 치안판사는 리 여사와 뉴 양에게 2개월의 1급 감옥 수감을 선고하면서 다시는 그런 일이 일어나서는 안 된다고 선언했다. 물론 여성들은 그런 일이 또 발생할 것이라고 확언했다. 리 여사는 "우리는 억압에 대해서 반항하는 도리밖에는 없습니다. 필요하다면 더 강한 방식을 취할 수밖에 없습니다. 이 싸움은 계속될 것입니다"라고 말했다.

1908년 여름은 예년에 비해 끔찍할 정도로 더워서 홀로웨이의 수감자들은 엄청나게 고생했다. 몇 명은 끔찍한 더위와 나쁜 공기, 형편없는 음식 때문에 심한 병에 걸리기도 했다. 정도는 덜했지만 여름 캠페인을 진행하던 우리 역시 아주 힘들었다.

시원한 가을이 시작되자 안도감이 들었고, 10월 12일에 있을 의회 개회식에 대비해 열심히 준비했다. 수상에게 대표단을 또 보내기로 결정했고, 일반 대중에게 집회에 참석해달라고 요청했다. '남성과 여성 여러분, 10월 13일 화요일 7시 30분에 서프러제트의 하원 습격을 도우러 와주십시오'라고 쓰여 있는 작은 전단지 수천 장을 인쇄했다.

10월 11일 일요일에 트라팔가 광장에서 대규모 집회를 가졌고, 나는 크리스타벨, 드러몬드 여사와 더불어 넬슨 기념비의 대좌에 올라서서 연설했다. 나중에 알고 보니 로이드-조지 씨도 청중에 섞여 있었다. 경찰은 우리 연설을 받아 적었다. 그들이 우리를 매일 감시하면서 미행하고, 우리 움직임을 추적하라는 명령을 받았다는 것을 다양한 방식으로 드러냈기 때문에, 그 사실을 눈치 채지 않을 수 없었다. 크리스타벨과 드러몬드 여사, 그리고 내가 각각 다음과 같은 위압적인 내용의 법적 서류를 받은 10월 12일 정오에 이 사건은 절정에 도달했다.

"오늘 날짜로 경찰청장은 1908년 10월에 당신이 대중들에게 부당하고 불법적인 특정 행동을 사주한 죄가 있음을 알리는 바입니다. 즉 당신은 같은 달 13일 7시 30분에 하원으로 쳐들어가라고 대중을 선동하는 특정 전단지를 발행하거나 혹은 발행하도록 시킴으로써 평화를 깨뜨리는 행동을 촉구하거나 촉구되도록 한 행위를 한 죄가 있습니다."

마지막 문장은 그날 오후 3시에 보스트리트 경찰서로 출두하라는 내용이었다. 우리는 경찰서에 가지 않았다. 우리는 그 대신에 군중으로 꽉 들어찬 퀸즈홀에 있는 우리 사령부로 갔다. 이 소식은 그곳에서 엄청난 흥분을 불러일으켰다. 그곳은 경찰들로 둘러싸여 있었고, 경찰 보고자들은 연단에서 얘기되는 모든 것을 속기로 기록할 준비를 하고 있었다. 한번은 경위 한 사람이 우리를 체포하러 들어온다는 다급한 외침이 들렸다. 그러나 그 경찰관은 단지 소환이 다음 날 아침으로 연기되었다는 메시지를 가져온 것뿐이었다.

그렇게 이른 아침 시간으로 연기된 소환에 응하고 싶지 않았으므로, 나는 경찰에게 예의바르게 쪽지를 보내서 우리가 다음 날 오후 6시에 본부가 위치한 클레멘츠 인 호텔의 4호실에 있을 예정이니, 그때 와서 우리를 데려가라고 알렸다. 그러나 체포영장이 즉각 발부되었고, 자비스 경위가 영장을 즉시 집행하라는 명령을 받았다. 하지만 드러몬드 여사는 자유인으로서의 마지막 날에 개인적인 일을 보고 있었고, 크리스타벨과 나는 아주 크고 복잡한 클레멘츠 인의 다른 쪽으로 피해 있었기 때문에 경위는 체포영장을 집행할 수 없었다.

　　우리는 그곳에 있는 페식 로런스 씨의 개인 아파트 옥상 정원에서 파란 하늘 아래 온종일 바쁘게 일했고, 장기간 떠나 있을 준비를 했다. 6시가 되자 우리는 거리로 나설 채비를 하고 아래층으로 내려갔다. 드러몬드 여사가 곧 도착했고, 기다리던 경찰들이 영장을 낭독하고 나서 우리는 모두 마차를 타고 보스트리트 경찰서로 갔다. 그러나 그때는 이미 재판을 열기에 너무 늦은 시간이었다. 보석을 신청했지만, 우리가 '하원 습격'에 참가할까 봐 당국자들은 보석을 허락하지 않았다. 그래서 우리는 그날 밤을 경찰서에서 보내야 했다. 나는 거리에서 벌어지고 있을 광경을 생각하며 밤새 깨어 있었다.

　　다음 날 아침 법정은 발 디딜 틈 없이 꽉 차 있었고, 크리스타벨이 자신의 첫 번째 법률 사건을 맡았다. 그애는 이름 옆에 LL.B., 즉 법학사라는 타이틀을 붙일 권리가 있었으나, 영국에서 여성은 변호사 일을 할 수 없었기 때문에 피고의 자리 이외에는 법조계에 등장한 적이 없었다. 그녀는 피고인이자 변호인이라는 두 가지 역할을 동시에 하겠다고 했고, 우리 세 사람을 위해 변호사 역할을 했다. 그녀는 치안판사에게 이 법정에서 본 사건을 재판하지 말고, 판사와 배심원 앞에서 재판받을 수 있게 해달라고 요청했다. 우리는 서프러제트 사건이 개별 시민들 앞에서 심판받기를 오랫동안 바랐다. 경찰법정의 공직자들이 우리가 저항운동을 하는 대상인 정부 당국자들로부터 명령을 받고 있다는 의심을 할 이유가 충분히 있었기 때문이다. 배심원 재판은 언제나 거부되었다. 그러나 치안판사인 커티스 베넷 씨는 예비심사가 끝난 후 이 사건의 변호를 준비하도록 일주간의 시간을 허락해주면서 휴정을 선언했다.

10월 21일에 재판이 재개되었다. 법정은 전과 마찬가지로 꽉 차 있었고, 기자석은 훨씬 더 붐볐다. 우리가 10월 13일 밤에 있었던 일을 목격했던 정부의 두 각료를 증인으로 소환했기 때문이다. 첫 번째 증인으로 나온 사람은 로이드-조지 씨였다. 크리스타벨은 '습격'(rush)이라는 단어의 의미와 사용상의 장점에 대해서 세세하게 그에게 질문을 했으며, 그의 마음을 매우 불편하게 만들고, 우리에 대한 기소 근거를 빈약하게 만드는 데 성공했다. 그녀는 그가 트라팔가 광장에서 들었던 연설에 관해 질문했고, 재산을 파손하고 폭력을 사용하라는 내용이 있었는지 물었다. 그는 연설이 온건했고, 군중은 질서정연했다는 것을 인정했다. 그리고 나서 크리스타벨은 갑자기 물었다.

"당신은 당신이 스완시에서 개최한 모임에서 여성을 무자비하게 쫓아내야 한다고 하셨습니다. 그러나 우리 연설에는 그런 식으로 폭력을 선동하는 말이 전혀 없었지요?"

로이드-조지 씨는 안색이 어두워졌으며 아무 대답도 못 했다. 치안판사가 서둘러서 로이드-조지 씨의 편을 들었다. "재판의 요지와 관계없는 내용입니다. 그건 사적인 모임이었소." 크리스타벨은 그것이 공적인 회합이었음을 지적했지만 판사는 "그건 어떤 의미에서는 사적인 모임이었소"라고 고집했다. 로이드-조지 씨는 크리스타벨이 다음과 같은 질문을 하자 허세를 부리며 분개한 표정을 지었다.

"당신 자신이, 혹은 당신이 아니라 해도 당신의 동료들이 이런 폭력적인 행동을 하도록 우리를 부추기지 않았습니까?"

"그런 말을 들으니 놀라지 않을 수 없군요, 팽크허스트 양." 로이드-조지 씨는 천장을 보면서 대답했다.

"당신 자신이 우리에게 반란의 예를 보여준 것이 사실이 아닌가요?"

"나는 절대로 군중에게 폭력을 선동하지 않았습니다."

"웨일스 무덤 사건에서도 그러지 않았나요?"

"아닙니다." 그는 화가 나서 소리쳤다.

"우물을 부수고 시체를 파내라고 그들에게 말하지 않았나요?" 크리스타벨이 집요하게 물었다. 그는 이 사실을 부인할 수는 없었지만 "내 조언은 항소심에서 건전한 법적인 조언이라고 판명되었습니다"라고 퉁명스럽게 대답했다. 그리고 좁은 증인석에서 가급적 등을 돌려 외면하려고 애썼다.

허버트 글래드스톤 씨는 중요한 공적 임무를 수행해야 하므로 일찍 증언을 하게 해달라고 요청했다. 크리스타벨은 글래드스톤 씨가 증인석에 들어서기 전에 다른 증인에게 질문하고 싶다고 요청했다. 그 증인은 조지아나 브래큰베리 양으로, 최근에 참정권 문제로 6주간 수감되어 있었으며, 그 이후 치안판사인 호러스 스미스 씨와 대화를 나눈 바 있다. 스미스 씨는 정부가 서프러제트의 재판에 개입했다는 매우 중대하고 해로운 사실을 그녀에게 인정했다. 크리스타벨이 그녀에게 "호러스 스미스 씨가 당신에게 선고할 때, 명령받은 대로 수행하는 것이라고 말한 바 있습니까?"라고 질문하자, 치안판사는 "그 질문은 하지 마십시오"라고 소리쳤다. 그러나 증인은 이미 "네, 그렇습니다"라고 대답했다. 법정에는 흥분한 술렁거림이 일었다. 치안판사가 증거나 법에 의거해서 스스로 판단해 선고를 내리는 것이 아니라, 정부의 명령에 따라―호러스 스미스에게 명령을 내린 것이 누구였는지는 의심의 여지도 없었다―선고를 내렸다는 사실을 인정했다는 것이 엄숙한 선서하에 기록되었다.

대머리에 통통한 붉은 얼굴을 한 글래드스톤 씨는 그의 저명한 아버지와는 조금도 닮지 않았다. 그는 미소를 띠고 자신감 넘치는 태도로 증인석에 올랐다. 그러나 크리스타벨이 단도직입적으로 정부가 경찰서장에게 우리를 체포하라는 명령을 내렸는지 묻자 자신감은 단박에 사라졌다. 물론 이번에도 치안판사가 개입했고, 글래드스톤 씨는 답변하지 않았다. 크리스타벨은 다시 질문했다. "당신이 호러스 스미스 씨에게 브래큰베리 양에게 불리한 판결을 내리고 6주간 감옥에 보내라고 명령을 내렸습니까?" 이 주제에 대한 모든 질문과 더불어 이 질문 역시 판사에 의해 기각되었다.

치안판사는 질문하는 내내 이 내각 각료를 난처한 상황에서 구해주려고 애썼지만, 크리스타벨은 그가 여성이 남성처럼 싸울 수 없기 때문에 투표권을 얻을 수 없을 것이라고 말했다는 사실을 조금씩 인정하도록 만드는 데 마침내 성공했다.

수많은 증인이 13일의 시위가 매우 질서 정연했다고 증언하고 나서 크리스타벨이 변론을 시작했다. 그녀는 이 모든 재판 절차가 정치적인 적의 손발을 묶으려는 '악의와 분노'로 이루어진 것임을 지적하며 변론을 시작했다. 그녀는 현행법상 우리를 정당하게 기소할 수 있는 법률은 불법집회에 관한 법률뿐이지만, 정부는 우리 사건을 경찰 법정에 묶어두길 바라기 때문에 불법집회로 기소하지 않았다고 주장했다.

"당국자들은 이 사건을 배심원 앞에서 재판하고 싶어 하지 않습니다. 왜냐하면 그들은 우리 국민으로 이루어진 배심원 앞에서 우리가 재판을 받게 되면 무죄판결을 받을 것이라는 것을 잘 알고 있기 때문입니다. 몇 년 전 존 번스가 우리보다 훨씬 더 심하게 공공의 평화를 위험에 빠뜨렸지만 재판에서 무죄를 받았던 것처럼 말입니다. 그러나 우리는 배심원이 배석한 재판을 받을 권리를 빼앗기고 있습니다. 우리는 치안판사의 결정에 불복해서 항소할 수 있는 권리 역시 박탈당했습니다. 이런 절차는 매우 치밀하게 계획된 것입니다.

우리가 전단지를 발행한 사실을 부인하지 않겠습니다. 우리 셋 다 책임을 부인하고 싶지 않습니다. 우리가 전단지를 만들었습니다. 전단지 배포에도 책임이 있습니다. 전단지에는 '서프러제트의 하원 습격을 도우러 와주십시오'라는 말을 써넣었습니다. 이 말을 쓴 것에 대해서 사과드리지 않겠습니다. 영국 헌법상 우리가 주장할 자격이 있는 권리를 주장하기 위해서 이런 행동을 취했다는 사실은 잘 알려져 있습니다."

서프러제트가 이제까지 해왔고 앞으로도 할 일은 현재 의회 의원이 된 남성들의 발걸음을 따르는 것일 뿐이라고 크리스타벨은 선언했다.

"허버트 글래드스톤 씨는 제가 방금 인용한 본인의 연설에서 논쟁에서 승리하는 것만으로는 충분하지 않다는 말씀을 하셨습니다. 우리의 시민권에 대한 권리를 획득하는 데 논쟁의 힘만으로는 승리를 바랄 수 없기 때문에, 정부의 야만적인 방해를 극복하는 다른 수단이 반드시 필요합니다. 글래드스톤 씨는 '나가서 남자들이 싸웠던 것처럼 싸우라'고 했습니다. 그래서 우리가 우리의 힘을 행동으로 보여주고, 사람들이 우리를 돕도록 만들자, 그는 과거 폭정의 시대에도 수치스러웠을 법한 방식으로 우리를 억압하는 절차를 택했습니다. 그리고 어떤 남성보다 우리에게 모범이 되어준 로이드-조지 씨도 있습니다. 그의 정치 경력은 처음부터 끝까지 반란의 연속입니다. 그는 우리가 투표권을 얻지 못하면, 남자들이 사용한 방식, 즉 하이드파크 공원의 울타리를 모두 부수는 방식을 우리가 채택한다 해도 정당화될 수 있을 것이라고 주장했습니다. 그의 말을 기억해주세요."

그녀는 인도 반란 때 몰리 경이 한 말도 인용했다.

"몰리 경은 이렇게 말했습니다. '현재 인도에서는 활발한 운동이 진행되고 있다. 무엇을 위한 운동인가? 우리 자신이 인도인들에게 바람직한 목표라고 가르친 목표를 얻기 위한 운동이다. 그리고 그들의 이상과 소망을 만족시키는 방식이 질서에 어긋난다면, 그것도 그들의 잘못이 아니라 우리 잘못이다. 이 사건은 영국의 정치적 지도력의 몰락을 보여주는 것이다.' 몰리 경의 말을 우리의 경우에도 적용해봅시다.

우리가 자유당 정치인들에게 요구하는 것은 우리에게 가장 큰 혜택이자 가장 본질적인 권리일 뿐입니다. 그리고 현 정부 아래에서 우리가 즉각적으로 투표권을 얻고자 하는 요구가 질서에 어긋난다면, 그것은 그들의 정치적 지도력이 붕괴했다는 것을 보여줄 뿐입니다. 그렇습니다. 그들의 정치적 지도력은 이미 산산조각 났습니다. 그들은 현재 불신을 받고 있습니다. 그들이 조금이라도 지지를 얻는 것은 이 법정에서뿐입니다."

내 딸은 열성을 다해 말했고, 정당한 분노가 담긴 말들 때문에 치안판사의 얼굴은 붉어졌다. 이제 내가 법정에서 일어나 증언을 할 차례가 되었다. 나는 마음은 그렇지 않았지만 겉으로는 침착한 태도를 유지하려 했다. 나는 우리 재판의 불공정성과 정부의 악의에 대해 크리스타벨이 한 말이 모두 옳다고 말했다. 그리고 일반 경찰법정에서 정치범을 재판한다는 사실에 대해 항의했다. 우리 여성들은 일반적인 범죄를 저질러서 재판을 받으러 온 것이 아니라고 덧붙였다. 나는 드러몬드 여사가 훌륭한 어머니이자 아내이고, 자립적인 기업가라는 것도 말했다. "당신들이 판결을 내리기 전에, 우리가 오늘 피고석에 서게 된 이유에 대해 진술하고 싶습니다"라고 한 후 내 삶과 경험에 대해 이야기했다. 이 이야기 중 많은 부분은 이미 썼듯이 빈민법 후원자로서, 그리고 출생과 사망 등기 사무관으로서 보게 되고 알게 된 사실들이었다. 그리고 여성의 지위를 변화시키고 아이들의 삶과 관련된 법률을 수정하고, 여성들을 자율적인 시민으로 만드는 본질적인 정의를 시행하는 것이 얼마나 시급한 일인가에 대해 밝혔다. 나는 계속해서 말을 이어갔다.

"현행법은 남성들로 하여금 여성들이 약자라는 사실을 이용하도록 장려해왔습니다. 많은 여성이 같은 생각일 것입니다. 여성은 정치권력이 없더라도 남성에게 실질적인 힘과 영향력을 행사할 수 있다는 말을 흔히 듣습니다. 그래서 우리는 우리가 갖고 있다는 그 영향력을 통해 법률을 바꿔보고자 오랫동안 애썼습니다. 그러나 그런 영향력은 아무런 결과도 낳지 않았습니다. 우리가 하원으로 가서 우리의 요구를 줄기차게 주장해도, 의원들은 자신들이 여성들에 대해서는 책임이 없다고, 단지 유권자들에 대한 책임만 있다고 말합니다. 그래서 법률을 개혁할 필요가 있다는 것을 인정하기는 하지만, 거기에 시간을 쓰기에는 너무 바쁘다는 답변만 듣곤 했습니다.

우리 여성들은 이제까지 있었던 어떤 개혁을 위한 청원보다 더 많은 사람이 서명한 청원서를 제출했습니다. 우리는 남성들이 어떤 개혁을 위해 개최했던 것보다 더 규모가 큰 집회들을 여는 데 성공했습니다. 여성들의 타고난 소심함, 즉 우리 어머니와 할머니 들로부터 여러 세대에 걸쳐 물려받은 특성인 대중 앞에 나서지 않는 소심함을 던져버려야 한다는 어려움에도 불구하고 말입니다. 우리는 이런 특성들을 극복해야 했습니다. 우리는 골목골목 다니면서 적대적인 군중들을 만나야 했습니다. 우리가 나라 전체를 우리 편으로 만들지 않는 한, 남자들이 이미 얻은 권리, 우리 세금에 대한 대표를 뽑는 권리를 얻을 수 없다고 들었기 때문입니다. 이런 일을 했다고 해서 우리는 오해받고 조롱당하고 경멸당했습니다. 심지어 무지한 폭도들은 우리에게 폭력을 행사하기까지 했습니다. 내각 각료들은 경호원의 보호를 받지만, 우리는 이런 폭력에 아무런 방어책이나 보호막 없이 맞서야 했습니다. 그래도 우리는 이 운동을 계속할 것입니다. 왜냐하면 우리의 명예가 달려 있기 때문입니다. 또한 남성 조상들이 그랬듯이, 이 세상을 지금보다는 여성이 살기 좋은 곳으로 만드는 것이야말로 우리의 의무라고 생각하기 때문입니다.

　　마지막으로 13일 밤 우리가 체포된 후에 우리 동료들이 보여준 자제심에 대해서 증언하고 싶습니다. 언제나 참고 자제하며, 소위 우리 윗분들에게 우리가 히스테리컬하지 않다는 것을 보여주는 것이 우리의 규칙입니다. 그리고 폭력을 쓰지 않고, 오히려 다른 사람의 폭력에 우리를 내맡기는 것이 우리의 규칙입니다. 여러분들에게 제가 드릴 말은 여기까지입니다. 우리는 법을 어겼기 때문에 이곳에 와 있는 것이 아닙니다. 우리는 법을 만드는 사람이 되려는 노력 때문에 이곳에 와 있는 것입니다."

　　내가 말을 마치자 건장한 경찰관, 기자 들과 대부분의 청중이 눈물을 흘렸다. 그러나 때때로 손으로 얼굴을 가리면서 듣고 있던 치안판사는 여전히 폭동 선동자인 우리를 일반 경찰법정에서 재판하는 것이 정당하다고 말했다. 우리는 평화를 유지해야 한다는 조건부의 집행유예를 거부했다. 그래서 그는 나와 드러몬드 여사에게 3개월간의 수감을, 그리고 크리스타벨에게는 10주간의 수감을 선고했다. 그렇지만 이번의 옥살이는 당국자들에게 그들이 단 한 번도 맛보지 못한 새로운 경험을 제공하게 될 것이었다.

4

정치범으로 대우하라

***

홀로웨이 교도소에 도착하자마자 나는 교도소장을 만나게 해달라고 했다. 교도소장을 만나서 우리 서프러제트는 일반 범죄자로 취급당하기를 거부한다고 알렸다. 재판을 받는 과정에서 두 명의 내각 각료가 우리가 정치범이라는 것을 인정했으므로, 몸수색을 당하거나 여성 간수 앞에서 옷 벗기를 거부하겠다고 했다. 나는 운동 시간이라든가 동료들과 만날 기회가 있을 때마다 그들과 대화를 나눌 권리가 있다고 주장했으며, 나의 동료들도 그 권리를 행사하길 바란다고 덧붙였다. 교도소장은 잠시 생각하고 나서 앞의 두 요구사항에 대해서는 양보했다. 그러나 우리가 침묵의 규칙을 깨는 것에 대해서는 우선 내무부와 의논

해봐야겠다고 말했다. 우리는 개인적으로 옷을 갈아입는 것을 허락받았고, 더 큰 양보를 받아내서 서로 인접한 감방에 들어가게 되었다. 그러나 이런 점은 내게 아무 혜택이 되지 못했다. 감옥 생활 때문에 생긴 병으로 2~3일 만에 의무실로 이송되었기 때문이다. 교도소장은 의무실을 방문해서 내무부가 동료들과 대화를 나눌 수 있는 특권을 허용하지 않기로 했다고 전해주었다. 내가 걸을 수 있을 만큼 회복되면 동료들과 함께 운동을 할 수 있을지 묻자 교도소장은 허락했다. 나는 얼마 후 감옥의 음침한 마당에서 딸을 비롯해 다른 용감한 동지들을 만나는 기쁨을 누리게 되었다. 여성 간수들의 냉혹한 눈길을 받으면서, 우리는 1미터가량 떨어져서 일렬종대로 마당을 왔다 갔다 하며 걸었다. 울퉁불퉁한 보도블럭 때문에 무겁고 망가진 죄수용 장화를 신은 발이 아팠다. 가을 저녁은 춥고 우울했다. 우리는 얇은 외투만 입고 있어서 심하게 떨었다. 그러나 이 모든 고통 중에서도 우리 삶을 지배하고 있는 끝없는 침묵이 가장 고통스러웠다.

　　2주가 지난 후 나는 더 이상 이 고통을 견디지 않기로 결심했다. 그날 오후 딸을 부르면서 내가 다가갈 때까지 가만히 서 있으라고 부탁했다. 물론 딸아이는 멈춰 섰고, 나는 딸 옆으로 다가가 팔짱을 끼고 걸으면서 낮은 목소리로 얘기하기 시작했다. 여성 간수가 뛰어와서 "무슨 얘기를 하는지 들어야겠어요"라고 말했다. "마음대로 하세요. 하지만 내 딸과 말할 권리는 지켜야겠어요"라고 대답했다. 또 다른 여성 간수가 마당에서 나가더니 여성 간수 여럿과 함께 돌아왔다. 그들은 나를 붙잡아 감방에 집어넣었다.

동료 참정권 수감자들이 내 행동에 소리 높여 환호했다. 그 '반란' 덕분에 그들은 3일간 독방에 갇혔고, 나는 더욱 심한 처벌을 받았다. 나는 전혀 후회하지 않으면서 간수에게 어떤 심한 벌을 받더라도 다시는 침묵의 규칙을 지키지 않겠다고 밝혔다. 어머니가 딸과 얘기하는 것을 금지하다니 참으로 수치스러운 일이라고 덧붙였다. 이 일로 인해 나는 '위험한 범죄자'라는 낙인이 찍혔고, 운동이나 예배 시간도 없이 독방에 수감되었다. 여성 간수가 감방 문 앞에서 항시 대기하며 내가 누구와도 말을 할 수 없도록 감시했다.

2주가 지나서야 동료들을 다시 만날 수 있었다. 그사이 드러몬드 여사가 심하게 아파서 병원 치료를 받기 위해 석방되었다. 내 딸도 아팠다는 것을 알게 되었다. 나는 절망적인 감정을 느끼면서 순회치안판사위원회에 딸을 만나게 해달라고 신청했다. 그들은 긴 회담을 열었고, 그동안 나는 복도에서 기다렸다.

마침내 그들은 한 달 후에 다시 신청하라며 내 부탁을 거절했다. 내가 어떻게 행동하느냐에 그 대답이 달려 있다고 말했다. 한달 이라니! 내 딸이 그동안 죽을 수도 있는데 말이다. 나는 불안감 에 시달리다 다시 병이 났다. 그때는 알지 못했으나 사실상 해결 방안이 가까이 다가오고 있었다. 나는 순회 치안판사에게 대중 의 여론이 감옥에 영향을 미칠 때까지 기다리겠다고 말했는데, 예상보다 빨리 그런 일이 일어났다. 드러몬드 여사가 대중 앞에 설 수 있게 되자마자, 그리고 다른 참정권 수감자들이 석방되자 마자, 그들은 우리의 반란과 그 뒤에 이어진 월러스 던롭 양이 이끈 반란에 대한 이야기를 널리 퍼뜨렸다. 두 번째 반란에서도 많은 여성이 독방에 갇혔다. 서프러제트들이 수천 명씩 홀로웨 이 감옥 입구에 모여들었다. 그들은 감옥 주위를 돌면서 '여성의 마르세예즈*'를 부르며 우리의 기운을 북돋아주었다. 그 노랫소 리가 희미하게 들리자 고통과 외로움이 좀 덜해졌다. 그들은 다

---

*   라 마르세예즈(La Marseillaise)는 자유를 찬양하고 폭압에 항거하는 프랑스
      의 혁명가로, 1795년 프랑스공화국의 국가가 되었다. 여성의 마르세예즈는
      여성사회정치연합 회원이었던 플로런스 매콜리(Florence Macaulay)가 라
      마르세예즈를 개사해 만든 노래로서 한동안 여성사회정치연합의 공식 노래
      였다. 이후 공식 노래는 에설 스마이스가 작곡한 '여성의 행진'(The March of
      the Women)으로 대체되었다.

음 주에 또 왔으나, 이번에는 경찰이 그들을 감옥 근처에 오기 전에 돌려보내버렸다.

여성들의 시위와 하원에 쏟아져 들어오는 질문 공세가 드디어 효력을 발휘해, 내가 딸을 만나도 좋다는 허락이 내무부에서 떨어졌다. 그리고 매일 한 시간씩 운동하면서 이야기를 나눠도 된다는 허락도 받아냈다. 게다가 신문을 읽을 수 있는 보기 드문 특권도 얻었다. 12월 8일 크리스타벨이 석방되던 날, 나 역시 2주일이나 먼저 석방하라는 명령이 떨어졌다.

우리가 석방되었을 때 링컨스 인 호텔에서 열린 환영 조찬에서 나는 앞으로 일반적인 감옥의 규칙을 지키지 말자고 회원들에게 말했다. 이는 법을 어기고 나서 처벌을 피하라는 의미가 아니라 단지 정치범으로서의 우리 권리를 주장하라는 의미였다. 우리는 심사숙고 끝에 이런 결론에 도달했다. 우리는 우선 감옥에 대해서는 불평도 하지 말고, 아무 말도 하지 않기로 결정했다. 즉, 모든 부차적인 문제에 대해서는 말하지 않고, 투표권을 얻기 위해 단지 정치적인 개혁 문제에만 집중하기로 했다. 우리가 선거권을 얻게 되면 감옥도 개혁할 수 있고, 그 외 다른 많은 폐해도 고칠 수 있기 때문이다. 하지만 내각 각료들이 증인석에서 우리가 정치범이라는 걸 인정했으므로, 우리는 앞으로 모든 문명국에서 남성 정치범들이 받는 대우를 요구해야 하는 것이다.

"여러 국가들이 아직도 나라 운영을 제대로 못 해서 정치범을 만들어내고 있습니다. 이런 상황에서 영국 역시 다른 나라에서 정치범을 대우하는 방식으로 정치범을 대우해야 합니다. 정치범을 사회의 복지를 해치는 일반 범죄자처럼 취급하는 게 여러 나라의 관습이라면 우리도 그런 식으로 취급받는 것에 대해 불평하면 안 되겠지요. 그러나 그렇게 하는 것은 국제적인 관례가 아닙니다. 그러므로 이 나라 여성들의 존엄을 위해, 이 나라 남성들의 양심을 위해, 지구상의 여러 나라 가운데 하나인 우리나라를 위해, 우리는 앞으로 자유당 정부가 우리를 일반 범죄자로 취급하도록 내버려두지 않을 것입니다."

나는 그날 석방된 수감자들을 환영하기 위해 퀸즈홀에서 열린 대규모 모임에서도 같은 내용의 연설을 했다. 이런 결심을 지키려면 극심한 투쟁을 해야 한다는 사실을 모두 알고 있었지만 우리 여성 회원들은 한 순간의 망설임도 없이 이 제안을 받아들였다. 앞으로 닥칠 일을 미리 알 수 있었거나, 다가올 새로운 고통과 위험을 알고 있었더라도 그들은 여전히 같은 선택을 했을 것이다. 우리는 그동안의 경험으로 두려움을 떨쳐내는 법을 배웠다. 우리가 처음에 갖고 있었던 두려움도 사라졌고, 고통이나 어려움을 피하고 싶은 심정도 다 사라졌다. 이제 우리가 맞서지 못할 공포는 없었다.

1909년은 우리 투쟁에서 매우 중요한 해였다. 우선 일반 범죄자들과 동급으로 대우받지 않겠다는 우리의 결심 때문이기도 하고, 자유당 정부가 가장 오래된 민중의 권리인 청원권에 대한 입장을 공개적으로 천명하게끔 만들었기 때문이기도 하다. 우리는 이러한 행동을 취하는 것에 대해 오랫동안 생각해왔고, 이제 때가 무르익은 듯했다.

1908년이 저물 무렵, 애스퀴스 수상은 다음 해에 수행할 정책에 대해 연설하면서 자신이 접견할 의무가 있는 다양한 대표단에 대해서 언급했다. 그는 '분야와 계층을 망라하는 여러 대표단이 평균적으로 매주 3일, 하루 두 시간 정도' 그를 만나러 온다고 말했다. 대표단은 온갖 문제에 대해 요청을 하는데, 어떤 것은 국왕 연설에 포함되지 않은 것들도 있지만, 애스퀴스 씨는 가급적이면 대표단이 제기한 문제 중 많은 것을 정부 안건에 포함시키려 노력한다고 말했다. 수상이 남성으로 이루어진 대표단을 늘 만나고 있고, 정책 추구 방향에 대한 그들의 제안에 우호적으로 귀를 기울인다는 사실을 알고 우리는 몹시 분노했다.

그들은 첫 각료회의가 있던 1월 25일에 이 분노를 표출했다. 수상은 남성들의 요구뿐 아니라 여성들의 요구도 들을 의무가 있다고 주장하기 위해서 여성사회정치연합의 소규모 대표단이 다우닝 가로 행진해 갔다. 그러나 단지 수상 관저의 문을 두드렸다는 이유로 내 여동생 클라크 부인을 포함한 네 명의 여성이 체포되어 한 달간 감옥 신세를 졌다.

한 달 후에 7차 여성의회를 소집해 이 문제를 다루는 한편 국왕 연설에 여성에 대한 언급이 없다는 사실에 대해 항의하기로 결정했다. 페식 로런스 여사, 레이디 콘스탄스 리턴, 그리고 데이지 솔로몬 양이 이끄는 대표단이 하원에 결의안을 제출하려고 애썼다. 그들도 즉각 체포되었으며 바로 다음 날, 각자 한 달에서 두 달 사이의 선고를 받고 감옥에 갔다. 이런 체포 행위가 과연 적법한가를 시험대에 올릴 시기가 급속히 다가왔다. 그래서 1909년 6월에 이 계획을 실행에 옮겼다.

당국자들은 열두 명 이상이 청원을 위해 의회로 가는 경우 중형에 처한다는 내용을 담은 찰스 2세의 낡아빠진 법으로 우리를 기소하겠다고 협박했었고, 우리는 이 협박을 그들이 실제로 실행하도록 애썼던 사실을 기억할 것이다. 우리가 그 법에 의거해 기소된다면 경찰 치안판사가 아니라 판사와 배심원 앞에서 재판을 받을 수 있게 된다. 우리는 이런 재판을 원했기 때문에, 열두 명보다 많은 인원으로 구성된 대표단을 계속해서 보냈다. 그래도 여성들은 언제나 경찰법정에서 재판을 받았지만, 실제로는 찰스 2세의 법에 명기된 만큼 오랜 기간 수감되는 경우가 많았다. 이제 우리는 훨씬 더 야심 찬 계획을 세웠다. 우리는 찰스 2세의 법이 아니라 국민이 권력의 수반인 수상에게 청원을 할 수 있다는 헌법상의 권리를 시험대에 올리기로 했다.

청원권은 영국의 초창기부터 존재하다가 1689년 윌리엄 왕과 메리 여왕이 왕위에 오르면서 권리장전(the Bill of Rights)으로 성문화되었다. 권리장전은 두 군주의 등극에 수반된 조건 중 하나였다. 권리장전에는 "모든 신민은 청원할 권리가 있으며 그런 청원을 문제 삼아 수감하거나 기소하는 모든 조치는 불법이다"라고 명기되어 있다. 국왕의 권력은 현재 거의 다 의회의 손으로 넘어갔으므로 지금은 수상이 이전에 왕이 점했던 위치를 점하고 있다. 그렇다면 분명히 국민이 수상에게 하는 청원은 법적으로 거부할 수 없는 것이다. 우리는 이 사실에 대해 법률 자문을 구했고, 법을 글자 그대로 엄격히 지키기 위해 찰스 2세의 법에 명기된 청원권의 제한을 받아들여 소수의 여성들이 청원서를 하원에 전달하기로 결정했다.

6월 29일에 다시 한 번 여성의회를 소집했다. 그전에 나는 수상에게 편지를 써서 저녁 8시에 하원에서 뵙겠다고 전했다. 수상이 우리를 접견하는 것이 우리가 가진 헌법상의 권리이기 때문에 우리의 요구를 거부하면 안 된다고 덧붙였다. 수상은 내 편지에 대한 답장으로 우리를 맞이할 수 없다고 거절하는 편지를 공식적으로 보내왔다. 그럼에도 우리는 계속 준비를 진행했다. 수상은 계속 거절하겠지만, 결국에는 억지로라도 우리를 만나지 않을 수 없으리라는 걸 알고 있었기 때문이다.

대표단을 보내기 일주일 전에 중요한 사건이 발생했다. 월러스 던롭 양이 하원에 있는 세인트스티븐스홀 돌담벽에 권리장전의 한 구절을 잉크 스탬프로 찍어 넣었던 것이다. 첫 번째 시도에서는 경찰의 제지를 받았다. 그러나 이틀 후에 그녀는 남성뿐 아니라 여성도 헌법적인 권리를 갖고 있고, 여성들이 이제 그 권리를 행사하겠다는 내용을 의회에 알리는 구절을 고색창연한 벽에 찍어 넣는 데 성공했다. 그녀는 체포되었고 3급 감옥에서 한 달간의 수감을 선고받았다. 그녀는 벌금형을 선택할 수 있었으나 물론 거부했다. 월러스 던롭 양의 수감은 6월 22일에 시작되었다. 아마도 그녀의 행동 덕분에 대중뿐 아니라 의회의 의원들 역시 이번 대표단에 비상한 관심을 갖게 되었을 것이다.

의회에서는 이번에야말로 여성들을 만나야 한다는 생각이 강했고, 이와 관련해 정부에 질문 공세를 퍼부었다. 심지어 한 의원은 수상이 대표단을 만나지 않아서 공공의 평화에 위험을 끼치는 긴급한 공적 상황 때문에 의회를 휴회해야 한다는 제안까지 했다. 물론 이 제안은 거부당했다. 정부는 경찰이 대표단에게 어떤 조치를 취하든 그것은 정부의 책임이 아니라고 변명했다. 대표단이 질서를 지킬 경우 세인트스티븐스홀에서 그들을 맞아들이라고 키어 하디 씨가 요청하자, 글래드스톤 씨는 "경찰이 이 문제에서 어떤 행동을 취할지 알 수 없다"고 답변했다.

여성의회는 6월 29일 저녁 7시 30분에 열렸고, 수상에게 보내는 청원서를 낭독하고 나서 이를 채택했다. 그러고 나서 대표단이 하원을 향해 출발했다. 나와 함께 대표단을 이끈 사람은 매우 존경받는 나이 지긋한 여성 두 명이었다. 한 명은 남편이 남아프리카 총독이었던 솔 솔로몬 여사였고, 다른 한 명은 영국 교육계의 탁월한 선구자였던 넬리건 선생이었다. 우리 세 명 말고도 다섯 명이 행진의 선두에 섰고, 엘시 하우이 양이 말을 타고 앞장서서 달려가며 거리를 꽉 채우고 있는 엄청난 군중에게 우리가 행진해 오고 있다고 알렸다. 그녀는 하원 입구 길목까지 갔으나 경찰이 되돌려보냈다. 대표단은 웨스트민스터의 세인트

마가렛 교회까지 군중을 뚫고 나아갔으나, 그곳에서 길게 늘어선 경찰과 부딪혔다. 우리는 잠시 멈춰서 저지선을 뚫고 나갈 힘을 모으고 있었는데, 갑자기 예기치 않은 일이 발생했다. 어떤 명령이 내려왔는지 경찰 저지선이 갑자기 열렸고, 우리가 하원으로 진행할 수 있는 틈이 벌어졌다. 웰스 경위가 우리를 호위했고, 군중은 우리가 지나갈 때 크게 환호성을 질렀다. 그들은 우리가 결국 수상을 만날 수 있을 것이라고 굳게 믿었다.

나는 도대체 무슨 일이 일어날지 짐작할 수가 없었지만 세인트스티븐스홀의 입구까지 대표단을 이끌고 갔다. 그곳에서 예전에 만났던 스캔들베리 경위가 지휘하는 강력한 경찰병력과 부딪혔다. 경위는 앞으로 나와서 내게 편지를 건넸다. 나는 편지를 여성들에게 읽어주었다. "수상은 당신들의 요청에 대한 답변으로 이미 보낸 편지에 밝혔듯이 대표단을 접견할 수 없음을 유감으로 생각합니다."

나는 편지를 땅에 떨어뜨리고 말했다. "나는 국왕의 국민으로서 수상에게 청원할 자격이 있습니다. 나는 수상이 우리를 맞아줄 때까지 이곳에 서 있기로 확고하게 결심했습니다."

스캔들베리 경위는 돌아서서 외부인 출입구 쪽으로 서둘러 갔다. 나는 그곳에 남아 있던 자비스 경위와 구경하고 있던 의원 몇 명과 기자들에게 내 메시지를 수상에게 전해달라고 간청했다. 그러나 아무도 대답하지 않았고, 경위는 내 팔을 잡고 밀어내기 시작했다. 대표단은 오늘도 수상을 만날 수 없을 것이며, 늘 그랬듯이 해산하기를 거부하고 강제로 밀려났다가 계속 되돌아와 결국 체포되는 비참한 과정을 다시 한 번 되풀이해야 한다는 사실을 깨달았다. 나는 약한 노인 두 명을 동반하고 있다는 사실도 고려해야 했다. 그들이 그곳에 함께 와줄 만큼 용감한 분들이라고 해도, 앞으로 일어날 일을 견뎌낼 수 없다는 것은 분명했다. 나는 더 심한 일이 일어나기 전에 즉시 체포될 궁리를 했다. 그래서 나는 자비스 경위를 명목상으로 공격하기로 결정했고, 그의 뺨을 아주 가볍게 쳤다. 그는 "당신이 왜 때리셨는지 압니다"라고 말했다. 나는 우리가 곧 체포되리라고 생각했다. 그러나 다른 경찰들은 여성들을 밀어내는 데 골몰하고 있었기 때문에 상황을 알아차리지 못했다. 나는 경위에게 물었다. "당신을 한 번 더 때려야 할까요?" 그는 "네. 그래야 할 것 같습니다"라고 대답했다. 나는 다시 한 번 그를 가볍게 쳤고, 그는 경찰에 체포를 명했다.

이 날의 사건은 여덟 명의 대표단 여성이 체포되는 것으로 끝나지 않았다. 그날 우리 서프러제트는 계속해서 열두 명씩 대표단을 조직해서 하원으로 보내려고 애썼다. 군중이 여성들에게 지지를 보내면서 도와주려고 했지만, 대표단은 경찰과 부딪혀서 해산되었고 많은 여성이 체포되었다. 9시가 되자 의회 광장은 텅 비었다. 엄청난 수의 기마경찰이 사람들을 빅토리아 가와 웨스트민스터 다리 건너편으로 밀어냈다. 잠시 동안은 사위가 고요한 것 같았다. 그러나 신기하게도 일곱 명이나 여덟 명으로 이루어진 소규모의 여성들이 여기저기서 계속 나타나 하원으로 용감하게 돌진해 갔다. 이런 이상한 일이 일어나자 경찰들은 도대체 이들이 어디서 오는지 알 수 없어서 몹시 약이 올랐다. 사실은 여성사회정치연합이 근처에 서른 개의 사무실을 빌려놓았고, 사무실에 피신해 있던 여성들이 때가 되면 출격했던 것이다. 이 작전은 남성들의 신체적 힘에 맞서는 여성들의 창의력을 보여주는 훌륭한 예였다.

이 작전은 또 다른 목적에도 부합했다. 즉 이런 행동을 함으로써 다른 곳에서 벌어지고 있는 시위에 경찰이 주목하지 못하도록 만든 것이다. 다른 서프러제트들은 해군 장관 관저, 내무부, 재무부와 추밀원 사무실로 가서는, 정부가 우리 대표단을 거부한 것에 대해 경멸을 표하기 위해 오랜 명예로운 방식대로 사무실 창문을 깼다.

108명의 여성이 그날 밤에 체포되었지만, 여성사회정치연합은 청원을 받아들이지 않는 정부가 법을 어긴 것이지 여성들이 불법을 저지른 것이 아니라는 것을 증명할 것이라고 선언하며 체포와 재판에 굴복하지 않았다. 하버필드 여사와 나의 사건이 모든 다른 사건의 시범 케이스로 선택되었고, 로버트 세실 경이 변호를 맡았다. 검찰 측을 맡았던 머스켓 씨는 여성들이 청원서를 제출하러 하원에 간 것이 아니라는 사실을 입증하려고 애썼으나, 이는 근거 없는 주장임이 쉽사리 증명되었다. 대표단의 모든 사람들이 손에 청원서 사본을 들고 있었다는 반박할 수 없는 사실 외에도 지도부의 연설, 우리 기관지인 《여성에게 투표권을》(Votes for Women)에 실린 공식적인 기사들, 애스퀴스 씨에게 보낸 편지들이 우리 행동의 목적을 잘 보여주고 있었다. 다음으로 국민의 청원권과 관련된 모든 논의가 이루어졌다. 머스켓 씨가 먼저 발언했고, 그다음에 우리의 고문인 헨레 씨와 로버트 세실 경이 발언했다. 마지막으로 내가 29일의 사건에 대해 발언했다. 나는 치안판사에게 정부가 아니라 우리가 법을 어겼다고 판단을 내린다면 우리는 집행유예를 거부하고 모두 감옥으로 가겠다고 말했다. 그렇다고 해서 우리가 범죄인 취급을 받아들이겠다는 것은 아니었다. 나는 벤치에 앉아 있는 내 동료 죄수들을 가리키며 "오늘 이곳에 108명의 여성이 있습니다"라고 말했다. "거리에서 경찰에 맞서 싸우는 것이 우리의 의무라고 생각했듯이, 감옥에 가면 정치범으로서, 윌리엄 코벳*이나 그 당시 정치범들에 알맞다고 생각되었던 처우를 20세기에 맞게 끌어올리는 데 최선의 노력을 다할 것입니다."

상냥한 노인인 치안판사 앨버트 드 루첸 경은 이 유례없는 상황에 당황한 채 선고를 내렸다. 그는 청원권이 모든 국민에게 확실히 보장되어야 한다는 점에 헨레 씨나 로버트 세실 경에게 동의한다고 말했다. 그러나 애스퀴스 씨가 여성들이 하원에 들어오는 것을 허락하지 않았고, 여성들을 만나지 않겠다고 했는데도 여성들이 자신들의 요구를 강행한 것은 잘못이라고 말했다. 그는 우리 모두에게 한 달간 2급 감옥 수감 혹은 벌금 5파운드의 형을 내렸다. 그러나 그는 청원권의 법적인 세부사항에 대해서 고등법원에서 결정을 내릴 때까지 선고를 보류하겠다고 했다.

나는 다른 모든 죄수의 경우에도 이 시범 케이스에 대한 판

---

*   William Cobbett. 19세기의 유명한 급진 개혁가이자 저널리스트로서 곡물법과 맞서 싸웠고, 1832년의 선거법 개혁을 이끌었다. 정치적인 비판 때문에 1810년에서 1812년까지 2년 동안 악명 높은 뉴게이트 교도소에 수감되었다.

결이 날 때까지 재판이 보류되어야 한다고 주장했고, 동의를 받아냈다. 단지 창문을 깬 죄목으로 기소된 열네 명의 여성만은 예외였다. 그들은 따로 재판을 받고 6주에서 2달까지의 감옥행을 선고받았다. 그들에 대한 얘기는 나중으로 미루기로 하자.

앨버트 드 루첸 경의 판결에 대한 항고는 그해 12월 초에 고등법원 형사부에서 열렸다. 로버트 세실 경이 다시 한 번 변호를 맡았다. 그는 영국에는 언제나 청원권이 존재했고, 청원권은 자유로운 나라와 문명화된 정부의 필수 요건으로 간주되어왔다고 능숙하게 주장을 펼쳐나갔다. 그는 청원권이 세 가지 특징을 갖는다고 지적했다. 첫째, 실질적인 권력에 대해 청원을 할 수 있는 권리다. 둘째, 개인이 직접 청원을 제출할 수 있는 권리다. 셋째, 청원권은 합리적으로 수행되어야 한다. 로버트 경은 이 세 가지 사항을 지적한 후 개인이 직접 청원을 할 수 있는 권리를 지지하는 역사적 선례들을 길게 나열했다. 로버트 세실 경은 이런 선례들이 존재하지 않는다 하더라도 이 권리는 찰스 2세의 소란스러운청원법에도 인정되고 있다고 주장했다. 이 법률은 '어떤 사람도 국왕 폐하나 상원과 하원 양쪽에, 혹은 어느 한쪽에 청원, 불평, 비난, 선언 혹은 다른 어떤 이유로 지나치게 많은 수의 사람과 함께 갈 수 없다'라고 명시해놓고 있다. 그는 계속해서 말을 이어갔다.

"권리장전은 특히 국왕이 친히 관련된 청원권을 공식화하고 있습니다. 여성들은 6월 29일에 명백한 헌법적 권리를 행사하러 의회 광장으로 갔습니다. 그리고 청원서를 가지고 그곳으로 갔을 때, 투표권이 없는 여성들은 자신들의 불만 사항을 수정하기 위해 그들이 소유한 유일한 합헌적인 방식으로 행동한 것입니다.

지금 주장한 바대로 국민이 단지 청원권을 소유할 뿐 아니라 개인이 직접 청원할 권리도 소유하고 있다면, 우리가 고려해야 할 유일한 논점은 이 권리가 합리적으로 행사되었는가의 여부뿐입니다. 개인들이 수상을 접견하고자 한다면 하원에 가서 외부인 출입구로 가는 것은 분명 합리적인 행위입니다. 팽크허스트 여사, 하버필드 여사와 다른 사람들은 공공 도로를 따라서 하원으로 행진했고, 하원 입구까지 경찰의 에스코트를 받았습니다. 그러므로 이 시점까지는 불법행위를 했다고 볼 수 없습니다. 경찰은 하원 맞은편에 넓은 개방된 공간을 마련해두고 있었고, 군중은 거리를 둔 채 멀리 떨어져 있었습니다. 이 개방된 공간에는 하원에 업무가 있는 사람들만 있었습니다. 그러니까 경찰과 대표단 여성 여덟 명만 있었지요. 이 여덟 명이 질서를 방해했다고 주장하는 것은 불가능합니다. 한 경찰관이 여성들에게 수상이 하원에 안 계신다고 말한 것은 사실입니다. 그러나 의회의 의원과 접견을 하고자 할 때 거리에서 경찰관에게 요청하지는 않습니다. 게다가 경찰은 누구라도 하원에 들어가는 것을 막을 권한이 없습니다.

수상이 여성들에게 그들을 만나지 않을 것이며, 만날 수도 없다는 의사를 밝힌 편지가 증거로 제출되었습니다. 수상이 편지에서 이번에는 시간이 맞지 않아서 여성들을 만나지 않을 것이며 만날 수도 없지만, 가까운 미래에 더욱 편리한 시간에 그들을 만날 것이라고 편지에 썼다면 그것은 충분한 대답이 되었을 것입니다. 여성들이 만약 그런 대답을 받아들이길 거부했다면 그것은 정당화될 수 없을 것입니다. 왜냐하면 청원권은 합리적으로 행사되어야 하는 것이기 때문입니다. 그러나 청원권이 존재한다는 사실을 감안한다면, 무조건적인 거절의 의사를 밝힌 편지는 결코 대답이라고 볼 수 없습니다."

마지막으로 로버트 경은 다음과 같이 주장했다.

"만일 의회의 한 의원에게 청원권이 제출된다면 그 의회 의원은 그 청원을 받아들이는 것이 의무이고, 누구라도 청원하는 사람을 방해할 권리가 없습니다. 만일 여덟 명의 여성이 청원권을 제출하는 것이 법적으로 정당하다면, 경찰의 떠나라는 명령에 불응하는 행위도 정당화되는 것입니다."

　　형사 항소법원장은 사건이 발생하게 된 경위에 대한 무지를 한껏 드러내면서, 편견으로 가득한 판결을 내렸다. 그는 수상의 자격, 혹은 의회의 의원 자격을 가진 수상에게 청원서를 제출할 권리가 있다는 로버트 세실 경의 주장에 대해서는 완전히 동의한다고 말했다. 그리고 그는 또한 국왕에게 보내는 청원서를 현재는 수상에게 제출해야 한다는 점에도 동의했다. 그러나 여성들의 주장은 단지 청원서를 제출하는 것뿐 아니라 대표단도 만나달라는 것이었다. 애스퀴스 씨가 여성들의 청원을 받아들이는 것을 거부할 리는 없다고 생각하지만 여성들의 대표단을 맞아들이길 거부한 것은 '이전에 일어났던 사건으로 미루어 보아' 있을 수 있다고 생각한다고 말했다(애스퀴스 씨는 수상이 된 후에 여성사회정치연합 대표단을 비롯해 어떤 여성 대표단도 접견한 적이 없다. 그러므로 형사 항소법원장이 '이전에 일어났던 사건으로 미루어 보아'라고 말한 것은 어불성설이다).

　　형사 항소법원장은 1839년 메트로폴리탄경찰법을 길게 인용했다. 이 경찰법에 의하면 경찰청장은 질서를 지키고 하원 인근의 대로가 점거되는 것을 막기 위해 규칙을 제정하고 경찰들에게 지시를 내리는 것이 적법하며, 또한 하원으로 가는 입구를 열어놓기 위해 의회 회기 중에 경찰에게 권한을 부여하는 것도 적법하다는 것이다. 그러므로 형사 항소법원장은 나와 여성들이 하원으로 들어갈 권리를 주장하면서 법을 어겼다고 판결을 내렸다. 형사 항소법원장은 그러므로 하급 법원에서의 유죄 판결이 타당하다고 결정했고, 우리의 항소는 비싼 대가를 치르고 기각되었다.

영국에서 권리장전에 의해 확보되어 수많은 세대의 영국인들이 소중히 여겨온 오랜 헌법상의 청원권은 이로써 무효화되었다. 따라서 나는 지금 그 권리가 무효화되었다고 선언한다. 직접 제출할 수 없는 청원권이 무슨 가치가 있는가. 상급 법원에서의 판결은 적법한 수단으로 우리 선거권을 얻을 수 있는 마지막 가능성을 닫아버렸기 때문에, 여성사회정치연합 회원들에게는 소름끼치도록 무서운 일이었다. 그러나 이 사실로 인해서 우리가 기운을 잃거나 용기를 잃지는 않았다. 그 대신, 우리는 더욱 새롭고 더욱 적극적인 형태의 전투를 시작하게 되었다.

5
단식 투쟁과 '병원 처치'

***

1909년 6월에 체포 사건이 있고 6개월 뒤에 형사 항소법원장은 우리가 국민으로서 청원권을 소유하고 있지만 그 권리를 이행하는 것은 범죄라는 말도 안 되는 판결을 내렸다. 그사이에 중대한 사건들이 일어나서 전투파 운동은 더욱 영웅적인 새로운 국면에 돌입했다. 우리가 소란스러운청원법을 시험하기위해 대표단을 보내기 일주일 전 윌러스 던롭 양이 세인트스티븐스홀의 돌담벽에 권리장전의 문구를 찍어 넣은 죄로 한 달간 수감된 사건을 기억할 것이다. 7월 2일 금요일 밤 홀로웨이에 도착하자 그녀는 교도소장을 만나서 자신을 정치범으로 대우해줄 것을 요구했다. 교도소장은 자신이 치안판사의 선고를 바꿀 수 있는 힘이 없다고 답변했다. 월러스 딘롭 양은 법을 어긴 일반 죄수들에 대한 대우를 결코 받아들일 수 없다는 것이 서프러제트의 변함없는 결심이라고 교도소장에게 알렸다. 그러므로 그녀는 일반 죄수로 2급 감옥으로 가게 되면 정부가 자신의 요구를 들어줄 때까지 음식을 거부하겠다고 말했다. 정부나 교도소가 그 행동의 심각성이나 서프러제트의 영웅적인 성격을 제대로 알 리 없었다. 어쨌든 내무장관은 그녀가 이런 필사적인 행동을 하게 된 동기를 단순하고 분명하게 밝힌 편지에 대해 아무런 관심도 보이지 않았다.

교도소 당국도 그녀의 저항을 분쇄할 방법을 찾는 것 말고는 아무 조치도 취하지 않았다. 평범한 감옥 음식을 아주 유혹적인 맛있는 음식으로 바꾸었고, 이 음식을 시간에 맞춰 제공하는 대신 그녀의 방에 계속 놓아두었다. 그러나 그녀는 음식에 손도 대지 않았다. 하루에 몇 번씩 의사들이 그녀의 맥박을 재고 약해져가는 상태를 지켜보러 왔다. 의사와 교도소장과 여성 간수들이 그녀를 어르고 달래고 위협도 했지만 아무 소용이 없었다. 수인 측에서 전혀 항복할 의사를 표시하지 않은 채 일주일이 흘렀다. 금요일에 의사는 그녀가 급속히 쇠약해져서 언제 죽을지 모르는 상태에 도달했다고 보고했다. 감옥 측과 내무부가 서둘러서 회의를 열었고, 그 결과 바로 그날인 6월 8일 저녁에 월러스 던롭 양은 집으로 보내졌다. 수감 조건을 완전히 무시하면서 선고 기간의 4분의 1만 채우고 난 뒤였다.

그녀가 석방되던 날, 열네 명의 여성이 창문을 깬 행위로 유죄판결을 받았다. 그들은 월러스 던롭 양의 행동을 알게 되었고, 홀로웨이로 가는 호송 마차 안에서 회의를 열어 그녀의 본보기를 따르기로 결정했다. 홀로웨이에 도착하자 그녀들은 소지품을 포기하지 않을 것이고, 죄수복도 입지 않을 것이며, 노역도 거부할 것이고, 감옥의 음식을 먹거나 침묵의 규칙을 지키지도 않을 것이라고 관리자들에게 통보했다.

교도소장은 당분간 그들이 소지품을 소유하고 자신들의 옷을 입도록 허락했다. 그러나 그들의 행위는 반란에 해당하니 다음번 치안판사가 순회를 올 때 그들을 기소하겠다고 했다. 여성들은 감옥에서 정치범들에게 보편적으로 허용되는 대우를 받게 해달라고 요구하는 청원서를 내무부에 보냈다. 그들은 내무부에서 대답이 올 때까지 단식을 연기하기로 결정했다. 그동안 날씨가 숨막히게 더웠기 때문에 신선한 공기가 들어오게 해달라고 호소해도 소용이 없자 그녀들은 창문을 깨버림으로써 또 하나의 반란 행위를 했다.

우리는 이 일을 수감자들에게 직접 들었다. 그들이 감옥에 간 지 며칠 되었을 때, 수감자들이 걱정스러워 견딜 수 없던 크리스타벨과 튜크 여사는 감옥이 내려다보이는 집의 2층에 양해를 구하고 올라갔다. 목청껏 그들의 이름을 부르고, 연합의 깃발을 흔들어서 마침내 수감자들의 주목을 끄는 데 성공했다. 여성들은 깨진 유리창 사이로 손을 내밀어 손수건과 '여성에게 투표권을' 문구가 적힌 배지 등 손에 닿는 모든 것을 흔들어댔다. 그리고 큰 소리로 무슨 일이 있었는지 알려주었다. 그날 순회 치안판사가 방문했고, 반란자들은 7일에서 10일간 징벌감방에 홀로 수감되는 벌을 선고받았다. 어둡고 불결하고 물이 뚝뚝 떨어지는 이 감방에서 수감자들은 단호하게 단식투쟁에 돌입했다. 5일이 지난 후 한 여성의 건강이 심하게 악화되어 내무장관의 명에 따라 석방되었다. 다음 날 몇 명이 더 석방되었다. 그리고 주말이 되기 전에 열네 명 중 마지막 사람까지 자유를 얻었다.

영국 전역에 걸쳐서 이 사건에 대한 동정의 여론이 쏟아졌다. 글래드스톤은 죄수 두 명이 여성 간수들을 걷어차고 물어뜯었다고 고발해 동정의 여론을 얻으려고 안간힘을 썼다. 이 여성들은 절대 그런 일이 없었다고 부인했지만, 이 기소로 한 명은 열흘간, 다른 한 명은 한 달간의 수감을 선고받았다. 이전의 단식 투쟁으로 지극히 쇠약해졌지만, 그들은 또다시 단식을 시작했고, 사흘 후 석방되었다.

이 일이 있은 후 서프러제트들은 다른 지시가 없는 한 이 영웅적인 반항의 본보기를 따랐다. 권위를 무시당한 감옥 관리자들은 몹시 당황했다. 홀로웨이를 비롯한 영국 전역의 여성 감옥은 폭력과 잔인함의 온상이 되었다. 다음은 루시 번스가 자신의 경험을 이야기한 것이다.

"우리는 옷을 벗으라는 명령을 듣고 꼼짝하지 않았고, 간수들이 우리에게 걸어가라고 했지만 서로 팔을 끼고 벽에 등을 붙인 채 서 있었어요. 교도소장이 호각을 불자 수많은 여성 간수들이 나타나서 우리를 찍어 눌러 서로에게서 떼어내 감옥으로 끌고 갔습니다. 나는 열두 명의 간수에게 떠밀려 무력하게 땅에 쓰러졌습니다. 간수 한 명은 내 머리채를 휘어잡아, 긴 머리타래를 자신의 손목에 휘감고는 문자 그대로 나를 땅에 질질 끌고 갔습니다. 감방에서는 입고 있던 옷을 찢어발기고 저한테 거친 면옷을 마구잡이로 씌우고선 나머지 옷을 입으라고 침대에 던지더군요. 이 끔찍한 경험으로 기진맥진한 채 홀로 남겨져서 잠시 바닥에서 숨을 헐떡이며 떨고 있었지요. 잠시 후 여성 간수가 문가로 오더니 담요 한 장을 던져주었어요. 뼛속까지 얼어붙은 저는 담요를 몸에 둘렀지요. 한 벌의 면 옷과 이 거친 담요가 제가 감옥에 있는 동안 입었던 전부입니다. 대부분의 수감자들은 담요를 제외한 모든 것을 거부했습니다. 서로의 동의하에 우리는 창문을 전부 깨버렸고, 즉시 징벌감방으로 끌려갔어요. 그곳에서 단식 투쟁을 했지요. 일주일가량 끔찍하게 비참한 상태를 견딘 후에 한 명씩 풀려났답니다."

'끔찍하게 비참한 상태를 견딘 후에'라는 식의 말은 얼마나 간단한지. 그러나 단식 투쟁이라는 무시무시한 경험을 겪어보지 못한 사람은 그것이 얼마나 비참한 경험인지 상상도 할 수 없을 것이다. 이는 일반 감방에서도 아주 비참한 일이지만 징벌감방의 말할 수 없는 불결함 속에서는 한층 더 끔찍하다. 실제로 배가 고픈 고통은 대부분 24시간이면 사라진다. 내 경우 대개 이틀째가 가장 힘들었다. 그 뒤에는 음식에 대한 필사적인 욕망이 사라지고 허약함과 정신적 우울감이 뒤따른다. 소화기에 문제가 생기면서 음식에 대한 욕망은 고통에서 벗어나고 싶은 열망으로 바뀐다. 극심한 두통, 현기증, 경미한 환각이 동반되기도 한다. 완전한 탈진 상태와 세상에서 고립되었다는 느낌이 이 시련의 마지막에 나타난다. 종종 회복은 더디게 이루어지고, 건강을 완전히 회복하는 일은 기운 빠질 정도로 느리게 진행된다.

단식 투쟁을 처음 시작한 것은 7월 초였다. 두 달 동안 수십 명의 여성이 단식투쟁이라는 방법으로 자신들이 행한 일의 정치적 특성을 인정하려 들지 않는 정부에 저항했다. 단식 투쟁을 한 몇몇 여성은 유례없이 잔인하게 처벌을 당했다. 연약한 여성들은 독방에만 갇힌 게 아니라 24시간 계속해서 수갑을 차고 있기도 했다. 죄수복 입기를 거부했던 어떤 여성에게는 온몸을 꼼짝 못 하게 만드는 정신병자용 구속복을 입혔다.

당시 하원의 자유당 지도부가 상원이 가진 거부권에 반대하는 첫 캠페인을 벌이고 있었다는 점은 놀라운 아이러니였다.

9월 17일 버밍엄에서 대규모 집회가 열렸고, 그 집회에서 애스퀴스 씨는 상원에 도전장을 내밀어, 상원의 거부권이 폐지되어야 하며, 영국에서 민중의 권력이 최고의 권력이 되어야 한다고 선언할 예정이었다. 물론 우리 서프러제트는 이 기회를 잡아 시위를 조직했다. 이런 절차는 당연히 논리적인 귀결이다. 청원권도 거부당하고, 내각 각료들의 회합에도 갈 수 없게 된 여성들은 자신들의 의제를 정부에 촉구할 모든 수단을 활용해야 했다. 메리 리 여사와 몇 명의 버밍엄 회원들은 큰 소동이 일어날 테니 애스퀴스 씨의 회합에 참석하지 말라고 대중에게 경고했다. 수상과 각료들은 하원을 떠난 후 기차가 버밍엄 역에 도착할 때까지 형사들과 경찰들에게 완전히 둘러싸여 있었다.

애스퀴스 씨는 러시아혁명기의 러시아 황제 차르에 비견될 만큼 전례 없이 삼엄한 경호를 받았다. 애스퀴스 씨는 기차역에서부터 호텔까지 4분의 1마일을 지하통로로 이동했고, 호텔에서는 화물 운송 엘리베이터를 이용해서 숙소로 올라간 뒤 혼자서 식사를 했다. 그는 기마경찰의 철통같은 호위를 받으며 빙리홀로 갔고, 서프러제트를 만날까 봐 두려워 옆문으로 들어갔다. 빙리홀 사방을 경찰이 포위하고 있었다. 유리 지붕 위에는 두꺼운 방수포를 깔았다. 건물 양 옆에는 높은 사다리를 장치했고, 소방 호스를 언제든지 사용할 수 있도록 준비해놓았다. 소방 호스는 불을 끄기 위한 것이 아니라 지붕 위에 올라간 여성들에게 물을 쏘아대기 위한 것이었다. 거리 사방에 바리케이드를 쳤고, 바리케이드마다 여성들의 공격에 대비해서 수많은 경찰 병력이 배치되어 있었다. 사람들은 길게 줄 서 있는 경찰들에게 입장권을 보여줘야만 입장이 가능했다. 입장권을 보여준 뒤에는 좁은 문을 한 사람씩 간신히 통과해 들어가야 했다.

그들의 예방책은 아무 쓸모 없었다. 결연한 서프러제트는 여러 가지 방식으로 애스퀴스 씨의 승리를 대실패로 바꿀 수 있었기 때문이다. 어떤 여성도 홀에 들어갈 수 없었지만 남성들 중에도 여성 참정권 문제에 공감하는 사람이 많았다. 회합이 시작되고 얼마 후, 열세 명의 남성이 수상에게 그가 '민중'의 통치권을 지지한다고 주장할 때 그 '민중'에는 남성뿐 아니라 여성도 포함된다고 지적했다가 홀에서 쫓겨났다. 바깥에서는 수많은 군중과 여성들이 바리케이드를 공격했고, 수천 명의 경찰들이 막아섰음에도 바리케이드는 뚫렸다. 이웃에 있는 건물 지붕에서 리 여사와 샬럿 마시가 슬레이트 지붕을 떼어내 빙리홀의 지붕과 아래쪽 거리로 던졌다. 물론 거리에 있는 사람들은 한 명도 맞지 않도록 조심했다. 애스퀴스 씨가 차를 타고 떠나자 여성들은 방호가 되어 있는 차를 향해 슬레이트 조각을 던졌다. 소방관들은 소방 호스를 꺼내 여성들에게 물대포를 쏘라는 명령을 받았다. 소방관들은 명예롭게도 그 명령을 거부했다. 그러나 질서를 지키려는 시도가 실패하자 경찰관들은 화가 나서 여성들에게 차가운 물을 뿌려대기 시작했다. 여성들은 몸을 숙이고 급경사 진 위험한 지붕에서 떨어지지 않으려고 매달려야만 했다. 거리의 불량배들이 여성들에게 돌을 던져서 피가 흘렀다. 마침내 경찰이 그 여성들을 끌려 내렸고, 물을 뚝뚝 흘리며 거리를 행진해 경찰서로 갔다.

바리케이드를 습격하고 애스퀴스 씨가 타고 떠난 기차에

돌을 던진 서프러제트들은 대부분 2주에서 한 달간의 수감 선고를 받았다. 마시 양과 리 여사는 각각 3개월과 4개월간 수감되었다. 모든 수감자가 예상대로 단식 투쟁에 돌입했다.

며칠 후 교도소가 이 수감자들의 위장에 고무 튜브를 밀어 넣는 방식으로 강제 급식을 했다는 사실을 신문에서 읽고 경악했다. 여성사회정치연합 회원들은 즉시 교도소와 내무부에 그 기사의 사실 여부를 알려달라고 요청했으나, 어떤 정보도 얻을 수 없었다. 그다음 주 월요일에 키어 하디 씨는 우리 요청에 따라 의회 질의응답 시간에 이 사실에 대해 알려달라고 정부에게 끈질기게 질문했다. 내무부를 대변한 마스터먼 씨는 정부의 권위를 지키고, 수감자들의 생명을 구하기 위해 '병원 처치'를 했다고 어쩔 수 없이 인정했다. 교도소 당국이 사용한 가장 혐오스럽고 끔찍한 편법 중 하나를 가리기 위해서 '병원 처치'라는 허울 좋은 표현이 사용되었다.

법에 따르면 정신병이라고 확정을 받은 수감자 외에 어떤 사람에게도 강제 급식을 해서는 안 된다. 그리고 그럴 때조차도 숙련된 의사의 지시하에 숙련된 간호사들에 의해 이루어지지 않으면 안전하다고 볼 수 없다. 사실 정신병원에서 강제 급식을 하게 되면 대개 얼마 후에 환자가 죽어버린다. 영어로 쓰여진 가장 유명한 의학 저널인 《랜싯》(The Lancet)은 참정권 수감자들에게 이런 처치를 단행한 것은 문명사회에 맞지 않는 일이라고 비난하는 수많은 내과의사와 외과의사의 의견을 실었다. 한 외과의사는 급식 튜브가 삽입되자마자 사망한 사건을 목격한 경험을 진술했다. 다른 의사는 몸싸움 중에 급식 튜브 아래쪽에 눌려 있던 혀가 꺾여 거의 찢겨나갈 뻔한 사건을 서술했다. 음식을 위가 아닌 폐 속으로 집어넣은 경우도 더러 있었다. 왕립외과협회 회원인 C. 맨슬-물린 씨는 《타임스》 지에 30년 이상의 경험을 가진 외과의로서 여성에게 시행한 강제 급식을 정부가 '병원 처치'라고 부른 것에 대해 신랄하게 비판했다. 병원에서는 그렇게 폭력적이고 야만적인 일이 일어나지 않으므로, 그런 용어는 악랄한 명예훼손이라는 것이었다. 116명의 저명한 내과의사가 강제 급식 관행에 대해 항의하면서, 강제 급식에 수반되는 극심한 위험에 대해 상세하게 지적하고 서명한 진정서를 수상에게 보냈다. 양심수로 감옥에 수감된 여성들에 대한 처벌로서 우리 영국 감옥에서 지금까지도 여전히 계속되고 있는 야만적인 강제 급식 행위에 대해 항의하는 의학계의 증언이 쏟아졌다.

강제 급식을 당한 수감자 당사자들의 증언 역시 끔찍한 내용을 담고 있었다. 첫 번째 희생자였던 리 여사는 매우 건강한 체질이었다. 그렇지 않았다면 아마 강제 급식을 당하고 살아남지 못했을 것이다. 애스퀴스 씨에게 항의하는 시위가 끝난 후 버밍엄 감옥에 갔던 리 여사는 감방 창문을 부쳤고, 처벌로 어둡고 추운 징벌감방에 갇혔다. 그녀의 손에는 항상 수갑을 채워놓았다. 낮에는 손을 뒤로 돌려서 수갑을 채웠고, 밤에는 앞쪽으로 손등을 마주한 채 수갑을 채웠다. 그녀는 제공되는 음식에 손대기를 거부했고, 사흘 후에 진료실로 보내졌다. 그녀가 본 광경은 가장 용감한 이라도 공포에 질릴 만했다. 방 한가운데에 면으로 된 커다란 천 위에 튼튼한 의자가 놓여 있었다. 네 명의 여자 간수들이 언제라도 행동에 돌입할 준비를 한 듯 벽에 기대 서 있었다. 보조 의사도 자리에 있었다. 담당 의사가 "내 말을 잘 들으시오. 상관으로부터 당신이 의학적인 이유로 석방되지 못하게 하라는 명령을 받았습니다. 만일 음식을 계속 거부한다면 당신이 음식을 먹게 할 조치를 취해야만 합니다"라고 말했다. 리 여사는 음식을 계속 거부할 것이라고 대답했고, 강제 급식은 환자가 미치지 않은 경우에는 환자의 동의 없이는 이루어질 수 없으므로, 자신이 법적으로 강제 급식을 받지 않을 권리가 있다는 것을 알고 있다고 말했다. 의사는 명령을 받았으므로 강제 급식을 이행해야 한다는 말만 되풀이했다.

여성 간수 여럿이 그녀를 붙잡고 그녀가 앉아 있는 의자를 뒤로 젖혔다. 그녀는 너무 놀라서 제대로 저항할 수가 없었다. 그들은 음식물이 담긴 컵으로 음식물을 조금 먹이는 데 성공했다. 나중에 두 명의 의사와 간수들이 그녀의 감방으로 와서, 리 여사를 침대에 붙잡아 놓았다. 의사가 2야드 길이의 고무 튜브를 꺼내 그녀의 콧구멍으로 밀어 넣자 그녀는 공포에 사로잡혔다. 고통이 너무나 끔찍해서 그녀는 끝없이 비명을 질러댔다. 여성 간수 셋은 울음을 터뜨렸고, 보조 의사는 담당의사에게 제발 그만두라고 간청했다. 그러나 정부의 명령을 받은 담당의사는 계속 진행했고, 튜브를 위장까지 밀어 넣었다. 의사 한 명이 의자에 올라서서 튜브를 높이 쳐들고 깔대기에 유동식을 부어 넣어서 이 가엾은 희생자는 거의 질식할 뻔했다.

"귀의 고막이 터지는 듯했습니다. 가슴뼈 끝까지 고통이 전달되었어요. 마침내 튜브를 빼자 코 안쪽과 목구멍까지 찢어져서 함께 떨어져 나온 것 같은 느낌이었습니다." 리 여사의 진술이었다. 당시 리 여사는 거의 기절한 상태로 처벌감방으로 옮겨져 판자로 된 침대에 눕혀졌고, 시련은 매일 계속되었다. 다른 수감자들도 비슷한 경험으로 고통받았다.

6

자유당도 우리 편이 아니라면

***

우리의 전투파 운동이 이런 상황에 놓여 있었던 1909년, 나는 미국을 처음으로 방문할 기회가 있었다. 처음 미국에 도착했을 때 불러일으킨 흥분과, 모든 유럽인이 두려워하는 경험, 즉 미국 보도기자들과 처음 만났을 때의 경험을 잊을 수 없다. 사실 처음 며칠간은 기자들과 환영파티로 정신없는 혼란 속에 보냈고, 10월 25일에 카네기 홀에서 첫 연설을 했다. 거대한 홀은 꽉 들어차 있었고 엄청난 군중이 바깥쪽 거리에 끝없이 길게 이어져 있었다. 무대 위에는 유럽에서 만났던 몇몇 여성이 있었다. 그리고 의자에는 결혼 초에 영국에 살았던 오랜 친구 스탠튼 블래치 여사가 있었다. 하지만 내 앞에 앉아 있는 관중은 낯선 이들이었고, 그 사람들이 내 말에 어떻게 반응할지 알 도리가 없었다. 연설을 하려고 일어서자 사람들은 아주 조용해졌다. 그러나 내가 "저는 소위 사람들이 말하는 훌리건입니다"라고 말을 시작하자 따뜻하고 공감을 표하는 커다란 웃음이 청중에서 터져 나와 벽이 울릴 지경이었다. 그 반응을 보고 미국에서 우호적인 사람들을 만났음을 직감했다. 그리고 여행이 끝날 때까지 이 사실을 거듭 확인할 수 있었다. 보스턴에서 만난 위원회는 우리 여성 사회정치연합 색깔로 장식된 커다란 회색 자동차로 나를 맞아주었다. 그날 밤 나는 트레몬트 사원에서 2500명의 관중 앞에서 연설을 했다. 관중들은 열렬한 반응을 보여주었다. 볼티모어에서는 존스홉킨스 대학의 교수들과 학생들이 모임을 직접 관리해주었다. 그리고 코네티컷에 있는 명문 여학교인 브린모어 대학과 로즈메리홀을 방문했던 즐거운 기억도 있다. 시카고에서는 저명인사 가운데 사회운동가 제인 애덤스 양과 교육감인 엘라 플래그 영 여사를 만났다. 캐나다를 방문했던 것도 잊을 수 없는데, 특히 토론토 시장이 시장직을 상징하는 굵은 목걸이를 목에 건 채 몸소 나를 환영해주었다. 그리고 지금은 돌아가신 존경스러운 역사학자 골드윈 스미스 씨도 만났다.

　　어디를 가나 미국인들은 친절하고 멋졌으며, 내가 받은 환대에는 아무리 감사의 마음을 표현해도 모자란다. 미국 여성들은 사회복지에 깊은 관심을 가지고 있었다. 여성단체가 하는 활동도 매우 인상적이었다. 이런 조직들이 참정권 운동의 완벽한 토대가 될 거라는 생각이 들었다. 그러나 1909년 당시 미국의 참정권 운동은 이상하게도 잠잠한 소강상태였다. 내가 만난 많은 여성이 투표권은 당연한 권리라고 생각하는 것 같았으나, 투표권의 현실적 필요성을 깨닫고 있는 사람은 거의 없는 듯했다. 그러나 몇몇 사람은 자신들이 희생적이고 헌신적으로 몸 바쳐 일하는 개혁 운동을 투표권과 연결시키기 시작하고 있었다. 젊은 여성들과 얘기하면서 미국에 강력한 참정권 운동이 잠재해 있다는 사실이 피부에 닿았다. 훌륭한 대학을 졸업하고 인생을 시작하는 이 젊은 여성들은 여성에게 정치적 지위가 필요하기 때문에 이 지위를 확보해야 한다는 점을 매우 지성적으로 인식하고 있었다.

12월 1일에 모레타니아 호를 타고 다시 영국으로 향했다. 돌아온 후, 청원권 문제로 내게 내려진 감옥행 선고에 대한 논의가 있었고, 내가 바다를 건너오는 동안 알 수 없는 누군가가 벌금을 대신 냈다는 것을 알게 되었다.

1910년은 총선과 더불어 시작되었다. 로이드-조지 씨의

1909년 예산안을 상원이 거부했기 때문에 총선이 앞당겨졌던 것이다. 자유당은 토지 가치에 대한 세금을 공약으로 내걸고 총선에 나섰다. 자유당은 상원의 거부권 폐지, 아일랜드자치법, 웨일스 교회 분리 및 다른 개혁안들을 내걸었다. 여성 참정권은 직접적인 공약에는 없었으나 애스퀴스 씨는 수상직을 유지하게 된다면, 여성 참정권을 포함하는 방식으로 수정된 선거법 개정안을 도입하겠다고 공약했다. 아서 밸푸어 씨를 수장으로 하는 연합파는 관세 개혁을 공약으로 내세웠다. 참정권법안에 대해서는 모호한 약속조차 내비치지 않았다.

우리는 늘 하던 대로 선거구에서 자유당 낙선운동을 펼쳤다. 우리는 애스퀴스 씨의 공약을 믿을 수 없었고, 우리가 정권을 잡고 있는 정당에 반대하는 데 실패한다면 애스퀴스 씨와 밸푸어 씨가 연합해 참정권 문제를 실용 정치 영역 바깥으로 영원히 몰아내기 위해서 이 의제를 다루지 않기로 결정하는 결과밖에 가져올 수 없을 것이다. 우리는 1885년의 아일랜드 민족주의자와 비슷한 상황이었다. 당시에는 자유당도 보수당도 아일랜드자치법안을 자신들의 프로그램에 포함시키려고 하지 않았다. 그러자 아일랜드인들은 자유당 반대운동을 펼쳤고, 결국 자유당은 너무나 근소한 차이로 다수를 차지했기 때문에 정권을 유지하기 위해 의회에서 아일랜드 의원들의 표에 의존해야 하는 상황이 되었다. 이런 이유로 자유당은 아일랜드자치법을 통과시킬 수밖에 없었다.

다른 참정권 조직이나 자유당 지지 여성들은 이번 선거에서 자유당에 반대하지 말아달라고 부탁했다. 예산안을 둘러싼 상원과 하원 사이의 투쟁이 중요하다는 점을 감안해서 '이번 한 번만' 우리의 요구를 멈춰달라고 간청했다. 우리는 1906년 재정적인 문제 때문에 '이번 한 번만' 요구를 하지 말아달라고 요청받았던 때와 같은 상황이라고 대답했다. 여성에게는 단지 한 가지 정치적인 의제가 있을 뿐이며, 그것은 여성 자신의 선거권이라는 의제라고도 말했다. 상원과 하원의 다툼은 시민권을 얻으려는 민중—이번 경우에는 여성에 의해 대표되는 민중—의 요구보다 훨씬 덜 중요하다. 우리 관점에서 보자면, 여성이 입법자를 선택하고 입법 과정에 영향력을 행사하는 목소리를 얻을 때까지는 상원도 하원도 대표권을 갖고 있다고 볼 수 없다.

우리는 40개의 선거구에서 자유당 후보에 반대했다. 그리고 자유당이 승리한 거의 모든 선거구에서는 자유당 표가 줄었고, 18개 선거구에서 자유당 후보가 낙선했다. 정부로서는 실로 끔찍한 선거였다. 애스퀴스 씨는 선거구마다 경호원인 형사들과 공식적인 '몰이꾼'을 대동하고 다녔는데, 이들의 임무는 여성 투표권 문제로 자신의 회합을 방해하는 모든 여성과 남성을 쫓아내는 것이었다. 그가 연설을 하는 곳은 어디든지 창문을 판자로 막거나 유리창을 튼튼한 철사 그물망으로 보호했다. 회의장과 연결되는 모든 큰 길에는 바리케이드를 쳤고, 교통을 통제했으며, 엄청난 병력의 경찰이 경비를 섰다. 수상을 보호하기 위해서 아주 특이한 예방책이 시행되었다. 어떤 곳의 모임에서는 수상이 철통같은 경호를 받으면서 구스베리 덤불과 양배추 밭을 지나 비밀 통로를 통해 뒷문으로 들어갔다. 모임이 끝난 후에는 역시 뒷문으로 빠져나갔고, 발자국을 남기지 않기 위해 톱밥을 두껍게 깐 길로 안내를 받으며 숨겨놓은 차까지 갔다. 그러고 나서 수상은 차 안에 앉아서 군중들이 흩어질 때까지 기다렸다.

다른 각료들도 비슷하게 조심했다. 그들은 언제나 경호원들의 보호를 받으며 살았다. 그들의 회합은 전례 없을 정도로 강도 높은 경찰 보호를 받았다. 물론 여성은 전혀 그들의 회합에 참석할 수 없었다. 그래도 여성들은 회의장에 들어갔다. 여성 두 명은 로이드-조지 씨가 연설했던 라우스의 회의장에 들어가 24시간 동안 서까래 위에 숨어 있었다. 그들은 결국 체포되었으나, 그전에 시위를 할 수 있었다. 다른 두 여성도 수상에게 질문하기 위해서 연단 아래 22시간 동안 숨어 있었다. 이런 식의 예라면 끝없이 들 수 있다.

우리는 강제 급식 과정을 보여주는 포스터를 만들어서 모든 곳의 광고판에 붙였다. 우리는 유권자들에게 민중의 친구라고 자처하는 소위 '자유당'이 투표권을 요구한다는 죄목으로 450명의 여성을 감금했다고 알렸다. 그들은 당시에 홀로웨이 감옥에서 여성들을 고문하고 있었다. 이 포스터는 멋진 무기였고, 효과가 있었다. 자유당은 정권을 잡긴 했으나 하원의 모든 분과에서 다수당의 위치를 잃었다. 애스퀴스 정부는 이제 생존을 위해 노동당과 아일랜드 민족주의자 의원들의 표에 의지해야만 했다.

7

암흑의 금요일

***

1910년 초반에 재선출된 정부는 정세를 통제하기 위해 애쓰고 있었다. 아일랜드민족당은 아일랜드자치법이 진척된다면 정부 예산안을 지지해주기로 약속하면서 정부와 제휴했다. 당시에는 노동당과의 공식적인 제휴는 공표되지 않았다. 키어 하디는 노동당 연례회의에서 정부와 독립된 관계를 계속 유지해 갈 것이라고 선언했다. 이 사실은 노동당이 대부분의 정부 정책을 지지하는 대신, 정부가 참정권법안을 계속 거부하면 정부와 자유롭게 맞서겠다는 뜻이었기 때문에 우리에게는 중요한 의미를 가졌다. 우리의 투쟁에 지친 정부가 외부의 강압에 굴복하는 것처럼 보이지 않으면서 이 싸움을 끝내고 싶어 한다는 소식이 암암리에 전해졌다. 그래서 우리는 2월 초에 모든 투쟁을 그만두고 휴전을 선언했다.

의회는 2월 15일에 열렸고, 국왕 연설이 2월 21일에 낭독되었다. 이번에도 여성 참정권에 대한 언급은 없었고, 개별 의원이 제비뽑기에서 여성 참정권에 유리한 제비를 뽑지도 못했다. 그러나 상원이 갖고 있던 거부권을 폐지해야 한다는 제안 때문에 정치권에 비정상적인 긴장감이 맴돌았으므로 우리는 잠시 참을성 있게 기다리기로 했다. 상원과·하원 사이의 분쟁이 해결되기 전에 총선이 있을 예정이었다. 에드워드 7세가 갑작스럽게 서거하지 않았더라면, 6월에 총선이 치러졌을 것이 분명했다. 국왕의 서거로 인해 팽팽하게 대치한 긴장된 상황에 변화가 일어났다. 적대감이 일시적으로 완화되었고, 모든 복잡한 문제에 대해 타협하려는 분위기가 생겼다. 여성 참정권 문제 역시 이런 분위기에서, 이 운동을 처음 시작했던 사람들에게 알맞은 방식으로 다시 한 번 거론되었다.

정당과 전혀 관계없는 여성 참정권 조직이 일찍이 1887년에 하원에서 결성된 적이 있다. 앞에서 내가 '영국의 수전 B. 앤서니'라고 말한 적이 있는 리디아 베커 양이 애쓴 결과였다. 여기서 상세하게 설명할 필요는 없는 여러 이유로 원래의 조직은

1906년에 해산되었고, 여성 참정권을 지지하는 자유당원들이 새로 위원회를 만들었다. 1910년에는 참정권에 우호적인 분위기에서 하원 의원이 아닌 저널리스트 H. N. 브레일스퍼드 씨를 중심으로 의원 몇 명이 비정파적인 위원회를 만들었다. 이 위원회는 조정위원회(the Conciliation Committee)라고 불렸다. 조정위원회의 목적은 정파에 상관없이 하원의 참정권론자들이 힘을 합쳐 의회를 통과할 수 있는 참정권법안을 만들어내자는 것이었다. 리턴 백작이 위원회의 의장을 맡았고, 브레일스퍼드 씨가 간사를 맡았다. 위원회는 스물다섯 명의 자유당원과, 열일곱 명의 보수당원, 여섯 명의 아일랜드민족당원과 여섯 명의 노동당원으로 구성되었다.

여러 가지 어려움을 뚫고, 위원회는 하원의 모든 정파의 지지를 얻을 만한 법안을 짜기 위해 애썼다. 보수당원들은 온건한 법안을 고집했고, 자유당은 이 법안이 재산 있는 상류층의 권력에 힘을 보태지 않을까 걱정했다. 내 남편인 팽크허스트 박사가 초안을 잡은 원래의 참정권법안은 남녀에게 평등한 투표권을 부여하는 내용을 담고 있어서 폐기되었다. 그래서 현행 지방자치 도시의 선거법 수준에 준하는 선에서 새로운 법안이 작성되었다. 지방자치 도시 선거법의 기반은 건물이나 혹은 방을 한 칸이라도 점유하고 있느냐 없느냐가 투표권의 자격조건이 된다. 그래서 조정법안의 초안은 여성 가구주와, 10파운드 이상의 집세를 내는 상가 점유 여성에게 의회 의원 선거권을 주는 내용을 담고 있었다. 이 법안으로 새롭게 선거권을 받게 될 여성 중 95퍼센트가량이 가구주로 추산되었다. 영국에서 가구주란 집 한 채를 다 사용하는 사람을 의미하는 것은 아니다. 방을 한 칸이라도 사용하고 있다면 가구주에 포함된다.

조정법안 문건을 모든 참정권 협회와 다른 여성 조직에 보내자 모두 이 법안에 찬성했다. 우리 연합의 공식 기관지는 사설에서 "우리 여성사회정치연합은 이 결속되고 평화로운 행위에 참여할 준비가 되어 있다. 새 법안이 우리가 원하는 모든 것을 주지는 않지만, 다른 사람들이 찬성한다면 우리도 찬성하겠다"라고 밝혔다.

하원의 압도적인 다수가 이 법안에 찬성한다는 것이 확실해 보였다. 그리고 그들은 이 법안을 법제화하기 위해 찬성표를 던질 각오가 되어 있었다. 우리는 정부가 동의하지 않는다면 이 법안이 통과될 수 없다는 것을 알고 있었으나, 모든 정당의 지도부와 그들을 따르는 대다수 의원들이 연합해서 법안 통과에 동의하길 희망했다. 합의를 통해 법안이 통과되는 경우는 영국 의회에서는 드문 일이지만, 매우 격렬하게 투쟁했던 중요한 법안들이 이런 식으로 통과되는 경우가 전혀 없지는 않았다. 1867년에 통과된 선거법개정이 그런 경우다.

조정법안은 1910년 6월 14일에 D. J. 섀클턴 씨에 의해 발의되었고, 열정적인 반응을 얻었다. 신문들은 하원에서 이 법을 대하는 태도가 매우 현실적이라는 점에 주목했다. 의원들이 단순히 학술적인 의제로서 논쟁하고 의견만 표명하는 것이 아니라, 모든 입법 단계를 거쳐 영국의 성문법이 될 법안을 다루고 있다는 사실을 깨닫고 있었다. 하원이 보여주는 열정이 영국 전체로 번져나갔다. 의학 전문가들은 이 법안에 대한 지지를 표명하며 의학 분야의 저명한 남녀 300명 이상이 서명한 진정서를 보냈다. 작가, 성직자, 사회복지사, 예술가, 배우, 음악가 들도 모두 진정서를 제출했다. 여성자유당연맹도 회합을 갖고 수상에게 이 법안을 처리할 수 있도록 우선권을 달라고 만장일치로 요청했다. 실제로 이 연맹의 몇몇 진보적인 인사들은 바로 그 자리에서 대표단을 결성해 수상에게 결의안을 보내자고 제안했으나, 이는 지나치게 전투파 냄새가 난다고 거부당했다. 애스퀴스 씨에게 접견 요청을 보냈고, 그는 빠른 시간에 여성자유당연맹과 전국여성참정권협회연합(National Union of Women's

Suffrage Societies)의 대표를 만나겠다고 답변했다.

애스퀴스 씨는 6월 21일에 양쪽 대표단을 만났고, 여성자유당연맹을 대표한 레이디 매클라렌은 그녀가 속한 정당의 대표인 수상에게 직설적으로 의견을 전달했다. 그녀는 "당신이 이 법안의 2차 독회를 허락하지 않음으로써 우리 요청을 거부한다면, 상원의 거부권에 반대하는 당신이 하원에 거부권을 행사했다고 총선 때 유권자들에게 전할 것"이라고 말했다.

애스퀴스 씨는 이런 중대한 문제는 혼자 결정할 수 없고 각료들과 논의해봐야 한다고 신중하게 대답했다. 각료 대다수가 참정권론자라는 사실을 그도 인정했다. 그는 그들의 결정이 하원에서 이루어질 것이라고 덧붙였다.

여성사회정치연합은 조정법안을 지지하기 위해 지금까지 했던 어떤 시위보다 규모가 큰 시위를 조직했다. 이 시위는 전국적인, 아니 국제적인 사건이었다. 모든 참정권 조직이 참여했고, 너무나 많은 사람이 행진에 참가해서 행렬이 한 지점을 완전히 통과하는 데 한 시간 반이 걸렸다. 선두에는 617명의 여성이 흰 옷을 입고, 죄수복을 상징하는 넓은 화살 무늬를 꼭대기에 단 은색 막대기를 들고 걸었다. 이들은 여성 참정권을 위해 싸우다가 수감된 적이 있는 여성들이었다. 이들이 지나가자 군중은 칭

찬과 격려의 환호성을 보냈다. 영국에서 가장 큰 홀인 거대한 앨버트홀은 오케스트라석에서부터 가장 위쪽의 회당까지 꽉 찼지만, 그래도 행렬에 참여했던 모든 사람이 다 들어오지는 못했다. 커다란 기쁨과 열광 속에서 리턴 경이 법안의 빠른 통과를 자신 있게 예언하는 감동적인 연설을 했다. 그는 여성들이 선거권을 곧 부여받을 것이라고 믿어도 된다고 선언했다.

참정권법안이 통과될 시기가 무르익었다는 것은 사실이었다. 지난 50년간 지금처럼 모든 전망이 밝은 적은 없었다. 통상적인 법률의 입법이 잠시 소강상태였기 때문에 선거 개혁법을 위한 길이 활짝 열려 있었던 것이다. 그러나 하원에서 의원들이 수상에게 이 법안을 논의할 기회를 일찍 줄 것인지 물었을 때 그의 대답은 그다지 유망한 편이 아니었다. 애스퀴스는 정부가 이번 회기 종결 전에 법안의 2차 독회에서 충분히 논쟁을 하고 찬반 토론을 위한 시간을 줄 수 있다고 말했다. 그러나 그는 그 이상의 우선권은 줄 수 없다고 말했다. 그는 솔직하게 개인적으로는 그 법안이 통과되지 않기를 바란다고도 말했다. 그러나 하원이 심사숙고 끝에 이 문제를 효과적으로 다룰 기회를 갖기를 원한다면 그 기회를 가져야 한다는 것을 정부는 깨닫고 있다고 덧붙였다.

대다수의 참정권론자와 신문과 대중은 이 알쏭달쏭한 애스퀴스 씨의 말을 참정권법안을 통과시키고 싶어 하는 하원의 분명한 요구에 정부가 기품 있게 양보할 준비가 된 것이라고 받아들였다. 그러나 여성사회정치연합은 이를 믿지 않았다. 애스퀴스 씨의 말은 애매했고, 몇 가지로 다르게 해석될 수 있었다. 이 말은 그가 다수의 의견을 받아들여 정해진 단계를 거쳐 법안을 통과시킬 준비가 되어 있다는 것을 의미할 수도 있다. 이것이야말로 하원이 참정권 문제 전체를 효과적으로 다룰 수 있게 만드는 유일한 방법이다. 다른 한편으로 애스퀴스 씨는 이 법안이 토론 단계를 통과하도록 허용한 뒤 위원회에서 거부하게 할 작정일 수도 있다. 우리는 배신이 두렵기도 했지만, 정부가 7월 11일과 12일에 법안을 2차 독회에 상정하기로 했으므로 일단 차분하게 기다려보기로 했다. 이번 회기는 7월 26일에 끝나기 때문에 법안이 12일에 우호적인 표를 얻으면 마지막 단계까지 올라갈 수 있는 시간은 충분했다. 법안이 2차 독회를 통과하면 지방위원회(Grand Committee)로 보내진다. 지방위원회는 하원이 다른 업무를 보는 동안 이루어질 수 있으므로, 위원회의 단계에서는 정부가 특별한 우선권을 주지 않아도 절차가 진행될 수 있다. 보고 단계에 이르면 법안은 하원으로 돌려보내진다. 이때

마지막 독회 단계인 3차 독회가 이루어진다. 그 후에 법안은 상원에 상정된다. 이 절차에 필요한 시간은 기껏해야 일주일 정도다. 아니면 법안이 전체위원회(the Whole House)로 보내질 수도 있다. 이런 경우에는 특별한 우선권이 주어지지 않는다면 법안이 위원회 단계까지 올라갈 수 없다. 우리의 공식 기관지와 많은 대중 연설에서 우리는 의원들에게 이 법안을 지방위원회에 보내라고 촉구했다.

조정법안이 2차 독회에 상정되기 며칠 전에 로이드-조지 씨가 이 법안에 반대하는 연설을 할 것이라는 소문이 돌았지만, 우리는 그 소문을 믿고 싶지 않았다. 로이드-조지 씨는 그동안 다양한 방식으로 여성들에 대해 불공정한 모습을 보였지만, 그는 자신이 여성 참정권의 확고한 지지자라는 태도를 취하고 있었으므로, 그가 마지막 순간에 우리에게 등을 돌릴 것이라고는 생각할 수 없었다. 내가 앞 장에서 인용했듯이 던디에서 여성들에게 연설을 했던 윈스턴 처칠 씨 역시 여러 번 참정권 운동에 공감을 표했으므로 의지할 수 있는 인물이라고 생각했다. 그러나 토론이 시작되었을 때 이 두 명의 열렬한 참정권론자가 이 법안에 반대한다는 것을 알게 되었다. 처칠 씨는 참정권 반대 연설을 하면서, 여성은 투표권이 필요 없으며 불만을 가질 이유도 없다고 주장했다. 또한 그는 조정법안이 통과될 경우 선거권을 부여받게 될 여성의 계층이 마음에 들지 않는다고 하면서 조정법안을 공격했다. 그는 물론 약간의 여성은 선거권을 가져야 한다고 양보하면서, 여성에게 선거권을 부여하는 가장 좋은 방법은 재산, 교육, 수입을 고려해 '모든 계층에서 가장 뛰어난 여성 중 약간명'을 선출하는 것이라고 말했다. '일해서 수입을 얻는 사람들보다 재산을 가진 사람들이 부당할 정도로 유리한 조건으로 투표권을 얻게 되지 않도록' 앞서 제안한 특별한 선거권 부여를 통해 조심스럽게 균형을 잡아야 한다는 것이었다. 이보다 더 말도 안 되는 제안을 생각하거나 이보다 더 하원에서 지지를 받지 못할 제안을 상상하기란 어려울 것이다. 처칠 씨가 이 법안에 대해 반대하는 두 번째 이유는 이 법안이 반민주적이이기 때문이라는 것이었다! 어떤 제안도 그의 '환상적인' 선거권 제안보다는 더 민주적일 것이다.

로이드-조지 씨는 처칠 씨가 제안한 '당면 문제에 관련되거나 관련되지 않은' 모든 주장에 동의한다고 밝혔다. 그는 법안의 초안을 만든 조정위원회가 '의회 바깥의 여성들이 모인 위원회'라는 놀라운 발언을 했다. 그리고 이 위원회가 하원 의원들에게 여성 참정권에 찬성표를 던져야 할 뿐 아니라 '우리가 동의한 특정 형식의 법안에 표를 던져야 하고, 어떤 다른 형식의 법안을 심사숙고하는 것조차 허락하지 않겠다'고 통지했다고 로이드-조지 씨는 말했다.

물론 이런 말은 완전히 허위다. 조정법안의 초안을 잡은 것은 남성들이었다. 그리고 정부가 정당이 제출한 법안 상정을 거부했기 때문에 이 법안이 제출된 것이다. 정부가 보다 광범위한 참정권을 진지하게 고려했다면 참정권론자들은 매우 기쁘게 생각했을 것이었다. 정부가 어떤 형태의 참정권법안에 대해서도 고려하지 않았기 때문에 개별 의원 법안이 제출된 것이었다.

로이드-조지 씨가 연설하는 중에 이 사실이 지적되었다. 로이드-조지 씨는 이 참정권법안은 없는 것보다는 낫겠지만, 어째서 이 법안이 대안이 되어야 하는지 물었다. 한 의원이 "그렇다면 다른 대안이 무엇입니까?" 하고 묻자 로이드-조지 씨는 질문을 피하며 무심하게 "글쎄요, 현재로서는 말씀드릴 수 없네요"라고 대답했다.

나중에 그는 이렇게 말했다. "이 법안의 발의자들이 2차 독회를 단지 여성 참정권의 원칙을 인정하기 위한 것으로만 간주하거나, 혹은 그들이 이 법안을 다시 제출할 때 하원이 법안을 제한하거나 확대하는 방식으로 수정할 수 있게 하겠다고 약속한다면, 저도 이 법안에 기꺼이 투표할 것입니다."

필립 스노든 씨가 답변을 했다. "로이드-조지 씨께서 정부를 대신해, 혹은 수상 자신이 하원에다 다른 형식의 참정권법안을 논의하고 심의하는 단계를 밟을 기회를 준다면 조정법안을 철회하겠습니다. 그러나 우리가 그 약속을 얻을 수 없다면 이 법안을 계속 밀고 나가겠습니다."

정부는 답변을 하지 않았고, 토론이 계속되었다. 서른아홉 명의 연사가 연설을 했고, 수상은 자신의 연설에서 이 법안이 법률로 입법화되지 않도록 총력을 기울일 것이라는 점을 분명히 드러냈다. 그는 참정권법안은 지방위원회가 아니라 전체위원회 중 하나로 보내야 한다고 말하면서 연설을 시작했다. 그는 또한 자신이 내걸었던 참정권법안의 조건, 즉 대다수의 여성이 의심의 여지없이 선거권을 원한다는 것을 증명해야 하고, 법안이 민주적이어야 한다는 조건이 충족되지 않았다고 말했다.

표결 결과가 나왔을 때 조정법안은 2차 독회에서 109표 차이로 다수결을 얻어 통과되었다는 것을 알게 되었다. 이 숫자를 보면 이 법안이 정부의 떠들썩했던 예산안이나 상원 결의안보다 더 많은 다수표를 얻었다는 것을 알 수 있다. 이 법안에 대해 299명이 찬성하고 190명이 반대했는데, 이 의회 회기에서 그렇게 많은 다수표를 얻은 법안은 없었다. 다음 문제는 어떤 위원회에서 이 법안을 다룰 것인가 하는 것이었다. 애스퀴스 씨가 모든 참정권법안은 전체위원회 중 하나로 보내야 한다고 말했기 때문에 법안 지지자 다수가 법안을 그곳으로 보내야 한다는 쪽으로 투표했다. 다른 의원들은 이렇게 하는 것이 문제를 일으킬 소지가 있다고 생각했으나 수상의 화를 돋울까 봐 두려워했다. 물론 모든 반참정권론자들은 수상에 찬성하는 쪽으로 표결했다. 그래서 법안은 전체위원회로 넘겨졌다.

그래도 법안이 최종 독회 단계로 올라갈 가능성은 여전히 존재했다. 상원과 하원 사이의 대치 상황으로 거의 모든 중요 법안이 계류된 상태라 시간은 충분했다. 국왕 서거 이후 당면한 의제들에 관해 논의하기 위해 보수당과 자유당 지도부 간에 회담이 예정되어 있었으나 이 회담은 아직 이루어지지 않고 있었다. 그러므로 의회는 급하게 처리할 현안이 없었다. 정부에 가해지는 가장 큰 압력은 조정법안에 우선권을 주라는 것이었다. 이 법안을 지지하기 위한 많은 모임이 열렸다. 여성선거권을 위한 남성정치연합(The Men's Political Union for Women's Enfranchisement), 여성참정권을 위한 남성연맹(Men's League for Women's Suffrage), 그리고 조정위원회(Conciliation Committee)

가 하이드파크에서 연합 집회를 가졌다. 전통적인 여성참정권 론자들 일부도 트라팔가 광장에서 대규모 집회를 개최했다. 여성사회정치연합은 1867년 남성 노동자들이 선거권을 얻기 위한 운동을 할 때 하이드파크 울타리를 부순 날인 7월 23일에 하이드파크에서 엄청난 규모의 집회를 열었다. 반 마일가량의 공간을 비워놓았고, 마흔 개의 연단을 설치했으며, 두 개의 커다란 행렬이 동쪽과 서쪽에서 집회 장소로 행진해왔다. 다른 참정권 조직들도 대거 우리와 함께 이 집회에 참석했다. 바로 그날 애스퀴스 씨는 리턴 경에게 이번 회기에는 조정법안에 더는 시간을 허락할 수 없다는 편지를 보냈다.

여성을 위한 정의를 실현하도록 정부를 설득할 수 있으리라는 희망을 버리지 못한 사람들은 의회의 가을 회기에 기대를 걸었다. 참정권 단체뿐 아니라 많은 남성 조직이 가을 회기 동안 이 법안에 우선권을 주라고 촉구하는 결의안을 정부에 보냈다. 리버풀, 맨체스터, 글래스고, 더블린과 코크를 비롯한 서른여덟 개 도시의 자치단체들이 같은 내용의 결의안을 보냈다. 여성 대표단을 접견하라는 요구가 내각 각료들에게 빗발쳤고, 총선이 코앞이었기 때문에 여성의 도움이 절실했던 자유당으로서는 이런 요구를 완전히 무시할 수 없었다. 애스퀴스 씨는 10월 초에 자신의 선거구인 이스트파이프에서 여성 대표단을 접견했다. 그러나 그는 올해에는 법안이 더 이상 진척될 수 없다는 말만 했다. 대표단은 "내년에는 어떻습니까?"라고 질문했고, 그의 대답은 "글쎄요. 기다려봅시다"였다.

이 힘든 기간 동안에 모든 여성사회정치연합 회원들이 휴전 상태를 유지하도록 하기란 극도로 어려운 일이었다. 그리고 조정법안이 실패했다는 사실이 확실해지자 다시 한 번 전쟁이 선포되었다. 11월 10일 앨버트홀에서 개최된 대규모 집회에서 나 자신이 전쟁을 선언했다. 나는 우리 회원들뿐 아니라 대중도 전체 상황을 분명하게 이해하길 원했기 때문에 다음과 같이 말했다.

"이번 일은 여성사회정치연합이 법안을 입법하기 위해서 마지막으로 시도한 합법적인 노력이었습니다. 우리의 노력에도 불구하고 이 법안이 정부에 의해 말소된다면 나 자신이 나서서 휴전의 종식을 선언할 것입니다. 하원에서 우리 법안을 논의할 시간을 확보할 수 없다는 선언을 듣게 된다면, 우리가 취할 첫 번째 단계는 이렇게 선언하는 것입니다. '당신들이 우리를 돕는데 실패했기 때문에 우리가 그 법안을 당신들 손에서 빼앗아 올 것이고, 우리 스스로 캠페인을 벌이는 방향으로 나아갈 것이다'

라고요."

　나는 수상에게 청원서를 보내러 또 한 번 대표단이 하원으로 가야 한다고 선언했다. "내가 대표단을 이끌 것이고, 만약 아무도 나를 따라오지 않는다면 혼자서라도 가겠습니다"라고 말했다. 회당 전체에서 즉시 여성들이 일어서서 외치기 시작했다. "팽크허스트 여사, 저도 함께 가겠습니다." "저도 갈게요." "저도 가겠습니다." 우리의 용감한 여성들은 자유라는 대의명분을 위해서 자신을 내걸 준비가 되어 있었고, 필요하다면 목숨까지 바칠 준비가 되어 있었다.

　11월 18일 금요일에 의회의 가을 회기가 소집되었고, 애스퀴스 씨는 의회가 11월 28일에 휴회할 것이라고 공표했다. 그가 연설을 하는 동안 450명의 여성이 소란스러운 청원법을 문자 그대로 지키기 위해서 작은 무리를 지어 캑스턴홀과 연합 본부에서부터 행진을 시작했다.

　우리의 기억에 끔찍했던 암흑의 금요일(Black Friday)로 남은 그날에 대한 이야기를 어떻게 시작해야 할지 모르겠다. 그날 정부가 영국 여성에게 어떤 짓을 했는지에 관해 어떻게 기술해야 할지 모르겠다. 가급적 단순하고 정확하게 이야기하도록 하겠다. 아마도 일어난 사실만 대략 말해도 믿기 어려울 것이다.

그날은 총선 전야였고, 자유당이 자유당을 지지하는 여성들의 도움을 원하고 있었다는 점을 기억하기 바란다. 이런 이유로 해서 조정법안의 통과를 요구하는 수많은 여성을 전부 체포하고 수감하는 것이 정부로서는 몹시 부담스러웠다. 여성자유당연맹도 법안 통과를 위해 싸울 준비가 되어 있지는 않았지만, 법안이 통과되길 바랐다. 정부는 자유당 지지 여성들이 우리가 겪는 고통을 보고 자신들의 선거를 돕는 일을 그만둘까 봐 걱정했다. 그래서 정부는 서프러제트를 처벌하면서도 체포하지는 않고, 하원에 도달하지 못하고 돌아가게 만들 계획을 세웠다. 분명 경찰에게 거리에서 대기하고 있으라는 명령이 하달되었을 것이다. 그리고 정복 경찰과 사복 경찰이 여성들을 들어 올려 서로에게 내던지고, 여성들을 아주 거칠게 다룸으로써, 여성들이 공포감을 느껴 결국 돌아가게 만들도록 하라는 것이었다.

내가 새로운 명령이 하달되었다고 믿는 이유는 이전에는 경찰이 여성들을 돌려보내도록 애쓰다가 여성들이 계속 전진해 오면 그들을 체포했었기 때문이다. 때때로 경찰 한 명이 우리에게 잔인하고 악의에 찬 행동을 하기는 했지만 암흑의 금요일에 일어난 것처럼 경찰 전체가 하나같이 잔인하게 군 적은 한 번도 없었다.

아마도 정부는 경찰이 폭력적으로 대하면 군중도 따라서 폭력을 행사하기를 바랐을 것이다. 그러나 군중은 놀라울 정도로 우리에게 우호적이었다. 그들은 경찰을 밀치면서 우리를 위해 길을 터주려고 애썼다. 그래서 경찰의 저지 노력에도 내가 이끌었던 소수의 대표단은 외부인 출입구에 도달하는 데 성공했다. 우리가 계단에 올라서자 거리의 군중은 열광적인 함성을 질렀다. 우리는 그곳에 몇 시간 동안 서서 다시는 보고 싶지 않은 광경을 지켜봐야 했다.

2~3분 간격을 두고 여성들이 몇 명씩 무리를 이루어 광장에 나타나서는 외부인 출입구에 있는 우리와 합세하려고 애썼다. 그들은 '애스퀴스는 우리 법안을 거부했다'라든가 '법안이 있는 곳에 길이 있다' 혹은 '여성의 의지가 애스퀴스의 고집을 꺾을 것이다' 등등의 글귀가 쓰인 작은 깃발을 들고 있었다. 경찰은 이 깃발들을 빼앗아 찢어버렸다. 그리고 경찰은 여성들을 붙잡아 다른 경찰에게 집어던졌다. 몇몇 경찰은 주먹으로 여성들의 얼굴, 가슴, 어깨를 때렸다. 여성 한 명이 서너 차례 난폭하게 집어던져지다가 결국 반쯤 의식을 잃고 길에 쓰러져 있기도 했다. 그녀는 상당히 심각한 상태여서 지나가던 친절한 사람들이 안아 데려갔다. 더 많은 여성이 광장에 도착하면서 몸싸움은 매

순간 더욱더 격렬해졌다. 예술, 의학, 과학계에서 저명한 여성들, 유럽 전역에서 명성을 떨치는 여성들이 범죄자에게도 걸맞지 않을 취급을 받았다. 단지 평화롭게 청원할 권리를 주장했다는 죄 때문에 말이다.

이 싸움은 한 시간가량 지속되었고, 더욱더 많은 여성이 경찰을 뚫고 하원의 계단으로 올라왔다. 그러자 기마경찰이 여성들을 해산시키라는 명령을 받고 소집되었다. 그러나 굳게 결심한 여성들은 말발굽도 경찰의 압도적인 폭력도 두려워하지 않았고, 자신의 목적에서 한 치의 흔들림도 없었다. 그러자 이제 군중이 개입하기 시작했다. 사람들은 어째서 여성들이 얻어맞고 있는지, 그리고 만일 여성들이 법을 어긴 것이라면 어째서 체포하지 않는지 물었다. 그리고 여성들이 법을 어긴 것이 아니라면 어째서 그들이 평화롭게 행진을 하도록 놔두지 않는지 물었다. 오랫동안, 거의 다섯 시간가량 경찰은 바쁘게 움직이며 여성들에게 폭력을 행사했다. 군중은 여성들을 방어해주느라 점점 더 소란스러워졌다. 그러자 마침내 경찰은 체포를 시작할 수밖에 없었다. 멍들고 목 졸리고 여러 군데 부상을 당한 115명의 여성과 남성 네 명이 체포되었다.

하원 밖에서 이 모든 일이 벌어지는 동안, 수상은 정의를 사랑하는 합리적인 하원 의원들의 조언을 듣기를 완강하게 거부하고 있었다. 키어 하디, 앨프리드 먼델 경과 다른 이들이 애스퀴스 씨에게 대표단을 접견하라고 간청하고 있었고, 캐슬레이 경은 정부안에 대한 수정안을 제안하기까지 하고 있었다. 이 제안은 정부가 조정법안에 즉각적인 우선권을 부여하도록 강제할 수 있는 내용을 담고 있었다. 우리는 어떤 일이 벌어지고 있는지 들었고, 우호적인 의원 한두 명을 불러서 그들이 캐슬레이 경의 수정안을 지지하도록 하려고 갖은 애를 썼다. 나는 광장에서 벌어지는 잔인한 몸싸움에 대해서 얘기했고, 하원으로 돌아가서 이런 일을 멈추어야 한다고 다른 이들에게 말해달라고 간청했다. 그중 몇몇은 분명 괴로워했지만, 수정안이 받아들여질 가능성은 전혀 없다고 나에게 확언했다.

"하원에는 우리 편을 들어줄 사람, 수정안이 제출되어야 한다는 것을 하원이 깨닫게 만들 남성이 단 한 명도 없단 말인가요?" 나는 외쳤다.

물론 하원에도 그렇게 할 만한 남자들이 있었을 것이다. 그러나 52명을 빼고는 모두 남자다움을 선택하기보다는 자신들의 당에 대한 충성을 선택했다. 그리고 캐슬레이 경의 제안이 정부에 대한 비판을 의미했기 때문에 그들은 그의 제안을 지지하길 거부했다. 그러나 애스퀴스 씨가 통상적인 교활한 방침대로 앞으로 취할 행동에 대한 약속을 하고 나서야 표결이 이루어졌다. 그는 다음 화요일에 정부를 대신해 성명을 발표하겠다고 약속했던 것이다.

다음날 참정권 피고인들은 경찰법정에서 기소되었다. 경찰청장을 대신해 기소를 맡았던 머스켓 씨가 내무부로부터 모든 피고인을 석방시키라는 명령을 받았다고 설명하자 치안판사는 몹시 놀랐다. 그동안 피고인들은 내내 법정 밖에서 기다렸다. 처칠 씨가 이 사건을 조심스럽게 검토한 후 '기소를 진행하는 것이 공적인 이득에 도움이 되지 않으므로, 피고인들에게 불리한 증거를 제시하지 말라'고 결정했다는 것이다.

법정에서는 숨죽인 웃음소리와 경멸 섞인 야유가 들렸다고 신문은 보도했다. 질서가 회복되자 피고인들이 무더기로 들어왔고, 석방된다는 소식을 알게 되었다.

그다음 주 화요일에 여성사회정치연합은 하원 소식을 듣기 위해 캑스턴홀에서 여성의회를 열었다. 애스퀴스 씨는 "정부는 다음 회기에도 우리가 여전히 정권을 잡고 있다면 자유롭게 수정할 여지가 있는 선거법이 효과적으로 통과될 수 있도록 우선권을 줄 것입니다"라고 말했다. 그러나 그는 이런 일이 의회의 첫 해 동안에 일어날 것이라는 약속은 하지 않았다.

우리는 조정법안에 대해 우선권을 달라고 요청했었다. 그러나 애스퀴스 씨의 약속은 기뻐하기에는 지나치게 모호하고 애매했다. 의회는 10개월이 채 못 되는 기간 동안 지속되다가 막 산회하려는 참이었다. 다음 의회도 얼마나 오래 지속될지 알수 없었다. 애스퀴스 씨의 약속은 언제나처럼 아무런 의미도 없었다. 나는 여성들에게 말했다. "저는 다우닝 가로 가겠습니다. 모두 함께 갑시다."

다우닝 가에서 작은 병력의 경찰과 마주쳤지만 저지선을 쉽게 뚫었다. 증원된 경찰 병력이 도착하지 않았더라면 수상 관저로 쳐들어갔을 것이다. 그때 애스퀴스 씨 자신이 예기치 않게 모습을 나타냈다. 우리에게는 매우 시의적절한 일이었다. 그는 상황을 제대로 파악하기도 전에 분노한 서프러제트들에게 둘러싸였다. 그는 엄청난 야유를 당한 후 경찰에 의해 구조되었고, 이일로 큰 충격을 받았다. 그가 탄 택시가 급히 떠날 무렵 어떤 물건이 창문으로 날아가서 창문을 깼다.

또 한 명의 내각 각료인 비렐 씨도 어쩌다가 이 혼란 속에 끼어들었고, 그 역시 밀침을 당했다. 그러나 그가 여성들 때문에 다리를 다쳤다는 것은 사실이 아니다. 서둘러서 택시에 뛰어들

다가 발목을 삔 것뿐이었다.

그날 밤과 그다음 날 낮 동안에 에드워드 그레이 경, 윈스턴 처칠 씨, 루이스 하코트 씨, 존 번스 씨 집의 유리창이 깨졌다. 수상 관저와 재무장관 관저의 유리창도 깨졌다.

그 주에 160명의 서프러제트가 체포되었다. 그러나 창문을 깼거나 공격 행위로 기소된 사람들을 빼고는 모두 석방되었다. 법정에서 일어난 이 놀라운 조처는 두 가지 점을 확실히 보여준다. 우선 내무부가 참정권 피고인들을 기소하고 선고하는 데 아무런 책임이 없다는 말은 새빨간 거짓이라는 점이다. 두 번째, 정부는 시민권을 얻기 위해 애쓰는 평판 좋은 여성들을 수감하는 일은 선거 전략에 좋지 않다는 것을 깨달았다는 점이다.

8
투표권이 없다면 인구조사도 없다

***

'암흑의 금요일' 사건 직후에 나는 미국으로 두 번째 강연 여행을 떠났다. 지난번에 미국을 방문했을 때는 남녀 간의 평등한 정치적 권리를 옹호하는 학술적인 이론만 난무했는데, 이번 방문 때는 참정권 운동이 생생하게 살아나서 활발하게 진행되고 있어 몹시 기뻤다. 내가 브루클린에서 열린 첫 모임에 참석했을 때, 여성들이 광고판을 달고 도시의 주요 도로를 다니면서 이 모임을 광고했다. 그것은 우리 서프러제트가 고향에서 쓰던 방식이기도 했다. 게다가 뉴욕에서는 매일매일 거리 집회가 열리고 있었다. 미국의 여성정치연합(Women's Political Union)은 선거에 대비한 전략을 채택했고, 온 나라 여성들이 참정권에 대해 토론 단계를 넘어서 정치적 행동을 해야 할 필요성을 깨닫고 있었다.

두 번째 미국 방문도 첫 번째 방문 때와 마찬가지로 슬픈 기억으로 얼룩져 있다. 영국으로 돌아온 직후 사랑하는 내 여동생 메리 클라크가 사망했다. 여동생은 열렬한 참정권론자였고, 여성사회정치연합의 귀중한 일꾼이었는데, 암흑의 금요일에 의회 광장에서 충격적일 정도로 심한 폭행을 당했다. 메리는 며칠 후 고위 관료들의 관저 유리창에 돌멩이를 던져서 정부에 항의를 표했던 여성 가운데 한 명이기도 했다. 그녀는 이 일로 한 달간 홀로웨이 교도소에 수감되었다. 그녀가 12월 21일에 석방되었을 때, 암흑의 금요일과 감옥에서 겪은 끔찍한 경험 때문에 건강이 몹시 상했다는 것을 가까운 사람들은 알 수 있었다. 메리는 크리스마스에 갑자기 사망했고, 지인들에게 깊은 슬픔을 안겨주었다.

암흑의 금요일 사건으로 희생된 사람은 내 여동생만이 아니다. 다른 여성들의 죽음도 뒤를 이었다. 대부분 끔찍한 경험으로 심장이 약해진 것이 사인이었다. 헨리아 윌리엄스 양은 1911년 1월 2일에 심장마비로 사망했다. 세실리아 울슬리 헤이그 양도 또 다른 희생자였다. 그녀는 암흑의 금요일에 당한 폭력으로 고통스러운 병을 얻었고, 1년간 극심하게 고생하다가 1911년 12월 21일 사망했다.

영국의 참정권 운동 중에 사망하거나 평생 불구가 된 모든 여성의 명단을 발표하는 것은 불가능하다. 대부분의 경우 대중에게 알려지지 않았으며, 이 책에서 그 일들을 기록할 권리가 있다는 생각은 들지 않는다. 대중에게 잘 알려진 유명한 사건은 레이디 콘스턴스 리턴의 경우다. 그녀는 조정위원회 의장이었던 리턴 백작의 여동생이었다. 콘스턴스 리턴은 참정권 운동에 참여해서 1909년에 두 번 감옥에 갔다. 그녀는 높은 신분과 가족의 영향력 덕분에 두 번 다 특별한 혜택을 받았다. 그녀는 다른 참정권 수감자들과 같은 대우를 해달라고 항의도 하고 진지하게 호소도 했으나, 겁쟁이에 속물인 교도소 당국자들은 그녀를 의무실에 머물게 하다가 형기보다 일찍 석방했다. 그들은 그녀의 건강이 나빴기 때문이라는 이유를 댔는데, 실제로 그녀는 심장 판막에 이상이 있었다.

콘스턴스 리턴은 동료들과 차별 대우를 받는 것이 불공정하다고 괴로워하다가, 참정권 역사상 가장 영웅적인 일을 했다. 그녀는 아름다운 머리를 잘라버리고 값싸고 추레한 옷을 입은 후 제인 와턴이라는 이름으로 뉴캐슬에서 있었던 시위에 참가해 다시 한 번 체포되어 투옥되었다. 이번에는 당국자들이 그녀를 일반 죄수로 취급했다. 그녀의 심장을 점검하거나 적절한 의학적인 진단도 없이 그녀에게 끔찍한 강제 급식을 시행했다. 몸이 약한 그녀는 매번 심한 구역질로 괴로워했다. 한 번은 의사의 옷에 토사물이 묻었는데, 의사가 경멸감을 표하면서 그녀의 뺨을 때렸다. 이런 식의 대우가 계속되다가 갑자기 수감자의 정체가 알려졌다. 물론 그녀는 즉시 석방되었지만, 이때 겪은 일에서 다시는 회복되지 못했으며, 지금은 희망 없는 불구의 삶을 살고 있다(콘스턴스 리턴의 이야기는 그녀의 책 『감옥과 수감자들』에 소름끼치게 묘사되어 있다. Constance Lytton, *Prisons and Prisoners,* William Heinemann, 1914).

바깥에서 호의를 품고 이런 사건들을 바라보는 사람들은 우리가 감옥, 단식 투쟁, 강제 급식 등의 공포스러운 경험을 마다하지 않는 이유가 참정권이라는 대의를 위해 순교자가 되려는 것이라고 생각한다. 이들의 생각이 완전히 틀렸다는 것을 이 자리에서 밝히고 싶다. 우리는 순교자가 되고자 감옥에 갔던 것이 아니다. 우리는 시민권을 얻기 위해 감옥에 갔다. 남성들이 우리에게 법을 만들 수 있는 권리를 주도록 하기 위해 법을 기꺼이 어겼던 것이다. 남성들도 그런 식으로 시민권을 획득했다.

이탈리아 정치가 주세페 마치니가 말했듯이 개혁으로 가는 길은 언제나 감옥을 통한다.

1911년 총선 결과 자유당은 다시 한 번 정권을 잡았다. 의회는 1월 31일에 모임을 가졌지만, 공식적인 회기는 2월 6일에 국왕 연설과 더불어 시작되었다. 이 회기의 안건에는 상원의 거부권법, 아일랜드자치법, 의회 의원들의 수당, 복수 투표제의 폐지 등이 포함되어 있었다. 환자 보험이나 노령연금 수정안도 언급되었다. 그러나 여성 참정권은 전혀 언급되지 않았다. 그래도 운이 좋아서 조정위원회 소속 의원들이 제비뽑기에서 첫 번째 세 자리를 차지했다. 아일랜드 의원인 필립스 씨가 첫 번째 제비를 뽑았으나 아일랜드민족당은 이번 회기에 어떤 법안도 제출하지 않기로 결정했으므로, 이 제비를 조지 켐프 경에게 넘겨주었다. 조지 켐프 경은 새로운 조정법안에 대한 2차 독회를 여는 데 자신의 제비를 사용하겠다고 공표했다.

이전의 법안은 '여성 가구주에게 투표권을 주는 법안'(A Bill to Give the Vote to Women Occupiers)이라는 이름이었다. 이런 이름으로는 수정안을 만들기가 어렵다. 그래서 새로운 법안에는 보다 융통성 있게 '여성에게 의회 선거권을 부여하는 법안'(A Bill to Confer the Parliamentary Franchise on Women)이라는 이름을 붙였다. 이 법안에서는 로이드-조지 씨가 반대할 만한 조항들을 제거했다. 그리고 10파운드 이상의 집세에 대한 조항도 삭제했기 때문에, 부유한 남성이 자신의 집 일부를 딸에게 세주는 손쉬운 방법으로 투표권을 확보하는 이른바 '묶음 투표' 가능성에 대한 반대도 예방했다. 조정법안에는 이제 다음과 같은 조항이 들어가 있다.

1. 인민대표법(1884)이 규정한 의미 내에서 가구에 대한 자격을 소유한 모든 여성은 유권자로 등록할 자격이 주어진다. 그리고 유권자로 등록되면 자신에게 유권자 자격을 부여하는 건물이 위치한 자치주나 자치구에서 투표할 자격이 주어진다.

2. 이 법안의 목적에 따라, 남편과 아내가 같은 선거구에 유권자로 등록되지 않는 한 여성은 결혼을 해도 유권자 등록 자격이 없어지지 않는다.

이 법안은 첫 번째 법안보다 훨씬 더 열렬한 환영을 받았다. 원래의 법안이 진정으로 민주적이지 못하다고 생각했던 의원들도 이 법안에는 표를 던질 것 같았기 때문이다. 그럼에도 수상은 이전의 모든 참정권법안에 대해 그랬듯이 처음부터 이 법안에 반대 의사를 밝혔다. 그래서 그는 대개 개별 의원이 입안한 법률을 심사하는 시기인 부활절까지의 금요일과 모든 화요일, 수요일을 정부 발의안을 심의하는 데 쓰겠다고 선언했다. 자유당 진영에서는 이런 임의적인 결정에 대해 항의하는 목소리가 거의 나오지 않았다. 아일랜드 의원들은 이 결정이 아일랜드자치법에 유리하기 때문에 기뻐했다. 노동당원들도 만족한 듯했다. 자유당과 연합해 있던 다른 당 의원들도 무관심했다. 심지어 자유당의 평의원 한 명은 수상에게 참정권법안에 재갈을 물려서 감사하다고 했다. 야당인 보수당은 항의를 하는 체했으나, 자신들이 정권을 잡았을 경우 이 선례를 이용할 수 있다는 생각에 별로 분노를 표하지 않았다.

조지 켐프 경은 5월 5일에 조정법안의 2차 독회를 열겠다고 공표했으며, 이 법안의 지지자들도 자신들의 신념에 따라 법안 통과를 위해 작업을 시작했다. 여성사회정치연합은 애스퀴스 씨의 정부는 어쩔 수 없는 경우가 아니면 결코 법안을 통과시키지 않을 것이라고 확신했다. 그래서 우리는 이 법안에 우선권을 주겠다는 정부의 확실한 약속을 받아낼 우리 나름의 방법을 채택했다.

그해 4월에 인구조사가 이루어질 예정이었다. 우리는 여성들이 인구조사에 저항하는 운동을 조직했다. 영국은 법률에 따라 10년에 한 번씩 지정된 날짜에 전체 왕국의 인구조사가 이루어진다. 조사에 필요한 응답을 거부함으로써 통계 목적으로 쓰이는 인구조사의 가치를 떨어뜨리는 게 우리의 계획이었다. 저항에는 두 가지 방법이 있다. 가장 우선적이고 중요한 저항은 인구조사 서류 작성을 직접적으로 거부하는 것이다. 이렇게 하면 5파운드의 벌금이나 한 달간의 감옥행을 선고받게 된다. 그러므로 이런 행동은 많은 용기가 필요하다. 두 번째 저항방법은 회피, 즉 인구 계수원이 인구조사를 하는 내내 집을 비우는 것이다. 우리가 이 계획을 공표하자 여성들로부터는 환호에 찬 반응을 얻었고 보수적인 대중에게서는 경악에 찬 비난을 받았다. 《타임스》는 비난의 목소리를 주요 기사로 다루었고, 나는 이 기사에 대해서 우리의 저항의 이유를 설명하는 답변을 보냈다.

"세금 문제뿐 아니라 의회의 대표권과 관련해서, 여성이 국민으로 여겨지지 않는 한 우리는 인구조사에서 국민의 한 사람으로 포함되는 것을 거부할 것입니다."

나는 남성들이 여성의 도움 없이 여성과 어린이의 보호를 위해 제정한 법률에 대해 특히 반감을 갖고 있다. 빈민구호법 후원자로서, 그리고 출생과 사망 등기사무소의 사무관으로서 경험을 거쳐보니, 이런 법률들이 얼마나 심하게 우스울 정도로, 아니 비극적일 정도로 여성과 어린이를 보호하지 못하는지 알 수 있었다. 1906년에 로이드-조지 씨의 이름을 전 세계적으로 유명하게 만들었던 '어린이헌장'을 예로 들어보자. 이 법률의 목적은 어린이들의 삶을 보호하고 향상시키는 것이지만, 실제로 이 법률이 실수투성이이고 잔인하다는 점에 대해서는 책 한권을 써도 모자랄 지경이다. 이 법안의 분명한 특징은 이 법안이 아이 양육을 소홀히 한 책임을 대부분 어머니에게만 지운다는 점이다. 어머니는 영국법 아래에서 부모로서의 어떤 권리도 부여받지 못하는 상황인데도 말이다. 이 무렵에 매우 인상에 남는 몇 가지 사건이 있었고, 그 사건들 때문에 인구조사에 대한 저항은 더욱더 정당해졌다.

애니 울모어의 경우는 매우 가엾은 일이었다. 그녀는 아이들을 잘 돌보지 않은 죄로 체포되어 6주간 홀로웨이 교도소에 수감되었다. 이 여성은 아주 처참한 상태의 오두막에서 남편과 아이들과 함께 살았다. 이 오두막은 집 안에 수도가 있었더라도 청소하기가 거의 불가능한 상황이었다. 그런데 건강도 나쁘고 제대로 먹지도 못한 불쌍한 그 여성은 먼 거리를 가서 물을 지고

와야만 했다. 집도 그렇고 아이들도 매우 더러웠다는 것은 사실이다. 그러나 아이들은 영양 상태가 좋았고, 따뜻한 보살핌을 받았다. 노동자였던 그녀의 남편은 오랫동안 실직 상태였는데, 그는 아이들을 먹이려고 아내가 굶었다고 증언했다. 그런데도 그녀는 어린이헌장의 조항을 위배했다는 이유로 감옥에 간 것이다. 참정권 운동가들의 노력으로 그녀가 사면을 받고 조금 나은 집에서 살 수 있게 되었다는 말을 전할 수 있어서 기쁘다.

  헬렌 콘로이의 경우도 있다. 그녀는 끔찍한 상태의 방 한 칸에서 남편과 일곱 아이와 함께 살고 있었다. 일곱 아이 중 막내는 태어난 지 겨우 한 달밖에 안 된 갓난아이였다. 어린이헌장은 어머니가 밤새 아이를 같은 침대에서 데리고 자는 것을 금지했다. 그렇지만 그녀는 다른 죄와 더불어 아기를 축축한 짚을 깐 상자에 재웠다는 이유로도 벌을 받았다. 그녀도 물론 요람이나 마른 짚 위에 아이를 재우고 싶었을 것이다. 그러나 극심하게 가난했기 때문에 요람은 꿈도 못 꾸었고, 살고 있는 방의 습기 때문에 짚이 축축했던 것이다. 이 사건의 경우 부모가 둘 다 3개월의 수감과 강제 노동을 선고받았다. 치안판사는 이 가엾은 사람들이 살았던 집이 이미 2년 전에 사람이 제대로 살 수 없는 상태라는 판정을 받았다고 무심하게 말했다. 그런데도 존경받는 시민인 집주인은 여전히 집세를 받고 있었던 것이다.

또 다른 가엾은 어머니는 집세를 낼 수 없어서 살던 집에서 쫓겨나 네 아이를 데리고 밖에서 잠을 자야 했다. 그녀는 채굴장에서 아이들과 잠을 자다 발각되어 한 달간 수감되었고, 아이들은 빈민구호소로 보내졌다.

이 불쌍한 어머니들은 여성의 예속이 낳는 당연한 결과를 보여주고 있으며, 여성들이 자신들의 운명을 자유롭게 결정할 권리를 주지 않는 정부에 대한 저항을 정당화해준다. 4월 1일까지도 수상은 여성 참정권에 대해 어떤 약속도 해주지 않았으므로 우리는 인구조사에 대한 저항을 수행했고, 결과는 매우 성공적이었다. 전국적으로 수천 명의 여성이 인구조사서 회신을 거부하거나 회피했다. 나는 인구조사서에 '투표권 없이 인구조사 없다'라고 써서 돌려보냈다. 다른 여성들도 비슷한 메시지를 써서 내 본보기를 따랐다. 한 여성은 인구조사서에 한 명의 남자 하인에 대한 정보만 빼곡히 채워넣고 나서, 집에 여성들은 많지만 이들은 사람으로 여겨지지 않으므로 인구조사서에 써 넣을 수 없다고 썼다. 버밍엄에서는 열여섯 명의 부유한 여성이 인구조사에 저항하는 사람들에게 자기 집을 제공했다. 그들은 바닥, 의자, 테이블 위에서 잠을 잤고, 심지어는 욕실에서도 잠을 잤다. 어떤 큰 대학의 학장은 학교 건물을 300명의 여성에게 빌려 주었다. 다른 도시의 많은 여성이 집에 머물러 있지 않으려는 친구들을 위해 밤샘 파티를 열었다. 어떤 곳에서는 인구조사 거부자들을 위해 빈 집을 빌렸다. 그들은 아무것도 깔지 않은 판자 위에서 잠을 잤다. 심지어 어떤 여성들은 집시 마차를 빌려 황야에서 밤을 보내기도 했다.

런던에서는 인구조사를 하던 날 밤에 퀸즈홀에서 대규모 콘서트를 열었다. 우리는 자정까지 트라팔가 광장을 걸어다니다가 올드위치 스케이트장으로 가서 아침까지 즐겼다. 어떤 이는 스케이트를 타고, 다른 사람들은 구경을 하고, 그리고 모두 훌륭한 음악과 연극을 보며 시간을 보냈다. 우리는 연극계의 가장 뛰어난 스타들과 함께 시간을 보냈는데, 그들은 매우 너그럽게 재능기부를 해주었다. 일요일 밤이었으므로, 의장은 예술가들에게 노래나 다른 공연보다 '연설'을 해달라고 부탁했다. 근처의 심야식당은 밤새도록 장사가 잘 되었으며, 인구조사 거부자들은 즐겁게 시간을 보냈다. 스칼라 극장에서도 또 다른 밤샘 파티가 있었다.

정부가 여성들의 반란에 대해 어떤 벌을 생각해낼지는 많은 이의 관심사였으나, 정부 역시 처벌을 내리는 것이 불가능하다는 걸 깨달았다. 지방자치위원회의 수장으로서 인구조사에 대한 책임을 맡고 있던 존 번스 씨는 인구조사 회피자의 수는 별반 많지 않았다고 선언하며, 관대하게 그냥 넘어가기로 했다고 공표했다. 그러나 모든 사람은 회피자의 수에 관한 그의 말이 사실이 아니라는 것을 알고 있었다.

조정법안은 5월 5일에 심의에 붙여졌고, 137표라는 어마어마한 차이로 2차 독회를 통과했다. 이제 대중과 일부 언론은 한목소리로 정부가 하원의 분명한 의지를 받아들여 이 법안에 우선권을 부여하라고 강하게 요구했다. 조정위원회는 의원들로 이루어진 대표단을 수상에게 보내, 그가 선거 전에 하원에서 여성 참정권 문제를 전체적으로 다룰 기회를 갖겠다고 공약한 점을 상기시켰다. 그러나 수상은 이 문제를 고려 사항에 넣겠다는 답변만 했다. 5월 하순에 정부는 이번 회기에는 조정법안에 우선권을 부여하지 않겠다는 답변을 하원에서 공표했다. 그러나 정부는 또한 이 새로운 법안이 수상이 요구한 조건을 갖추어서 이제는 수정안을 만드는 것이 가능하게 되었기 때문에 현 의회에서 앞으로 열릴 회기에 이 법안에 우선권을 부여하는 것을 의무라고 인식한다고도 덧붙였다. 다음 회기에서 제비뽑기에서 좋은 기회를 얻거나, 이런 기회가 주어지지 않을 경우 정부는 이 법안에 일주일의 시간을 부여해 다시 한 번 심의에 부칠 것이라고 공표했다. 일주일이라는 기간은 이 법안의 지지자들이 법안을 다음 단계로 끌고 가는 데 합리적인 시간이라고 제안했던 기간이다.

이 공약이 이루어진 이유는 여성사회정치연합이 국왕의 대관식 때 전투적인 시위를 벌이는 것을 미연에 방지하기 위해서였다.

키어 하디 씨는 정부가 심의 종결을 통해서든 다른 방법으로든 일주일 안에 이 법안을 통과시킨다는 확답을 줄 수 있는지 물었다. 수상은 "그런 종류의 확답은 줄 수 없습니다. 이 문제는 매우 중대한 문제니까요"라고 대답했다.

이 대답은 정부의 공약을 아무짝에도 쓸모없는 것으로 만드는 듯했다. 조정위원회는 이 법안이 심의 과정에서 다시 한 번 밀려날 가능성이 있다는 것을 깨닫고, 애스퀴스 씨에게 편지를 써서 학술적인 논의 차원이 아니라 실제로 이 법안을 통과시키는 데 효과적인 기회를 주는 쪽으로 정부의 우선권을 달라고 요청했다. 그는 또한 법안이 위원회 단계를 주어진 1주일 안에 통과한다면, 보고 및 3차 독회 단계를 위해 며칠을 더 달라고 요청했다. 토론을 종결한 뒤 표결에 부칠 합리적인 기회 역시 요청했다. 리턴 경의 편지에 수상은 다음과 같이 답했다.

> 여성참정권법안이라는 주제에 관한 당신 편지에 대한 답변
> 으로는 에드워드 그레이 경이 전국자유당클럽에서 최근에
> 행한 연설 내용을 보시면 됩니다. 그 연설은 정부의 의도를
> 정확하게 표현하고 있습니다.
>
> 당신이 질문한 내용에 대해 답변을 드리자면 참정권법
> 안에 부여된 '1주일'은 합리적인 범위 내에서 탄력적으로 해
> 석할 수 있을 것이며, 정부는 토론 종결과 표결을 가로막지
> 않을 것이고, 당신이 제안한 대로 법안이 정해진 시간 안에
> 위원회를 통과할 경우 보고와 3차 독회 단계를 위한 여분의
> 시간을 거부하지 않을 것입니다.
>
> 정부는 이 법안이 갖는 장점에 대해서는 의견이 갈려
> 있지만 지난 총선 전에 우선권을 준다고 했던 약속을 표면
> 상으로뿐 아니라 내용 면에서도 지킬 것이라는 결심에 있어
> 서는 한마음입니다.
>
> H. H. 애스퀴스

여성사회정치연합은 지금까지는 내년에 이 법안에 우선권을 주겠다는 정부의 약속에 대해서 매우 회의적이었지만, 지금은 그 약속의 진실성을 믿게 되었다. 우리는 퀸즈홀에서 유쾌한 대중 집회를 열었고, 나는 다시 한 번 정부와의 전쟁 종식을 선포했다. 우리는 1912년에 확실하게 승리를 얻을 수 있도록 명절 기간 동안 대대적인 캠페인을 시작했다. 유권자들을 일깨우고, 의원들이 이 법안에 전념하도록 애를 써야 했다. 이 나라의 사회복지에 큰 영향을 줄 문제들을 알리려면 여성들이 조직되어야 했다. 나는 스코틀랜드와 웨일스에서 명절 기간 동안 작업을 하기로 했다.

대중들도 우리의 확신을 함께 공유했다. 《네이션》지에 실린 주요 기사는 애스퀴스 씨의 공약에 대한 믿음을 다음과 같이 정확하게 표현하고 있다. "지난 토요일 신문에 수상이 리턴 경에게 보낸 솔직하고 관대한 편지가 실린 시점부터 여성들은 법적인 형식을 아직 갖추지 않았을 뿐, 이미 투표권자이자 시민으로 등극했다. 적어도 지난 2년간 하원은 완전하고 공정한 기회만 주어졌다면 이미 자신의 신념을 성문화했을 것이다. 수상은 다음 회기에 그 공정한 기회를 주기로 약속했고, 그 공약의 조건을 보면 이 법안의 성공은 확실하다."

우리가 두려워하는 유일한 것은 그 법안을 망칠 수정안이었다. 그래서 조정위원회가 이 법안을 통과시킬 수 있도록 지지하는 동시에, 위원회가 위험하다고 생각하는 수정안에 반대를 표명하기 위해서, 이 공약을 거부하는 모든 정당 후보의 낙선운동을 새로운 보궐선거 정책으로 채택했다. 우리는 모든 재앙의 가능성을 다 알고 있다고 생각했다. 그러나 애스퀴스 내각의 배신과 그들의 새빨간 거짓말에 대해서는 아직도 배울 것이 남아 있었다.

로이드-조지 씨는 처음부터 이 법안에 관한 한 공공연한 적이었다. 그러나 우리는 수상의 진정성을 의심하지 않았으므로, 로이드-조지 씨가 정부의 주요 정책과 거리를 두면서 법안 반대파의 선두가 되었다는 결론을 내렸다. 대규모 자유당 회합에서 로이드-조지 씨는 다음 회기에서 수상의 우선권에 대한 약속을 얻을 수 있을 만한 더 '민주적인 법안'에 투표하도록 자유당 의원들을 설득했다. 다른 연설에서는 또 다른 참정권법안을 제출할 가능성을 에둘러서 암시했다. 그 자신은 모든 유권자의 아내에게 투표권을 주는 법안을 생각하고 있었다. 즉, 남편의 선거권 자격에 맞추어 아내에게 투표권을 주자는 것이었다. 물론 그런 수정안은 조정법안을 좌절시킬 것이다. 이런 법안은 조정법안이 원래 의도했던 대로 150만 명의 여성보다 600만 명이나 더 많은 여성에게 투표권을 부여할 것이기 때문이다. 이런 식으로 한꺼번에 많은 유권자가 생긴 일은 영국 역사에서는 없었다. 1832년의 선거법개정은 기껏해야 50만 명에게 선거권을 부여했다. 1867년의 선거법개정은 100만 명에게 새로이 선거권을 부여했으며, 1884년에는 아마 약 200만 명의 새로운 유권자를 만들었을 것이다.

로이드-조지 씨의 제안은 너무나 터무니없어서 우리는 그것을 진지하게 받아들이지도 않았다. 8월에 웨일스 지방 출신 의원인 리프 존스 씨가 하원에서 수상에게 다음 회기의 우선권 공약이 단지 조정법안만을 위한 것이라고 주장된다는 점을 알고 있는지 질문했다. 그는 또한 다른 참정권법안이 2차 독회를 거쳐 수정 가능하다면 그 법안에도 똑같이 우선권을 주도록 공식적인 약속을 할 수 있는지 물었다. 로이드-조지 씨가 정부를 대신해서 답변했다. 그는 우선권은 한 주제에 대해서 한 가지 법안에만 부여할 수 있지만, 여러 조건을 만족시키는 어떤 법안이 2차 독회까지 상정되면 그 법안을 적극적으로 고려할 수 있다는 답변을 주었다. 이런 일이 있고 난 다음에야 우리는 로이드-조지 씨의 반대를 심각하게 받아들이기 시작했다.

신성한 약속을 이런 식으로 뻔뻔하게 회피하는 것을 보고 놀란 리턴 경은 다시 수상에게 편지를 썼다. 그는 모든 문제를 다시 검토하면서 정부의 의도를 발표하는 또 하나의 성명을 내달라고 요청했다. 애스퀴스 씨는 다음과 같이 답했다.

친애하는 리턴,
조정법안에 우선권을 주는 문제에 관해 정부에 의해서 그리고 정부를 대신해서 했던 공약은 표면상으로도 내용상으로도 반드시 지켜질 것이라는 것을 주저 없이 말씀드릴 수 있습니다.

1911년 8월 23일
H. H. 애스퀴스

우리는 다시 한 번 안심했고, 로이드-조지 씨가 그 법안에 우선권을 부여할 것이라는 공약이 완전히 허상이라는 암시를 자주 했는데도, 수상의 공약에 대한 믿음은 우리가 캠페인을 벌이는 내내 흔들리지 않았다. 우리는 로이드-조지 씨를 믿을 수 없었다. 그래서 두 달 후 미국에서 "영국 여성들은 언제 투표권을 얻게 됩니까?"라는 질문을 받았을 때 나는 확신에 가득 차서 대답했다. "내년에 얻게 됩니다." 1911년 켄터키 주 루이빌에서 열린 북미여성참정권협회(the National American Woman Suffrage Association)의 연례회의에 참석했을 때의 일이었다.

나의 세 번째 미국 방문은 특별히 즐거웠다. 나는 뉴욕에 사는 존 윈터스 브래넌 박사 부부의 집에 머물고 있었다. 그리고 뉴욕 시의 모든 병원을 관장하고 있던 브래넌 박사 덕분에 미국의 형벌 체계와 감옥 생활을 볼 수 있었다. 나는 블랙웰 섬의 빈민구호소와 형무소를 방문했다. 이런 곳이 모범적인 기관이라고 볼 수 없다는 말을 들었지만, 미국의 기관들은 정치적 자유를 얻으려 했다는 죄목으로 여성들을 가두는 영국 감옥보다는 훨씬 낫다는 것을 나는 독자들에게 확실히 말해줄 수 있다. 미국의 감옥 역시 많은 것이 부족했지만, 독방은 없었고, 침묵의 규칙도 없었으며, 치명적인 관료주의도 없었다. 음식도 괜찮고 다양했으며, 무엇보다도 관리자와 수감자 사이의 친절하고 우호적인 분위기는 영국 감옥에서는 거의 찾아볼 수 없는 것이었다.

그러나 다른 나라에서와 마찬가지로 미국에서도 투표권이 없는 여성과 국가 사이의 관계는 해결되지 않고 있고, 만족스럽지 못한 상태로 남아 있다. 어느 날 밤 친구들은 여성을 위한 야간법정(the Night Court for Women)으로 나를 데리고 갔다. 그곳은 음울하고 끔찍했다. 우리는 치안판사와 함께 벤치에 앉아 있었고, 그는 모든 것을 친절하게 설명해주었다. 모든 상황이 가슴 아팠다. 술주정으로 잡혀 들어온 한 여성만 제외하고 모든 여성이 길거리에서 남자 손님을 유혹했다는 죄목이었다. 대부분은 본성상 흥분하기 쉬운 성격에다, 처한 상황도 절망적인 듯했다. 그들이 나쁜 체제의 희생양이라는 것은 확실했지만, 유죄판결이라는 결론은 이미 나 있었다.

치안판사는 이 여성들이 그곳에 오는 이유는 대부분 경제적인 것이라고 설명했다. 담배 공장에서 일하는 어떤 어린 여성은 일이 없을 때만 거리로 나선다고 했다. 일이 있을 때는 일주일에 8달러를 번다고 했다. 비극적이고 측은한 일이었다. 그 이후 연설할 때마다 야간법정 이야기를 빼놓지 않았다. 여성의 삶에 가해지는 끔찍한 불의가 이곳에 그대로 드러나 있는 듯했다.

이번에 미국을 방문했을 때는 태평양 연안까지 갔다. 시애틀에서 크리스마스를 보냈고, 남성과 여성이 완전히 평등한 공동체를 처음으로 보았다. 매우 즐거운 경험이었다. 나는 우리 회원들에게 보낸 편지에서 미국 서부의 남성들은 거대한 공동체를 매우 빨리 건설했지만, 내 눈에는 그들이 진지하고 열의 있고 꾸밈 없고 소박한 사람들로 보인다고 썼다. 그리고 1910년에 여성에게 참정권을 부여한 워싱턴 주에서만큼 여성에게 존경과 예의와 기사도 정신을 보여준 곳을 본 적이 없다고 덧붙였다.

사실 나는 지금 이야기를 너무 앞서 나가고 있다. 내가 미니애폴리스에 가 있던 그해 11월에 영국 참정권론자들에게 끔찍한 타격이 되는 일이 발생했다. 나는 무선 전신으로 보내온 신문 기사와 개인적인 전보를 통해 이 일에 대해 알고 나서 너무 놀란 나머지 사람들을 만나러 나갈 수도 없을 지경이었다. 그 뉴스는 정부가 공약을 깨고 고의로 조정법안을 좌절시켰다는 것이었다. 이 배신 행위를 듣고 처음 든 생각은 당장 모든 약속을 취소하고 영국으로 돌아가는 것이었다. 그러나 결국 미국에 남아 있기로 결정했고, 이것이 잘한 결정이었음을 나중에 알게 되었다. 왜냐하면 영국에 있던 여성들이 한 순간도 지체하지 않고 우리 연합의 특징인 통찰력을 발휘해 정부에 타격을 가하는 행동에 돌입했다는 것을 알게 되었기 때문이다. 나는 1912년 1월 11일에서야 영국으로 돌아갔다. 그리고 이때쯤에는 중요한 활동이 이미 이루어지고 있었다. 우리의 운동은 더욱 새롭고 왕성한 전투의 양상을 띠게 되었던 것이다.

3부

여성 혁명

1

가장 전통적인 시위 방법

***

1911년 10월 25일 의회가 재소집되었다. 정부 쪽의 첫 움직임은 조금도 과장하지 않고 보더라도 상당히 불길했다. 수상은 두 가지 사항을 제안했다. 첫 번째 제안은 의회가 남은 회기 내의 모든 시간을 마음대로 쓸 수 있도록 하는 것이었다. 그리고 두 번째 제안은 크리스마스 이전에 보험에 관한 법률을 강제로 시행하기 위해 보험법안에 대한 토론을 종결하는 것이었다. 문제는 보험법안에서 여성과 관련한 조항을 다루는 데 단 하루만이 할당된 것이었다. 그 조항이 불공정한 것은 주지의 사실이었다. 이 조항은 약 400만 명에 이르는 여성에게 건강보험을 제공하지만, 여성의 실업보험은 전혀 포함되지 않았다. 이 법안에 따르면 1100만 명의 남성이 발병했을 때 보험 보장을 받을 수 있으며, 약 250만 명의 남성은 해고되었을 때 실업보험 보장을 받을 수 있었다. 그러나 여성은 같은 보험료를 내더라도 남성에 비해 더 낮은 혜택을 받으며, 가족 전원이 벌어들인 수입에서 보험료를 납부해도 혜택은 남성에게만 돌아갔다. 제출된 보험법안에는 가족을 위해 집에서 일하는 부인과 어머니와 딸 들을 위한 보험이 어떤 형태로든 포함되지 않았다. 비록 대부분의 남성이 집이야말로 여성의 활동에 적합한 유일한 공간이라고 여겼지만, 이 법안은 집에 머무르는 여성에게 매우 불리했다. 산모와 노동자의 아내가 얼마 되지 않는 혜택이라도 받을 수 있도록 수정된 보험법안이 훗날 상당히 까다로운 조건을 달고 어렵게 제출되었다.

재선출된 정부가 여성에 대해 처음으로 보여준 것은 경멸이었다. 그리고 11월 7일에 정부는 다음 회기에 남성 참정권 법안을 제출하겠다는 거의 믿을 수 없는 선언을 했다. 이 선언은 하원에서 이루어진 것이 아니라, 국민참정권연맹(People's Suffrage Federation) 소속의 대표단들을 향한 것이었다. 이들은 보편적인 성인 참정권을 옹호하는 작은 집단이었다. 매우 사적으로 조직된 이 대표단은 애스퀴스 씨와 자유당 원내 총무인 엘리뱅크 자작과 만났다. 이 연맹의 대변인은 애스퀴스 씨에게 성인 여성을 포함한 보편적인 성인 참정권을 위한 정부 법안을 제출할 것을 요구했다. 정부는 조정법안을 우선적으로 처리할 것을 이미 약속했으며, 정부가 여성 참정권을 위해 할 수 있는 일은 여기까지라고 수상은 답변했다. 그러나 정부는 다음 회기에 진정한 개혁법안을 도입할 것이고, 그 법안이 모든 필요한 단계를 통과시키려 한다고 덧붙였다. 이 개혁법안은 참정권을 위한 기존의 자격 조건을 일소하고, 거주지 자격만을 유일한 자격 조건으로 할 것이라고 설명했다. 이 법안은 성인 남성에게만 적용될 것이지만, 만일 하원이 그 범위와 수정을 요구할 경우, 여성 참정권을 포함하는 수정조항을 수용할 수 있도록 틀을 짤 것이라고 했다.

이 불길한 선언은 청천벽력 같았다. 여성을 배반한 정부에 대해 강력한 비난이 일었다. 《새터데이 리뷰》에는 다음과 같은 기사가 실렸다.

더 많은 남성에게 투표권을 주어야 한다는 요구가 전혀 없었음에도, 그리고 사소한 반대를 모두 넘어 여성에게 투표권을 주어야 한다는 더 강력한 요구가 있었음에도, 정부는 남성보통선거권법안(Manhood Suffrage Bill)을 공표했고, 다른 문제를 조심스럽게 회피했다! 게리맨더링하려는 노골적이고 공공연한 계획으로 따지자면, 어떤 역대 정부도 이 정부를 능가할 수 없다는 점은 확실하다.

여기에 대해 《데일리 메일》은 "애스퀴스 씨가 제안한 정책은 변명의 여지가 없다"고 보도했다. 《이브닝 스탠더드》와 《글로브》에도 '우리가 여성 참정권을 옹호하는 것은 아니지만, 정부가 지금 취하는 것만큼 경멸스러운 태도는 상상하기 어렵다'는 내용이 실렸다.

혹시라도 정부가 여성 참정권 수정조항이 의회를 통과할 수 있을 것이라는 가능성을 암시하는 부정직한 방법을 써서 누구라도 속일 수 있다고 생각했다면, 그것은 오산이었다. 《이브닝 뉴스》는 다음과 같이 썼다.

애스퀴스 수상의 폭탄은 조정법안을 산산조각 낼 것이다. 모든 남성에게 보통선거권을 부여하면서 여성 선거권에만 재산 자격 제한을 두는 것은 불가능하기 때문이다. 수상이 여성 참정권 문제를 하원에 맡기기로 동의한 것은 사실이다. 그러나 하원이 어떤 결정을 내릴지 그는 이미 잘 알고 있다. 조정법안이라면 하원에서 통과될 기회가 있지만, 조정법안보다 더 포괄적인 선거권 부여 내용을 담은 법안이 통과될 가능성은 전혀 없다.

나는 주요 신문들이 정부의 조처에 대해 우리와 같은 의견을 갖고 있다는 것을 보여주기 위해서 신문에 실린 기사를 몇 편 인용했다. 여성이 남성보다 100만 명이나 더 많은 이 나라에서 지금의 국민들이 살아 있는 동안은 보편적인 참정권이 실현되지 않을지도 모르겠다는 불길한 예감이 든다. 어쨌든 정부가 제안한 포괄적인 수정조항이란 참정권론자들에게는 말도 안 되는 모욕과 다름없었다.

따라서 휴전은 급작스럽게 끝나고 말았다. 여성사회정치연합은 수상에게 편지를 보내 우리가 정부의 선언에 경악했으며, 우리 대표단을 11월 21일 저녁에 보내기로 결정했으니, 수상과 재무장관은 그들을 접견해달라고 요구했다. 대표단은 새롭게 제안된 남성참정권법안을 폐기하고, 대신 남성과 동등한 자격의 선거권을 여성에게 주는 법안을 정부가 제출하도록 요구했다. 그리고 비슷한 내용의 편지를 로이드-조지 씨에게도 발송했다.

여성사회정치연합은 이런 문제가 일어나기 전에 여섯 번이나 애스퀴스 씨와 면담을 요구했으나 매번 거절당했다. 수상은 이번에 우리가 보낸 편지에 대해서 '만일 원한다면, 여러분의 단체를 포함해' 다양한 참정권 단체의 대표단을 11월 17일에 만나겠다고 대답했다. 각각의 단체는 네 명으로 구성된 대표단을 보낼 수 있으며, 수상과 재무장관이 이들을 만날 것이라고 했다.

아홉 개의 참정권 단체가 이 회의에 대표단을 보냈으며, 우리 연합의 대표단은 크리스타벨 팽크허스트, 페식 로런스 부인, 애니 케니 양, 레이디 콘스턴스 리턴과 엘리자베스 로빈스 양으로 이루어졌다. 크리스타벨과 로런스 부인이 연합을 대표해 발언하면서 수상과 재무장관 면전에 대고 그들이 여성을 엄청나게 속이고 오해하게 만들었다고 맹렬하게 비난했다. 애스퀴스 씨는 대표단이 던진 질문에 답변하면서, 이러한 힐난에 분노를 표했다.

그는 자신이 조정법안에 관한 약속을 지켰다고 주장했다. 만일 여성들이 그의 개혁법안보다 조정법안을 선호한다면. 그는 기꺼이 조정법안이 우선 처리되도록 할 수 있다고 말했다. 덧붙여, 그는 자신은 어떤 새로운 선언도 한 적이 없다고 주장했다. 그는 이미 1908년에, 의회 폐회 전에 정부가 남성 참정권을 제출하는 것을 신성한 의무로 여기고 있다고 자신이 분명하게 선언했다는 사실을 언급했다. 정부가 그 의무를 실행하지 않은 것은 사실이며, 지금까지 정부가 남성 참정권에 대해 언급하지 않은 것도 사실이다. 그렇지만 상원의 거부권 문제로 그 법안이 잠시 밀려나서 그런 상황이 생긴 것이므로, 이는 정부의 잘못이 아니라고도 주장했다. 이제 그는 1908년에 했던 약속을 지킬 것이며, 또한 조정법안을 우선 처리할 수 있는 편의를 주겠다는 약속도 지키겠다고 제안했다. 그는 이 두 가지 약속을 지킬 준비가 되어 있다고 말했다. 그러나 이 약속들은 서로 양립할 수 없는 것이어서, 이 두 약속을 지키는 것이 불가능하다는 것을 그도 잘 알고 있었다. 크리스타벨은 매우 퉁명스럽게 그리고 두려움 없이 "우리는 만족할 수 없다"고 말했고, 수상은 "내가 당신을 만족시켰을 거라고 기대하지는 않는다"고 신랄하게 대답했다.

여성사회정치연합은 이 상황에 즉각적이고 강력하게 대응했다. 페식 로런스 부인의 지휘하에, 우리 여성들은 돌과 망치를 들고 가서 내무부, 외교 및 국방부, 교육부, 추밀원, 통상부, 재무부, 중앙호적등기소, 전국자유당클럽, 우체국, 화이트홀 궁전의 연회장, 런던 사우스웨스턴 은행, 홀데인 경과 존 번스 씨의 집을 포함한 십수 채에 이르는 건물의 유리창 수백 장을 깨뜨렸다. 이것으로 약 220명의 여성이 체포되었고, 그중에서 150명이 1주일에서 2달 정도 감옥에 투옥되었다.

　이런 와중에 일어났던 한 건의 시위는 그 예언적인 성격 때문에 언급할 필요가 있다. 그해 12월에 에밀리 와일딩 데이비슨 양이 팔리아먼트 가에 있는 우체국의 우체통에 불을 지르려다 체포되었다. 법정에서 데이비슨 양은 정부의 배신에 대한 항의로서, 그리고 여성의 참정권 문제를 국왕 연설에 포함시킬 것을 요구한다는 뜻으로 방화를 시도했다고 주장했다. 데이비슨 양은 이 일로 인해 6개월의 수감을 선고받았다.

　"우리의 항의는 심각한 의미를 갖고 있습니다. 그래서 저는 심각한 방식을 선택했습니다. 개혁을 위한 과거의 시위를 보면 창문을 깨뜨린 다음 단계는 방화였습니다. 우체통 방화는 개혁이라는 문제가 여성의 문제만이 아니라 온 국민의 문제이기도 하다는 사실에 국민 개개인이 관심을 갖게 하기 위해 선택한 방법이었습니다."

　내가 미국 일정을 마치고 돌아왔을 때 이런 일들이 일어나고 있었다. 이전에 감옥에 갔던 동지들보다 지금 감옥에 갇힌 동지들이 좀 더 나은 대우를 받고 있다는 것에 나는 약간의 위안을 얻었다. 1910년 초 이래로 정부는 우리가 법률을 위반하는 것에 정치적인 면이 있다는 것을 인정하고, 우리에게 약간의 특권을 허락했다. 우리가 실현하려는 정의에 대해 인정받아 짧은 기간 동안이라도 사소한 특권을 허락받을 수 있었다. 그래서 우리는 단식 투쟁을 하지 않았고, 따라서 가장 끔찍한 공포인 강제 급식도 감옥에서 사라졌다. 그러나 상황은 여전히 나빴으며, 앞으로 더 나빠질 것이라는 점을 쉽게 알 수 있었다. 우리는 의원들이 여성 참정권 문제를 아무리 진지하게 받아들인다 하더라도, 그들의 단순한 동정은 더 이상 아무런 쓸모가 없다고 생각하게 되었다. 영국으로 돌아온 뒤에 첫 연설을 할 때 우리 회원들에게 이러한 점을 상기시키면서 더 많은 행동을 할 준비를 해달라고 부탁했다. 만일 국왕 연설에 여성 참정권이 포함되지 않는다면, 정부가 참정권 문제를 건드리는 것조차 완전히 불가능하게 만들어야만 했다.

1912년 2월 의회가 소집되었을 때, 국왕 연설은 일반적인 참정권 문제를 포함하고 있었다. 이 연설에는 참정권과 유권자 등록과 관련한 법 개정안이 제출될 것이라는 언급이 있었다. 이는 정부가 남성 보통선거권에 관한 법안을 제출하거나, 혹은 남성 보통선거권에 대한 대체법안으로 제안된 적이 있었던 복수 투표제 폐지법안을 제출한다는 것을 의미했다. 정부의 의도가 무엇인지 정확하게 언급되지 않았기에 참정권 문제는 전체적으로 불확실한 상황이었다. 조정위원회의 연합과 소속이었던 애그 가드너 씨는 법안을 제출할 순서를 정하는 투표에서 3순위를 차지했는데, 그는 조정법안을 다시 제출하겠다고 선언했다. 그러나 우리는 이 사실에 별 관심을 두지 않았다. 조정법안이 성공할 가능성이 전혀 없다는 것을 잘 알고 있었으므로, 그 법안을 영원히 잊기로 했기 때문이다. 정부가 발의하는 법안 이외에는 어떤 법안도 우리를 만족시킬 수 없었다. 왜냐하면 정부 법안만이 하원 통과가 허용될 수 있다는 점이 분명하게 증명되었기 때문이다. 여성자유당연맹과 전국여성참정권협회연합은 여전히 신성한 신념을 붙들고 있었거나, 정치적인 통찰력이 한탄스러울 정도로 없었기 때문에 남성참정권법안에 대한 수정안을 전적으로 신뢰한다고 선언했다. 그러나 우리는 그 희망이 얼마나 쓸모없는 것인지 잘 알고 있었다. 우리는 남성과 여성의 동등한 참정권을 핵심으로 하지 않는 참정권법안은 확고하게 반대해야 한다는 것을 깨달았다.

2월 16일에는 지난 11월에 발생한 창문 깨뜨리기 시위 때문에 두세 달 동안 감옥에 투옥되었던 동지들이 풀려난 것을 기넘하는 큰 행사를 열었다. 이 모임에서 우리는 솔직하게 상황을 검토했고 정부가 위험에 직면한 자신들의 참정권법안을 더 진전시키지 못하게 할 만큼 강력한 행동을 취하기로 결의했다. 나는 이날 다음과 같은 연설을 했다.

"우리는 불필요하게 강력한 무기를 사용하길 원치 않습니다. 공식적인 정치적 주장을 위해서 오랫동안 사용되었던 돌멩이를 쓰는 방법만으로 충분하다면 우리는 그보다 더 강력한 방법으로 논쟁을 하지는 않을 것입니다. 우리는 이제 돌멩이라는 무기를 사용해 우리 의견을 주장할 것입니다. 나는 시위에 참여할 모든 자원자에게 '논쟁의 방법으로 돌멩이를 사용할 준비를 하라'고 말하고자 합니다. 나는 이 시위를 지휘할 것이고, 돌멩이야말로 내가 사용하려는 논쟁 방식입니다. 내가 돌을 사용하려는 이유는 감정적인 이유 때문이 아닙니다. 돌멩이야말로 가장 쉽고 직접적으로 이해시킬 수 있는 방법이기 때문입니다. 돌을 던지는 것이 더 효과적인데, 왜 여성들이 의회 광장에 가서 매를 맞고 욕을 먹어야 합니까? 우리는 의회 광장으로 행진하는 일을 오랫동안 시도했습니다. 우리는 수년 동안 계속된 모욕과 공격을 인내심을 갖고 견뎠습니다. 우리 여성들의 건강은 손상되었고, 목숨을 잃기도 했습니다. 이런 행진이 성공했다면 이렇게까지 마음이 아프지는 않을 것입니다. 그러나 그 전략은 성공하지 못했습니다. 우리 몸을 다치면서 싸울 때보다 유리창을 깨면서 싸울 때 더 많은 진보를 이뤄냈습니다.

결국, 여성의 삶이나 여성의 건강이나 여성의 몸뚱이가 유리창보다 더 귀중하지 않은가요? 이것은 의심의 여지가 없습니다. 그러나 무엇보다 중요한 것은 창문을 깨뜨리는 것이 정부에 더욱 큰 효과를 발휘할 것이라는 점입니다. 만일 전투에 나가 싸워야 한다면, 상황에 따라 무기를 선택해야 할 것입니다. 이번에 돌멩이로 충분하다면, 우린 돌멩이로 싸울 것입니다. 우리는 중국 여인들이 그랬던 것처럼 무장할 필요는 없다고 생각합니다. 그러나 만일 무장을 해야 한다면, 우리 여성들은 그렇게 할 준비가 되어 있습니다. 여성사회정치연합의 회원들은 결코 이성을 잃은 것이 아닙니다. 우리는 이기기 위해서 해야만 하는 일을 할 뿐입니다. 그리고 오늘 밤 우리가 경의를 표하는 동지들에 의해 시작된 캠페인 계획이 다음번에는 효과를 볼 것이라고 굳게 믿으면서 다음 시위와 더불어 앞으로 나아갈 것입니다."

투쟁이 재산에 피해를 입히는 형태를 띤 이래로, 국내외의 일반 대중은 창문을 깨뜨리거나 우체통에 방화하는 행동이 투표와 어떤 논리적인 관계를 갖는지에 대해 호기심을 보였다. 그런 호기심은 그들이 역사에 대한 지식이 전혀 없다는 것을 보여줄 뿐이다. 인간의 정치적 진보는 언제나 폭력과 재산 파괴 행위와 더불어서만 가능했기 때문이다. 대개 진보는 전쟁을 통해 이루어졌으며, 이 전쟁은 영광스러운 것으로 여겨졌다. 그리고 진보는 종종 폭동에 의해서도 이루어졌는데, 이 폭동은 전쟁보다는 덜 영광스럽다고 여겨졌지만 최소한 효율적이라고는 여겨졌다. 내가 방금 인용한 연설에서 통상적으로 일상의 삶에서는 용납되지 않는 폭력과 불법적인 행위를 부추기는 내용을 읽은 많은 독자들은 충격에 빠질 수도 있다. 그렇지만 정부 요직에 있던 분이 우연히도 같은 시기에 내 연설과 같은 내용을 담은 연설을 했다는 점에 주목해주길 바란다. 내가 물리적인 혁명이 정치적으로 필요하다는 연설을 하고 있던 바로 그때, 정부에서 상당한 중책을 맡고 있는 분이 다른 도시의 다른 건물에서 나와 똑같은 이야기를 하고 있었던 것이다.

내각 각료였던 C. E. H. 홉하우스 씨는 브리스톨에 있는 자신의 선거구에서 열린 참정권 반대 모임에서 연설하면서, 여성참정권론자들이 참정권 운동 뒤에 민중의 커다란 요구가 있다는 것을 증명하지 못했기 때문에 이 운동이 정치적인 의제가 되지 못했다고 주장했다.

"여성 참정권 요구의 경우에는 1832년의 노팅엄 성을 부순 일이나 1867년의 하이드파크 울타리를 망가뜨린 일처럼 대중의 감정이 움직인 폭동이 없었습니다. 즉 대중이 감정적으로 거대하게 폭발하지 않았습니다."

홉하우스 씨가 언급한 '대중의 감정이 움직인 폭동'은 참정권 운동에 반대했던 뉴캐슬 공작의 성과 참정권법안 반대 진영 지도자의 시골 영지인 콜윅 성을 불태워버린 사건을 의미한다. 당대의 호전적인 남성들은 사람이 살지 않는 건물을 골라 불을 지르지는 않았다. 그들은 유서 깊은 이 저택에 사람이 있는데도 불을 질렀다. 콜윅 성 소유주의 아내는 이 사건으로 인한 심리적 충격과 연기와 불에 노출된 탓에 죽었다. 그러나 그 어느 누구도 체포되지 않았으며, 감옥에 간 사람도 없었다. 오히려 왕은 수상을 보내서, 참정권법안에 호의적인 휘그당 출신 장관들에게 사퇴하지 말 것을 간청했고, 이는 이 법안을 폐기했던 상원 의원들의 뜻이기도 하다고 넌지시 암시했다. 역사학자 윌리엄 나소 몰즈워스는 『영국사』에서 다음과 같이 썼다.

이 발표는 긴급하게 이루어져야 했다. 위기가 임박했으며 장관들도 그 사실을 알고 있었다. 그들은 민중을 진정시키고, 법안은 연기된 것일 뿐 궁극적으로 폐기된 것이 아니라는 점을 확신시키려고 온 힘을 다했다.

사람들은 그 말을 잠시 믿었으나, 곧 인내심을 잃었고, 참정권 반대 진영에서 새로운 움직임이 나타날 징조를 보게 되자 다시 공격을 시작했다. 홉하우스 씨가 연설을 했던 바로 그 도시인 브리스톨이 방화 공격을 당했다. 전투적인 선거법개정론자들은 새로 지은 감옥과 유료 도로 사용료 징수 건물, 주교 관저, 시장 관저를 포함한 퀸스스퀘어의 양쪽에 있던 저택들, 세관, 세무서, 상점들과 개인 재산을 불태웠다. 이때 파괴된 재산 가치는 10만 파운드가 넘는다. 의회에서 개정법안이 서둘러 통과되어 1832년 6월 법으로 제정된 것은 그런 폭력의 결과로, 더 큰 폭력에 대한 두려움에 기인한 것이었다.

영국 남성의 정치적 선동과 비교해볼 때 상당히 온건한 우리의 시위는 3월 4일로 예고되었고, 그 예고는 많은 대중을 불안하게 만들었다. 윌리엄 바일스 경은 "지난 금요일 밤에 팽크허스트 부인이 폭력적인 행동과 재산 파괴를 종용하고, 돌멩이가 충분히 효과적이지 않다면 화기를 이용하도록 공개적으로 청중을 선동하는 연설을 한 것에 대해 내무장관이 관심을 두고 있는지 묻고 싶으며, 이런 불법의 상황이 벌어질 경우 어떤 조처를 취할 것인지 묻고 싶다"고 말했다.

이 질문이 내무장관에게 지체 없이 전달되자, 내무장관은 팽크허스트 여사의 연설에 주목하고는 있으나, 현재 그 이상 말하는 것은 대중의 이익에 도움이 되지 않을 것이라고 대답했다.

경시청이 이 시위를 막기 위해서 어떤 준비를 했든 간에, 그들은 실패했다. 왜냐하면 예전에 그랬던 것처럼, 우리는 경찰의 행동을 미리 계산할 수 있었지만 그들은 우리의 행동을 미리 알 수 없었기 때문이다. 우리는 3월 4일에 시위를 계획했고, 그렇게 공지했다. 그러나 3월 1일에 계획된 또 다른 시위에 관해서는 널리 공지하지 않았다. 3월 1일 금요일 늦은 오후에, 나는 여성사회정치연합의 간사인 튜크 부인과 다른 회원들과 함께 택시를 타고 수상의 관저가 있는 다우닝 가 10번지로 향했다. 우리는 정확히 오후 5시 반에 택시에서 내려 돌을 던졌고, 그중 네 개가 유리창을 관통했다. 예상했던 대로 우리는 즉시 체포되었고 캐넌로 경찰서로 연행되었다. 그다음 일들은 런던에서 오래 기억될 것이다. 시위에 자원한 여성들이 15분 간격으로 자신이 맡은 일을 수행했다. 헤이마켓과 피카딜리에서 첫 유리창이 깨졌고, 행인들과 경찰 모두 깜짝 놀랐다. 많은 여성이 체포되었으므로, 이 일은 종결되었다고 모든 사람이 생각했다. 그러나 흥분한 사람들과 어쩔 줄 모르는 상점 주인들의 첫 절규가 사라지기도 전에, 그리고 경찰이 범인을 경찰서에 데려가기도 전에, 또 다른 유리창이 산산조각 나기 시작했다. 이번에는 리젠트 가와 스트랜드 가의 양쪽 길을 따라서였다. 두 번째 현장을 향해 경찰과 많은 사람이 화가 나서 달려갔다. 이 지역에서 일어난 일에 사람들의 관심이 쏠려 있는 동안, 여성들의 세 번째 시위가 옥스퍼드 서커스와 본드 가의 창문을 깨는 것으로 시작되었다. 시위는 스트랜드 가의 많은 창문을 깨뜨리고 나서 6시 반에 끝났다. 《데일리 메일》은 이 시위에 대해 생생하게 묘사했다.

사람들로 북적대고 조명이 현란하게 비추는 거리 여기저기에서 창문이 산산조각 나는 소리가 들려왔다. 사람들은 바로 옆에서 창문이 깨지자 몹시 놀랐다. 동시에 그들 앞쪽에서도 갑작스럽게 창문이 깨졌다. 거리의 다른 쪽에서도, 뒤쪽에서도, 모든 곳에서 창문이 깨졌다. 놀란 상점 직원들이 도로로 뛰어나왔다. 교통은 정체되었다. 경찰관은 이리저리 혼비백산해서 뛰어다녔다. 5분쯤 뒤에 흥분한 사람들은 가까운 경찰서로 연행되는 여성 시위자들을 둘러싼 채 열을 지어 걸어갔다. 한편 런던의 쇼핑 중심가는 갑작스러운 어둠으로 빠져들었다. 상점 문이 급하게 닫혔다. 쇠창살이 드르륵거리는 소리가 여기저기서 들렸다. 경비와 점원들이 급하게 경계하기 시작했고, 혼자 걷는 부인, 특히 핸드백을 들고 있는 부인을 위협적인 의심의 눈초리로 쳐다보았다.

시위가 진행되고 있던 시간에 런던 경시청인 스코틀랜드 야드에서는 다음주 월요일 밤으로 예정된 창문 깨기 시위에 대비한 회의가 열리고 있었다. 그러나 사실 우리는 3월 4일 시위가 정확하게 언제 시작될지는 알리지 않았다. 내가 연설에서 3월 4일 저녁에 의회 광장에 모여주십사 하는 초대를 했을 뿐이고, 여성들은 그 초대를 받아들였을 뿐이다. 《데일리 텔레그래프》에 실린 기사는 다음과 같다.

6시 무렵 의회 주변은 포위된 상태였다. 거의 모든 상점 주인들은 점포에 방호벽을 둘렀고, 창문에 전시된 상품을 치웠으며, 최악의 사태에 대비했다. 6시경 거의 3000여 명에 이르는 거대한 경찰 병력이 의회 광장, 화이트홀 인근 거리에 배치되었고, 예비 병력이 웨스트민스터 홀과 스코틀랜드 야드에 집결했다. 8시 반 경에 화이트홀은 경찰과 군중으로 장사진을 이루었다. 기마경관들은 사람들을 이동시키느라 화이트홀 주변을 왔다 갔다 했다. 그렇지만 위험을 알리는 신호는 전혀 없었다.

시위는 아침에 열렸다. 100여 명의 여성이 나이츠브리지의 거리를 따라 각자 혼자 걸으면서 창문을 거의 모두 박살냈다. 기습 공격에 허를 찔린 경찰은 닥치는 대로 여성들을 체포했으나, 대부분은 체포를 피했다.

지난 이틀 동안 일어난 일로 약 200여 명의 서프러제트가 여러 경찰서에 나뉘어 수감되었고, 법정은 여성들로 며칠간 장사진을 이뤘다. 경악한 치안판사들 앞에는 재범뿐 아니라 초범인 여성들도 많이 앉아 있었다. 그중에는 전 유럽에 널리 알려진 작곡가인 에설 스마이스 박사도 있었다. 이 여성들은 법정에서 자신의 입장과 동기를 명쾌하고 명백하게 진술했으나, 치안판사들은 그런 동기를 검토하는 훈련이 되어 있지 않았다. 그들은 법률에 대해서만 배웠고, 대개는 재산을 지키는 것과 관련된 법률에 관한 훈련을 받았을 뿐이다. 그들의 귀는 피고인의 다음과 같은 진술을 제대로 알아들을 능력이 없었다.

"우리는 행진이나 회의와 같은 모든 수단을 시도했습니다. 그렇지만 아무 소용이 없었습니다. 그래서 시위를 하게 되었고 결국 창문을 깨뜨려야만 했습니다. 더 많은 창문을 깨뜨렸으면 좋았을 것이라고 생각합니다. 저는 일말의 후회도 없습니다. 우리 여성들은 파업을 일으킨 광부보다 훨씬 더 나쁜 조건에서 일을 하고 있습니다. 저는 아이들을 키우려고 아등바등하는 과부를 본 적이 있습니다. 자식 다섯 명 중에서 두 명 빼고는 몸이 약해서 군인도 될 수 없습니다. 우리나라는 과연 이들에게 어떤 도움을 주고 있나요? 영국은 확실히 쇠퇴하고 있습니다. 사람들은 오직 한 가지 관점만 갖고 있습니다. 그것은 바로 남성의 관점입니다. 그러나 남성들이 아무리 최선을 다한다고 해도, 여성의 관점이 도움을 주지 않는다면 한 발자국도 더 나아갈 수 없습니다. 우리는 나라 전체가 너무나 끔찍해서 상상하기도 힘든 수렁에 빠져 있다고 믿습니다."

그 당시 석탄 광부들은 심각한 파업에 돌입한 상태였다. 그리고 정부는 지도부를 체포하는 대신 그들과 타협하려고 애쓰고 있었다. 나는 치안판사에게 그 사실을 상기시켰다. 그리고 여성이 한 일은 광부의 폭력과 비교하자면 벼룩이 문 것처럼 미미하다고 말해주었다. 그리고 "우리들의 시위가 여성들의 참정권 운동이 계속되고 있다는 것을 정부에 보여주기에 충분하길 희망합니다. 만일 그렇지 않다면, 그리고 만일 당신이 나를 감옥에 보낸다면, 내각 각료의 월급과 당신의 월급을 지불하는 데 일조하는 여성들은 자신들이 복종해야 하는 법을 만드는 데 목소리를 낼 것임을 보여주기 위해서 이보다 더한 일도 할 것입니다" 라고 나는 진술했다.

나는 2개월의 금고형을 선고받았다. 다른 사람들은 1주에서 2개월에 이르는 형을 선고받았다. 5파운드가 넘는 유리창을 깨뜨렸다고 기소된 사람들은 고등법원에서 재판을 받았고, 그들은 구속 기소되었다. 그리고 우리 중 마지막 사람이 무시무시한 감옥에 수감되자 홀로웨이뿐 아니라 다른 세 곳의 감옥도 넘쳐나는 여성 수감자들을 먹이고 입히는 데 큰 부담을 느꼈다.

우리 대부분에게 투옥은 몹시도 험한 경험이었다. 많은 여성이 감옥에 수감되는 것 이외에도 강제노역형을 선고받았다. 이는 서프러제트에게 한때 적용되었던 정치범으로서의 특권이 더 이상 허락되지 않는다는 것을 뜻했다. 따라서 여성들은 저항의 의미로 단식 투쟁을 시도했다. 그러나 여성들에게 정치범으로서의 특권이 다시 주어질 것이라는 사실이 내게 전달되자마자, 나는 단식 투쟁을 그만두도록 조언했다. 수감 중인 여성 죄수들은 내가 그들과 함께 운동을 할 수 있는 조치를 취해줄 것을 요구했다. 이러한 요구를 들어주지 않자, 그들은 감옥의 창문을 박살냈다. 유리창이 깨지는 소리와 여성의 마르세예즈 노래 소리를 듣자마자 다른 참정권 죄수들도 감방의 유리창을 즉각 깨뜨렸다. 서프러제트가 순순히 감옥의 규율을 따르던 시절은 이미 오래전에 지나갔다. 이런 식으로 내 수감 생활의 첫날이 지나갔다.

2

누구의 음모인가?

***

이런 상황에 당황한 정부는 창문을 깨뜨린 사람들을 수감하는 것으로 만족하지 않았다. 그들은 전투파 운동 전체를 일격에 날려버릴 불가능한 일을 맹목적이고 서투른 방식으로 시도했다. 역대 정부는 항상 개혁 운동을 분쇄하고, 이상적인 이념을 깨뜨리고, 죽일 수 없는 것들을 죽이고자 했지만 결코 성공한 적이 없었다. 그런데도 현 정부는 이런 역사적 사실을 무시한 채 낡고 의미 없는 대응 방식을 계속 취하고 있었다.

바로 앞 장에서 설명한 두 건의 시위가 열리기 며칠 전부터 클레멘츠 인에 있던 우리 지휘본부는 경찰의 지속적인 감시를 받고 있었다. 3월 5일 저녁 경찰 조사관과 형사들이 크리스타벨 팽크허스트와 페식 로런스 부부에 대한 체포 영장을 가지고 지휘본부를 급습했다. 크리스타벨과 페식 로런스 부부, 튜크 부인, 그리고 나는 '고의적으로 재산에 해를 끼치는 범죄를 사주했다'는 죄명으로 기소되었다. 경찰들이 사무실에 들이닥쳤을 때, 페식 로런스 씨는 사무실에서 일을 하고 있었고, 페식 로런스 부인은 2층에 있었다. 내 딸은 건물 내에 있지 않았다. 간단히 준비를 마친 로런스 부부는 택시에 태워져 보스트리트 경찰서로 연행되어 갔고 그곳에서 밤을 새웠다. 사무실은 경찰이 점령한 상태였으며, 크리스타벨을 체포하기 위해 형사들이 급파되었다. 그러나 체포는 이루어지지 않았다. 크리스타벨 팽크허스트는 숙련된 인간 사냥꾼이었던 형사와 정복 경찰의 포위망을 빠져나갔다.

크리스타벨은 우선 집으로 갔다. 그녀는 페식 로런스 부부의 체포 소식을 듣자마자, 자신도 체포될 것이라고 생각했던 것이다. 크리스타벨은 여성사회정치연합의 지도부가 모두 체포될 경우 연합이 위험에 처할 수도 있다는 것을 깨닫고, 체포를 피하는 것이 자신의 의무라고 여기면서 조용히 집을 떠났다. 그녀는 그날 밤 친구들과 밤을 보냈다. 다음 날 아침 친구들은 크리스타벨이 필요한 채비를 갖추고 런던에서 무사히 도망치도록 도와주었다. 그날 밤 그녀는 파리로 갔고, 지금까지 그곳에 머무르고 있다. 그녀의 도피 소식을 듣고 나는 크게 안심했다. 왜냐하면 로런스 부부와 내게 무슨 일이 일어나더라도, 그리고 경찰이 우리 본부를 완전히 점령하더라도, 크리스타벨이 여성 참정권 운동을 신중하게 이끌어가리라는 것을 알고 있었기 때문이다.

클레멘츠 인의 사무실은 우리가 음모를 일으키려 했다는 증거를 확보하려는 의지가 결연한 경찰에게 완전히 압수수색당했다. 경찰은 모든 책상과 파일과 서류 상자를 수색했고, 차 두 대 분량의 책과 나의 개인적인 서류, 내 아이들이 어릴 때 찍은 사진과 오래 전 남편이 보낸 편지를 포함한 모든 서류를 가져갔다. 나는 그중 일부를 영영 돌려받지 못했다.

경찰은 우리가 주간으로 발행하는 신문의 인쇄소를 겁박했다. 비록 신문은 평상시처럼 발행되었으나, 칼럼의 3분의 1은 백지로 나왔다. 그러나 헤드라인과 그 아래 백지로 나온 면은 상당히 극적인 효과를 가져왔다. '역사의 가르침'이라는 헤드라인만 인쇄된 면은 정부가 대중으로 하여금 역사가 가르치는 교훈을 알지 못하게 하려고 애쓴다는 사실을 명백하게 보여주었다. '여성의 온건함'이라는 헤드라인만 인쇄된 면은 여성이 창문 깨뜨리는 행위를 과거에 남성들이 행했던 엄청난 폭력과 비교하게 했다. 무엇보다도 감동적인 것은 '도전!'이란 헤드라인과 마지막 줄에 저자의 이름인 크리스타벨 팽크허스트를 제외하고는 백지로 나간 사설이었다. 어떤 말이 이보다 더 자랑스러운 도전 정신이나 굳센 결의를 표현할 수 있겠는가? 크리스타벨은 정부의 손아귀를 빠져나갔지만, 그녀는 여전히 이 운동을 완전히 장악하고 있었다. 수주 동안 그녀를 체포하려는 노력이 가차 없이 계속되었다. 경찰은 모든 정거장과 열차와 항구를 수색했다. 영국 내 모든 도시의 경찰서에 크리스타벨의 초상화가 배포되었다. 영국의 모든 아마추어 셜록 홈스들이 경찰과 협력해 그녀를 찾고 있었다. 그녀를 봤다는 소식이 뉴욕을 비롯해서 여러 도시에서 들려왔다. 그러나 그녀는 줄곧 파리에서 조용하게 지내면서, 매일 런던의 동료들과 연락하고 있었다. 연합의 운동가들은 바로 며칠 후부터 지시받은 업무를 다시 수행하게 되었다.

한편, 2개월의 형을 복역 중이던 나는 내가 예외적인 위치에 있다는 것을 알게 되었다. 나는 더 심각한 범죄로 기소 예정인 죄수이기도 했기 때문이었다. 내 건강은 매우 나빴고, 축축하고 난방이 되지 않는 3급 감옥에 갇혀 있어서 심한 기관지염에 걸렸다. 나는 내무장관에게 내 건강 상태를 알리고, 건강을 회복하고 재판을 준비할 수 있도록 가석방될 필요성을 강조하는 편지를 썼다. 나는 기소된 죄수의 권리로서 보석금을 낼 테니 석방시켜달라고 요구했다. 만일 지금 보석이 받아들여진다면 나중에 2개월 중 남은 기간을 복역하겠다고 제안했다. 그러나 그들은 나를 조금 더 나은 감방으로 옮기고, 간수와 감옥의 서기가 참관하는 경우에 비서와 변호사를 만날 수 있는 권리를 허락했을 뿐이다. 3월 14일 페식 로런스 부부와 튜크 부인과 나는 1911년 11월 1일과 다른 날들에 '불법적이며 고의적으로 재산상의 손해를 입힌 것'에 대한 죄목으로 예심을 받았다. 3월 14일에 사람들이 운집한 법정에서 이 사건의 심리가 열렸고, 그곳에서 나는 여러 친구를 보았다.

검찰 측 증인으로 출석한 보드킨 씨는 상당히 길게 증언했다. 그는 이 연설에서 여성사회정치연합이 악의적인 성격을 가진 상당히 잘 조직된 기구라는 것을 증명하려고 애를 썼다. 그는 많은 증거 자료를 제출했는데, 그중 일부는 말도 안 되는 우스꽝스러운 것이어서 법정은 숨죽인 웃음소리로 가득했고, 판사도 손으로 입을 가려 웃음을 감추어야만 했다. 보드킨 씨는 우리의 암호표를 인용하면서, 우리가 이 암호로 비밀스러운 대화를 나눌 수 있었다고 주장했다. 우리가 정부의 요인들을 암호로 표시했다고 추측된다는 내용을 언급할 때, 그는 분노에 치를 떨듯 반쯤 속삭이는 목소리로 말했다. 보드킨 씨는 "내각 각료로 폐하께 봉사하는 공적인 인물들이 암호 일람표로 만들어져 있다는 것을 알아냈습니다. 내각 각료 전체는 '나무들'이라는 암호로 그리고 각료 각각은 나무의 이름으로 표시되었고, 심지어는 흔해 빠진 잡초 이름으로도 명명되어 있다는 것을 말씀드리지 않을 수 없습니다"라고 허세를 부리며 말했다.

이 대목에서 웃음소리가 터져 나오자, 보드킨 씨는 심하게 인상을 쓰면서 말을 이어갔다. 그는 "팬지라고 불리는 분도 있으며, 좀 더 우대하는 의미로 장미라고 불리는 분도 있고, 어떤 분은 바이올렛이라고 불립니다"라고 엄숙하게 말했다. 피고인들 모두 암호로 명명되어서, 팽크허스트 부인은 F라는 글자로, 페식 로런스 부인은 D로, 그리고 크리스타벨 팽크허스트는 E로 통한다고 주장했다. 그리고 하원을 포함한 모든 공공건물도 약호로 표시되어 있다고 주장했다. 암호를 사용하고 있다는 가장 명확한 가능성은 파일 중에서 발견된 전보에 의해 증명되었다고 말했다. "이 전보에는 '실크, 엉겅퀴, 팬지, 오리, 양모, E. Q.'라고 쓰여 있습니다. 암호집을 이용해서 번역을 하면, 전보는 '내일 저녁에 열리는 애스퀴스가 참석하는 대중 모임에서 시위할 수 있겠습니까? 그러나 성공이 달려 있지 않는 한, 체포당하지는 마십시오. 크리스타벨 팽크허스트에게 답신을 해주시길 바랍니다. 클레멘츠 인'이라는 뜻입니다."

더 많은 웃음이 터져 나왔다. 그의 말은 우리 연합이 이런 약호를 실무적인 목적으로 사용했다는 것을 증명하고 있었다. 방청객의 웃음은 훨씬 더 중요한 함의를 담고 있었는데, 그 웃음은 내가 각료들에 대한 오랜 존경심이 더 이상 존재하지 않는다는 사실을 분명히 보여주고 있는 것이었다. 우리는 매우 신성한 존재를 둘러싸고 있던 베일을 뜯어내어 그들이 보잘것없으며, 교활한 정치인에 불과하다는 것을 보여주었다. 검찰은 3월 1일과 4일에 발생한 사건과 관련해서 경찰 측에서 제시한 증거를 보다 진지하게 받아들였다. 3월 1일 다우닝 가에 있는 수상관저의 창문을 깨뜨린 나와 다른 동료 두 명을 체포한 경찰에게 우리가 갖고 있던 돌을 넘겨주었는데, 그는 그 돌들이 하나같이 딱딱한 부싯돌이었다고 증언했다. 다른 죄수들도 비슷한 돌을 갖고 있었기에, 이는 돌을 한곳에서 가져왔다는 것을 증명하는 것이라고 했다.

다른 경찰관은 3월 1일과 4일에 유리창을 깨뜨렸던 사건에 대해 증언했고, 유리창 깨뜨리기가 얼마나 체계적으로 계획되었는지, 그리고 여성들이 얼마나 군인처럼 일사불란하게 행동했는지 증언했다. 3월 4일 여성들이 두세 명씩 무리지어 클레멘츠 인에 있는 지휘본부로 갈 때, 그들은 핸드백을 들고 있었는데, 핸드백을 본부에 맡겨두고, 파빌리온 뮤직홀에서 열리는 집회에 참석하러 가는 것을 목격했다고 말했다. 경찰도 그 집회에 참석했었는데, 그 집회는 시위가 열리기 전에 또는 대표단을 보내기 전에 늘 열리는 집회였다는 것이었다. 5시에 집회는 해산했고, 여성들은 마치 집에 가는 것처럼 집회장을 나섰다. 경찰은 많은 여성이 여전히 두세 명씩 무리지어 캐서린 가와 스트랜드 가의 교차로에 있는 가데니아 레스토랑으로 가는 것을 목격했다고 말했다. 그곳은 서프러제트가 모여 자주 아침을 먹거나 차를 마시는 곳이었다. 3월 4일에 약 150명이 그곳에 모였다고 경찰은 추정했다. 그들은 7시경까지 그곳에 있다가 경찰이 지켜보는 가운데, 산책하듯이 음식점을 나서서 흩어졌다. 몇 분 뒤에 상점의 유리창 깨지는 소리가 전혀 예상치 못하게 이 거리 저 거리에서 들려왔다. 그리고 경찰 관계자는 핸드백을 지휘본부에 맡긴 여성들이 체포된 날, 페식 로런스 씨가 그들의 보석금을 내주었다는 점도 강조했다. 이렇듯 유사한 돌을 사용한 것, 한 건물에 상당히 많은 수의 여성이 운집한 것, 체포에 대비한 것, 가데니아 레스토랑에서 대기한 것, 외관상으로만 해산한 것, 동시다발적으로 유리창을 깨뜨린 것, 앞서 언급된 지휘본부에 관련된 사람이 피고들을 위해 보석금을 내준 것들을 보면 이 사건이 사전에 용의주도하게 계획된 것이었음을 분명히 알 수 있다는 것이다. 경찰은 나아가서 피고에 대한 공식적 재판만이 이 계획이 음모의 성격을 띤 것인지 아닌지를 밝힐 수 있다고 주장했다.

정부 측 심리가 열리던 둘째 날, 감옥의 의무실에 20일 동안 갇혀 있다가 훈련된 간호사와 동반해서 법정에 서야 했던 튜크 부인은 보석이 허가되었다. 페식 로런스 씨는 지난 2주 동안 감옥에 수감되어 있었으니 보석을 받을 자격이 있다고 지적하며, 자신과 아내의 보석을 강하게 호소했다. 나 역시 이미 기소된 죄수의 특권으로 보석을 요구했다. 이 두 가지 요청은 법원에 의해 거부당했으나, 며칠 후에 내무장관이 내 변호사에게 보스트리트 경찰법정에서 음모에 관한 재판이 열릴 때까지 2개월의 형 중 남은 기간을 면제해줄 것이며, 재판 이후에 형기를 채우게 될 것이라는 편지를 보냈다. 페식 부부의 보석은 이미 허가되었다. 감옥에 갇힌 채 변호를 준비하는 것은 거의 불가능하다는 여론의 압력을 받자 내무장관은 보석을 허가했다. 나 역시 감옥 생활이 신체와 신경에 끔찍한 영향을 미치고 있었을 뿐 아니라 필요한 자료를 확보하고 자료를 조사하는 데 어려움을 겪고 있던 차였다.

4월 4일에 열린 정부 측의 심리 결과, 튜크 부인은 석방되었다. 그녀가 여성사회정치연합에서 순전히 간사로서만 활동했다는 점이 밝혀졌기 때문이다. 페식 로런스 부부와 나는 4월 23일에 시작되는 중앙형사법원의 다음 회기 재판에 배정되었다. 내 건강이 썩 좋지 못한 상태였기에 재판장을 어렵게 설득해서 재판을 2주 연기했고, 5월 15일이 되어서야 재판이 열렸다.

중앙형사법원인 올드 베일리에서 열린 재판을 결코 잊을 수 없을 것이다. 그 장면은 글을 쓰고 있는 지금도 선명하게 떠오른다. 판사는 인상적인 가발을 쓰고, 붉은 색 옷을 입은 채 사람들이 가득한 법정을 위압했다. 변호사들은 자리에 앉아 있었고, 배심원들이 배석해 있었으며, 저 멀리서 불안에 싸인 채 창백한 얼굴을 한 친구들이 좁은 방청인석에 모여 있었다.

판사였던 콜리지 경은 아이러니하게도 찰스 콜리지 경의 아들이었다. 찰스 콜리지는 1867년 콜튼 대 링스의 재판에서 나의 남편 팽크허스트 박사와 함께 여성도 사람이므로 의회 투표권을 가져야 한다고 주장했었다. 한술 더 뜬 아이러니는, 전투파 여성에 대한 기소를 맡은 법무장관 루퍼스 아이작스 경이 이전에 우리 관점을 지지하는 멋진 연설을 한 적이 있다는 사실이다.

1910년 상원의 거부권 폐지에 관한 연설에서, 루퍼스 경은 특권에 반대하는 선동 운동이 평화적으로 진행되었다 하더라도, 그 뒤에 숨겨진 분노는 엄청난 것이라는 진술을 했었다. "많은 사람이 투표권을 갖고 있지 못했던 예전에 사람들은 자신이 느끼는 것을 표현하기 위해 폭력적인 일을 벌여야만 했습니다. 그러나 오늘날 유권자의 탄환은 투표용지입니다. 이런 이유 때문에 과거의 중대한 투쟁의 무질서함과 비교해서 현재의 투쟁에서는 모든 것이 평화롭고 질서정연할 수 있는 것입니다. 이 사실을 잊어서는 안 됩니다"라고 루퍼스는 연설했다. 이런 말을 했던 사람이, 불만을 바로잡을 헌법상의 수단을 박탈당하고 투표권도 갖지 못한 여성이 어떻게 느끼고 있는지 보여주기 위해서 폭력적인 방법을 쓸 수밖에 없다는 사실을 어째서 깨닫지 못하는지 의아했다. 그의 연설 첫마디에 그런 궁금증이 사라졌다.

루퍼스 아이작스 경은 윤곽이 뚜렷한 얼굴에 매를 닮은 이목구비와 깊은 눈, 세파에 시달린 분위기를 갖고 있었다. 그의 첫 발언은 말도 못하게 불공정해서 그 말을 제대로 들은 건지 내 귀를 의심할 정도였다. 그는 배심원에게 피고인들의 행위를 절대로 정치적인 운동으로 봐서는 안 된다고 연설을 시작했다.

"우리가 이 사건과 관련된 사실을 다루기 시작하는 순간부터, 여성이 의회의 참정권을 가질 자격이 있는지 혹은 여성이 남성과 똑같은 참정권을 가져야 하는지 등등의 문제는 어떤 의미에서도 이 사건의 심리와는 전혀 관련이 없음을 여러분들께서 주지해주시길 바랍니다. 따라서 여러분 앞에 있는 사건을 고려할 때, 참정권이라는 매우 중요한 정치적인 문제에 대해서 여러분이 가지고 있을 수 있는 관점을 버려주시길 바랍니다."

그럼에도 루퍼스 경은 이 사건을 다양한 정치적 사건과 연관 짓지 않는 것이 어려울 것 같다는 우려를 표명했다. 사실 전체 재판 과정은 처음부터 끝까지 페식 로런스 부인의 변호사인 팀 힐리 씨가 명명한 것처럼, 이 사건이 국가와 관련된 중대한 재판이었다는 점을 명백하게 보여준다.

법무장관은 재판을 진행하면서 여성사회정치연합이 1907년 이후 존재했으며, 전투적인 방법을 사용한 것으로 생각된다고 말했다. 그리고 1911년 수상이 여성 참정권을 정부 의제로 삼기를 거부했기 때문에 연합이 불만으로 가득했다고 덧붙였다. 그는 1911년 11월 수상이 남성참정권법안을 도입하겠다고 선언한 이후로 피고인들이 무정부주의에 다름없는 캠페인을 계속 벌여왔다고 말했다. 그는 피고인의 말을 인용하면서 '정부를 무릎 꿇게 하기 위해서' 많은 여성이 정해진 시간에 각기 정해진 장소에서 법을 어겨 경찰 업무를 마비시키도록 설득되었다고 주장했다.

　루퍼스 경은 네 명의 피고가 여성사회정치연합에서 맡은 각각의 지위를 밝힌 뒤에, 이 네 명의 피고인들의 음모에 사주를 받아 200여 명의 여성이 약 2000파운드가 넘는 유리창을 깨뜨린 죄로 감옥에 갇혔다고 진술을 이어갔다. 그는 그런 행위의 정치적 동기는 전적으로 무시하면서 여성들을 마치 강도처럼 다루었다. 루퍼스 경이 이 사건의 사실관계에 대해서는 어느 정도 정확하게 진술했다고 쳐도, 완전히 전도된 그의 진술을 듣고 있자니, 마치 마그나 카르타에 서명하는 존 왕이 했을 법한 말도 안 되는 진술을 듣는 것 같았다.

　이 재판에서 여러 명의 증인이 출석했는데, 그중 많은 이가 경찰관이었다. 그들의 증언과 반대심문을 통해 영국이란 나라에 전적으로 정치에만 관여하는 비밀경찰 조직이 있다는 놀라운 사실이 드러났다. 런던 경시청 수사과에서 정치를 담당하는 조직은 75명의 경찰로 구성되어 있었다. 정체를 드러내지 않고 서프러제트들과 다른 정치가들을 미행하는 것이 그들의 유일한 의무였다. 그들은 특정한 정치가를 집에서 사무실로, 사교를 위한 모임이나 찻집과 레스토랑, 심지어는 극장까지 쫓아다녔다.

그들은 자신의 존재를 전혀 의심하지 않은 사람들을 택시를 타고 쫓아다니거나 버스의 옆 좌석에 앉기도 했다. 무엇보다 그들은 그 사람들이 하는 말을 채록했다. 사실상 이 체계는 러시아의 비밀경찰과 정확히 닮았다.

페식 로런스 씨와 나는 직접 스스로를 변호했고, 페식 로런스 부인은 힐리 씨가 변호했다. 우리의 변론을 여기에 전부 실을 수는 없지만, 독자들이 전체 상황을 이해할 수 있도록 가능한 한 많은 변론을 포함하고자 한다.

로런스 씨가 처음 발언을 하면서 사건의 심리가 시작되었다. 그는 참정권 운동에 대한 설명으로 변론을 시작했다. 그는 여성 참정권이 너무도 중요한 문제이기 때문에 참정권을 추구할 때 강력한 수단을 사용하는 것이 정당하다고 느꼈다고 말했다. 우선 그는 여성사회정치연합의 역사를 간략하게 소개했다. 크리스타벨 팽크허스트와 애니 케니가 에드워드 그레이 경의 모임에서 정치적인 질문을 했다는 이유로 쫓겨난 뒤 감옥에 갔을 때부터, 정부가 조정법안을 무력하게 만들 때까지의 역사에 대해서 소개했다.

"내가 여러분 앞에 펼쳐 보이는 사건은 결코 음모나 선동이 아닙니다. 그러나 음모가 있다면, 그 음모는 이 나라의 정부를 책임지고 있는 내각 각료들의 음모이며, 그 선동은 국왕이 임명한 장관들의 선동입니다."

그는 정부가 참정권법안 문제에서 참정권론자들을 속인 불명예스러운 술책과 사기에 대해 지적했다. 그리고 내각 각료들이 여성들은 남성들이 과거에 싸웠던 방식으로 싸우는 걸 배우지 못하면 투표권을 결코 얻지 못할 것이라고 분명하게 말했다는 사실을 지적함으로써 변호를 효율적으로 마쳤다.

내가 말할 차례가 되었을 때, 나는 남자들 대부분이 여성운동의 역사에 대해 심각하게 무지하다는 사실을 깨달았다. 왜냐하면 어떤 신문도 여성운동에 대해서 제대로 진실하게 보도하지 않았기 때문이었다. 그래서 배심원들에게 내 딸들과 내가 여성의 투표권을 얻는 일에 헌신하기로 결심하게 만들었던 일들에 대해 설명했고, 우리가 투표권을 성공적으로 얻기 위해 반드시 필요한 모든 수단을 사용하기로 결심하기 전까지 있었던 지난 40여 년간의 평화로운 여성운동에 대해서 가능한 한 간략하게 이야기했다.

"1903년 우리는 여성사회정치연합을 설립했습니다. 우리의 첫 번째 의도는 정권을 잡게 될 정당에 영향력을 행사해서 여성의 참정권 문제를 그 특정 정당의 의제로 추진하게 하려는 것이었습니다. 그동안 일어났던 모든 일을 이야기함으로써 배심원 여러분을 지치게 하고 싶지는 않습니다만, 그런 시도가 소용이 없다는 것과 그런 방식으로 우리가 원하는 것을 확보할 수 없다는 것을 깨닫는 데는 얼마 걸리지 않았습니다. 1905년 우리는 냉정한 현실과 직면했습니다. 우선 여성 참정권에 반대하는 신문의 배척이 있었습니다. 우리의 대중 연설은 신문에 실리지 않았으며, 아무리 편집자에게 애원을 해도, 편집자에게 보낸 편지는 신문에 실리지 않았습니다. 의회에서도 여성 참정권과 관련한 일들은 기록조차 되지 않았습니다. 신문사에서는 이 문제는 대중의 관심을 끌 만한 것이 아니어서 신문에 실을 수 없으며, 이를 보도할 준비가 되어 있지도 않다고 말했습니다. 그리고 1905년 남성 정치인과 관련된 이야기를 해보겠습니다. 우리는 그 당시 정권을 잡은 신사들이 민주주의와 인간의 평등에 대해서 사용한 멋진 어구들이 얼마나 허황된 것인지 깨달았습니다. 그들은 여성을 무시할 작정이었습니다. 그 점에 대해서는 의심할 여지가 없습니다. 왜냐하면 1905년 선거 무렵에 자유당에서 나온 공식적인 문건에 '우리나라가 원하는 것은 단지 남성 보통참정권이라는 단순한 법안이다'라는 문장이 있었기 때문입니다. 여기에는 여성을 포함시킬 여지가 전혀 없었습니다. 의원들의 공약이 있었음에도, 참정권 개혁이 있더라도 당시 정권을 잡은 자유당은 여성들에게 투표권을 줄 생각이 없다는 것을 우리는 알게 되었습니다. 하원 의원의 대다수, 특히 자유당 측 하원 의원들이 여성 참정권에 대한 공약을 내걸었지만, 그들은 이를 실행할 생각이 전혀 없었습니다. 그래서 우리는 그들이 이 문제에 관심을 갖도록 하는 방법을 찾게 되었습니다.

이제 저는 전투파와 관련된 사실을 얘기해보고자 합니다. 우리는 우리가 마음에 두고 있는 계획이 큰 희생을 요구한다는 것과 어쩌면 우리가 갖고 있는 모든 것을 잃을 수도 있다는 것을 깨달았습니다. 그 당시 우리 조직은 노동계급 여성과 노동자들의 아내와 딸로 구성된 소규모 조직이었습니다. 자연스레 제 딸들과 제가 지휘부를 맡았습니다. 왜냐하면 우리는 합리적으로 계획을 세울 수 있었고, 우리가 대부분의 다른 회원들보다 어느 정도 나은 사회적 지위를 갖고 있어서 더 많은 책임감을 느꼈기 때문입니다."

나는 우리 일의 초기 단계의 특징을 보여주는 중요한 사건에 대해 설명했다. 그 일은 맨체스터의 자유무역홀에서 내 딸과 그녀의 동료가 정치인에게 질문을 했다는 일로 체포된 사건이었다. 나는 계속 진술했다.

"우리 여성들은 다음에 어떤 행동을 취했을까요? (우리의 적인 정부 측에서 억압을 가하기 시작하고 나서야 우리가 다음 단계의 행동으로 넘어갔다는 것을 여러분께서 알아주셨으면 좋겠습니다. 왜냐하면 우리의 적은 바로 정부이기 때문입니다. 의회나 우리나라 남성들은 적이 아닙니다. 우리에게 투표권을 줄 수 있는 유일한 권력을 가진 것도 정부입니다. 그러므로 우리가 적으로 생각하는 유일한 대상은 정부뿐이며, 우리의 운동은 우리의 불만을 시정해줄 수 있는 정부 측 사람들에게 필요한 압력을 가하는 것에 집중되었습니다.) 여성들이 다음에 취한 단계는 공청회 중에 질문을 하는 것이었습니다. 왜냐하면 여러분께 말씀드렸던 것처럼, 이 신사분들이 모임이 끝난 후 질문할 기회를 여성들에게는 주지 않았기 때문입니다. 질문을 하는 우리에게 야유가 쏟아졌고, 여자들이 공적인 회의를 주재할 권리를 방해한다는 등 언론의 자유를 방해한다는 등 비난을 들었습니다. 그런 일 때문에 우리는 몹쓸 여자들이라거나 무뢰한이라고 매도되었습니다. 신사 여러분, 여성들이 이런 일을 하는 데 얼마나 많은 용기가 필요할지 상상해보시길 바랍니다. 남성들이 여성의 모임을 방해할 때는 떼 지어 몰려와서 시끄러운 악기에 맞춰 노래하고 소리 지르며 발을 굴러댑니다. 그러나 여성들이 각료회의에 갔을 때는 각료들만을 방해했으며, 다른 누구도 방해하지 않았습니다. 그리고 여성들은 단독으로 갔습니다. 그러나 회의장에 잠입하는 것은 점점 더 어려워졌습니다. 왜냐하면 여성들이 취한 방법으로 인해서, 입장권을 가진 사람만 입장시키면서 여성을 배제하는 방법을 마련했기 때문입니다. 이런 일은 제가 자유당원이었던 시절의 자유당 모임에서는 진정 불명예스러운 일이라고 생각되었을 것입니다. 입장권을 활용한 방식이 생겨나자 여성이 회의에 들어가기란 매우 어려워졌습니다. 여성들은 서른여섯 시간 동안 위험한 자리—연단 밑이나 오르간 안, 혹은 유리한 지점을 확보할 수 있는 곳이라면 어디든지 간에—에 숨어 있어야 했습니다. 내각 각료들이 연설하는 도중에 '언제 자유당 정부가 약속을 실천할 것인가?'라는 질문을 할 기회를 얻기 위해서, 여성들은 추위에 떨며 굶주린 채 기다렸습니다. 종종 겨울 밤 추운 지붕 위에서도 기다렸습니다. 이것이 전투파가 다음 단계로 취한 방법이었습니다."

그다음에 나는 우리의 평화로운 대표단에 대해서 얘기했고, 우리가 어김없이 직면해야 했던 폭력과 체포, 입증되지 않은 경찰관의 진술로 이루어진 증거로 우리를 장기간 감옥에 보낸 우스꽝스러운 재판과, 정부의 책임 있는 각료들이 우리에 대해 하원에서 허위로 진술한 내용, 즉 여성들이 모자 핀을 사용해서 경찰관을 할퀴거나 물어뜯었다고 이야기한 것들에 대해 전부 진술했다. 그리고 정부가 여성을 두려워하면서, 우리 조직으로 대표되는 운동을 짓밟기 위해 자신을 지킬 힘이 없는 여성을 공격하는 것에 대해서 비난했다.

"현재 이 법정에서 문제가 되는 것은 여성사회정치연합이 아니라 몇 명의 피고라고 선언되었습니다. 신사 여러분, 정부는 분명히 오늘 이 자리에 여러분 앞에 서 있는 피고들에게 적대적입니다. 그러나 정부는 또한 여성사회정치연합에 적대적이기도 합니다. 정부의 목적은 이 조직을 와해시키는 것입니다. 그리고 2실링 3펜스짜리 유리창을 부쉈다는 이유로 제가 두 달 동안 감옥에 갇힌 뒤에, 그 의도는 분명히 성공을 거두었습니다. 저는 그 처벌을 달게 받았습니다. 왜냐하면 저는 이 운동의 지도자이기 때문입니다. 비록 제가 저지른 아주 사소한 손해에 대한 형벌로는 과한 처벌이지만, 저는 정부에 저항하는 운동의 지도자로서 그 처벌을 받아들였습니다. 제가 감옥에 있는 동안 이번 기소가 시작되었습니다. 그들은 이번 기소야말로 이 운동의 정치적 수뇌부라고 생각되는 사람들을 깨끗이 일소할 기회라고 생각했습니다. 내각 각료 중 많은 사람이 겉으로는 여성 참정권이라는 대의에 호의를 표하는 것처럼 보였지만, 사실 그들의 지지는 모두 거짓이었습니다. 그들은 여성사회정치연합의 지도자들을 제거할 수 있다면, 이 나라에서 여성 참정권 문제는 해결되거나 무한히 연기될 것이라고 생각했습니다. 글쎄요. 그들의 계획은 성공하지 못했습니다. 이 운동의 지도자들을 모두 제거했다 할지라도 그들은 성공하지 못했을 것입니다. 그들은 왜 몇 명의 피고인 대신에 여성사회정치연합 자체를 피고인석에 앉히지 못했을까요? 현재 우리는 소위 민주적이라고 하는 정부를 갖고 있습니다. 여성사회정치연합은 여러분에게 암시된 것처럼 히스테리컬하고 별 볼일 없는 난폭한 여성들의 집단이 아닙니다. 이 조직은 매우 중요한 조직으로, 구성원 중에는 매우 중요한 사람들이 포함되어 있습니다. 이 조직은 모든 계급의 여성으로 이루어져 있습니다. 여성 노동자로서 특정 조직에 영향을 미치는 여성, 전문직 여성으로서 전문가 조직에 영향을 미치는 여성, 사회적으로 중요한 여성, 심지어는 왕족 신분의 여성도 이 조직의 구성원입니다. 이 조직 전체를 상대한다면 민주적인 정부에 이익이 되지 않을 것이기 때문에, 여성사회정치연합 대신 네 명의 피고만을 대상으로 재판을 하는 것입니다.

그들은 이 조직의 정치적인 운명을 인도한다고 생각한 사람들을 제거함으로써 이 조직을 와해시킬 수 있길 바랐습니다.

만일 이 조직의 영향력 있는 구성원들을 제거한다면, 내각 각료의 한 사람이 말했던 것처럼 이 운동을 박살 낼 수 있을 것이고, 우왕좌왕하게 만들 수 있을 것이라고 생각했습니다. 글쎄요, 신사 여러분, 정부는 이미 여러 번 실수를 저질렀습니다. 정부는 또 다른 실수를 저지르고 있다고 여러분에게 감히 말씀드립니다. 제 생각에 우리가 체포된 직후 앨버트홀에서 열린 회의에서 있었던 일을 정부에 대한 답변으로 볼 수 있을 것입니다. 앨버트홀에서는 불과 몇 분 만에, 페식 로런스 부인의 열변이나 이 운동의 지도자로 불리는 사람들의 호소 없이도, 단 몇 분 만에 이 운동을 수행하는 데 쓰라고 1만 파운드가 기부되었습니다.

이와 같은 운동, 이렇게 지지받는 운동은 결코 난폭하고 히스테리컬한 운동이라고 할 수 없습니다. 이 운동은 현혹된 사람들이 벌이는 운동이 아닙니다. 이는 매우 심각한 의미를 지닌 운동입니다. 이 연합의 회원인 여성들, 그리고 감히 말씀드리자면, 피고인석에 앉은 두 명의 여성과 한 명의 남성은 이와 같은 일을 가볍게 여길 사람들이 결코 아닙니다. 처음 시작할 때에는 매우 작았던 이 운동을 이제는 어마어마하게 크게 키운 힘이 무엇인지 여러분께서 느낄 수 있게 해드리고 싶습니다. 여성 참정권 운동은 오늘날 가장 커다란 운동 중 하나입니다. 공식적으로 인정받고 있지는 않지만, 이 운동은 우리나라에서 상당히 영향력 있는 운동이며, 전 세계 여성운동에 많은 영향을 미치고 있습니다. 오늘날 모든 나라에서 여성운동이 자발적으로 터져 나오는 것보다 더 놀라운 일이 있겠습니까? 영국인에게는 수치스러운 일이지만 심지어 중국에서도 성공적인 혁명—우리나라 정부의 구성원들도 동조하는 피의 혁명—덕분에 여성이 투표권을 얻었습니다.

이 시점에서 한 가지 덧붙이고자 합니다. 우리를 기소한 정부의 각료가 행한 연설보다 덜 선동적인 용어를 사용한 전단지를 만들었다는 사소한 죄목으로 제가 두 번째로 3개월 동안 감옥에 갇혔을 때, 한 의원의 노력으로 감옥에서 신문을 구독할 수 있었습니다. 신문에서 처음 읽은 것은 정부가 당시에 청년터키혁명당 당원의 방문을 축하하고 있다는 내용이었습니다. 그 신사들은 술탄의 궁전에 침입한 사람들이었습니다. 우리가 애스퀴스 씨의 집 현관의 종을 누르려고 시도했을 때, 우리는 그의 사생활을 침해했다고 엄청난 비난을 당했었지요. 그 터키 신사들은 죽이고 살육해서 혁명에 성공했습니다. 반면에 우리 여성들은 그때까지 돌멩이 한 개 던지지 않았습니다. 당시 우리는 돌을 던졌다는 것 때문이 아니라 우리의 조직 활동에 참여했다는 이유로 감옥에 갔습니다. 우리가 감옥에 갇혀 있는 동안, 우리를 감옥에 가둔 바로 그 정부는 이 정치적인 살해범들을 위한 만찬을 벌이며 혁명의 성공을 축하했습니다. 지금 저는 여러분께 묻고자 합니다. 그때 여성들이 이렇게 생각한 것이 당연하지 않을까요? '아마도 우리가 뭔가 충분히 해내지 못했나 보다. 아마도 이 양반들은 여성을 이해하지 못하고, 여성들의 방식도 이해하지 못하나 보다. 우리가 남성들이 했던 대로 하지 않았기 때문에, 우리의 진심을 모를 수도 있겠구나.'

그리고 나서 홉하우스 씨와 같은 책임 있는 정치인들이 여성들에게는 노팅엄 성을 태워버릴 만한 격한 감정의 표현도, 센티멘털한 반란의 정신도 없다는 말을 했을 때, 우리는 마지막 단계에 도달했습니다. 우리가 지금까지 해온 것보다 더 심한 일을 하기로 용기를 낸 것이 당연하지 않겠습니까? 여성은 남성보다 사람의 목숨을 더 소중하게 여기기 때문에, 늘 그래왔듯이 사람의 목숨을 앗아가거나 사람의 신체에 손상을 입히지 않을 방식을 찾으려고 궁리해왔다는 것을 이해하실 수 있으시겠지요? 여성은 생명의 가치를 알기 때문에 그렇게 하는 것이 당연하다고 생각합니다. 사람이 태어날 때 여성들은 자신의 목숨을 걸지요. 이제 이 운동의 지도자로서 저는 신중하게 다음과 같이 말씀드리고자 합니다. 우리는 생명이나 신체에 손상을 입히지 않도록 애썼습니다. 우리는 일정한 한도를 넘어가지 않도록 애썼습니다. 그리고 어느 날 밤 시위를 마친 뒤, 한 경찰관이 '만일 남성들이 시위를 했더라면, 이미 오래전에 유혈 참사가 일어났을 겁니다'라고 제게 말하는 것을 듣고, 저는 여성으로서 자랑스러움을 느꼈습니다. 존경하는 재판장님, 이제까지 여성 자신들—소위 전투파로 불리는 여성들—이 흘린 피를 제외하고는 어디에서도 유혈 참사가 없었습니다. 폭력은 오히려 여성들에게 가해졌습니다. 그리고 당신 앞의 피고인석에 서 있는 저는 이 시위 과정 중에 소중한 여동생을 잃었습니다. 약 1년 전쯤, 그녀는 감옥에서 출소한 지 불과 사흘 만에 죽었습니다. 어디에 있든지 간에 우리가 별로 언급하지 않는 일들이 있습니다. 우리가 이 운동의 힘든 과정에 대해 너무 깊이 생각하면 기운을 낼 수도 없고, 성공으로 나아가는 데 필요한 정신을 유지할 수도 없습니다. 그러나 신사 여러분, 훗날 여러분께서 우리에 대해 어떻게 생각하시든, 여러분은 다음과 같이 얘기할 것이라는 말씀을 감히 드리고 싶습니다. 즉, 우리의 적이 무슨 말을 할지라도, 우리는 언제나 명예롭게 싸웠다고, 그리고 적들이 우리에게 명예롭지 않게 행동하더라도, 우리는 적을 물리치기 위해 불공정한 수단을 사용한 적이 없다고 말입니다.

우리는 누구도 공격하지 않았습니다. 우리는 어느 누구도 다치게 하지 않았습니다. '암흑의 금요일' 이전까지는 말입니다. '암흑의 금요일'에 신임 내무장관은 경찰에 새로운 명령을 내렸습니다. 그 사건에서 경찰들이 여성들을 대할 때 예전에는 한 번도 사용하지 않았던 폭력적인 대응을 했기 때문에 새로운 명령이 내려졌다는 것을 알 수 있었습니다. 여성들이 우리에게 와서, '이제는 더 이상 참고 견딜 수 없습니다'라고 말했습니다. 그제서야 우리는 새로운 형식의 탄압에 대응하기 위해 새로운 단계로 나아가야 한다는 것을 깨달았습니다. 이것이 '암흑의 금요일'이 우리에게 던진 문제입니다. '암흑의 금요일'에 일어난 일과 경찰에 주어진 명령에 대해 공적으로 법적 조사를 하기 위한 모든 노력이 시도되었다는 점을 지금 이 자리에서 말씀드리고 싶습니다. 그 조사는 거부되었습니다만, 한 분이 비공식적으로 조사를 했습니다. 보수당에서의 지위와 도덕성 때문에 신뢰할 수 있는 분입니다. 그리고 자유당 측에서 동등한 지위를 갖는 한 분도 조사를 했습니다. 로버트 세실 경과 엘리스 그리피스 씨입니다. 그들은 여성들에게 질의를 하면서 개인적으로 조사를 진행했고, 증거를 찾아 검토하고 난 뒤, 여성들의 말이 사실이라고 믿는다고 말했습니다. 그리고 그들은 공식적인 조사를 할 만한 충분한 이유가 있다고 생각한다고 말했습니다. 이는 보고서에 실려 있는 내용입니다. 로버트 세실 경은 크라이테리언 음식점에서 한 연설에서 우리의 어려움을 보여주기 위해서 질의를 했습니다. 그는 정부가 이 문제에 대해 조사해야 한다고 주장했습니다. 그렇지만 그의 연설은 조간신문에 한마디도 실리지 않았습니다. 이런 상황이 우리가 직면한 상황입니다. 제가 여기 법정에 서 있기 때문에 이러한 사실을 밝힐 수 있어 그나마 다행이라고 생각합니다. 그리고 저는 이 소송에 대한 조사위를 만들 것을 법무장관에게 감히 요구합니다. 홀로웨이에 자신의 조사관을 파견하고, 공무원들이 진술한 것을 그대로 사실로 받아들이는 그런 조사위가 아니라, 정부에 대한 여성들의 분노와 이 운동이 취한 방법을 조사할 수 있는 배심원이 있는 공청회를 열기를 요구합니다.

제가 말씀드리는 싶은 것은 음모를 꾸민 자는 우리 피고인들이 아니라는 점입니다. 이러한 운동을 깨부수기 위해 우리에게 음모를 꾸민 것은 바로 정부입니다. 그러나 이 재판에서 어떤 판결이 나더라도, 우리는 후세의 판단에 따르는 데 만족하려 합니다. 우리는 엄청나게 자만하는 그런 사람들이 아닙니다. 이 방법만이 유일한 방법이라고 확신하지 않았다면, 우리는 결코 우리 자신을 이 상황까지 몰아가지 않았을 것입니다. 저는 처음에는 토론을 시도했습니다. 저는 평생 이 문제를 해결하기 위해 매진했습니다. 그리고 저는 또한 설득도 해보았습니다. 저는 대중 모임에서, 아마도 이 법정에 계신 어떤 분보다도 더 많이 연설을 했을 것입니다. 제가 연설한 모든 대중 모임에서 대다수의 사람들은 여성들이 남성과 동등한 부담을 지고 책임감을 공유한다면, 여성들에게도 남성들과 똑같은 특권이 주어져야만 한다고 믿고 있었습니다. 제가 말씀드리는 모임은 대중에게 열려 있는 모임이지 입장권을 가진 사람만 입장하는 그런 모임이 아닙니다. 저는 한 번도 입장권이 있어야 들어갈 수 있는 모임에서는 연설을 해본 적이 없습니다. 대중의 여론이 비록 의도적으로 억압되고 있지만, 여론은 저희 편이라고 확신합니다. 그래서 공공 법정에서 이런 말을 할 수 있는 기회가 주어져서 기쁘게 생각합니다."

법무장관의 검찰 측 주장은 주로 여성 참정권 입법화 과정에 관련된 자유당의 행위를 변호하는 데 초점이 맞추어져 있었다. 따라서 페식 로런스 부인에 대한 변호에서 팀 힐리 씨는 이번 기소와 재판의 정치적 성격을 강조하면서 다음과 같이 주장했다.

"여러분이 법률을 적용해서 정치적인 적들을 억압할 수 있다면 매우 편리할 것임이 틀림없습니다. 만일 그들이 그렇게 할 수 있는 용기, 국왕 폐하의 적 모두를 입 다물게 할 수 있는 용기, 즉 현 정부가 권력을 갖고 있는 동안 우리의 공적인 법정과 대중 연단에서 빛나는 유명한 사람들, 예를 들자면, 에드워드 카슨이나 F. E. 스미스나 보나 로*와 같은 사람들 모두를 감금시킬 수 있는 용기가 있다면, 이는 매우 편리한 일일 것임을 저는 추호도 의심하지 않습니다. 여성운동을 기소라는 손쉬운 방식으로 끝장내려고 하듯이 모든 일을 끝낼 수 있다면 가장 편리할 것입니다. 배심원 여러분, 정부의 적들이 남성들일 경우 그들이 어떤 말을 하든, 혹은 그들이 무기를 지닌 훈련된 남성들에게 어떤 지시를 내리든, 정부는 그 남성들을 기소할 용기가 없습니다. 정부는 힘없는 여성들만을 기소할 뿐입니다. 재판부를 관장하는

---

*   세 사람 모두 아일랜드자치법안에 반대했다. 더블린 출신의 변호사이자 판사인 에드워드 카슨은 연합파의 지도자로서 아일랜드자치법안이 통과될 경우 끝까지 투쟁할 것을 결의하고 얼스터 의용군을 만들어 대규모 무력시위를 벌였다. F. E. 스미스와 보나 로는 보수당 의원으로 3차 아일랜드자치법안의 통과를 막았다.

정부는 중요한 두 개의 날짜를 미리 정해놓고서, 여러분들께 재판을 받고 있는 죄수에 대한 판결을 진행하라고 요구합니다. 그리고 아무런 이유 없이 단지 제안된 과정에 따라서, 책임감 있고 교양 있고 훌륭한 교육을 받은, 대학을 졸업한 배심원 여러분이 갑작스럽고, 악의 있고 계획적인 정부의 이러한 범죄 행위에 참여하게 된 것입니다.

배심원 여러분, 이와 연계지어 제가 먼저 부탁드리는 것은 바로 이것입니다. 여성들에 의해 표명된 이 요구가 진행되는 과정을 볼 때, 그리고 제 앞에 놓여 있는 증거들을 볼 때, 국왕폐하의 각료들이 행하는 식으로 이 운동을 취급해야 하는 이유가 과연 있습니까? 모든 정부의 핵심은 일을 원만하게 처리하는 것이라고 생각합니다. 그러므로 지위가 높거나 보수를 많이 받는 사람들은 시민 투쟁을 도발하고 대중 소요를 야기했다고 비난을 받는 사람들에게 적대적인 편이 되면 안 되는 것입니다. 그런데 우린 과연 어떤 상황에 맞닥뜨렸습니까? 노동조합원, 백신을 반대하는 사람들,* 아내의 자매들과의 결혼을 합법화하려는 사람

---

* 백신에 대한 반대운동은 백신 자체의 역사만큼이나 오래되었다. 18세기 중엽 영국에서 백신 주사를 의무화하자 대규모 집회를 통한 반대 운동을 벌였다.

들[*]을 비롯한 모든 형태의 정치적인 요구에 귀를 기울이고, 이런 요구들을 겸손하게 수용하면서 그들을 도왔던 사람들이 공손하게 존경심을 갖고 제출했던 요구를 정부가 과연 어떻게 처리했는지 한번 돌이켜봅시다. 이런 특별한 형태의 시민 개혁을 주창하는 사람들이 면담이나 회의장 입장을 요구할 때, 혹은 청원을 받아주길 공손하게 요구했을 때, 정부는 언제나 법적으로 단호하게 거절했습니다. 이렇듯 정부가 이런 합법적인 요청을 거절했기 때문에 이 자리에 있는 피고인들과 같은 사람들이 생기게 된 것입니다. 그래서 여러분께서는 오늘 배심원으로 오시게 되었습니다. 이번 사건이 발생한 것이 오늘 기소당한 우리 의뢰인들의 사주 때문인지 혹은 장관들의 조처 때문인지 고려하면서 판결해주시길 바랍니다. 이 책임감 있는 피고인들의 어깨에 조금이라도 비난의 짐을 지우면 안 된다고 여러분이 말씀해주시길 제가 부탁드려도 되는지, 혹은 여러분이 피고석에 있는 사람들만이 유죄라고 말함으로써 올바른 정도를 벗어나야 하는

---

[*]   법률적으로 금지된 일이었으나, 많은 사람들이 아내가 죽은 후 아내의 자매와 결혼했다. 이 문제는 빅토리아조 동안 논쟁이 계속되다가 1907년 '죽은 아내의 자매와의 결혼법'(Deceased Wife's Sister's Marriage Act)에 의해 합법화되었다.

지 고려하면서 판단해주시길 바랍니다."

변론을 끝내면서, 힐리 씨는 이 재판의 정치적인 면으로 되돌아갔다.

"정부는 자신들의 주요한 적들을 상당한 기간 동안 격리시키기 위해서 이 기소에 착수했습니다. 그들은 자신이 참석한 대중 연설에서 '여성에게 투표권을'이라는 불편한 외침 소리를 더 이상 듣지 않기를 희망합니다. 이번 기소에 다른 목적이 있다고는 생각할 수 없습니다. 상점 주인과 소매상과 다른 사람들이 겪은 손실에 대해서는 무척 유감입니다. 저는 그 점에 대해 심히 유감을 표현하고자 합니다. 누구든지 선량한 사람들에게 손해를 입히거나 고통을 가해서는 안 된다고 생각합니다. 그러나 저는 그 행위를 직접 저지른 사람들을 처벌함으로써 법은 이미 충분히 지켜졌다고 여러분들께서 말씀해주시길 부탁드립니다. 이 재판으로 무엇을 더 얻을 수 있겠습니까? 정의가 더 증진되겠습니까?

저는 이 사건을 법적인 문제로 다루는 것에 대체로 주저했습니다. 저는 이 사건을 양심 깊은 정치적 행위로 보았습니다. 법정에서 피고를 상대로 제기된 놀라운 소송들 중에서, 페식 로런스 씨에 대한 소송이야말로 가장 놀라운 것이라고 느끼지 않을 수 없습니다. 그는 경찰법정에 참석해서, 의회에 청원하기 위해서 애쓰다가 체포된 여성들, 또는 폭력을 행사하다 체포된 여성들을 위해 보석금을 내주었습니다. 저는 검찰 측의 기소 자체를 불평하는 것은 아닙니다. 그러나 경찰들이 피고들의 집과 가정 환경에 대해 탐문하고, 그들의 서류와 기관지를 탈취하고, 그들의 은행 계좌를 조사하고, 은행원들을 데려와서 그들의 은행 잔고가 얼마인지 말하게 하는 방식에는 문제가 있다고 생각합니다. 과거의 어떤 기소에서도 국가의 중대한 재판이 이렇듯 사소한 방식으로 품위를 잃은 경우는 없다고 말씀드리고자 합니다. 여러분은 이 사건이 중대한 국가적인 재판이라는 사실을 인정하지 않을 수 없을 것입니다. 지금 재판을 받는 것은 사실상 여성들이 아닙니다. 그것은 바로 남성들입니다. 바로 정부의 체제가 재판을 받고 있는 것입니다. 기소장에 제시된 증거들이 과연 무엇에 기인하는지 공정하게 보여주지 않은 채, 무작정 주먹구구식으로 열린 재판인 것입니다. 그리고 재판을 받고 있는 것은 체제 자체입니다. 대중들의 모든 선량한 행위를 음모로 몰아가는 그 체제에 대한 재판인 것입니다."

배심원들은 한 시간 넘게 자리를 비웠다. 판결에 이르는 데 어려움을 겪는 모양이었다. 그들이 돌아왔을 때, 긴장된 표정에서 그들이 심한 압박감을 느끼며 논의를 했다는 것이 명백했다. 배심장이 기소된 사건이 유죄라는 판결을 선언할 때, 그의 목소리는 떨렸다. 그리고 다음과 같이 덧붙일 때 그는 감정을 조정하느라 힘들어 했다.

"존경하는 재판장님, 저희들은 만장일치로 다음과 같은 희망을 표현하고자 합니다. 이런 사건에 이르게 된 여성운동에 깔려 있는 의심할 여지 없이 순수한 동기를 고려하시어, 이 사건을 처리하실 때 최대한의 관대함과 자비로움을 베풀어주시길 바랍니다."

이 탄원에 박수갈채가 쏟아졌다. 그때 페식 로런스 씨가 자리에서 일어나서, 판결이 선언되기 전에 몇 마디 해도 되는지 물었다. 배심원의 건의를 차치하고라도, 우리는 정치적인 동기로 행동했기 때문에, 우리가 정치범이라는 사실은 분명하다고 말했다. 영국 법원은 정치사범과 일반사범을 다르게 판결한다. 로런스 씨는 어떤 스위스인의 사건을 인용했다. 한 스위스인이 해외로 도망했을 때 그의 인도가 거부되었는데, 그 이유는 그가 저지른 범죄가 정치적인 성격을 띠었기 때문이라는 것이었다. 또한 법정은 설혹 살인이라 할지라도 정치적인 동기로 인해서 일어났다면, 그것은 정치적인 범죄라고 판결했다. 로런스 씨는 또한 유죄 판결을 받았던 돌아가신 W. T. 스테드 씨의 사건을 상기시켰다. 그의 범행 동기가 일반적인 범죄와는 달랐기 때문에 1급 죄수 대우를 받았고, 가족과 친구를 접촉할 수 있는 완벽한 자유를 허락받았다. 마지막으로 제임슨 박사의 경우도 인용했다. 그의 공격으로 스물한 명이 살해당하고 마흔여섯 명 이상의 사람들이 부상을 당했지만, 범죄의 정치적인 면이 참작되어 그는 1급 감옥에 수감되었던 것이다.

그들은 남성의 전쟁터에서 싸우고 있는 남성들이었다. 그러나 여성사회정치연합 소속의 우리는 여성을 위한 전쟁터에서 싸우고 있는 여성들에 불과했다. 따라서 판사인 콜리지 경은 우리를 법을 무시하는 무모한 범죄자라고 보았다. 그는 다음과 같이 말했다.

"당신들은 법이 금지한 범죄를 저질렀기에 기소되었습니다. 만일 제가 생각한 대로 판결을 한다면, 2년의 징역형을 선고하겠습니다. 그러나 이 사건과 관련해서 배심원들이 관심을 가져달라고 한 사안들이 있습니다. 그리고 피고 세 사람은 모두 자신을 1급 경범죄인으로 대우해달라는 요구를 했습니다. 이 사건을 다루면서, 당신들이 저지른 행위에 대해서 후회하거나 부인하는 것을 보았더라면, 또는 장차 미래에 같은 일을 반복하지 않겠다는 어떤 희망을 보았더라면, 저는 제게 제출된 주장에 의해 설득되었을 것입니다."

우리는 어떤 개전의 정도 표현하지 않았기에 2급 감옥에서 9개월의 금고형을 받아 마땅하며, 기소 비용을 지불해야만 한다고 법원은 판결했다.

3

'그렇다면, 제가 선동하겠습니다'

***

9개월이라는 형기는 터무니없이 길어서 우리는 매우 놀랐다. 가장 최근에 일어난 사건들과 비교해볼 때 이는 더욱 놀라운 일이었다. 한 가지 예를 들자면 최근에 선원 몇 명이 자신들을 비롯한 모든 항해자에게 위험하다고 생각되는 일에 주의를 환기시키기 위해 선상반란을 일으킨 일이 있었다. 그들은 재판을 받았고, 유죄판결을 받았다. 그러나 반란을 일으킨 동기가 참작되어 그들은 처벌받지 않고 풀려났다. 아마도 우리 사건에 더 유사한 것은 노동자의 지도자였던 톰 만이 일으킨 사건일 것이다. 그는 최근 군인들에게 상관이 명령을 내리더라도 파업 노동자들에게 총을 쏘지 말라고 요청하는 팸플릿을 썼다. 정부의 관점에서 보자면, 이는 우리 사건보다 훨씬 더 심각한 선동이다. 만일 군인들이 그렇게 행동한다면, 정부는 절대로 질서를 유지할 수 없게 될 것이기 때문이다. 게다가 명령을 수행하길 거부하는 군인들은 사형을 당할 수도 있다. 그런데도 톰 만은 겨우 6개월의 형을 선고받았을 뿐이고, 게다가 진보적인 언론과 자유당 정치인들 측에서 일으킨 소요와 항의로 2개월 뒤에 풀려났다. 그래서 우리가 감옥으로 끌려가고 있을 때, 우리는 선고받은 형량대로 우리를 가두어둘 수는 없을 거라고 이야기를 나누었다. 정부는 여론의 압박 때문에 우리를 감옥에 9개월 동안 가두어두지 못할 것이고, 복역 기간 동안 잠깐이라도 2급 죄수 취급을 못할 것이라는 이야기를 나누었다. 우리는 의회가 열리는 1주일 동안은 단식 투쟁을 하지 않고 기다려보기로 합의했다.

의회가 열리는 7일 동안 기다리는 일은 매우 지루했다. 왜냐하면 밖에서 무슨 일이 일어나고 있는지 또는 의회에서 어떤 사안이 논의되는지 알 수 없었기 때문이다. 우리를 위해 옥스퍼드 대학과 케임브리지 대학에서, 그리고 영국뿐 아니라 유럽 각국, 미국과 캐나다 그리고 심지어는 인도에서도 지식인들과 다양한 직업의 저명인사들이 항의나 청원서를 엄청나게 보내고 있다는 것도 알지 못했다. 우리를 정치범으로 인정하라고 요구하는 국제 청원서에 러시아 하원의 입헌민주당 당수인 파울 밀료우코프 교수, 이탈리아의 국회의원 엔리코 페리, 독일 제국의회의 에드바르트 베른슈타인, 덴마크의 비평가 게오르게 브란데스, 인류학자이자 철학자인 에드워드 웨스터마크, 퀴리 부인, 스웨덴 여성 사상가 엘렌 케이, 벨기에의 작가 모리스 마테를링크 등 많은 저명한 인사들이 서명했다.

의회에서도 엄청난 분노가 표출되었다. 키어 하디 씨와 조지 랜즈베리 씨는 우리에게 내려진 판결을 철저하게 바꾸고, 우리를 즉시 1급 감옥으로 옮겨줄 것을 요구하는 데 앞장섰다. 불과 며칠 사이에 너무도 많은 압박이 가해지자 내무장관은 즉각 이 사안을 세부적으로 검토하는 것이 자신의 의무라고 느끼고 있다고 선언했다. 그는 이 참정권 죄수들에게 한 번도 죄수복을 강제로 입히지 않았다고 설명했다. 마침내, 그러니까 7일간의 의회 회기가 끝나기도 전에, 우리 세 사람은 1급 감옥으로 이송되었다. 페식 로런스 부인은 제임슨 박사가 전에 사용했던 감방에 수감되었고, 나는 그 방과 인접한 방에 수감되었다. 페식 로런스 씨는 브릭스톤 교도소에 비슷한 방식으로 수감되었다. 우리 모두에게는 안락의자와 탁자와 개인 침구류와 수건 등을 쓸 수 있는 특권이 주어졌다. 우리는 외부에서 들어온 사식도 받았다. 입던 옷을 그대로 입을 수 있었고, 원하는 책과 신문과 글 쓰는 데 필요한 도구들을 모두 얻을 수 있었다. 우리는 감옥의 일상적 규칙에 따라 2주에 한 번씩만 편지를 쓰거나 보낼 수 있었고, 친구를 만날 수도 없었지만, 그것들을 제외하고는 참정권 죄수를 정치범으로 대우해달라는 우리의 주장은 실현되었다.

소기의 목적을 달성했으나, 나중에 이런 혜택은 단지 우리에게만 베풀어졌다는 것이 밝혀졌다. 다른 여성들 모두가 1급 감옥으로 이송되었느냐는 질문에 이송에 대한 명령은 페식 로런스 부부와 나에게만 해당된다는 대답을 들었다. 말할 것도 없이 우리는 이러한 불공정한 특혜를 받아들이기를 즉각 거부했다. 내무장관이 다른 참정권 죄수들도 우리가 받은 것과 똑같은 대우를 하도록 모든 수단을 다 써본 뒤, 우리는 결국 단식 투쟁에 돌입했다. 이 소식은 재빨리 홀로웨이에 퍼졌고, 신기하게도 브릭스톤, 에일즈베리, 윈슨그린까지 퍼져서, 다른 참정권 죄수들도 즉시 우리들을 따라했다. 당시에 정부는 80명이 넘는 단식 투쟁자를 관리해야 했기에, 전에도 그랬던 것처럼 물리적인 힘을 사용할 태세를 갖추었다. 즉, 그것은 엄청나게 욕지기 나고 무자비한 강제 급식을 의미했다. 홀로웨이는 공포와 고문이 난무하는 장소가 되었다. 의사들이 이 끔찍한 업무를 수행하며 이 감방에서 저 감방으로 다닐 때마다, 폭력이 난무하는 역겨운 장면이 거의 매일같이 벌어졌다. 한 의사는 너무도 잔인한 방식으로 업무를 수행해서, 그를 보는 것만으로도 공포와 고통을 불러일으켰다. 내가 살아 있는 한, 강제 급식으로 인한 공포와 고통의 비명을 들으면서 겪었던 괴로움을 결코 잊지 못할 것이다. 한 여성은 지독한 고통으로 발작을 일으켜 감방과 연결된 복도에서 아래층으로 뛰어내렸다. 만일 2.4미터 아래 쳐진 철망이 없었더라면, 그녀는 철제 계단에 떨어졌을 것이고, 분명히 목숨을 잃었을 것이다. 그녀는 목숨은 건졌지만 심하게 다쳤다.

이 대규모 단식 투쟁은 영국 전역에 엄청난 반향을 일으켰다. 내각 각료들은 매일 질문에 시달렸다. 농성을 시작하고 사나흘이 지났을 때, 하원에서 소란스러운 사건이 발생하면서, 그 반향은 절정에 다다랐다. 내무부 차관 엘리스 그리피스 씨에게 강제 급식 조건에 대해서 무자비할 만큼 신랄한 질문들이 쏟아졌다. 그리고 질의응답이 끝나자마자, 참정권을 지지하는 의원 중 한 명이 수상에게 모든 참정권 죄수를 풀어주도록 명령하라고 간청했다. 자신의 의사와 상관없이 이 논란에 참여하게 된 애스퀴스 수상은 자신이 동료인 내무장관 매케너 씨의 결정에 간섭할 수 없다고 말했다. 그는 늘 그렇듯이 번지르르한 거짓말로

"내무장관이 요청한 일을 참정권 죄수들이 수행하기만 한다면, 오늘 오후 감옥을 나가지 못할 죄수는 단 한 명도 없다는 점을 지적하고 싶습니다"라고 덧붙였다. 내무장관의 요청은 참정권 죄수들에게 이제부터 전투적인 행동을 그만두라는 것이었다.

조지 랜즈베리 씨가 자리에서 벌떡 일어나서 "그들이 그렇게 할 수 없다는 것을 당신은 너무도 잘 알고 있지 않소! 영국 수상이 그런 발언을 하다니, 정말로 수치스러운 일이요"라고 소리쳤다.

수상은 격노한 랜즈베리 씨를 무심하게 쳐다보더니 대답조차 하지 않고 자리에 앉아버렸다. 이렇듯 여성에게 던져진 모욕에 심하게 충격을 받은 랜즈베리 씨는 수상과 각료들이 앉아 있는 자리까지 성큼성큼 걸어가서 수상을 마주보고 이렇게 말했다.

"각하께서 그렇게 말씀하신 일은 불명예스러운 일입니다. 당신은 경멸을 받을 가치조차 없습니다. 당신과 각료들 모두 다 그렇습니다. 당신은 스스로를 신사라고 부르면서, 여성들에게 강제 급식을 감행하고 여성들을 살해하고 있습니다. 당신은 지금 맡고 계신 수상 자리에서 물러나야 합니다. 이런 방식으로 여성들의 저항을 취급하는 것은 영국 역사에서 일어난 가장 불명예스러운 일입니다. 당신은 결백한 여성들을 고문한 남성으로 역사에 길이 남을 것입니다."

이쯤 되자 하원은 엄청나게 들끓었다. 화가 난 랜즈베리 의원은 의회의 시끄러운 소란을 넘어 들릴 수 있을 만큼 커다란 목소리로 소리쳐야만 했다. 이 소란 가운데 애스퀴스 씨가 랜즈베리 씨에게 하원을 즉각 나가라고 거만하게 명령하는 말을 들은 사람은 몇 명 되지 않았을 것이다. 이 사실은 다음 날 신문에 실리고서야 널리 알려졌다. 그럼에도 랜즈베리 씨는 5분이나 더 항의했다. "당신은 여성을 살해하고 고문하고 미치게 만들었습니다. 그러고는 그들이 자신의 신념을 배반하면 감옥을 나갈 수 있다고 말씀하시는군요. 부끄러운 줄 아셔야 합니다. 그러고도 당신이 원칙을 말하고, 얼스터에서 일어난 싸움에 대해서 말할 자격이 있습니까?" 그리고 그는 연합파 의원들을 향해서 "여러분도 마찬가지요"라고 말했다. "여러분은 공직에서 쫓겨나야 마땅합니다. 이 여성들은 여러분께 원칙이 무엇인지를 보여주었습니다. 여러분은 여성의 권리를 위해 궐기하는 이들을 존중해야 합니다. 영국 하원은 부끄러운 줄 알아야 한다는 것을 여러분께 말씀드리고 싶습니다"라고 덧붙였다.

마침내 대변인이 애스퀴스 씨를 구하러 와서는, 랜즈베리 씨에게 수상의 명령에 따라 즉각 나가달라고 간청했다. 그러면서 이러한 무질서한 행동은 의회에 대한 존경심을 잃게 만든다고 말했다. 그러자 랜즈베리 씨는 분노를 터뜨리며 "의회는 존경심을 잃은 지 이미 오래되었소"라고 외쳤다.

정부를 향해 폭발한 전례 없는 분노와 경멸은 커다란 이야 깃거리였다. 그리고 죄수의 석방 또는 적어도 강제 급식 중단—결국에는 이 둘이 같은 일이지만—이라는 두 가지 사항에 대한 지시가 내려올 것이라는 분위기를 모든 면에서 느낄 수 있었다. 서프러제트들은 매일 큰 무리를 이루어 홀로웨이로 행진해 가서 수감자들을 위해 연주를 해주었고, 거대한 군중을 이루어 시위를 계속했다. 귀를 잔뜩 기울인 우리에게 희미하게 들려오는 음악과 환호 소리는 말로 표현할 수 없을 정도로 달콤했다.

그렇지만 이러한 노래 소리에 귀를 기울이고 있을 때 내 감옥 생활에서 가장 끔찍한 순간이 발생했다. 나는 단식으로 매우 몸이 약해져서 침대에 누워 있었다. 그때 로런스 부인의 방에서 갑작스럽게 비명 소리가 터져 나왔다. 그리고 엄청나게 격렬한 싸움 소리도 오랫동안 들려왔다. 그들이 그 야만스러운 짓거리를 감히 우리에게도 시도하려 들고 있었던 것이다. 침대에서 벌떡 일어나, 쇠약함과 분노로 몸을 떨며, 벽에 등을 기댄 채 내게도 곧 벌어질 일을 기다렸다. 로런스 부인을 해치운 그들은 잠시 후 내 감방 문을 활짝 열어젖혔다. 나는 문지방에 서서 의사들과 그 뒤에 서 있는 여러 명의 여성 간수들을 보았다. 의사가 "팽크허스트 부인"이라고 나를 불렀다. 즉시 나는 무거운 도자기로 만든 주전자를 힘껏 잡았다. 내 몸이 쇠약하다는 느낌을 받을 새도 없이 주전자를 머리 높이 들어올렸다.

"만일 당신들 중 누구든 내 방에 한 발자국이라도 들여놓으려고 한다면, 난 자신을 방어하겠습니다"라고 소리 질렀다. 누구도 움직이지 않았고, 몇 초간 침묵이 흘렀다. 의사가 내일 아침에 다시 하자는 등 중얼거린 뒤, 모두 물러났다.

나는 로런스 부인의 감방에 갈 수 있게 해달라고 요구했다. 부인은 절망적인 상태에 빠져 있었다. 그녀는 강한 여인이었고, 매우 강단 있는 여성이었다. 그래서 그녀를 제압하기 위해서 아홉 명의 여성 간수가 힘을 합쳐야만 했다. 그들은 아무런 경고도 없이 그녀의 감방으로 쳐들어갔고, 갑작스럽게 그녀를 붙잡았다. 그렇지 않았더라면 그들은 결코 성공할 수 없었을 것이다. 그녀의 저항이 너무도 격렬해서 의사들은 청진기를 대볼 수도 없었다. 그들은 그녀에게 튜브를 꽂는 데 많은 어려움을 겪어야 했다. 그 참혹한 일이 끝난 뒤 로런스 부인은 기절했고, 그 뒤 여러 시간 동안 매우 아팠다.

　　로런스 부인이나 나에게 행한 강제 급식 시도는 이렇게 끝났다. 이틀 뒤 우리는 건강 문제를 구실로 풀려났다. 매일같이 의기충천한 반란군이 몇 명씩이나 죽음에까지 이를 수도 있는 상황에 처하자, 정부는 다른 단식 투쟁자들도 차례로 풀어주어야 했다. 열흘 이상 하루에 두 차례씩 강제 급식을 당한 로런스 씨도 7월 1일에 몸이 완전히 쇠약해진 상태로 풀려났다. 그 뒤 며칠이 지나지 않아 마지막 죄수까지 풀려났다.

　　몸이 충분히 회복되자마자 나는 파리로 가서 크리스타벨을 다시 만나는 기쁨을 누렸다. 투쟁과 불행이 계속되는 동안에도 크리스타벨은 개인적인 고민을 뒤로한 채, 지도자로서의 임무를 충실히 수행했다. 크리스타벨은 페식 로런스 부부의 부재로 우리 기관지 《여성에게 투표권을》의 편집자 역할을 도맡았다. 지금까지 새로운 임무를 언제나 잘 수행했던 크리스타벨은 능숙하고 신중하게 신문을 발간했다.

　　우리는 많은 이야기를 나눴고 많은 점을 고려했다. 왜냐하면 다른 참정권 단체가 제안해온 대로 싸움을 그만두는 대신, 전보다 훨씬 더 활발하게 싸워나가야 한다는 것이 분명했기 때문이다. 길게 늘어진 투쟁을 줄이고, 정부가 무언가를 할 수밖에 없다고 인정하게 만들 방법을 찾아야만 했다. 우리의 힘이 난공불락이라는 것은 이미 보여주었다. 우리는 정복될 수 없으며, 두려움도 없었고, 우리를 감옥에 가두어둘 수도 없다는 것을 이미 보여주었다. 정부는 이 전쟁에서 이미 졌기 때문에, 우리의 임무는 단지 항복을 서둘러 받아내는 것뿐이었다.

참정권 문제와 관련해, 의회는 깨끗이 쓸려나가 황폐한 상황이었다. 3차 조정법안은 14표 차이로 2차 독회에서 통과되지 못했다.

많은 자유당 의원이 이 법안에 찬성표를 던지기를 두려워했다. 왜냐하면 로이드-조지 씨와 루이스 하코트 씨가 법안이 이번에 통과되면 내각을 양분하는 결과를 초래할 것이라는 유언비어를 지속적으로 퍼뜨렸기 때문이다. 아일랜드민족당 의원들도 이 법안에 적대적이었다. 왜냐하면 그들의 대표였던 레드먼드 씨가 반참정권론자여서, 아일랜드자치법안에 여성 참정권 조항을 포함하는 것을 거부했기 때문이다. 지금까지 우리의 친구였던 노동당 의원들은 참정권법안에 무관심하거나 자신들의 법안에 해가 될까 두려워했고, 법안에 대한 2차 독회가 열리는 날 많은 노동당 의원이 회의에 참석하지 않았다. 그런 식으로 조정법안은 폐기되었고, 그 일로 전투파는 맹비난을 당했다! 6월에 정부는 애스퀴스 씨가 제안한 남성 보통선거권 법안이 곧 도입될 것이라고 선언했고, 그 법안의 윤곽이 곧 드러났다. 이 새로운 법안은 유권자 등록 절차를 단순화하고, 거주 자격 기간을 6개월로 줄이고, 재산 자격 조건과 복수투표권과 대학 대표제를 폐지하는 안이었다. 한마디로 이 법안은 스물한 살 이상의 모든 남성에게 의회 선거권을 주는 것이었지만, 모든 여성을 배제하는 안이었다. 참정권 운동사에서 여성들이 그토록 심한 모욕을 당한 적은 한 번도 없었고, 영국 역사에서 여성의 자유에 그렇게 심한 타격을 주었던 적도 없었다. 수상이 여성 참정권을 포함할 수 있도록 수정이 가능한 법안을 도입하고, 2차 독회를 통과한 수정조항을 법안의 일부로 받아들이겠다고 공약한 것은 물론 사실이다. 그러나 우리는 수정조항과 같이 처음부터 공식적인 정부의 법령으로 만들어지지 않은 법안은 어떤 것이라도 신뢰할 수 없었다. 그동안 애스퀴스 씨는 자신이 여성에게 공언했던 약속을 모두 깨뜨렸다. 그래서 이 새로운 약속은 우리에게 전혀 믿음을 주지 못했다. 그가 그런 약속을 했던 이유는 조정법안을 무력화시키는 과정 중에 저지른 배신을 감추기 위해서였고, 또 참정권론자들을 진정시키려는 희망에서, 그리고 아마도 전투파와 또 한 번 휴전을 하기 위해서라는 것을 우리는 너무도 잘 알고 있었다.

만일 이 마지막 것이 그가 바라던 것이었다면, 그는 안타깝게도 엄청나게 실망할 터였다. 여성들이 더 이상 창문 깨뜨리기와 같은 상징적인 투쟁으로 만족하지 않을 것이라는 징조가 계속 나타났기 때문이다. 일례로, 화이트홀에 있는 내무장관의 사무실에 방화 흔적이 발견되었다. 그리고 다른 각료의 사무실 출입구에서도 비슷한 흔적이 발견되었다. 만일 정부가 여성에게 투표권을 줌으로써 이러한 경고에 신속하게 대응했다면, 그 이후 일어났던 전투파의 모든 심각한 행위는 피할 수 있었을 것이다. 그러나 정부의 심장은 파라오의 심장처럼 굳어져 있었고, 전투파의 행위는 하나씩 신속하게 연속적으로 일어났다. 7월에 여성연합은 그런 측면에서 우리의 취지를 설명한 선언문을 발간했다. 선언문의 일부 내용은 다음과 같다.

"여성사회정치연합의 지도자는 이미 여러 번 정부에 경고했다. 온건한 투쟁을 할 때 여성에게 투표권을 주지 않는다면, 통제가 불가능한 훨씬 더 격렬한 반란의 정신이 일깨워질 것이다. 그러나 정부는 덮어놓고 그 경고를 무시했고, 따라서 이제 정치가답지 못한 어리석음이 뿌린 결과물을 거두고 있다."

이 선언문은 애스퀴스 씨가 더블린을 방문한 직후에 발표되었다. 아일랜드의 자치를 지지했던 애스퀴스를 환대하기 위해 많은 군중을 동원해 매우 화려하고 장대하게 행사를 치를 예정이었다. 그러나 서프러제트들은 이 행사를 상상할 수 있는 한 가장 끔찍한 실패작으로 만들어버렸다. 애스퀴스 씨가 런던을 비밀리에 떠났다가 다시 돌아올 때까지, 그는 매 시각 서프러제트에 대한 우려 속에서 지내야 했다. 기차 또는 배를 타거나 내릴 때마다 그는 성난 여성들을 만났다. 또한 연설하기 위해 일어설 때마다 여성의 방해를 받았고, 대중을 만날 때마다 여성들의 소란을 마주해야 했다. 그가 더블린을 떠날 때 한 여성이 그가 탄 자동차를 향해 도끼를 던졌으나, 그에게 부상을 입히지는 않았다. 그의 아일랜드 방문을 환영하는 것에 대한 최후의 시위는 두 명의 여성이 국립극장에 불을 지르는 것으로 막을 내렸다. 방화가 일어났을 때 공연은 이미 끝난 상태여서 극장은 실질적으로 비어 있었고 피해가 매우 적었음에도, 극장에 방화를 했던 리 여사와 에반스 여사는 5년의 징역형에 처해졌다. 이들은 우리 연합의 운동사에서 처음으로 강제노역형을 받은 여성들이었다. 물론 이들도 형기를 전부 다 살지는 않았다. 마운트조이 교도소에 갇히자마자 이들은 1급 죄수로 취급해줄 것을 요구했으나 거절당했다. 이들은 즉각적으로 단식 투쟁에 돌입했다. 그 당시 마운트조이에는 아일랜드자치법안에서 여성이 배제된 것에 대한 시위로 아일랜드 출신의 서프러제트들이 많이 갇혀 있었다. 그들은 1급 감옥에 갇혀 있었고, 그들 대부분은 석방 직전이었다. 그러나 그들 모두는 불요불굴의 전투파 정신으로 동조 단식 투쟁에 돌입했다. 그들이 석방되었을 때, 정부는 리 여사와 에반스 여사의 석방을 허가하지 않았다. 강제 급식을 해서 그들이 살아 있을 수 있는 한 최대한 오래 감금하라는 명령이 내려졌다. 우리 운동의 역사상 난폭함이나 잔인함에서 거의 유례가 없는 투쟁 끝에 두 여성은 마침내 석방되었다.

그해 여름 내내 방방곡곡에서 전투파의 투쟁의 불꽃이 타올랐다 꺼지기를 반복했다. 골프 경기장에 대한 연속된 공격이 시작되었다. 이 공격은 장난으로 하는 것이 아니었다. 둔하고 자기만족적인 영국 대중에게 영국 여성의 자유가 박탈당했을 때 스포츠나 하면서 보낼 시간이 없다는 것을 상기시키기 위해서 직접적이고 매우 실제적인 방식으로 진행되었다. 여성들은 자유당 소속 정치인들이 주말에 자주 가는 골프 클럽을 골라, 잔디밭을 산성용액으로 태우고, 골프장 잔디를 당분간 쓸 수 없게 만들었다. 여성들은 잔디밭을 태워서 '여성에게 투표권을'이라는 말을 남기거나, 여성들이 자신의 자유를 위해 싸우고 있다는 것을 상기시키는 표식을 남겨놓곤 했다. 왕실 사람들과 내각 각료들이 스코틀랜드의 밸모럴 성에 머물고 있을 때, 서프러제트가 왕실 골프 클럽을 습격했다. 일요일 아침 동이 트자, 골프장의 모든 깃발은 여성사회정치연합의 깃발로 대체되어 있었고, 깃발에는 '여성의 투표권이 바로 각료들의 평화' 혹은 '강제 급식이라는 야만적인 행위를 즉각 그만둬라' 등의 구호가 적혀 있었다. 서프러제트들은 비겁한 각료들에게 질문을 하기 위해 수시로 골프장에 갔다. 두 명의 여성은 수상이 매케너 씨와 골프를 치던 인버네스까지 따라갔다. 그들에게 다가가면서 한 서프러제트가 "애스퀴스 씨는 강제 급식을 중단해야 한다"고 외치기는 했으나, 앞으로 더 나아가지는 못했다. 이 시위로 애스퀴스 씨는 화가 나서 얼굴이 창백해졌고, 내무장관 뒤로 숨었던 모양이다. 이에 내무장관은 무례하게도 여성을 붙잡아 연못에 빠뜨리겠다고 소리를 질러댔다. "그러면 우리는 당신도 함께 연못에 빠뜨리겠습니다"라고 두 명이 반박했다. 그 뒤에 매우 떠들썩한 소란이 잇따랐으나, 두 여성을 연못으로 내던지지는 않았다.

골프장에서의 시위는 창문을 깨뜨리는 것보다 우리에 대해 더 심한 적대감을 불러일으켰다. 신문들은 지친 정치가들이 생각을 분명하게 할 수 있도록 도와주는 경기를 방해해서는 안

된다고 보도했다. 우리는 골프 경기가 수상이나 로이드-조지 씨의 생각을 분명하게 하는 데 아무런 효과도 없다고 대답했다. 그들이 여성에 대해, 그리고 정의를 실현하겠다는 여성의 확고한 결의에 대해 분명하게 생각할 수 있도록 우리는 그들의 경기를 망쳤으며, 단지 금전적으로 넉넉한 남성들의 경기를 망쳤을 뿐이라고 주장했다.

나는 가을에 앨버트홀에서 열린 여성사회정치연합의 대집회에서의 연설을 시작으로 본격적인 활동을 재개했다. 그 집회에서 나는 페식 로런스 부부와 우리 연합이 6년간 맺어온 인연을 끝낸다고 선언했다.

우리 여성사회정치연합에서는 개인적인 의견 차이를 깊이 다루거나, 개인적인 의견의 차이 때문에 운동을 멈추거나, 그 발전이 단 한시라도 방해받아본 적이 없기에, 10월 17일에 앨버트홀에서 열린 집회에서 말했던 중요한 의견 차이에 대해서만 언급하는 데 그치고자 한다. 그날 새로운 제목을 단 신문이 길거리에서 팔리고 있었다. 그 신문의 이름은 《서프러제트》(The Suffragette)였다. 이 신문은 크리스타벨 팽크허스트가 편집했고, 이후 여성사회정치연합의 공식 기관지가 되었다. 이 새 신문과 《여성에게 투표권을》에는 다음과 같은 선언이 실렸다.

지도부의 엄중한 성명서

감옥에 갇혀 강제 휴지기를 갖고 난 뒤에 열린 첫 지도부 회동에서 팽크허스트 여사와 크리스타벨 팽크허스트 양은 새로운 전투 전략을 제시했으나, 페식 로런스 부부는 이 전략을 승인할 수 없었다.

팽크허스트 여사와 크리스타벨 팽크허스트 양은 자신들의 의도를 수정할 준비가 되어 있지 않다고 밝혔으며, 페식 로런스 부부에게 《여성에게 투표권을》의 발간 업무를 재개하고, 여성사회정치연합에서 탈퇴할 것을 권고했다.

페식 로런스 부부는 연합에 분열을 일으키는 것보다는 이 권고를 받아들이는 것에 동의했다.

이 문서에 네 명 모두 서명했다. 그날 밤 회의에서 나는 회원들에게 설명을 덧붙였다. 옛 친구 또는 동료와 헤어지는 것은 물론 힘든 일이지만, 우리가 현재 전쟁을 수행하고 있다는 사실을 잊지 말아야 하며, 그렇기 때문에 통일된 목적과 통일된 정책은 절대적으로 필요하다고 말했다. 그렇지 않을 경우, 우리의 군대는 절망적으로 약해질 것이기 때문이었다. "우리 정책에 동의할 수 없는 사람들, 즉 '눈에는 눈으로'라는 정책을 받아들일 수 없는 사람들은 연합을 자유롭게 떠나야 하며, 자신만의 방식으로 정책을 계속할 수 있는 자유를 가져야 합니다. 그 정책에 더 이상 동의할 수 없는 사람들에 의해 우리 연합이 족쇄에 묶여서는 안 됩니다"라고 나는 말했다.

나는 계속해서 말했다. "페식 로런스 부부가 여성 참정권 운동에 막대한 기여를 한 점에 대해 감사를 표합니다. 그리고 그들이 최선이라고 생각하는 방식대로 미래의 여성 참정권을 위해 자유롭게 일할 수 있게 됨으로써 여성운동은 더욱 강화될 것이라고 믿습니다. 6년 전에 제 딸과 저 자신, 그리고 몇 명 되지 않는 여성에 의해 처음 시작된 여성사회정치연합은 앞으로도 여성 참정권 투쟁을 계속할 것입니다."

그리고 난 뒤 연합이 현재 놓인 상황이 어떤지 조사하고, 새로운 투쟁 노선을 제시했다. 이것은 무엇보다도 지금 정권을 잡은 정당인 자유당뿐 아니라 자유당과 연합하는 모든 정당에 가차 없이 적대적인 노선이었다. 그동안 우리를 속이고 배신하고서, 시민권을 얻기 위해 지금 열심히 싸우고 있는 우리를 이중으로 방해하기 위해 음모를 꾸미고 있는 정부가 다른 두 당과 연합해 정권을 유지하고 있다는 점을 회원들에게 상기시켰다. 명목상으로는 자유당이 제1여당이지만, 자유당은 아일랜드민족당과 노동당과 연합하지 않고는 단 하루도 연명할 수 없는 상태였다. 그래서 우리는 자유당뿐 아니라 아일랜드민족당과 노동당을 향해서도 다음과 같이 선언해야 했다.

"당신들이 반참정권 정부로서 정권을 유지하는 한, 당신들의 정당도 자유당과 마찬가지의 죄를 짓고 있는 것입니다. 그러므로 우리는 당신들의 지지로 권력을 유지하고 있는 자유당에 적대감을 보였던 것처럼, 당신들에게도 똑같은 적대감을 보일 것입니다.

우리는 정부가 여성을 공정하게 대할 때까지 노동당이 자신의 의무를 수행하고 모든 문제에서 정부에 반대할 것을 요구했습니다. 그러나 노동당은 분명 그렇게 하고 싶어 하지 않았습니다. 여성의 자유보다, 노동하는 여성의 자유보다 더 중요한 일이 있다고 그들 중 몇몇은 우리에게 말하기도 했습니다. 우리는 나아가서 이렇게 덧붙였습니다. '그렇다면 우리는 당신들의 원칙이 갖는 진정한 가치를 당신들에게 다시 가르칠 것입니다. 그리고 여성들의 삶을 결정하고 여성들이 지키며 살아야 할 법을 결정하는 여성의 권리를 대표할 준비가 될 때까지, 여러분은 애스퀴스 씨와 그의 일당과 함께 해방을 위한 투쟁 과정에서 여성에게 일어났던 일과 지금 일어나고 있는 일 모두에 똑같이 책임이 있습니다.'"

덧붙여 나는 새롭고 더 강력한 투쟁 노선을 제시했다.

"신사 숙녀 여러분, 이 운동은 많은 비판을 받고 있습니다. 정부의 반참정권주의자들이 여성의 전투성을 비난할 때마다 저는 죽음 직전에 필사적으로 저항하는 온순한 동물을 비난하는 맹수와 닮았다는 인상을 지울 수가 없습니다. 군대를 보내 적군을 죽이거나 살해하라는 명령을 주저없이 내리고, 군중으로 하여금 대중 집회에서 무방비 상태의 여성을 공격하도록 부추기는 남성들의 비난은 전혀 진실하게 들리지 않습니다. 저는 자신들이 열렬한 참정권론자이지만 전투적으로 번진 최근의 투쟁을 그다지 좋아하지 않으며, 사람의 목숨을 함부로 하지 말아달라고 우리에게 호소하는 편지를 받았습니다. 신사 숙녀 여러분, 우리 서프러제트가 유일하게 함부로 다루는 목숨은 자신의 목숨뿐입니다. 지금 이 자리에서 분명히 말하건대, 우리의 정책은 결코 사람의 목숨을 함부로 위태롭게 한 적이 없으며, 앞으로도 그럴 것입니다. 사람의 목숨을 함부로 다루는 것은 우리의 적이 하는 일입니다. 그런 일은 전쟁을 벌이는 남성들에게 맡기겠습니다. 그런 일은 여성들이 취하는 방식이 아닙니다. 대중과의 관계를 보더라도, 사람의 목숨을 위협하는 투쟁은 있어서는 안 됩니다. **정부가 사람의 삶보다 더 중요하게 여기는 것이 있는데, 그것은 바로 재산을 지키는 것입니다. 그래서 우리는 재산을 통해서 적을 공격할 것입니다.** 지금부터 나와 같은 뜻을 가진 여성 동지들은 말할 것입니다. '남성들이여, 우리는 당신들의 법을 무시하고자 한다. 우리는 여성의 자유와 존엄성과 복지를 다른 무엇보다도 우위에 둘 것이다. 그리고 우리가 과거에 그랬던 것처럼, 앞으로도 이 전쟁을 계속할 것이다. 앞으로 일어날 재산상의 손실이나 피해는 우리의 잘못이 아니다. 우리의 요구가 정당하다고 인정하면서도 우리의 자유에 대한 요구가 진심이라는 것을 과거의 정부에게 남성들이 보여준 방식대로 증명하지 않으면 받아들일 수 없다고 말하는 정부의 잘못인 것이다.'"

나는 회의에 참석한 여성들에게 새로운 투쟁에 참여해주길 요구했으며, 여성 참정권을 위해서 싸우는 여성들은 커다란 임무를 수행한다는 점을 새롭게 상기시켰다. 세상이 이미 알고 있는 그 위대한 임무는 인류의 절반인 여성을 해방시키는 것이며, 여성이 자유를 획득함으로써 인류의 다른 절반을 구하는 것이다.

"여러분 자신의 방식대로 전투를 벌이십시오. 우리가 예전에 그랬던 것처럼, 하원에 가서 만족할 때까지는 나갈 수 없다고 주장해 투쟁 정신을 보여주십시오. 각료회의에서 당원들과 맞서 싸우며 그들의 원칙이 잘못되었다는 것을 상기시켜줌으로써 투지를 보여줄 수 있는 사람들은 그렇게 하십시오. 보궐선거에서 여당 의원 낙선운동에 참여할 분은 그렇게 하십시오. 창문을 깨뜨릴 수 있는 분은 그렇게 하십시오. 예전에 차티스트에게 위협받았던 것처럼 여성 참정권에 의해 재산이 크게 위태로워질 것이라는 점을 깨닫게 만들기 위해 재산이라는 비밀스런 우상을 공격할 수 있는 사람들은 그렇게 하십시오.

마지막으로 저는 이 모임에서 내가 직접 여러분에게 반란을 일으키라고 선동했다는 말을 정부에 하고 싶습니다. 얼스터의 지도부가 반란을 선동하는데도 정부는 감히 그들을 체포할 생각조차 못 하고 있습니다. 감히 그럴 수 있다면 나를 체포하라고 정부에게 말하겠습니다. 그러나 얼스터에서 무장 봉기와 인간의 생명을 빼앗도록 사주했던 사람들이 자유로운 한, 나를 감옥에 가둘 수는 없을 것입니다. 투표권을 가진 남성들이 모반을 꾀하면서도 자유를 누리고 있는 한, 우리를 1급 죄수든 아니든 간에 감옥에 가두어둘 수는 없을 것입니다."

내가 너무도 솔직하게 적어놓은 말 때문에 독자 중 몇 분은 분명히 충격을 받거나 화가 날 수도 있을 것이다. 그렇지만 수년 동안 정치적 자유를 얻기 위한 일에 전적으로 그리고 무조건적으로 자신의 삶을 바친 여성의 위치에 자신을 놓아보기를 바란다. 우리는 유권자 다수를 우리 편으로 만들었기 때문에, 만일 하원만 자유로웠다면 여러 해 전에 이미 우리의 자유를 얻었을 것이다. 배신과 권력 남용 때문에 우리는 자유를 빼앗겼다. 평화로운 방법은 아무 소용이 없다는 것을 분명히 깨닫기 전까지, 우리는 오로지 평화로운 방법만을 사용했다는 것을 기억해주기를, 그리고 내각 각료들이 우리를 비웃으며 남성들이 참정권을 얻기 위해 사용했던 것과 똑같은 폭력을 사용하기 전에는 여성들은 투표권을 얻을 수 없을 것이라고 말하는 것을 듣기 전까지 우리는 수년 동안 온건한 투쟁을 해왔다는 것을 고려해주기를 바란다. 그 뒤 우리는 더 강력하게 투쟁했다. 그러나 남성들의 노동 투쟁과 비교해본다면, 그것은 폭력적이라고 말하기조차 어렵다. 싸워오는 내내 우리는 심하게 처벌을 받기도 했으며, 일반 죄수 취급을 받으면서 감옥에 보내지기도 했고, 최근에는 전 세계의 문명화된 국가들에서 수세기 동안 어떤 죄수도 당하지 않았던 방식으로 고통을 받기도 했다. 거대한 경제적 손실은 말할 것도 없이 고통과 죽음을 야기한 끔찍한 파업을 수년 동안 보았으나, 우리처럼 처벌받은 파업 지도부는 단 한 명도 없었다. 우리는 여성들에게 온건한 반란을 사주했다는 이유로 9개월의 금고형을 선고받았으나, 군대로 하여금 모반을 하도록 사주했던 파업 지도자는 단 두 달 동안만 감옥에 있었다. 이제 우리는 아일랜드와의 관계에서 내란 위기에 직면해 있으며, 우리가 이제까지 말했던 것보다 천 배나 더 선동적인 연설을 보도한 신문을 매일 읽고 있는 지경에 이르렀다. 만일 아일랜드자치법이 통과된다면 얼스터는 싸울 것이고, 얼스터가 싸우는 것이 옳다고 주장하는 의회의 명망 높은 의원들의 이야기를 들었다. 그러나 이 남성 중 누구도 체포되지 않았다. 그 대신 그들은 박수갈채를 받았다. 셀본 경은 우리를 가장 신랄하게 비판하는 사람인데, 그는 얼스터 사람들은 군사훈련을 받고 있다는 사실을 지적하면서 "얼스터 사람들이 깊은 신념과 강한 감정을 보여주기 위해 채택한 방법은 온 나라의 상상력을 자극할 것입니다"라고 공공연하게 말했다. 그러나 셀본 경은 체포되지 않았다. 실제적으로 내란을 준비하고 있는 얼스터 사람들과 대적하기 위해 소환 명령을 받았을 때, 장교직을 사임하는 반란죄를 저지른 장교들 역시 어느 누구도 체포되지 않았다.

이 모든 것이 의미하는 것은 무엇일까? 남성들의 폭력적인 투쟁은 박수를 받는 반면에, 여성의 상징적인 투쟁은 감옥에 가두고 강제 급식이라는 공포로 처벌받아야 하는 이유는 무엇일까? 이는 단지 성차에 기반해 생각하는 남성의 도덕 기준이 이중적임을 뜻한다. 남성들의 쾌락에 희생된 여성들은 사회로부터 추방받은 자들로 간주되는 반면 남성들은 모든 사회적 비난을 피하는 이중적인 도덕 기준이 실제로 삶의 모든 영역에 적용된다는 것을 보여주는 것이다. 남성들은 도덕 체계를 만들고, 여성은 그것을 단지 받아들이길 기대한다. 남성들은 자신들의 자유와 권리를 위해 싸우는 것이 어디까지나 올바르고 적절하다고 주장한다. 그렇지만 여성들이 자신들을 위해 싸우는 것은 옳지도 적절하지도 않다고 그들은 주장한다.[*]

폭군이 남성들에게 노예의 속박을 강요할 때 남성들이 가만히 있으면 비겁하거나 불명예스러운 것이지만, 여성들이 가

---

[*] 1913년과 1914년에 정부가 우리에게 보였던 거대한 적대감은 크리스타벨 팽크허스트가 《서프러제트》 지에 쓴 여러 편의 글에 의해 촉발된 성에 대한 냉소에서 기인한 것임에 틀림없다. 성차별의 부도덕성이 야기하는 위해와 그것이 순진한 아내와 아이들에게 미치는 폭발적인 영향력에 대해서 그 어떤 것도 두려워하지 않고 권위 있게 노출시켰던 이 글들은 『중대한 사회악과 그것을 끝내는 방법』이란 책으로 출판되었다. Christabel Pankhurst, *The Great Scourge, and How to End It,* David Nutt, 1913. (지은이 주)

만히 순종하는 것은 존경할 만한 것이라고 남성들은 주장한다. 서프러제트는 이런 도덕의 이중 기준을 절대적으로 거부한다. 만일 남성이 그들의 자유를 위해서 싸우는 것이 옳다면—역사가 시작된 이래로 남성들이 그들의 자유를 위해서 싸우지 않았더라면 인간이란 종족이 오늘날 어떻게 되었을지는 신만이 알 것이다—여성들이 자신의 자유와 그들이 낳은 아이들의 자유를 위해 싸우는 것은 정당하다. 이와 같이 선언하며 영국의 전투파 여성들은 우리의 주장을 마치고자 한다.

4

재산권에 맞선 인간의 권리

*　*　*

정부가 유일하게 걱정하는 것은 재산에 손해를 입히는 일이었다. 따라서 나는 여성 회원들에게 정부에 타격을 주기 위해 재산에 손해를 입히는 일에 동참해줄 것을 촉구했다. 반응은 즉각적이었다. 며칠 지나지 않아서 런던, 리버풀, 버밍엄, 브리스톨과 대여섯 군데의 다른 도시에 있는 우체통에 가해진 공격에 대한 이야기로 여러 신문이 떠들썩했다. 어떤 경우에는 우체부가 우체통을 열자마자 우체통이 알 수 없는 이유로 화염에 휩싸이기도 했고, 어떤 경우에는 편지가 부식성이 강한 화학물질에 손상을 입기도 했다. 다른 곳에서는 수신인의 주소와 이름이 검은 용액으로 칠해져 수신인을 확인할 수 없었다. 대략 5000통이 넘는 편지가 완전히 손상되었고, 수천 통의 편지가 예정보다 늦게 배달되었다.

편지가 갖고 있는 중요한 의미를 깊이 인식하면서 이 시위를 수행했지만, 불공정한 법 때문에 억압받는 여성들이 겪는 고통에 아무런 주의를 기울이지 않는 영국 남성들의 냉담함을 깨뜨리기 위해서는 훨씬 더 극단적인 일을 해야만 했다. 우리가 이미 지적했던 것처럼, 편지는 물론 중요하지만 인간의 신체나 영혼만큼 귀중하지는 않다. 이 보편적인 사실은 타이타닉호의 침몰에서도 확인할 수 있었다. 편지와 귀중품이 영원히 사라졌으나, 그 상실은 수많은 사람이 목숨을 잃는 끔찍한 사건 속에 잊혔다. 그러므로 사람에 대한 더 큰 범죄―여성의 억압―에 관심을 돌리기 위해서, 우리는 편지를 태우는 시위를 계속했다.

범인이 체포되는 일은 매우 드물었다. 우체통에 방화를 한 죄로 체포된 여성 중 한 명은 휠체어를 탄 힘없는 신체부자유자였다. 그녀는 1급 죄수로 8개월의 징역형을 선고받고 수감된 후 결연하게 단식 투쟁에 돌입했으나, 매우 잔인하게 강제 급식을 당했다. 감옥 의사가 음식물을 주입하기 위한 기구를 강제로 입에 집어넣다가, 그녀의 이를 고의로 부러뜨렸다. 몸이 약한 장애인이었음에도 그녀는 단식 투쟁을 계속하고 감옥의 규칙을 지키길 거부해, 투옥된 지 얼마 되지 않아 석방되었다. 우체통을 파손한 사람들에게도 과도한 판결이 내려졌으나, 수감자들이 단식 투쟁을 해서 수형 기간은 아주 짧아졌다.

우리는 게릴라 전술을 사용하기로 했으며, 감옥에 갇혀 있지 않겠다고 선언함으로써, 우리가 필사적이라는 것을 정부에 충분히 보여주었다. 그래서 정부가 수정조항에 여성 참정권을 포함시키겠다는 공약을 지킬 수 있는 기회를 주기 위해 정부와의 전쟁을 잠시 멈추기로 선언했다. 단 한 번도 애스퀴스 씨가 그의 약속을 기꺼이 지킬 것이라고 믿은 적은 없었다. 할 수만 있다면 그는 언제고 약속을 깨뜨릴 것이라는 것을 잘 알고 있었지만, 약속을 회피할 방법을 찾지 못할 가능성도 반드시 없는 것은 아니었다. 그러나 휴전을 선언한 주요한 이유는 수상이 약속을 저버릴 경우, 모든 비난은 전투파가 아니라 진짜 배신자의 어깨 위에 놓일 것이라고 믿었기 때문이다.

우리는 지금까지의 선거권 법안의 역사를 다시 검토해봤다. 1908년 여성참정권법안은 179표 차이로 2차 독회에서 통과되었다. 그때 애스퀴스 씨는 이 법안이 더 나아가지 못하게 막았다. 1910년에는 조정법안이 2차 독회에서 110표 차이로 통과되었으나, 그때도 애스퀴스 씨는 그 법안이 더 나아가지 못하게 막았다. 1911년에 조정법안이 자유로운 수정이 가능한 형식으로 다시 제출된다면, 입법될 우선권이 주어질 것이라고 애스퀴스는 약속했다. 그러나 1911년에 조정법안이 그 조건을 충족시켰을 뿐 아니라 이 법안이 167표 차이로 더 많은 다수결을 얻었는데도, 정부는 남성보통선거권법안을 제출함으로써 조정법안을 무용지물로 만들었다. 이번에 제출된 법안은 여성의 선거권 관련 수정안이 덧붙여질 수 있도록 만들어질 것이라고 애스퀴스 씨는 공약했다. 그리고 그는 만일 그 수정안이 2차 독회를 통과할 경우 법안의 일부가 될 수 있도록 하겠다는 약속을 추가로 했다. 정부가 어떻게 그들의 약속을 지키지 않고 빠져나가는지 지켜보는 것은 흥미진진한 일이었다.

당시에 정치권과 참정권법안에 관해서 온갖 소문이 난무했다. 어떤 소문은 수상이 사임할 것이라고 했고, 어떤 소문은 총선이 있을 것이라고 했고, 어떤 소문은 수정조항을 만들어 여성 참정권을 국민투표에 부칠 것이라고 했다. 정부의 의도는 법안을 연기하는 것, 즉 법안이 하원을 통과한 후 의회법의 혜택을 받지 못하게 할 정도로 오랫동안 이 법안을 붙들어두는 것이라고도 했다. 의회법에 따르면, 하원에서 제정된 법안이 2년 내에 확정되지 못하면, 그 법안은 상원에서 검토될 기회를 전혀 갖지 못한다. 상원의 재가 없이 입법화되기 위해서는 법안이 하원에서 세 번 통과되어야만 했다. 그러나 여성참정권법안이 그렇게 될 전망은 실질적으로 전무했다.

애스퀴스 씨는 어떤 소문에 대해서도 특별히 부정하지 않았다. 사실 선거권 법안에 대해 그가 확실하게 했던 말은 하원에서 여성 참정권 수정조항이 통과될 가능성이 거의 없다는 것뿐이었다. 하원에서 여성의 선거권에 동조하는 세력을 줄이기 위해서, 로이드-조지 씨와 루이스 하코트 씨는 수정조항이 통과될 경우, 내각이 분열될 것이라는 염세적인 소문을 퍼뜨리느라 바빴다. 자유당에 맹목적으로 충성하는 소극적인 평의원을 가장 많이 위협할 수 있는 것은 내각이 분열된 뒤에 있을 총선에서 의원직을 잃을지도 모른다는 두려움이라는 것을 그들은 너무도 잘 알고 있었다. 그들은 정치인이라는 직업을 잃기보다는 원칙을 희생시킬 사람들이었다. 물론 내각의 분열이란 순전히 정치인들 사이에 떠도는 부질없는 소문에 불과했고, 그것을 진짜로 믿는 의원은 거의 없었다. 그러나 한 가지는 매우 분명해졌다. 그것은 바로 선거권 문제에서 하원은 완전히 자유롭게 의사 결정을 할 수 있으며 내각은 하원의 결정에 따를 준비가 되어 있다는 애스퀴스 씨의 약속이 결코 지켜질 리가 없다는 사실이었다.

수정되지 않은 남성보통선거권법안의 원안은 문구만 보아도 여성의 투표권을 부정하는 안이었다. 그래서 에드워드 그레이 경은 이 법안에서 남성이란 말을 빼는 수정안을 제출했고, 여성의 선거권을 포함시킬 수 있는 여지를 만들었다. 그러한 수정 제안이 두 가지 더 제출되었다. 하나는 남성과 여성 성인의 선거권을 확보하는 것이고, 다른 하나는 여성 가구주와 남성 가구주의 아내 모두에게 선거권을 주는 것이었다. 두 번째 수정안에서 남성 투표권 행사 연령을 21세로 낮추는 대신에, 여성의 투표권 행사 연령은 25세로 높였다. 1913년 1월 24일, 첫 번째 수정 제안에 대한 토론이 시작되었다. 에드워드 그레이 경의 수정 제안을 논하는 데 하루와 반나절이 할애되었다. 만일 이 수정안이 시행된다면, 다른 두 개의 수정안을 고려할 수 있는 방법을 갖게 될 것이고, 각각의 수정안은 하루의 3분의 1씩 할당되어 논의될 것이다.

우리는 의회에서 논의가 진행되는 동안 매일 대규모 집회를 열 준비를 했고, 집회를 열기 하루 전에 로이드-조지 씨와 에드워드 그레이 경과 면담하기 위해서 여성 노동자로 이루어진 대표단을 보냈다. 이 대표단은 드러몬드 여사와 애니 케니 양이 이끌었다. 애스퀴스 씨에게 우리 대표단을 접견해줄 것을 요구했으나, 그는 늘 그랬듯이 접견 요구를 거절했다. 대표단은 두 명의 지도자와 랭카셔 출신의 방직공장 기계공 네 명, 런던 출신 저임금 노동자 네 명, 여성 광산노동자 두 명, 교사 두 명, 숙련된 간호사 두 명, 점원 한 명, 세탁부 한 명, 신기료장수 한 명, 가사노동자 한 명 등 총 스무 명으로 구성되었다. 대표단 구성원의 수는 로이드-조지 씨가 지정한 숫자였다. 수백 명의 여성 노동자들이 대표단을 재무장관의 집무실까지 호위했으며, 회견 결과를 듣기 위해 거리에서 걱정하며 기다렸다.

물론 그 결과는 별 볼 일 없었다. 로이드-조지 씨는 경박하게도 선거권 법안에 '아주 좋은 기회'가 생겼다는 이야기를 자신 있게 되풀이했다. 그리고 에드워드 그레이 경은 여성 대표단에게 참정권 문제에 대해서 내각 각료들 간에 의견 차이가 크다는 점을 상기시켰으며, 현재의 법안을 수정하는 것이 이 법안을 통과시킬 수 있는 가장 좋은 방법이라고 확언했다. 대표단은 두 장관에게 매우 솔직하게 말했고, 수정조항이 통과된다면 그것을 수용하겠다는 수상의 공약을 믿을 수 있는지 예리하게 질문했다. 여성들이 수상의 공약을 믿을 수 있는지 공개적으로 질문하는 것이 가능할 정도로 영국 정치는 아주 깊은 불명예의 치욕을 뒤집어쓴 상태였다. 누구도 두려워하지 않는 드러몬드 여사는 미꾸라지처럼 잘도 빠져나가는 로이드-조지 씨에게 불명예를 썻으라고 분명하게 당부했다.

"로이드-조지 씨, 당신은 노령연금과 보험법에 완고하게 집착했고, 그것을 지켜냈습니다. 당신이 이런 법안을 위해서 했던 것처럼 이제 여성을 위해서도 일해주시길 바랍니다."

하원은 다음 날 오후에 에드워드 그레이 경이 제안한 포괄적인 수정조항에 대해 논의하기 위해 만났다. 그러나 토론이 시작되자마자 진짜 폭탄이 던져졌다. 보나 로 씨가 일어나 원안에 덧붙여진 여성의 참정권 수정조항의 합헌성에 대한 판결을 요구했다. 하원을 주재하는 하원 의장은 법에 정통한 의원으로서 다음과 같은 의견을 냈다. 즉 그런 수정조항은 원안과 큰 차이를 빚을 것이므로, 결국 논의의 나중 단계에서 안 자체를 철회해야 할지도 모르니 신중해야 한다는 것이었다. 이러한 불길한 발언에도 아랑곳하지 않고, 하원은 계속해서 그레이 경의 수정조항에 대해 논의했다. 이 수정조항은 휴 세실 경, 존 롤스턴 경과 다른 의원들의 지지를 받았다.

의회 회기에 끼어 있던 주말에 내각 각료회의가 두 차례 열렸다. 월요일에 하원이 다시 열렸을 때, 수상은 하원 의장에게 판단을 요구했다. 의장은 원래 제출된 법안은 지금까지 배제되었던 계급에 선거권을 부여하는 것을 그 주요한 목적으로 삼고 있지 않기 때문에, 여성 참정권과 관련된 수정조항 중 하나라도 통과되면 참정권법안의 범주를 바꾸게 되므로 실상 새로운 법안이 될 것이라고 선언했다. 만일 원 법안이 그렇게 만들어졌다면, 여성 참정권 수정조항은 전적으로 적절할 것이다. 그러나 법안의 주요 목적은 자격 조건을 바꾸는 것이거나 의회 투표를 위한 유권자 등록의 근거를 바꾸는 것에 불과했다. 이 법안은 변화된 자격 조건의 간접적인 결과로 남성 유권자만 증가시킬 것이다. 선거법에서 성별이라는 장벽을 제거하는 수정안은 하원 의장의 의견에 따르면 적절한 것이 아니라는 것이다.

수상은 선거권 법안을 철회하고, 이번 회기 중에는 복수 투표 법안을 제출하지 않을 것이라는 각료 회의의 의도를 알렸다. 애스퀴스 씨는 여성 참정권에 대한 그의 약속은 실행될 수 없게 되었다고 냉담하게 인정했다. 그리고 그것을 대체할 새로운 약속을 해야 한다는 압박감을 느끼고 있다고도 말했다. 그가 약속할 수 있는 것은 오직 두 가지뿐이었다. 하나는 정부가 여성에게 참정권을 주는 법안을 제출하는 것인데, 정부는 그럴 의지가 없었다. 다른 하나는 정부가 의회의 다음 회기 동안 일반 의원이 개인적으로 제출한 법안을 자유롭게 수정할 수 있도록 논의의 우선권을 주기로 약속하는 것이었다. 정부는 이 두 번째 것을 받아들이기로 결정했다. 애스퀴스 씨는 정부가 했던 모든 약속에 형식과 내용 면에서 영향력을 미치도록 자신이 애써왔다는 데 하원이 동의할 것이라고 뻔뻔스럽게 덧붙였다.

하원에서 정부의 배신을 비난할 용기를 갖고 있는 의원은 단 두 명뿐이었다. 그들은 헨더슨 씨와 키어 하디 씨였다. 정부의 행위는 의심할 여지 없는 배신이었다. 애스퀴스 씨는 자신의 명예를 걸고 여성 선거권을 포함하도록 수정 가능한 선거권 법안을 제출하기로 공약했었지만, 그가 제출한 법안은 실제로는 수정할 수 없는 법안이었다. 그가 여성들을 배반할 명백한 의도를 갖고 이 일을 고의적으로 했는지, 또는 의회법에 무지했던 탓인지는 별로 중요하지 않다. 법안을 입안할 때 의회법에 무지한 채 입안했을 리는 없다. 법안이 논의 단계에 이르렀을 때 하원의장의 지혜를 쉽사리 빌릴 수 있었다면, 물론 법안이 작성되는 단계에서도 그와 상의할 수 있었을 것이다. 우리 기관지는 사설을 통해 우리 회원들의 관점을 정확하게 표현했다.

"정부 각료들은 의회의 입안 절차에 무지해서 책임이 막중한 자리를 차지할 수 없는 인물들이거나, 혹은 극악무도한 악당들일 뿐이다."

후대의 판단은 후자 쪽으로 결론날 것이라고 생각된다. 만일 애스퀴스 씨가 명예를 아는 사람이라면 선거권 법안을 다시 작성해 선거권 수정안을 포함하거나, 그렇지 않다면 자신의 엄청난 실수—만일 그것이 실수였다면—를 만회하기 위해 여성 선거권에 대한 정부 법안을 제출했을 것이다. 그는 이 중 어떤 일도 하지 않았다. 그는 개별 의원의 법안에 우선권을 주겠다고 약속함으로써 문제를 처리했다. 그러나 이런 식으로는 어떤 법안도 결코 통과될 수 없다는 것을 그는 잘 알고 있었으며, 또한 누구나 이런 사실을 알고 있었다.

의원이 개인적으로 제출한 법안은, 논의를 먼저 할 수 있는 우선권이 주어진다 해도, 여러 가지 이유로 통과될 수 없었다. 무엇보다도 조정법안이 무력화됨으로써, 의회 내의 보수파와 진보파와 급진파, 영국 전역의 전투파와 비전투파 여성이 의견의 차이를 내려놓고 절충 법안에 동의하려던 화해 정신을 없애버렸기 때문이다. 1911년 2차 조정법안 심의 중에 리턴 경은 "이 법안이 통과되지 않는다 해도, 여성 참정권 운동은 멈추지 않을 겁니다. 그러나 이 법안이 담고 있는 화해의 정신은 사라지겠지요. 그리고 누구도 원하지 않겠지만, 온 나라에 맹렬하고 격렬하고 격심하고 쓰라린 투쟁이 만연해질 것입니다"라고 말했다.

리턴 경의 예언은 현실이 되었다. 정부 측에서 마지막으로 뻔뻔스럽게 던진 속임수에 전국은 격심한 분노로 불타올랐다. 참정권 단체들은 일치단결해, 정부가 지체 없이 여성 참정권을 담는 법안을 다시 제출하도록 요구했다. 의원이 개인적으로 제출한 법안에 대해 먼저 논의할 수 있는 우선권이 제공될 것이라는 안일한 약속은 모욕과 경멸만을 받았을 뿐이다. 자유당 내에서는 여성실무위원회가 열렸고, 그들이 영연방 전체의 당직 업무를 그만두겠다고 협박하는 결의안을 통과시키려는 시도가 있었다. 그러나 이 시도는 실패했고 실무위원회는 아무런 효과도 거두지 못하고 유감을 표명하는 수준의 결의안을 통과시켰을 뿐이었다.

그 당시에 여성자유당연맹의 회원은 거의 20만 명에 육박했다. 만일 실무위원회가 강력한 결의안을 통과시키고, 정부 법안이 다시 제출될 때까지 당 업무를 더 이상 보지 않았다면, 정부는 굴복할 수밖에 없었을 것이다. 그들은 여성의 지지 없이는 나라를 꾸려나갈 수 없었을 것이다. 그렇지만 이 여성 중 많은 이가 자유당에서 급여를 받는 사람들의 아내였다. 그들은 정부를 상대로 일치단결해 전쟁을 선포할 용기나 판단력이나 통찰력을 갖고 있지 못했다. 많은 여성과 남성이 자유당에서 탈당했으나, 정부에 영향을 미칠 만큼 심각하지는 않았다.

전투파는 가차 없이 전쟁을 선포했고, 즉각적으로 전쟁에 착수했다. 우리는 정부가 제출한 법안을 실행하지 않는다면 내각이 분열되어야 한다고 주장하며, 선거권 옹호론자라고 자처하는 내각 각료들에게 자리를 박차고 나올 것을 요구했다. 그렇지 않을 경우 우리는 칼을 다시 집어들 것이고, 영국이 여성 참정권을 얻을 때까지, 그 칼을 결코 내려놓지 않을 것이라고 선언했다.

이 글을 쓰고 있는 지금으로부터 2년쯤 전인 1913년 2월에 대중들이 일반적으로 생각하는 의미에서의 전투파 운동이 시작되었다. 즉, 개인 재산에 손해를 입히는 방식으로 정부에 대항하는 지속적이며 파괴력 높은 게릴라 전투가 그때 시작된 것이다. 이 시기 이전에도 재산을 파괴하는 일이 있었지만, 그러한 공격은 산발적이었고, 정책으로 자리 잡기 이전에 행해진 일종의 경고였다. 이제 우리는 정말로 횃불에 불을 붙였다. 우리에게는 어떤 다른 길도 열려 있지 않다는 절대적인 확신이 있었다. 우리가 이미 다른 모든 수단을 시도했다는 사실을 독자들에게 증명했다고도 확신한다. 우리가 노력하고 고통을 겪고 희생한 세월이 우리에게 가르쳐준 것은 정부와 의회의 절대다수가 진실이나 정의에 항복하는 대신, 다른 정부들도 예외 없이 그랬던 것처럼 기회주의에 굴복할 것이라는 사실이다.

이제 우리의 임무는 정부가 여성의 정당한 요구에 굴복하는 것이 유리하다는 점을 정부에게 보여주는 것이다. 그렇게 하기 위해서 우리는 영국과 영국인의 삶의 모든 면을 불안하고 불안정하게 만들어야만 했다. 우리는 영국법을 실패로 만들고, 법정을 익살극 무대로 만들고, 전 세계인의 눈에 영국 정부와 의회를 우스꽝스럽게 만들어야 했다. 우리는 영국의 스포츠를 망치고, 사업에 손해를 입히고, 귀중한 재산을 파괴하고, 사회 전반의 사기를 저하시키고, 영국 국교회에 망신을 주고, 영국인의 삶 전체를 지배하는 질서를 전복시켜야 했다.

즉, 우리는 영국민들이 참아낼 수 있을 정도까지 게릴라 전투를 수행해야 했다. 영국 국민이 정부에게 "만일 영국 여성들에게 대의권을 주는 것이 이 싸움을 끝낼 수 있는 유일한 방법이라면, 그렇게 해서 이 일을 어서 끝내시오"라고 말하는 시점에 이르면, 우리는 횃불을 끌 것이다.

누구보다도 미국인들이 우리 주장에 담긴 논리의 타당성을 인정해야 할 것이다. 학생들이 좋아하는 미국인의 연설문 구절이 있는데, 전투파는 그 구절을 연설에 자주 인용했다. 미국의 위대한 정치가였던 패트릭 헨리는 지금은 고전이 된 그 연설에서 미국이 혁명을 일으켜야 한다는 대의의 요점을 간략하게 말했다.

"우리는 청원했습니다. 우리는 항의했습니다. 우리는 탄원했습니다. 우리는 왕좌의 발치에 부복했습니다. 이 모든 것이 소용없었습니다. 그러므로 우리는 싸워야 합니다. 다시 한 번 말하지만, 우리는 싸워야 합니다."

패트릭 헨리가 인간의 정치적인 자유를 확보하는 적절한 수단으로 개인의 재산을 파괴하고 사람을 죽이는 행위를 옹호했다는 것을 기억하자. 그러나 서프러제트는 그렇게 하지 않았다. 우리는 앞으로도 결코 그렇게 하지 않을 것이다. 사실 전투파의 정신을 움직이는 것은 인간의 생명에 대한 깊고 변함없는 존경심이다. 투쟁의 후반부에 이르러 나는 정치인, 문학가, 법조인, 과학자, 목사 등 여러 저명한 남성과 우리의 정책에 대해 토론했다. 영국 국교회의 고위 성직자 중 한 분은 자신이 한때 확신에 찬 참정권론자였지만, 옳은 결과를 가져오더라도 방법이 잘못되었다면 그것을 정당화할 수 없다는 사실을 깨달았다고 말했다. 나는 그에게 말했다.

"우리는 잘못하고 있지 않습니다. 개인 재산에 대해서 혁명적인 방식을 사용하는 것은 정당한 일입니다. 그렇게 함으로서 진실한 가치를 회복하는 것, 재산권에 맞서서 인간의 권리가지닌 가치를 강조하는 것이 우리의 임무입니다. 재산은 인간의눈으로 볼 때, 그리고 법의 눈으로 볼 때 그것의 실제 가치 이상을 갖고 있는 것처럼 여겨집니다. 지금 재산은 모든 인간의 가치보다 우위를 차지하고 있습니다. 전 세계에서 매일매일 생명, 건강, 행복, 그리고 여성과 아동 등 인류의 가치는 재산이라는 신에게 무자비하게 희생되고 있습니다."

그는 동의했다. 그리고 나는 "우리 여성들이 인간의 가치를 회복하기 위해 개인 재산을 파괴하는 것이 잘못이라면, 예수님께서 신전에서 고리대금업자들을 채찍으로 쫓아내고 게르게사의 돼지들을 바다에 몰아넣었던 것처럼, 기독교의 창시자가개인 재산을 파괴한 것도 잘못입니다"라고 덧붙였다.

우리 여성들이 전쟁에 나선 것은 절대적으로 이런 정신에서였다. 게릴라 전투가 시작된 첫 달에 많은 재산이 피해를 입고파괴되었다. 1월 31일에는 여러 골프장의 퍼트 구역에 산성 용액을 뿌려 잔디를 망쳤다. 2월 7일과 8일에는 여러 곳에서 전보와 전화선을 끊어 몇 시간 동안 런던과 글래스고 사이의 연락이두절되었다. 며칠 뒤에는 런던에서 가장 멋진 클럽들의 유리창을 깨뜨렸다. 큐 가든에 있는 난초 식물원을 파괴해 소중한 꽃들이 추위에 얼어 죽게 하기도 했다. 런던탑의 보석 전시관에 침입해 진열장을 깨뜨렸고, 크리스티안 왕세자의 거주지와 램버스 궁, 캔터베리 대주교의 주교좌를 방문해 창문을 깨뜨렸다. 리젠츠 공원에 있는 휴게실이 2월 12일에 전소되었고, 2월 18일에는 로이드-조지 씨를 위해 월턴온더힐에 건설 중이던 전원주택 일부가 부서졌다. 폭탄은 일꾼들이 도착하기 전인 이른 아침에 터졌다.

한 사람의 목숨도 위험에 빠뜨리지 않도록 주의를 기울였다는 사실에다가, 그 집 근처에서 주운 모자 핀과 머리핀을 결부시켜서 경찰은 이 집에서 일어난 폭발은 로이드-조지 씨를 싫어하는 여성이 저지른 것이라고 추정했다. 이 폭발이 일어난 지 나흘 뒤에 나는 체포되어, 엡섬 경찰법정에 불려갔다. 그들은 내게 폭발을 일으킨 사람들에게 '조언을 했고' 그들을 '사주했다는' 죄목을 덮어씌운 것이다. 나는 하룻밤 보석을 허락받고 다음 날 아침에 법정에 출두했다. 그리고 법정은 이 사건을 전체적으로 재검토했다. 또한 내가 했던 연설 여러 편이 검토되었다. 1월 22일에 열린 회의에서 했던 연설에서 나는 싸움에 함께 참여할 자원자들을 모은 바 있다. 그리고 폭발이 일어난 후에 기분이 좋아서 했던 연설에서 나는 과거에 일어났던 모든 전투파의 행위, 심지어는 월턴에서 일어난 일에 대해서도 책임이 있다고 공개적으로 밝힌 적이 있었다. 심리의 결론은 내가 5월부터 열리는 길퍼드의 순회재판 법원에서 재판을 받아야 한다는 것이었다. 만약 전투파 관련 업무나 과격 투쟁을 사주하는 일을 하지 않겠다고 약속한다면, 보석이 허용될 수도 있다고 했다.

나는 이 사건을 지금 진행 중인 순회재판에서 신속하게 재판받을 수 있게 해달라고 요청했다. 잠시 동안, 예컨대 1주일이나 길어야 2주일 정도라면 활동을 잠시 멈추겠다는 약속을 기꺼이 하겠다고 말했다. 그러나 3월에 시작되는 의회의 새로운 회기는 분명 여성과 밀접하게 관련 있기 때문에 그 이상의 기간에 대한 약속은 할 수 없다고 말했다. 내 요청은 거절되었고, 나를 홀로웨이로 이송하라는 명령이 내려졌다. 나는 판사에게 곧바로 단식 투쟁에 들어가겠다고 경고했다. 그리고 내가 여름까지 혹시 살아 있다 해도, 재판을 받으러 올 때쯤에는 이미 다 죽어가는 상태일 것이라고 말했다.

홀로웨이에 도착하자마자, 나는 내 뜻을 실행에 옮겼다. 그렇지만 수감되고 24시간이 지나기도 전에, 당국이 내 사건을 6월 말 길퍼드 법원에서가 아니라 4월 1일 런던의 중앙형사법원에서 재판하도록 조정했다는 소식을 들었다. 그래서 나는 보석에 필요한 서약을 하고 나서 풀려났다.

5

1913년 4월 2일의 재판

***

1913년 4월 2일 수요일은 절대로 잊을 수 없는 날이다. 그날 내가 방화 등의 중범죄를 사주했다는 이유로 재판을 받기 위해서 올드베일리 중앙형사법원에 출두했을 때, 법원은 여성들로 가득 차 있었다. 방청권을 구하지 못한 많은 여성이 재판 소식을 듣기 위해 거리에서 여러 시간을 기다렸다. 경시청에서 파견된 수많은 형사와 정복 경찰이 법원 안팎을 지켰다. 나는 왜 그렇게 많은 경찰병력이 동원되었는지 이해하지 못했다. 그 당시 새로운 단계로 발전한 투쟁 노선이 당국을 공포에 빠뜨렸다는 사실을 미처 깨닫지 못했기 때문이었다.

보드킨 씨와 트래버스 험프리스 씨가 검사 측이었다. 나는 내 변호사인 마셜 씨와 상의해 내 사건을 스스로 변호하기로 했다. 판사인 러시 씨가 자리에 앉은 뒤, 나는 피고인석에 입장해 기소문 낭독을 들었다. 나는 무죄임을 주장했는데, 그 이유는 이미 스스로 책임이 있음을 밝혔던 그 폭발에 대해 발뺌하기 위해서가 아니라, 부당하고 악의적으로 여성들에게 범죄를 사주했다는 이유로 기소되었기 때문이다. 내 행위는 사악한 목적으로 이루어진 것이 아니었다. 사악함과는 정반대 목적을 위한 것이었다. 따라서 내가 유죄라고 주장할 수는 없었다. 재판이 시작되자 판사는 내게 의자에 앉고 싶은지 공손하게 물었다. 나는 호의에 감사를 표하고, 서류를 올려놓을 수 있는 작은 책상도 쓸 수 있는지 물었다. 판사의 명에 따라 책상이 마련되었다.

보드킨 씨는 1861년에 만들어진 '악의적 재물손괴에 관한 법'을 설명하면서 심리를 시작했다. 내가 기소된 이유는 이 법을 위반했기 때문이라고 말했다. 또 그는 월턴에 있는 로이드-조지의 저택에서 일어난 폭발을 설명한 뒤, 내가 이 사건의 방조자였다고 말했다. 이 사건 당시 내가 현장에 있었다는 것은 아니지만, 아직 신원이 밝혀지지 않은 어떤 여성을 사주해 범행을 협의하고 이를 수행하도록 설득했다는 이유로 기소되었다는 것이다. 증거로 제시된 여러 자료를 검토한 후 배심원들이 결정할 것은, 범행을 저지른 여성들—아마도 두 명—이 런던 킹스웨이에 사무실을 두고 있는 여성사회정치연합의 회원이며, 피고는 이 연합의 우두머리, 지도자, 주동자이며 지도자라는 결론을 확실하게 증명할 수 있는가였다.

보드킨 씨는 로이드-조지 씨의 저택에서 일어난 폭발에 대해 자세하게 설명했다. 보드킨 씨는 내가 로이드-조지 씨에 대해 악의적인 말을 한 것으로 미루어보아, 로이드-조지 씨에 대한 적대적 행동의 일환으로 폭발을 의도한 것이 분명하다고 말했다. 그는 내가 전투파를 옹호하면서, 투쟁은 의무일 뿐 아니라 이런 시국에는 정치적 필요이기도 하다고 친구에게 써 보낸 개인적인 편지를 증거물로 제출했다.

"이런 종류의 편지는 몇 가지 사실을 분명히 보여줍니다. 우선 피고가 이런 행위의 지도자라는 점을 보여줍니다. 또한 이 편지는 피고가 이 조직에 정서적으로 동감하는 회원에게 영향력을 행사하고 있음을 보여줍니다. 그녀의 의지에 따라 어떤 때는 투쟁이 잠시 보류될 수도 있으며, 다른 때는 사회에 만연하게 할 수도 있다는 것을 보여줍니다. 이 편지에 따르면 전투파— 이는 사회에 대한 범죄 행위를 멋지게 표현한 것에 불과한데— 에 참여하길 원하는 남성 또는 여성은 말이나 글로써 그녀와 개인적으로 접촉해야만 합니다. 이것은 이 조직의 회원들에게 잘 알려진 사실입니다. 이 편지에는 '만일 우리가 원하는 것을 얻지 못할 경우 정부와 각료들은 책임을 져야 하며, 우리가 원하는 것을 얻기 위해 정부와 대중을 몰아갈 것'이라는 내용이 분명하게 적혀 있습니다."

그는 내가 1월과 2월에 했던 이런 저런 연설과 체포되기 직전에 첼시에서 했던 연설문을 증거로 제시했다. 그러나 나는 그가 이 연설문을 낭독하기 전에 다음과 같이 말했다.

"저는 지금 제 연설에 대한 경찰의 보고 자료를 증거로 제출된 데 이의를 제기합니다. 그 자료들은 제게도 제공되었습니다만, 제가 받아들일 수 있는 유일한 증거는 카디프 지역 기자의 보고서뿐입니다. 이 기자는 또한 증인이기도 합니다. 그는 그 마을에서 제가 말했던 것을 상당히 정확하게 기사화했습니다. 경찰 보고서는 받아들일 수 없습니다. 그 보고서는 심각할 정도로 부정확하고, 무지하며, 비문법적이기까지 합니다. 그 보고서는 여러 가지 면에서 제가 말한 내용에 관해 절대적으로 잘못된 인상을 전하고 있습니다."

그러고 나서 증인신문이 있었다. 폭발 소리를 듣고 신고했던 마부, 피해액과 부지 내에서 발견된 폭발물에 대해 설명했던 공사 현장 감독자, 현장에서 머리핀과 여성용 덧신을 발견했다고 진술한 경찰관 등을 신문했다. 그러나 서프러제트가 이 문제와 관련이 있다는 것을 보여줄 확실한 증거는 아무것도 나오지 않았다. 판사는 이 점에 주목해 보드킨 씨에게 이렇게 말했다.

"당신이 이 사건을 어떤 방식으로 고발하려는 건지 알 수가 없군요. 당신은 두 가지 방식으로 이 사건을 바라보고 있습니다. 피고가 이 사건에 관해 자문을 제공한 것이 맞다고 말할 것을 배심원에게 요구하는 것뿐입니까? 아니면 피고의 연설에 사용된 언어가―이런 내용들이 언급되었다는 것을 증명했다는 가정하에―사유재산에 피해를 입히라는 전면적인 사주였고, 실제로 행동하고 폭력을 행사한 사람이 피고의 사주를 받았다고 말씀하시는 것인가요?"

보드킨 씨는 후자의 방식이 맞다고 대답했다.

"제가 말씀드린 것은 그녀의 연설이 일반적으로 재산에 피해를 입힐 수 있는 온갖 종류의 행동을 하라는 사주였으며, 그 연설이 재산과 특정 개인에 대한 적대적인 공격의 증거를 제시하고 있다는 사실입니다. 이미 낭독했으며 앞으로 증거로 입증될 연설에는 팽크허스트 부인이 그 사건의 방조자로서 특정 불법행위와 연계되어 있다는 것을 스스로 인정한 증거가 존재합니다."

"그렇다면 검사는 이 사건을 후자의 방식으로만 제한해서 볼 것입니까?"

"아니오. 그렇지 않습니다." 보드킨 씨가 대답했다.

"배심원들이 팽크허스트 부인의 자문 자체는 이 불법행위에 직접적으로 관련되어 있지 않다고 본다 하더라도, 팽크허스트 부인이 연설에서 했다고 당신이 주장하는 사주, 즉 재산 피해, 특히 특정한 신사의 재산에 피해를 입히라는 사주에 따라 누군가가 이런 불법행위를 저지른 것이라고 배심원들이 평결하도록 요구하시는 것인가요?"

"네, 판사님."

"팽크허스트 부인, 이 기소의 요지를 이해하시겠지요?" 판사가 말했다.

"네, 판사님. 잘 알고 있습니다." 나는 대답했다.

다음 날 심리가 재개되었다. 그리고 검사 측 증인의 심문도 계속되었다. 심문이 끝날 무렵, 판사는 내게 부르고 싶은 증인이 있는지 물었다.

"저는 증거를 제출하거나 증인을 부를 생각이 없습니다만, 저는 판사님께 한 말씀 드리겠습니다."

나는 보드킨 씨가 나에 대해 진술한 몇 가지 사항에 이의를
제기함으로써 변론을 시작했다. 그는 내가 내 개인 소유의 자동
차를 타고 다니면서 다른 여성들로 하여금 감옥행을 비롯해 여
타 고통을 수반하는 행동을 하도록 사주하는 자이며, 한편으로
는 내가 아마도 어떤 희한한 착각에 빠져서, 자신은 어떤 심각한
결과로부터든지 보호받고 있다고 생각한다고 말했다. 이런 내
용을 적시하고 있지는 않더라도, 그의 주장은 이런 내용을 암시
하고 있었다. 나는 다른 여성이 직면한 위험을 나도 함께하고 있
다는 것과 내가 감옥에 세 번 투옥되었고, 두 번은 형기를 모두
채웠으며, 일반 강력범과 같은 취급을 받으면서 온몸을 수색당
하고 죄수복을 입어야 했고, 감옥 음식을 먹어야 했으며, 독방에
갇히기도 했고, 영국에서 범죄를 저지른 여성에게 부과된 끔찍
한 규율을 따르기도 했다는 것을 보드킨 씨도 잘 알고 있을 것이
라고 말했다. 여성사회정치연합 회원들의 지원을 받아 내가 사
치를 누리고 있다는 보드킨 씨와 정부 각료들의 주장에 관해 사
실을 밝히는 것을 내 의무로 생각한다는 말도 덧붙였다. 나는 자
동차를 소유하고 있지 않으며, 소유해본 적도 없다. 내가 종종
이용하는 자동차는 우리 연합 공동의 소유이며, 일반적으로 선
전 활동을 할 때 이 차를 타고 다녔다. 나는 그 차나 내 친구들이

소유한 다른 차를 타고, 여성 참정권 운동의 연설자로서 여기저기 다녔다. 의회에서 의원들이 전투파를 없애버릴 방법을 모색할 때, 그들은 우리 중 몇몇이 참정권 운동으로 1000파운드에서 1500파운드의 연봉을 받는다고 주장했으나, 그것은 결코 사실이 아니었다. 우리 연합의 어떤 여성도 봉급뿐 아니라 그 비슷한 어떤 것도 가져가지 않았다. 나 자신은 개인적인 수입의 상당 부분을 기부했다. 왜냐하면 이 운동에서 나의 의무라고 생각하는 것을 자유롭게 행하기 위해서 나는 재산을 상당 부분 포기해야만 했기 때문이었다.

나는 스스로 변호를 하면서, 존경할 만하고 법을 당연히 지키는 많은 사람들, 올바른 삶을 사는 사람들이 법을 경멸하게 되고 법을 지키지 않는 것이 정당한 일이라고 진지하게 받아들이게 되는 것은 매우 심각한 상황이라고 진술했다.

"좋은 정부란 사람들이 법을 받아들이고 법을 존경하는 데서 드러납니다. 재판장님과 배심원 여러분, 지난 수년 동안 이 나라의 지적이고 교육 수준이 높으며 올바른 삶을 살고 있는 여성들이 우리나라의 법을 지키는 일을 그만두었다는 사실을 저는 심각하게 말씀드립니다. 이것은 진정 사실입니다. 우리나라 법이 여성을 취급하는 방식을 보면, 이것은 결코 놀랄 일도 아니라는 것을 아실 것입니다."

　나는 법 문제에 대해 꽤 길게 이야기했다. 만약 내가 유죄라면, 법에 따라 판사는 내게 14년의 징역형을 선고하는 것이 가능한 반면, 어린 소녀에게 저질러진 가장 혐오스러운 범죄의 최대 형량은 기껏해야 2년의 징역형에 지나지 않았다. 나는 상속법, 이혼법, 아동보호법이 수치스럽게도 모두 여성에게 불공정하다는 것을 간략하게 설명했다. 그리고 이런 법 자체뿐 아니라 이 법들의 시행도 적절하지 않으므로 이 모든 상황을 정리하는 작업에 여성이 함께 참여할 수 있어야 한다고 말했다. 나는 여기서 변호사의 아내로서 알게 된 사실들, 즉 법 집행을 맡은 고위직 사람들에 관한 끔찍한 사실들에 대해 말하려 했다. 여성에게 행해진 끔찍한 범죄들에 대한 재판이 이루어지는 순회재판의 한 판사가 어느 날 아침 매춘굴에서 죽은 채로 발견되었던 것에 관한 이야기 등을 말이다. 그러나 법원은 내가 이른바 '고위층' 사람들에 대해서 언급하는 것을 허락하지 않으려 했고, 배심원에게 제기된 유일한 질문은 내가 유죄인지 아닌지뿐이라고 말했다. 그는 내게 다른 문제 말고 오직 이 문제에 대해서만 말하라고 했다.

　배심원에게 왜 여성들이 법에 대한 존경심을 잃었는지, 그리고 우리가 왜 법을 만드는 사람이 되기 위해서 투쟁하고 있는지 말하도록 허락받기 위해 매우 힘든 싸움을 한 뒤에, 나는 다음과 같이 변론을 끝냈다.

"참정권을 얻기 위해서 싸우는 과정에서 1000명이 넘는 여성이 감옥에 갔고, 건강을 잃어 육체적으로 약해지기는 했지만, 강한 정신을 잃지 않은 채 석방되었습니다. 저는 오늘 홀로웨이 교도소에서 징역을 살았던 제 딸이 누워 있는 침대 곁을 떠나 재판을 받으러 왔습니다. 제 딸은 다른 네 명과 함께 작은 유리창을 깨뜨렸다는 이유로 2개월의 중노동형을 받았습니다. 그애는 감옥에서 단식 투쟁을 했고, 강제 급식이라는 끔찍한 시련을 5주 이상 견뎌내야 했습니다. 석방될 무렵 그애의 몸무게는 이전보다 14킬로그램 정도 빠져 있었고, 지금은 너무도 몸이 약해져서 침대를 떠날 수도 없습니다. 배심원 여러분께서는 저와 이 법정에 끌려올 수도 있는 다른 여성들에게 바로 이러한 형벌을 가하려고 하고 있습니다. 여러분께서 셀 수 없이 많은 여성을 감옥에 보낼 준비가 되어 있는지, 앞으로도 끝없이 그런 일을 하실 각오가 되어 있는지, 저는 다른 여성들을 대표해 질문하고 싶습니다. 왜냐하면 틀림없이 그런 일이 곧 일어날 것이기 때문입니다. 여러분께서는 현재 이 사건에서도 우리 여성들이 일부러 나뿐 평판을 찾아다니는 사람들이 아니라는 점을 확신하실 수 있을 것입니다. 만일 우리가 마음만 먹으면 그런 일은 별다른 대가를 치르지 않고도 할 수 있었을 겁니다. 우리는 옳건 그르건 현재의 투쟁 방식이야말로 견딜 수 없는 끔찍한 상황을 바꿀 유일한 길이라고 확신합니다. 며칠 전 런던의 어떤 목사님께서 하신 말씀에 따르면 그의 교구에 사는 결혼한 여성의 60퍼센트가 아이뿐 아니라 남편도 먹여 살려야 하는 부양자랍니다. 여성들이 도대체 얼마를 버는지, 그리고 이런 일이 우리나라 아동의 미래에 무엇을 의미하는지 아주 심각하게 고려해주시길 부탁드립니다. 오늘 아침에서야 제게 도착한 공중된 진술서에는 우리나라에서 그리고 우리가 살고 있는 바로 이 런던에서 성인 여성뿐 아니라 어린 아동도 빈번히 인신매매되고 있다는 내용이 담겨 있었습니다. 그들은 매매되고, 함정에 빠져서는 높은 사회적 지위를 가진 사람들—사회적 지위로 보아 남보다 더 모범을 보여야 하는 사람들—의 부도덕한 쾌락에 봉사하도록 훈련을 받고 있습니다.

이런 일들 때문에 우리 여성들이 나서서 어떤 희생을 치르더라도 맞서 싸워 이런 일을 끝장내겠다고 결심한 것입니다. 배심원 여러분께서 제가 유죄라고 판단하신다면, 선고가 길든 짧든 저는 받아들일 수 없다는 것을 솔직하게 말씀드리겠습니다. 제가 강제노역의 의무를 지는 징역형을 받을지 아니면 더 가벼운 금고형을 받을지 저는 모릅니다. 왜냐하면 저는 재판장님이 무엇을 결정하실지 예측할 만큼 법을 충분히 잘 알지 못하기 때문입니다. 그러나 제게 어떤 형벌이 내려지든 간에, 이 법정을 나서는 순간부터 저는 음식 섭취를 거부하겠습니다. 저는 홀로웨이에서 단식 투쟁을 하고 있는 여성들과 합류하려고 합니다. 저는 가능한 한 빨리, 죽어서든 살아서든 감옥에서 나올 것입니다. 그리고 석방되고 나면, 몸이 회복되자마자 이 싸움에 다시 뛰어들 것입니다. 목숨은 우리 모두에게 매우 귀중합니다. 내무장관의 생각과 달리 저는 자살하려는 것이 아닙니다. 저는 자살을 하고 싶지 않습니다. 제가 원하는 것은 우리나라 여성들에게 참정권이 부여되는 것을 보는 것입니다. 그리고 저는 그때까지 살고 싶습니다. 이것이야말로 우리가 살아 있다는 느낌을 주는 일입니다. 여러분의 조상들이 과거에 했던 것처럼, 우리는 이러한 대의에 우리 자신을 희생하겠습니다. 저는 여러분께서 다음과 같은 질문을 해보시길 바랍니다. 여러분께서는 인간으로서 다른 인간에게 사형을 선고할 수 있는 권리를 갖고 있는지요? 그렇게 하는 것은 결국 사형선고를 내리는 것과 마찬가지입니다. 여러분께서는 첫 번째 돌을 던질 수 있습니까? 여러분께서는 여성을 판단할 권리를 갖고 있습니까?

여러분은 저와 법적으로 동등하지 않습니다. 그렇기 때문에 여러분은 인간적 정의의 측면에서, 그리고 우리나라의 헌법에 따라—헌법이 제대로 해석된다면—저의 죄를 물을 권리가 없습니다. 만일 제가 여러분께서 갖고 있는 권리를 똑같이 갖고 있다면, 그래서 제가 지킬 법을 만드는 사람을 뽑는 일에 참여할 수 있다면, 그리고 만일 제가 납부하는 세금이 어떻게 쓰이는지 감독할 수 있는 권리를 갖고 있다면, 저는 여기 서 있지 않을 것이고 법도 어기지 않았을 것이라는 점을 여러분은 잘 알고 있습니다. 재판장님, 올바른 삶을 살고, 인생의 전성기를 공공복리에 헌신하는 여성들이 우리나라의 정부에서 남성들이 저지른 끔찍한 실수 중 몇 가지를 만회하려고 애쓰고 있다는 사실은 정말 심각한 문제입니다. 사실 궁극적으로 현 상황에 책임을 져야 할 이들은 바로 남성들이지요. 이기적인 목적으로 법을 어기는 사람들을 다루는 것이 재판장님의 일이므로, 재판장님은 저와 같은 사람을 다루는 데는 통상적으로 익숙하지 않으실 겁니다. 저는 이기적인 동기로 법을 어긴 것이 아닙니다. 저는 개인적인 목적이 없습니다. 지난 몇 주 동안 도살장에 끌려가는 양처럼 이 법정을 다녀간 다른 여성들도 개인적인 목적이 없기는 마찬가지입니다. 만일 여성들이 자유를 누렸다면, 이 중 어느 누구도 법을 어기는 일은 없었을 것입니다. 그들은 자신들이 택한 이 험한 길이 선거권을 획득할 수 있는 유일한 길이라는 것을 진지하게 믿고 있습니다. 그들은 인류의 복지를 증진하기 위해서는 희생이 필요하다고 진지하게 믿고 있습니다. 여성들이 선거권을 얻기 전에는 문명을 황폐화시키는 끔찍한 악을 근절할 수 없다고 그들은 믿고 있습니다. 생명의 원천이 오염되었다는 것을 그들은 알고 있습니다. 가정이 파괴되어가고 있다는 것을 그들은 알고 있습니다. 좋지 못한 교육 때문에, 동등하지 않은 도덕 기준 때문에, 인간성을 황폐하게 만드는 가장 비열하고 가장 끔찍한 병 때문에 어머니와 아이들이 파멸되고 있습니다.

이 운동을 멈출 수 있는 유일한 방법이 있습니다. 이러한 운동을 못 하게 만들 수 있는 유일한 방법 말입니다. 그것은 우리를 추방하는 것도 아니며, 우리를 감옥에 감금하는 것도 아닙니다. 그것은 여성에 대한 정의를 실현하는 것입니다. 그러니 제 사건을 맡으신 신사 여러분, 제 사건뿐 아니라 이 운동 전체에 대해 공정한 판결을 내려주시길 호소합니다. 제가 법을 어기라는 사악한 사주를 했다는 것에 대해 유죄가 아니라고 판결해주시길 바랍니다.

제가 마지막으로 하고 싶은 말은 바로 이것입니다. 제 권고는 사악하지 않습니다. 이런 상황을 바로잡을 힘을 갖고 있다면, 저는 법에 완전히 복종할 것입니다. 여성에게 투표권이 있다면, 저는 다른 여성들에게 '여러분은 자신의 고충을 바로잡을 합법적인 수단이 있습니다. 그러니 투표권을 행사하십시오. 동료 투표권자들에게 여러분의 요구를 납득시키십시오. 이것이 정의를 획득할 수 있는 방법입니다'라고 말할 것입니다. 저는 사악한 권고를 했다는 것에 대해 유죄가 아닙니다. 우리나라의 복지를 위해서, 인류의 복지를 위해서, 여러분께서 다루도록 요구받은 이 사건에서 제가 유죄가 아니라는 판결을 내려주시길 여러분께 간곡히 호소합니다."

판사는 내 혐의를 요약한 뒤에 다음과 같이 말했다.

"피고가 여러분께 한 연설에서 다룬 주제들, 즉 여성들에게 남성과 같은 투표권이 없기 때문에 자신의 범죄가 우리나라의 법에 의해 도발되었다는 주장이라든가 여성들에게 가해진 불의라는 문제는 여러분께서 결정해야 할 사건과 아무런 관련이 없다는 것은 말씀드릴 필요조차 없을 거라고 생각합니다.

피고의 마음속 동기나 실제로 폭발물을 그곳에 설치한 사람들의 동기는 이 도발을 변호할 수 없습니다. 여러분께서는 이 사건을 증거에 입각해 처리하실 것이라고 믿습니다. 법이 공정한지 그렇지 않은지와는 상관없이 증거에만 기대어 이 사건을 처리하시리라 믿습니다. 그런 주장은 본 사건과 아무런 관련이 없습니다. 이 피고석에 앉게 되는 대부분의 범인들과 달리 피고는 이기적인 동기에서 그 일을 저지른 것이 아니라는 사실에는 의심의 여지가 없습니다. 이런 방식으로 사회의 조건이 변할 것이라고 그녀가 믿는다 하더라도, 피고가 이런 일을 저질렀다면 그녀는 유죄입니다."

배심원들이 퇴정했다. 오후에 법정이 개정하자 그들은 줄지어 입장했고, 법원 서기의 질문에 그들은 평결에 합의했다고 대답했다.

"팽크허스트 부인은 유죄입니까 무죄입니까?"

"유죄입니다만, 사면을 강력하게 요청드립니다."

나는 재판관에게 다시 한 번 말했다.

"배심원들은 제가 유죄라고 평결을 내렸지만 사면을 강력하게 요청했습니다. 인간이 만든 법은 동기를 고려하지 않기 때문에, 그들이 당신의 요약을 듣고 난 뒤에 다른 평결을 내릴 것이라고는 생각하지 않았습니다. 그러나 인간이 만든 법은 동기를 고려하지 않기 때문에, 그리고 일반적인 동기와 다른 동기를 가진 제가 이기적인 동기를 가진 사람들이 받을 만한 선고를 받기 직전이기 때문에, 저는 이 점만은 말씀드리고 싶습니다. 다른 평결이 불가능하다면, 그리고 곧 내리게 될 선고가 판사님의 의무라면, 시민으로서의 판사님과 시민으로서의 배심원 여러분에게 말씀드리고 싶습니다. 저는 여기서 우리나라의 법에 의해 유죄 판결을 받았습니다. 이런 말도 안 되는 상황을 끝내기 위해 개별적인 시민으로서 여러분이 할 수 있는 일을 실행하는 것이 여러분의 의무입니다. 그러한 의무를 여러분께 지워드립니다. **제게 어떤 판결을 내리시든 간에, 저는 인간적으로 가능한 방법으로 그 형량을 가장 빨리 끝낼 방법을 실행할 것입니다. 저는 죄를 지었다고 생각하지 않습니다. 저는 제 의무를 수행했다고 생각합니다. 저는 자신을 전쟁포로라고 생각합니다. 저는 제게 부과된 판결을 수용할 어떤 도덕적인 의무도 지고 있지 않습니다.** 저는 다른 여성들이 택했던 필사적인 방법을 택하겠습니다. 여러분께서도 이 싸움이 불공평하리라는 것을 분명하게 아실 것입니다. 저는 투쟁하겠습니다. 제게 힘이 조금이라도 남아 있는 한, 그리고 제 목숨이 붙어 있는 한, 저는 싸울 것입니다.

저는 감옥에 들어가는 순간부터 아무리 힘들더라도 맞서

싸우고 또 싸울 것입니다. 제게 강제로 음식물을 먹이려고 시도하는 의사들과 싸울 것입니다. 지난 5월 저는 이 법정에서 9개월의 형을 선고받았습니다만, 제가 감옥에 갇혀 있던 것은 6주에 불과했습니다. 어떤 사람들은 단식 투쟁과 강제 급식의 고통을 비웃기도 합니다. 제가 말씀드릴 수 있는 것은 제가 더 오랫동안 감금되어 있었더라면 죽었을 것이기 때문에 일찍 석방되었다는 것입니다. 이 점은 의사들이 증명해줄 것입니다.

직접 겪어보았기 때문에 저는 그것이 어떤 일인지 알고 있습니다. 제 딸은 얼마 전까지 강제 급식을 당해야만 했습니다.[*] 그리고 지금도 하루에 두 번씩 이 시련에 맞서 싸우는 여성들이 있습니다. 재판장님, 하루에 두 번씩 일어나는 이 싸움을 겪어야 한다는 것을 생각해보시길 바랍니다. 하루에 두 번씩 몸이 약한 여성도 불가항력에 저항하며 힘이 남아 있는 한 싸우고 또 싸웁니다. 여성에게 맞서기도 하고, 경우에 따라서는 남성과 맞서 싸우고, 혀와 이로 이 시련에 저항합니다. 어젯밤 하원 의회에서 다른 대안이 논의되었습니다. 아니, 부가적인 처벌 조항에 대한

---

[*]　유리창 하나를 깨뜨렸다는 이유로 실비아 팽크허스트는 2개월의 징역형을 선고받았고, 그중 5주 동안 강제 급식을 당했다. (지은이 주)

논의가 있었습니다. 재판장님, 우리나라의 역사를 통틀어 남성들을 감금하는 데 충분했던 법이 예의 바르고 명예로운 여성들을 감금하는 데 충분하지 않다는 것이 이상하지 않습니까?

재판장님께서 이 사실을 깨달으셨으면 합니다. 저는 제게 내려질 처벌에 대해 투덜대는 것이 아닙니다. 제가 이 일을 자청했으니까요. 저는 심사숙고해서 법을 어겼습니다. 히스테릭하게 혹은 감정적으로 법을 어긴 것이 아닙니다. 심각한 목적을 갖고 법을 어겼습니다. 왜냐하면 그것이 유일한 방법이라고 생각했기 때문입니다. 이제 저는 한 명의 시민인 재판장님과 여러 명의 시민인 배심원과 이 법정에 계신 모든 남성분께 앞으로의 일에 대한 책임을 지워드립니다. 여러분은 여러분이 갖고 있는 정치적인 권력으로 견딜 수 없는 이 상황을 끝내기 위해 무엇을 하시겠습니까?

제가 대표하는 여성들에게, 제 선동에 반응해 이런 끔찍한 결과를 직면하고 법을 어긴 여성들에게 한 말씀 드리고 싶습니다. 저는 여러분을 실망시키지 않겠습니다. 여러분이 싸웠던 것처럼 싸우고, 여러분이 겪어낸 일들을 겪어내겠습니다. 제가 살아 있든 그렇지 않든 간에 여러분은 싸움을 계속해나갈 것이라는 것을 저는 알고 있습니다.

우리나라에서 여성이 시민으로서의 권리를 갖게 될 때까지, 이 운동은 계속될 것입니다. 식민지의 여성들이 싸우듯이, 그리고 이 여성의 전쟁이 끝날 때까지 문명화된 전 세계에서 여성들이 싸우듯이 우리도 싸움을 계속할 것입니다."

판사는 선고를 내렸다.

"에멀린 팽크허스트 부인, 배심원의 강력한 사면 요구를 고려해, 당신이 기소당한 죄에 대해 적절하고 적정한 판결을 내리는 것이 제 의무입니다. 그것은 매우 고통스러운 일입니다. 제가 이미 말한 것처럼, 당신이 지금 서 있는 자리에 서게 되는 대부분의 사람이 이기적인 동기로 범죄를 저지르지만, 당신이 범죄를 저지른 동기는 결코 이기적인 것이 아니라는 것을 잘 알고 있습니다. 그러나 비록 당신이 그 동기에 맹목적이었다 하더라도 당신의 범죄는 매우 심각한 것이며 악의적인 것임을 지적하지 않을 수 없습니다. 그것이 악의적인 이유는 당신에게 어떤 잘못도 저지르지 않은 사람들의 재산에 손해를 입혔을뿐더러, 당신의 계산과는 무관하게 다른 사람을 죽음의 위험에 노출시킬 수도 있기 때문입니다. 그것이 악의적인 또 다른 이유는 당신이 다른 사람들, 즉 젊은 여성들을 이러한 범죄에 끌어들였기 때문입니다. 그들은 이 범죄 때문에 파멸에 이를 수도 있습니다.

그리고 그것이 악의적인 또 한 가지 이유는 당신이 제대로 생각해보기만 했다면 이 사건이 악의적임을 모를 수가 없었을 것이기 때문입니다.

자신의 불평을 합법적으로 해결하려고 생각했던 사람들이 부인의 예를 따라 비슷한 짓을 저지를 수도 있습니다. 그들은 자신의 목적을 이루기 위해, 당신이 했던 것과 비슷한 계획에 착수하고, 다른 사람의 목숨은 아니라 해도 재산을 공격해 영향력을 행사하려 할 수도 있습니다. 부인께서 내 말에 전혀 관심을 기울이지 않을 것이라는 것을 불행하게도 나는 잘 알고 있습니다. 적어도 부인이 제 말을 듣지 않으리라는 것을 확신합니다. 그러나 이런 점을 고려해달라고 부인께 부탁하고 싶습니다."

"저는 이미 그런 점들을 다 생각해보았습니다"라고 내가 끼어들었지만 재판장은 계속해서 말했다.

"냉정하게 한 시간만이라도 생각해보세요. 내가 말할 수 있는 것은, 비록 내가 선고하려는 형량이 무겁지만 그것은 당신이 유죄라고 판결된 범죄에 딱 맞는 것임이 틀림없다는 것입니다. 만일 당신이 하고 있는 잘못을 깨달았다면, 그리고 당신이 저지르고 있는 과실을 깨달았다면, 그리고 당신이 저지른 실수를 알아보고 올바른 방향으로 당신의 영향력을 행사함으로써 사태를 개선하려고만 했다면, 형량을 줄이기 위해 최선을 다했을 것입니다.

　당신의 범죄를 사소한 것으로 볼 수도 없으며, 그렇게 보지도 않을 것입니다. 그것은 사소하지 않습니다. 그것은 가장 심각한 범죄입니다. 당신이 어떻게 생각하든지 간에 그것은 사악한 범죄입니다. 나는 배심원단의 권고를 고려했습니다. 입법자들이 이 특별한 범죄에 상응한다고 생각한 최고 형량을 당신 스스로 언급했습니다. 내가 당신에게 선고할 수 있는 최소한의 형량은 3년의 강제노동형입니다."

　선고가 내려지자마자 재판 내내 이어졌던 침묵이 깨지고, 방청석에 대혼란이 일어났다. 처음에는 단지 "이건 수치야!" "수치스럽다"와 같은 혼돈스럽고 화난 웅얼거림으로 시작되었다. 중얼거림은 곧 분노에 찬 외침으로 커졌다. 그리곤 방청석과 법정에서 엄청나게 강렬하고 열정적인 외침이 터져 나왔다. 내가 두 명의 여성 간수에 이끌려 피고석에서 퇴장할 때, 여성들은 "수치야, 수치!"라고 외치면서 자리에서 벌떡 일어났고, 많은 경우 좌석 위로 올라가서 "수치라고!" 하며 외쳤다. "투쟁의 깃발을 나부낍시다!"라고 한 여성이 소리치자, "우리는 그렇게 할 겁니다!" "옳소!" "팽크허스트 부인 만세!"라는 소리가 합창으로 들려왔다. 이것이 법정에서 마지막으로 들은 소리였다.

소음과 소란이 몇 분 더 지속되었다는 이야기를 나중에 전해 들었다. 판사와 경찰은 질서를 회복하는 데 어려움을 겪었다. 그리고 여성들은 열을 지어 나가면서 여성의 마르세예즈를 불렀다.

걸어라, 계속 걸어라
새벽을 향하여,
자유의 새벽을 향하여

여성들이 줄지어 퇴정할 때, 판사는 그런 장면을 감히 되풀이하는 여성들을 모두 감옥에 처넣겠다고 엄중한 협박을 내뱉었다. 서프러제트에게 감옥에 처넣겠다는 협박을 하다니! 여성들의 노랫소리는 점점 더 높아졌고, 그들의 외침은 올드베일리의 복도에서도 울려 퍼졌다. 유서 깊은 이 건물이 그 다채로운 역사 속에서도 결코 이런 장면을 본 적이 없다는 것은 분명했다. 이 대담한 시위 때문에 근무 중인 형사와 경찰은 완전히 마비된 듯했다. 그들은 끼어들 엄두조차 내지 못했다.

3시에 나는 뉴게이트 거리에 있는 쪽문을 통해 법원을 떠났다. 많은 여성이 내게 용기를 북돋아주려고 기다리고 있었다. 여성 간수 두 명과 함께 사륜마차에 태워진 나는 홀로웨이에 도착하자마자 단식 투쟁을 시작할 결심이었다. 수십 명의 여성이 택시를 타고 내 뒤를 따랐고, 내가 감옥 문 앞에 도착하자 대의를 위해 만세를 부르고 법을 야유하는 또 다른 시위대가 기다리고 있었다. 격렬하게 흥분된 와중에 나는 소름끼치는 감옥 문을 지나서 어두컴컴한 감옥, 이제는 전쟁터가 된 감옥으로 들어갔다.

6

고양이와 쥐

***

법을 어긴 일반 죄수를 속박하는 감옥의 규칙을 따르지 않겠다는 원칙을 세운 이후로, 감옥은 우리에게 전쟁터가 되었다. 그러나 나는 1913년 4월 홀로웨이에 입감될 때, 지금까지 전투파 여성 참정권 운동가들이 직면했던 그 어떤 것보다도 훨씬 더 장기적인 투쟁이 펼쳐질 것을 잘 알고 있었다. 이미 설명한 대로 우리는 단식 투쟁이라는 끔찍한 무기를 사용해 감옥을 벗어날 수 있었다. 그러나 당시 단식 투쟁에 대처할 방안도, 영국의 법을 불명예스러운 오명에 빠뜨린 상황을 극복할 방안도 찾지 못했던 정부는 새로운 방법을 고안해냈다. 그것은 분명히 현대의 의회에 제출된 방안 중에서 가장 야만적인 것이었다.

로이드-조지 씨의 시골 저택을 폭파하려는 음모를 꾸몄다는 죄목으로 재판을 기다리던 그해 3월, 내무장관 레지널드 매케너 씨는 하원에 새로운 법안을 제출했다. 이 법안의 명백한 목적은 단식 투쟁을 못 하게 하려는 것이었다. 지금은 '단식죄수가 출옥법'으로 잘 알려진 이 고양이와쥐법(Cat and Mouse Act)은 감옥의 의사가 단식 투쟁을 하는 참정권 죄수―이 법안은 참정권 죄수에게만 적용된다는 것을 솔직히 인정했다―가 죽을 위험이 있다고 판단되면, 죄수가 남은 형기를 다 채울 수 있을 정도로 기력을 회복할 때까지 가석방될 수 있다고 규정했다. 석방되더라도 죄수는 여전히 죄수인 것이다. 죄수, 환자, 희생자 중 무엇이라고 부르든지 간에, 그 죄수는 지속적인 경찰의 보호감찰 아래 있는 것이다. 법안의 조항에 따르면, 죄수는 특정한 기간 동안만 방면되며, 그 기간이 끝나면 스스로 감옥으로 돌아와야만 한다. 조항은 다음과 같다.

죄수의 건강 상태가 감옥으로 되돌아가기 적합하지 않다는 죄수의 주장에 근거해, 내무장관이 그러한 주장이 적절하다고 생각하면, 잠정적인 가석방 기간은 연장될 수도 있다. 만약 그런 주장을 한다면, 그리고 만약 필요하다면, 죄수는 위에 언급한 감옥의 의사 또는 내무장관이 지정한 전문 의사가 실시하는 건강검진을 받아야 한다.

죄수가 가석방되었을 때는 자신이 머무를 거주지를 런던 경시청에 알려야 한다. 죄수가 거주지를 변경할 때는 최소한 24시간 이전에 옮겨갈 거주지를 구체적으로 명기해 런던경시청에 서면으로 공지해야 하며, 죄수는 이러한 공지 없이는 12시간 이상 거주지를 떠날 수 없다.

서프러제트들이 이런 법을 지킬 것이라고 생각한다면 상당히 우스운 일이다. 그렇지만 이 법안이 여성들을 감옥에 가두려는 정부 정책이 실패했다는 장관의 고백을 담고 있다고 생각하면 연민이 느껴져서 웃을 기분이 안 난다. 우리의 강력한 정부는 여성에게 복종을 강요할 수 없다는 것을 알면서도, 여성에게 정의를 허락하지 않으려고 모든 공적인 원칙에 상반되는 하위 법안으로 타협점을 찾으려는 약한 모습을 보이고 있다. 매케너 씨는 이 가증스러운 법안을 통과시키기 위해 애썼다.

"현재 죄수들이 죽을 수도 있는 심각한 상황을 무릅쓰지 않고는 형기를 마치게 할 수가 없습니다. 따라서 저는 죄수가 형기를 채우도록 할 수 있는 권력을 갖기를 원합니다. 죄수들이 단식 투쟁을 벌이는 모든 경우에 행사할 수 있는 권력을 원합니다. 현재 저는 석방할 권력을 갖고는 있지만, 죄수를 석방하려면 반드시 사면을 해주어야만 합니다. 저는 그들을 영원히 풀어주어야 합니다. 저는 죄수를 사면하지 않은 채 풀어주어, 남은 형량을 끝까지 살게 만들길 원합니다. 저는 이 법령을 시행하길 원합니다. 만일 할 수만 있다면, 강제 급식을 하지 않고, 그리고 누군가의 생명을 앗아갈 위험을 겪지 않고, 이 법령을 시행할 수 있길 원합니다."

몇 명의 의원이 캐묻자, 매케너 씨는 고양이와쥐법이 반드시 강제 급식을 폐지하는 것은 아니라고 인정했다. 그러나 그 혐오스럽고 역겨운 과정은 오직 '절대적으로 필요한 경우에만' 쓰겠다고 약속했다. 이러한 주장이 얼마나 위선적이었는지 우리는 나중에 알게 되었다.

여성참정권법안에 대해서는 초기 단계 이상을 고려할 시간을 결코 내주지 않았던 의회에서, 고양이와쥐법은 불과 며칠 만에 상하원 모두를 통과했다. 1913년 4월 3일 내가 홀로웨이에 입감되었을 때는 이미 이 법령이 시행 중이었다. 여성의 선거권을 지지한다고 약속했던 많은 노동당 의원이 이 법안의 입법에 협조한 것은 너무나 슬픈 사실이다.

물론 여성 참정권 운동가들은 이 법령을 처음부터 경멸했다. 우리는 자유를 위해 싸우는 투사들에게 불공정한 형량을 강제하려는 매케너 씨를 도와줄 생각이 전혀 없었다. 나는 예전에 그랬던 것처럼 단식 투쟁이 자유를 얻는 수단이 될 것이라고 기대하면서, 등 뒤에서 감옥 문이 닫히자마자 단식을 시작했다.

돌이켜 보면 단식 투쟁은 결코 즐거운 일이 아니다. 내 결의를 깨뜨리기 위해 그들은 온갖 방법을 다 사용했다. 가장 맛좋고 유혹적인 음식을 감방에 갖다주기도 했다. 나를 압박할 수 있는 온갖 종류의 논쟁―고양이와쥐법에 맞서 싸우는 것은 쓸모없는 짓이라는 둥, 죽을 수도 있는 위험을 무릅쓰는 것은 사악한 짓이라는 둥―을 사용했다. 그들이 시도한 모든 논쟁을 거론할 생각은 없다. 내 생각은 홀로웨이와 그들의 고문으로부터 아주 멀리 떨어져 있었기 때문에, 나는 그들의 논쟁에 아무런 반응도 하지 않았다.

감옥에 들어가고 난 뒤에 나는 1832년 이래로 영국에서 가장 혁명적인 사건이 발생하리라는 것을 직감했다. 그리고 이런 일들이 모두 발생했다는 사실을 나중에 확인할 수 있었다. 즉, 영국의 한쪽 끝에서 다른 쪽 끝까지 여성 혁명의 횃불이 밤낮으로 타올랐던 것이다. 사람이 살지 않는 시골 저택에 방화가 잇따랐으며, 스코틀랜드 남부의 항구 도시 에어의 경마장 관람석이 전소되었고, 런던 남부의 옥스테드 역에서 폭발물이 터져 벽과 유리창이 부서졌고, 비어 있던 기차 몇 량이 날아갔다. 맨체스터 미술관에 소장된 회화 열세 점의 액자 유리가 해머로 박살이 나기도 했다. 이러한 일들은 자유 영국의 자유당 정부가 다른 모든 방법을 막아버렸기 때문에, 여성들이 자유를 얻기 위해 비밀스럽게 벌이고 있는 게릴라 전투 중 몇 가지 예에 불과했다. 정부가 대처할 수 있는 유일한 방법은 대영박물관, 국립미술관, 윈저 성과 다른 관광 명소를 폐쇄하는 것뿐이었다.

국민들에게 미친 영향에 대해 말하자면, 우리가 기대한 그대로였다. 국민들은 불안과 두려움에 빠졌다. 그렇지만 그들은 정부에게 이런 일들을 멈추는 유일한 방법이 여성에게 투표권을 주는 것이니, 여성에게 투표권을 부여해서 이런 상황을 종식시키라고 요구할 준비가 아직은 되어 있지 않았다. 그러나 나는 앞으로 상황이 그렇게 되리라는 것을 알고 있었다. 홀로웨이의 독방에 누워서 고통으로 신음하며 몸이 점점 더 약해지면서도 미지의 사건들에 대한 무거운 책임감으로 위축되어 있었지만, 나는 슬프게도 우리가 아직도 멀리 있는 목표를 향해 나아가고 있다는 것을 너무도 잘 알았다. 목표가 분명하기는 해도 여전히 멀었다. 인내하고 또 인내하고, 믿고 또 믿어야 했다. 예전부터 인내와 믿음은 우리의 영혼에 도움을 주었다. 지금 우리가 직면한 커다란 위기 가운데에서도 인내와 믿음이 우리를 실망시키지 않을 것이라는 것은 확실했다.

정신과 육체가 엄청나게 큰 고통을 겪으며 끔찍한 아흐레가 지났다. 다가오는 날들은 지나간 날들보다 더 길고 더욱 비참했다. 마지막 날이 될 무렵, 나는 다행스럽게도 반쯤 의식을 잃어 주위 상황을 잘 인식할 수 없게 되었다. 이상하게도 내 과로한 정신은 모든 것에 무관심해졌다. 열흘째 되던 날 아침 건강을 회복하기 위해 잠시 석방될 것이라는 이야기를 들었으나, 아무 느낌도 없었다. 교도소장이 감방에 와서, 석방 뒤 15일 내에 홀로웨이로 돌아와야 하며, 그동안 나의 이동을 경찰에 보고해야 한다는 등 여러 가지의 준수사항이 적힌 석방 허가증을 읽어주었다. 내 손에 남아 있던 모든 힘을 모아서, 그 문서를 갈기갈기 찢어서 감방 바닥에 떨어뜨리며 말했다.

"나는 이런 형편없는 법을 지킬 생각이 없습니다. 내가 자발적으로 감옥에 돌아오지 않을 것이라는 것을 당신은 분명히 알면서도 나를 풀어주는 겁니다."

그들은 나를 석방했다. 나는 몸이 너무나 허약해져서 매우 위험한 상황에 처했다는 사실에 전혀 신경 쓰지 않은 채 택시에 꼿꼿이 앉아 있었다. 몸무게가 14킬로그램이나 줄었고, 부정맥으로 심하게 괴로운 상태였다. 감옥을 떠날 때, 감사하게도 여성들이 밤샘이라도 한 듯 무리지어 감옥 문 앞에 용감하게 서 있는 것을 볼 수 있었다. 내가 감옥에 갇혀 있던 기간 내내 여성들이 교대로 밤이건 낮이건 감옥 앞에서 시위를 했다. 첫 시위자들이 체포되면 이내 다른 여성들이 끊임없이 그 자리를 메웠다고 한다. 마침내 경찰은 체포를 그만두었고, 여성들이 깃발을 들고 감옥 문 앞을 왔다 갔다 하며 시위하는 것을 허락했다.

내가 감옥에 갇혀 있는 동안 애니 케니, 드러몬드 부인과 우리의 성실한 벗인 조지 랜즈베리 씨가 체포되었으며, 세 사람 모두 단식 투쟁을 벌이고 있다는 소식을 요양원에 입원한 후에 알게 되었다(랜즈베리 씨는 이 일이 일어나기 직전에 의회에서 사직했고, 여성의 참정권 문제 때문에 그의 선거구로 돌아갔다. 자유당과 보수당이 그에 맞서서 연합한 결과, 연합파 후보가 그의 자리를 차지했다. 로이드-조지 씨는 이 선거 결과에 만족해하면서 보수당 후보였던 마시 씨가 도움이 많이 되었다고 공개적으로 말했다. 그런데 노동당은 의회 안팎에서 자유당의 이러한 궤변을 아무런 저항 없이 받아들였다).

나는 또한 정부가 나 때문에 고양이와쥐법을 성공적으로

이행하려고 얼마나 필사적으로 애를 쓰는지도 알게 되었다. 이 법이야말로 계속 패배하고 있는 싸움에서 정부의 마지막 방어막이었다. 정부는 이 목적을 위해 필요 이상의 경찰병력을 배치했다. 그들은 우리나라의 억울한 납세자들이 얼마나 필요없는 비용을 지출해야 하는지는 아랑곳하지 않았다. 내가 침대에 누워서, 건강한 삶으로 돌아가는 데 필요한 치료를 받고 있는 동안, '고양이'라고 부르는 특별 경찰들이 마치 성을 포위하듯 요양원을 지켰다. 창문 아래 길거리에서는 형사 두 명과 경찰 한 명이 밤낮으로 경계근무를 섰다. 요양원 건너편 집에서는 형사 세 명이 끊임없이 나를 감시했다. 요양원 뒷길에는 더 많은 형사들이 구조대를 막기라도 하려는 듯 부지런히 순찰을 돌았다. 형사 몇 명이 타고 있는 택시 두 대가 큰길을 지키고 있었다.

이 모든 상황 때문에 회복은 더디고 쉽지 않았다. 그런데 더 나쁜 일이 일어났다. 4월 30일 내가 어떻게든 기운을 차리기 시작할 무렵, 경찰이 킹스웨이에 있는 우리의 본부를 급습했으며, 우리 사무직 인력을 모두 체포했다는 소식이 전해졌다. 《서프러제트》지의 부편집인인 레이철 배럿 양, 편집자인 로라 제럴딘 레녹스 양, 사업 담당인 앨리스 레이크 양, 사무 간사인 헤리엇 로버타 케르 양, 연합의 재무 담당인 비어트리스 헬렌 샌더스 양은 한 번도 투쟁에 나선 적이 없었는데도 체포되었다. 약제사인 E. G. 클레이튼 씨는 연합에 폭발 물질을 제공했다는 이유로 체포되었다. 사무실은 철저히 수색당했고, 그전과 마찬가지로 모든 책과 서류를 빼앗겼다. 이 일이 벌어지는 동안, 다른 경찰들이 특수 영장을 들고 《서프러제트》를 출판하는 인쇄소로 갔다. 인쇄업자인 드루 씨가 체포되었고, 이튿날 배포될 예정이었던 신문은 몰수되었다. 오후 1시경 여성사회정치연합의 본부와 설비는 경찰의 손아귀에 들어갔고, 언뜻 보기에 전투파의 활동은—잠시 동안이지만—완전히 멈춘 것처럼 보였다. 반쯤 탈진한 상태에서 우리는 이번 주 신문을 발간하지 않는 것이 최선이라고 생각했다. 그러나 곧 생각을 고쳐먹고는, 굴복한 모습을 보여서는 안 된다고 생각했다. 우리가 어떻게 신문을 발간했는지 여기서 굳이 설명할 필요는 없겠지만, 크리스타벨의 머리기사를 제외한 다른 기사들을 밤새 어렵사리 구했고, 황급하게 소집한 지지자들의 도움으로 평상시처럼 신문을 발간했고, 서프러제트의 본부를 수색했다는 이야기를 전면에 담은 조간신문들 옆에서 우리 신문 판매자들이 《서프러제트》를 팔았다. 신문의 전면에는 평상시에 싣던 만화 대신에 굵은 글씨로 쓰인 단 하나의 단어만이 실렸다.

"습격"

경찰의 수색과 체포 과정의 전모는 다른 면에서 다루었다. 말이 난 김에 말하자면, 우리 본부는 겨우 48시간 정도만 닫혀 있었다. 우리는 너무도 잘 조직되어 있어서, 지도부가 체포되더라도 심각한 타격을 입지 않았다. 모든 사람에게 대리자가 있어서, 지도자 한 명이 체포될 경우 대리자가 즉시 그 역할을 맡을 준비가 되어 있었다.

이런 급박한 상황에서 케니 양을 대신해 그레이스 로 양이 대표 간사로 활동했다. 그녀는 나이 든 세대에 속한 내가 매우 자랑스럽게 생각하는 젊은 서프러제트였다. 정부가 아무리 상황을 어렵게 만들어도, 로 양은 즉시 그런 상황에 대처할 능력이 있음을 증명했고, 유능하고 재빠르게 사건과 사람들을 판단했고, 흔들리지 않는 열의를 보여주었다. 데이커 폭스 여사가 그녀를 도와주었다. 폭스 여사는《서프러제트》의 편집자로 활동하며, 사무실에서 일어나는 모든 문제를 처리하고, 일주일에 한 번씩 열리는 회의를 주재하는 능력을 발휘해 우리를 놀라게 했다. 협회가 위기에 처했을 때 전면에 나선 또 한 사람은 만셀 여사였다.

사무실은 이틀 만에 다시 열렸고, 감옥에 갇힌 동지들에 대한 슬픔과 비분강개를 겉으로 드러내지 않은 채 평소처럼 운영되었다. 우리 회원 대부분은 보석을 거부했고, 3일 후에 재판을 받으러 법정에 나타날 때에는 단식으로 인해 매우 측은한 상태가 되어 있었다. 드러몬드 여사는 병색이 완연하고 즉각적인 치료가 필요해서, 석방되어 곧 수술을 받아야 했다. 인쇄업자인 드루 씨는 신문을 다시 발간하지 않겠다는 서약서에 서명할 것을 강요받았다. 다른 이들은 6개월에서 18개월까지 징역형을 선고받았다. 클레이튼 씨는 징역 21개월을 선고받았고, 필사적으로 저항하는 동안, 수차례에 걸쳐 강제 급식을 당했고, 그 후에 석방되었다. 다른 동지들도 자유를 얻기 위해 굶었고, 고양이와쥐 법에 따라 행적을 추적당하기도 하고, 다시 체포되기도 했다.

4월 12일에 석방된 후, 나는 건강이 조금 회복될 때까지 요양원에 머무르고 있었다. 그러다가 경찰의 감시하에 내 친구인 에설 스마이스 박사의 전원주택이 있는 워킹으로 차를 타고 갔다. 이 집도 요양원처럼 소규모의 경찰 병력에 의해 감시를 받았다. 창가로 가거나 정원에서 신선한 공기를 마실 때에는 언제나 누군가 나를 지켜보고 있다는 것을 의식하지 않을 수가 없었다. 더 이상 참을 수 없는 지경에 이르자, 이 상황을 끝내기로 작정했다. 5월 26일 런던 파빌리온에서 큰 회합이 열릴 예정이어서, 이 모임에 참석하겠다고 경찰에 알렸다. 의사이자 우리 회원인 플로라 머리 박사와 에설 스마이스 박사, 헌신적인 간호사인 파인 양의 부축을 받으면서 아래층에 내려왔을 때, 형사가 문을 가로막고는 내가 어디로 가는지 물었다. 나는 몹시 쇠약한 상태였다. 형사에게 대답하길 거부하느라 남아 있던 기운을 소진한 뒤, 친구의 팔에서 기절하고 말았다. 깨어나자마자 나는 자동차에 탔다. 그러자 형사가 내 옆자리에 앉아서 운전기사에게 보스트리트 경찰서로 가자고 말했다. 기사가 팽크허스트 부인 이외에 다른 사람의 말은 듣지 않겠다고 대답하자, 형사는 택시를 불러서 나를 체포해 보스트리트로 데려갔다.

고양이와쥐법에 따라 가석방된 죄수는 정식 영장 없이 체포될 수 있었으며, 건강을 회복하기 위해서 가석방되었던 기간은 형기에 산입되지 않았다. 따라서 보스트리트의 치안판사가 나를 홀로웨이로 다시 보내는 명령을 내린 것은 합법적인 행위였다. 그럼에도 그의 행위가 비인도적인 처사라고 지적하는 것이 내 의무라고 느꼈다. 나는 치안판사에게 말했다.

"홀로웨이에서 내가 석방된 것은 건강상의 이유였습니다. 그때 이후로도 나는 마치 감옥에 있는 것처럼 취급받았습니다. 그런 상황에서 건강을 회복하기란 누구에게도 결코 가능하지 않습니다. 오늘 아침 나는 문명화된 국가에서 유례없는 이 사태에 대해 항의하기로 결심했습니다."

"부인은 상황을 잘 이해하고 있으실 텐데요. 부인은 이 영장에 의해서 체포되었고, 내가 할 수 있는 것은 부인을 다시 감옥으로 돌려보내는 명령을 내리는 것뿐입니다." 판사는 형식적으로 대답했다.

나는 이렇게 말했다. "당신은 당신의 행동에 전적으로 책임을 져야 합니다. 당신이 발급한 영장으로 내가 홀로웨이에 재수감된다면, 나를 가석방하게 만들었던 저항을 다시 시작할 것입니다. 정부가 여성을 시민으로 인정하고 여성에게 이 나라의 법률에 대한 통제권을 주기로 결정할 때까지 저는 목숨을 걸고 무기한 단식을 결행할 것입니다. 정부는 당신과 다른 사람들을 고용해 법을 집행하도록 한 것에 책임이 있기 때문입니다."

이번에는 5일간 단식을 했다. 왜냐하면 심각한 정도로 쇠약한 상태여서 더 오랫동안 견뎌낼 수가 없었기 때문이다. 나는 7일간의 요양 허가를 받아 5월 30일에 가석방되었고, 반쯤 살아 있는 상태로 요양원에 다시 입원했다. 그 후 일주일도 채 지나기 전에, 내가 여전히 침대에 누워 있는 동안 끔찍한 사건이 일어났다. 이 사건은 무신경한 영국민들이 정부에 의해 촉발된 상황의 심각성을 깨닫게 만들 만한 것이었다.

에밀리 와일딩 데이비슨은 1906년 이래로 줄곧 전투파 운동에 참여했었는데, 그녀는 여성의 대의를 위해 자신의 목숨을 포기했다. 그녀는 영국민들이 재산 다음으로 소중하게 여기는 스포츠 경기장에서 자신의 몸을 던졌다. 데이비슨 양은 엡섬에 있는 경마장에서 관중석 분리대를 뛰어넘어 경주로로 들어갔다. 그녀는 말이 달리는 경주로 한가운데로 돌격해, 다른 말보다 앞서 달리던 국왕의 말의 고삐를 잡으려고 했다. 말은 넘어지면서 기수를 떨어뜨렸고, 데이비슨 양과 부딪쳤다. 그녀는 죽어가는 상태로 경주로에서 실려 나갔다. 훌륭한 외과 의사인 만셀 물린 씨는 만사를 제쳐놓고 그녀의 목숨을 구하려고 애썼다. 그러나 부상이 너무도 심각해서, 그녀는 한 번도 의식을 회복하지 못한 채 나흘 뒤에 숨을 거두었다. 우리 연합의 회원들은 6월 8일 그녀가 숨을 거둘 때까지 곁을 지켰다. 6월 14일 런던에서 그녀를 추모하는 공개 장례식이 거행되었다. 장례식이 열리는 블룸스베리에 있는 성 조지 교회를 향해 장례차가 천천히 그리고 슬프게 지나갈 때, 수많은 사람이 연도에 늘어서 있었고, 수천 명의 여성들이 장례차를 따라갔다.

에밀리 와일딩 데이비슨은 거의 우리의 투쟁과 함께 성장한 인물이었다. 그녀는 런던 대학에서 학사학위를 받았고, 옥스퍼드 대학 영문학과를 우등생으로 졸업했다. 그렇지만 그녀는 여성의 대의에 이성적으로 그리고 정서적으로 동감해, 모든 지적이며 사회적인 관심사를 제쳐놓은 채, 협회의 사업에 지치지도 않고 두려움 없이 헌신했다. 그녀는 여러 번 감옥에 갔고, 강제 급식을 당했으며, 잔인한 대우를 받았다. 한 번은 그녀가 의사가 감방에 못 들어오도록 문을 막았다. 그러자 인부들이 감방 문을 깨부수는 동안, 창문 쪽에서 수돗물을 퍼부어 그녀를 흠뻑 적셨고, 그녀는 얼음처럼 차가운 물에 거의 익사할 뻔했다. 이후 데이비슨 양은 친구들에게 요즘은 너무도 야만적인 시절이라 인간의 목숨이 희생될 경우에만 사람들의 양심이 깨어날 것이라고 확신에 차서 말했다. 한번은 감옥에서 투신자살을 시도했으나 심한 부상을 입는 데 그쳤다. 그때 이후로 그녀는 하나의 큰 비극, 즉 목숨을 끊는 행위만이 견딜 수 없는 여성의 고통을 끝낼 것이라고 더욱더 굳게 믿게 되었다. 그래서 국왕과 왕비와 수많은 국민이 지켜보는 가운데 그녀는 국왕의 말을 향해 자신을 내던졌다. 국왕에게 청원하기 위해서, 그리고 영국과 전 세계에서 고통받는 여성들이 석방되길 바라면서 그녀는 자신의 목숨을 바쳤다. 그녀가 왕좌에 직접 호소했기 때문에, 그녀의 바람이 영원히 응답받지 못할 것이라고는 누구도 생각지 못했다.

데이비슨 양의 죽음은 내게 커다란 충격과 슬픔을 안겨주었다. 비록 나는 병상을 떠날 수 없었지만, 나는 그녀의 장례식에 참석하기 위해 모든 위험을 감수하기로 결심했다. 그러나 그럴 수 없었다. 왜냐하면 나를 기다리던 형사에게 다시 체포되었기 때문이다. 또다시 나에게 3년형을 선고하는 광대극이 벌어졌다. 그러나 이제 전투파 여성들은 영국의 불공정한 법을 물리칠 수 있는 새롭고 더욱 끔찍한 무기를 찾아냈다. 이 무기는 물을 마시지 않는 투쟁이었다. 이 효과적인 무기를 사용하자, 그들은 단 사흘 만에 나를 풀어줄 수밖에 없었다.

나는 단식 투쟁을 끔찍한 시련이라고 묘사했으나, 그것은 물을 마시지 않는 투쟁에 비하면 경미한 고통에 불과했다. 물을 끊는 농성은 처음부터 끝까지 단순하지만 끝없는 고통을 주었다. 단식 투쟁으로도 몸무게가 빨리 줄지만, 물을 마시지 않는 투쟁은 몸무게를 경악스러울 정도로 빨리 줄여서 감옥의 의사들은 처음으로 엄청난 공포에 사로잡혔다. 나중에는 약간 둔감해졌지만, 지금도 그들은 물을 마시지 않는 농성을 두려워한다. 내가 물을 한 방울도 마시지 않은 채 몇날 며칠을 보냈을 때 발생한 일을 독자들에게 제대로 전달할 수 있을지 모르겠다.

몸은 수분이 감소되는 것을 견뎌내지 못한다. 몸은 모든 신경을 곤두세우고 물을 마시지 않는 것에 항의하는 듯하다. 근육이 쇠약해지고, 피부는 쪼그라들고 탄력을 잃으며, 얼굴 표정이 끔찍하게 변한다. 이 모든 외적인 증상은 몸 전체에서 일어나는 격렬한 고통을 잘 보여준다. 물론 자연스럽게 몸의 기능이 모두 멈춘다. 그리고 몸에서 빠져나가지 못한 독성 물질들이 몸에 남아서 흡수된다. 몸은 차가워지고 한기를 느낀다. 두통과 구역질이 지속적으로 나타나고, 종종 열이 나기도 한다. 입과 혀는 점액질로 덮인 채 부풀어 오르고, 목구멍도 부풀어 올라서 목소리는 가냘픈 속삭임으로 바뀐다.

내가 처음으로 물을 마시지 않는 투쟁을 시작하고 세 번째 날이 끝나갈 무렵, 나는 황달에 걸린 채 집으로 보내졌다. 황달은 지금까지도 낫지 않았다. 당국은 너무도 심하게 병든 나를 풀어준 뒤 거의 한 달 동안 나를 체포하려는 시도조차 하지 못했다. 7월 13일, 충분히 건강을 회복한 나는 애니 케니와 함께 다시 한 번 추악한 고양이와쥐법에 저항했다. 그녀도 건강상의 이유로 가석방된 상태였다. 나는 런던 파빌리온에서 열린 회합에 참석했다. 회합이 끝날 무렵, 케니의 석방 허가서가 12파운드에 경매되는 동안, 우리는 처음으로 공개적인 탈출을 시도했다.

그때 이후로 우리는 공개 탈출을 매우 자주 시도했다. 케니 양은 연단에서 공개적으로 우리가 회합 장소를 떠날 것이라고 선언했고, 즉시 군중 속으로 태연하게 사라졌다. 많은 수의 경찰이 달려들었다. 그들은 군중과 필사적으로 싸운 뒤에, 그녀를 체포하는 데 성공했다. 다른 형사들과 경찰관들이 나를 잡으려고 회합 장소의 옆문으로 달려들었다. 그러나 나는 정문으로 나가 택시를 타고 친구의 집으로 탈출했다.

경찰은 곧 내 친구이자 유명한 과학자인 허사 에어튼 여사의 집으로 나를 잡으러 왔다. 그 집은 이내 포위되었다. 밤낮으로 경찰뿐 아니라 수많은 여성 동지가 그 집을 포위하고 있었다. 파빌리온에 갔던 다음 토요일에 우리는 경찰들이 반가워하지 않을 만한 놀라움을 선사했다. 여성사회정치연합의 잘 알려진 동지들이 에어튼 부인의 집 앞에서 택시에서 내려 집안으로 서둘러 들어갔다. 나를 구출하려고 한다는 소문이 즉각 돌았다. 경찰은 택시 주위를 단호하게 둘러쌌다. 곧 얼굴을 가린 여성이 현관에 나타나자, 서프러제트들이 그녀를 둘러쌌다. 얼굴을 가린 여성이 택시에 타려고 할 때, 여성들은 그녀를 붙잡으려는 경찰의 시도를 온몸으로 막았다. "경찰이 팽크허스트 부인을 체포하려 한다"라고 외치는 함성이 여기저기서 터져 나왔다. 난투가 벌어졌고, 택시 근처에 있지 않았던 경찰들의 관심은 이 난투극에 쏠렸다. 휘청거리는 차를 둘러싼 형사들이 얼굴을 가린 여성을 다른 사람들의 손에서 낚아채 택시에 태웠다. 그들은 운전기사에서 보스트리트로 곧장 달리라고 명령했다. 그들이 목적지에 도착하기 전에, 얼굴을 가렸던 여성은 자신의 베일을 걷었다. 그녀는 팽크허스트 부인이 아니었다. 그 무렵 나는 다른 택시를 타고 다른 방향으로 달려가고 있었다.

우리의 책략에 경찰은 몹시 화가 났다. 경찰은 앞서 언급된 사건이 일어난 다음 주 월요일 파빌리온에 예정된 회합에 내가 대중 앞에 나타나자마자 나를 체포하기로 계획을 세웠다. 내가 파빌리온에 도착했을 때, 문자 그대로 수백 명의 경찰이 건물을 포위하고 있었다. 나는 겨우겨우 경찰의 차단선을 뚫고 건물 안으로 들어갔으나, 경시청 최고의 형사들이 건물 내부를 장악하고 있어서 연단에 올라가지 못했다. 나는 평상복을 입고 경찰봉을 꺼내든 형사들에게 포위된 상태라서 탈출할 수가 없었다. 그러나 나를 그곳으로 데려다준 여성들에게 소리치자 그들이 아주 용맹하게 나를 구하러 달려왔기 때문에, 경찰이 나를 택시에 태워 홀로웨이로 보내는 데 거의 30분 이상이 소요되었다. 그날 여섯 명의 여성이 체포되었고, 그보다 훨씬 많은 수의 경찰이 업무를 수행할 수 없는 지경이 되었다.

이 무렵 나는 수감되는 것에 저항하는 데 그치지 않고, 내 능력을 모두 발휘해 체포되는 것 자체에 저항하기로 결심했다. 따라서 우리가 홀로웨이에 도착했을 때, 나는 택시에서 내리기를 거부했다. 정부가 여성들을 천천히 사법적으로 죽이는 일을 더 이상 묵과할 수 없다고 나를 체포한 형사들에게 선언했다. 그들은 나를 들어 올려, 감옥 안에 있는 의무실 감방으로 운반했다. 여성 간수들은 내가 너무도 지치고 아프니, 옷을 벗고 침대에 눕는 것이 좋겠다고 친절하게 말을 걸었지만, 나는 싫다고 대답했다. "여기 갇혀 있는 한 나는 절대로 침대에 눕지 않을 작정입니다. 이 야만적인 수작에 신물이 나서, 이제는 이것을 끝내야겠습니다."

나는 옷을 벗지 않은 채 침대 밑에 누웠다. 저녁 늦게 감옥의 의사가 찾아왔으나, 나는 검진받기를 거부했다. 다음 날 아침 그가 다시 찾아왔을 때, 그는 교도소장과 간수장과 함께였다. 수감된 날부터 음식과 물을 전혀 먹거나 마시지 않아 너무도 달라진 내 모습에 의사는 몹시 당황했다. 그는 "허락해주신다면"이라고 운을 떼면서, 내 맥박을 재볼 수 있게 해달라고 말했다. 그러나 내가 거절하자, 그들은 나를 하루 종일 홀로 내버려두었다.

그날 밤 심하게 아파서 내 상태에 문제가 있다는 것을 알았다. 그러나 기다리는 것 말고는 할 수 있는 일이 아무것도 없다는 것도 알았다. 수요일 아침에 교도소장이 다시 와서 무관심한 체하며 내가 음식과 물을 거부하는 것이 사실인지를 물었다. 내가 사실이라고 대답하자, 그는 "부인을 감금해두는 데 드는 돈을 절약할 수 있겠군요"라고 냉혹하게 말했다. 그리고 마치 이 모든 일이 광대극이 아니라는 듯, 내게서 모든 특권을 빼앗고 사흘 동안 철저히 감시할 것을 명령하고는 감방을 나가버렸다.

하루에 두 번씩 의사가 찾아왔으나, 나는 그가 진찰하는 것을 허락하지 않았다. 나중에 내무부에서 의료 담당자가 왔을 때, 파빌리온에서 체포될 때 입은 상처 때문에 생긴 통증에 대해서 교도소장과 감옥의 의사에게 불평했던 것처럼 그에게도 불평했다. 의사와 의료 담당자 모두 내가 검진을 받아야 한다고 주장했으나, "당신들의 의도는 환자로서 나를 도와주려는 데 있지 않고, 내가 감옥에서 얼마나 더 오래 살아 있을 수 있는지 확인하려는 것에 불과하니, 나는 당신들의 검진을 받지 않겠습니다. 나는 당신들이나 정부를 어떤 식으로든 도와주지 않을 것입니다. 나는 이 문제에 관해 당신들의 어떤 책임감도 덜어줄 준비가 되어 있지 않습니다"라고 나는 말했다. 그리고 내가 매우 아프다는 것과 감옥에 갇혀 있기에 부적합한 몸 상태라는 것은 너무도 명백하다고 덧붙였다. 그들은 잠시 머뭇거리다가 가버렸다.

수요일 밤은 고통으로 점철된 기나긴 악몽 같았고, 목요일 아침에 나는 거의 미라와 같은 몰골이었음이 틀림없었다. 교도소장과 의사가 감방에 와서 나를 봤을 때 그들의 표정으로 보아, 그들이 즉시 나에게 석방 조치를 취할 것이라고 생각했다. 그러나 몇 시간이 흘러도 나를 석방하라는 명령은 내려오지 않았다. 스스로 나를 석방시켜야 한다고 결심한 나는 누워 있던 자리에서 일어나서 비틀거리며 감방을 왔다 갔다 했다. 내 힘이 온통 빠져나가고, 더 이상 서 있을 수도 없어서, 나는 돌바닥에 쓰러졌다. 그리고 오후 4시에 그들은 숨을 헐떡거리며 의식도 없이 바닥에 쓰려져 있던 나를 발견했다. 그제야 그들은 나를 내보내주었다. 이번에는 너무도 허약한 상태여서, 나는 목숨을 구하기 위해 식염수액 치료를 받아야 했다. 그러나 최소한 잠시 동안이라도 감옥을 나올 수 있다고 생각했고, 실제로도 그랬다. 7월 24일에 나는 석방되었다. 며칠 후 나는 환자용 의자에 의지해 런던 파빌리온의 연단 위에 섰다. 나는 말을 할 수도 없었지만, 약속했던 대로 그곳에 갔다. 예전에는 석방 허가서를 찢어 없앴지만, 이번에는 그렇게 하지 않았다. 경매에 부칠 가치가 있기 때문이었다. 이 증명서는 어떤 미국인에게 100파운드에 팔렸다. 나는 이 증명서를 팔아서 생긴 돈을 투쟁에 쓰겠다고 교도소장에서 말했다. 그렇지만 100파운드라는 엄청난 금액까지 오를 것이라고는 생각지도 못했었다. 나는 누군지 알지 못하는 미국인 친구의 관대함을 항상 기억할 것이다.

1913년 여름 런던에서 규모가 상당히 큰 의학 학술대회가 열렸는데, 수백 명의 의사가 우리가 8월 11일 킹스웨이홀에서 개최한 대규모 집회에 참석했다. 내가 연설을 했던 이 집회에서 강제 급식에 반대하는 단호한 결의안이 통과되었으며, 나는 경찰의 간섭을 받지 않고 집으로 돌아갈 수 있었다. 사실상 그 달에 나는 경찰의 방해 없이 대중 연설을 두 번이나 했다. 런던의 저명한 의사들이 많이 참석했기에, 당국은 나를 당분간 그냥 놔두는 것이 좋겠다고 결정했는지도 모른다. 어쨌든 정부는 아무런 간섭도 하지 않았다. 그달 말에는 크리스타벨을 만나 가을 캠페인을 준비하러 파리에 갔다. 3년 형기 중 3주도 살지 않았지만, 지난 다섯 달 동안의 투쟁으로 휴식이 필요했다.

7

여성에겐 상원도 하원도 없기에

***

1913년 여름, 파리에서 딸과 보낸 두 달은 내가 거의 마지막으로 평화롭고 한가하게 즐길 수 있었던 시간이었다. 나는 그 시간 동안 며칠씩, 몇 시간씩 이 책을 준비했다. 왜냐하면 영국에서 여성의 혁명이 발발하기까지 일어난 여러 사건에 대해 나 자신이 솔직하게 진술할 의무가 있다고 생각했기 때문이다. 세상의 모든 헌정 국가에서 여성 투표권이 현재 남성의 것과 같이 보편적으로 받아들여지고, 남성과 여성이 무자비한 경쟁자가 아니라 동료 노동자로서 동등한 조건으로 산업에 종사하고, 현재 남성과 여성 사이에 존재하는 끔찍하고 부당한 차별―언젠가 성차별은 반드시 없어질 것이다―이 없어질 미래에는 다른 역사책들이 분명히 전투과 운동에 대해 기술할 것이고, 역사가들은 여유 있게 앉아서 영국 여성들이 맹목적이고 완고한 영국 정부에 맞서 정치적 자유를 얻기 위해 무기를 들고 싸웠던 이야기를 공정하게 다룰 수 있을 것이다. 나는 오래 살아남아 이런 사건들을 차분하게 고려하고 조심스럽게 분석하며 양심적으로 기술한 역사책을 읽고 싶다. 그 역사책은 전쟁터에서 전투와 전투 사이에 쓰인 이 책보다는 훨씬 더 읽기 좋은 책일 것이다. 그러나 급하게 준비되었더라도, 아마도 이 책은 미래의 독자들에게 싸움의 긴장감과 절박함, 그리고 여태까지 꿈도 꾸지 못했던 여성들의 용기와 투쟁에 대해 더 분명하게 보여줄 것이다. 이 여성들은 전투의 기쁨을 배우고, 두려워하지 않고, 그들의 싸움을 계속해 죽음의 문턱에까지 이르기도 하고 혹은 그 문턱을 넘어가기도 했으나, 결코 겁먹고 주춤거리지 않았음을 보여줄 것이다.

1912년 10월 집회에서 영국의 침묵에 분명하게 전쟁을 선포한 이후, 우리가 나아가는 모든 단계에 예상할 수도 없고 공표되지도 않은 위험과 어려움이 뒤따랐다. 1913년 10월에 나는 프랑스 정기선인 라 프로방스 호를 타고 세 번째로 미국을 방문했다. 나는 방문 목적을 숨기지 않고 영국, 프랑스, 미국의 신문에 밝힌 바 있다. 사실상 런던 경시청 소속 형사 두 명이 내가 출발하는 것을 지켜보았다. 뉴욕의 출입국관리사무소 직원이 나를 위험한 외국인으로 분류해 입국을 허락하지 않을 것이라는 소문이 들려왔으나, 나는 그 이야기를 별로 믿지 않았다. 미국 친구들이 편지와 전보를 보내 용기를 북돋아주었다. 나는 배 위에서 몇 시간씩 일을 하기도 하고, 강연 여행에 항상 수반되게 마련인 피로에 대비해 쉬기도 하면서, 꽤 평온하게 지내고 있었다.

10월 26일 우리는 뉴욕 항구에 도착했다. 놀랍게도 출입국관리사무소 직원이 나를 찾아내, 엘리스 섬으로 가서 특별조사위원회에 참석하라는 명령을 전해주었다. 억류 명령을 수행한 직원이 아주 공손하게 일처리를 하는 걸 보니, 마지못해 이 일을 하는 듯했다. 그들은 나의 미국인 여행 동료 레타 차일드 도어 부인이 나와 함께 섬으로 가는 것을 허락해주었으나, 특별조사위원회에는 어느 누구도, 심지어는 미국 사교계 명사이자 하원 의원인 올리버 벨몬트 씨의 부인이 보내준 변호사도 나와 함께 참석하지 못하게 했다. 마치 가난하고 도와줄 사람 하나 없는 여성이 의지할 것 하나 없이 법정에 출두하는 것처럼, 나는 세 명의 남성 앞에 홀로 갔다. 사무실에 들어서는 순간, 내게 불리한 조처가 취해졌다는 것을 알았다. 왜냐하면 위원들이 앉은 책상 위에 내 사건을 다룬 영국 법정 기록물이 놓여 있는 것을 보왔기 때문이다. 이 문건들은 런던 경시청이 제공하거나 영국 정부가 제공한 것일 터였다. 물론 누가 그랬는지는 알지 못한다. 그 문건들은 말할 것도 없이 내가 의심쩍은 사람이라는 것을 특별조사위원들에게 확신시켜주기에 충분했다. 그들은 워싱턴에 있는 고위 당국자들의 서류 검토가 끝날 때까지 나를 억류한다고 알려주었다. 하지만 그들은 내가 불편을 느끼지 않도록 모든 조처를 취해주었으며, 나와 내 동료가 이민국 감독관의 방을 쓸 수 있도록 해주었다. 그들은 내게 도덕적 오명—어떤 영국의 배심원도 아직 나를 그런 죄로 기소한 적이 없는 도덕적 오명—이 있다고 판단했지만, 그래도 나의 억류를 견딜 만하게 만들기 위해서 여러 가지로 애를 썼다. 내게 섬 이곳저곳과 억류된 이민자—미국에 상륙할 수 있는 권리가 의심되는 사람들—를 위한 숙소를 구경시켜주었다. 커다란 식당, 먼지 하나 없는 부엌과 놀랄 만큼 다양한 식단 메뉴가 흥미로웠다. 영국의 어떤 기관에도 그런 것은 존재하지 않았기 때문이다.

나는 엘리스 섬에 이틀 반 동안 머물렀는데, 워싱턴의 이민 담당자가 내 사건을 대통령에게 가지고 갈 만큼 충분히 긴 시간이었다. 대통령은 즉시 나의 석방을 명령했다. 나를 억류한 데 대해 책임이 있는 사람이 누구였든, 그는 그 사건의 홍보 효과를 전혀 알지 못했을 것이다. 나의 강연 여행은 이 억류 사건 덕에 훨씬 더 성공적이었고, 나는 11월 말에 우리의 전투를 위한 자금 모집에 아주 관대한 미국인들의 기부금을 가지고 영국에 돌아왔다. 그렇지만 내가 이 기금을 몸소 지니고 오는 것은 허락되지 않았다.

화이트스타 사의 정기선인 마제스틱 호가 플리머스 항에 도착하기 전날 밤, 내가 귀국하자마자 정부가 나를 체포하기로 결정했다는 전보가 지휘본부에서 왔다. 다음 날 정오 직전에, 나는 매우 극적인 상황에서 체포되었다. 증기선이 외항에 정박하자마자, 항시 북적거리던 만에 배가 한 척도 보이지 않는다는 것을 즉시 알아차렸다. 항상 증기선을 마중 나오던 부속선이 그날은 저 멀리 두 대의 커다란 회색 전투함 사이에 정박해 있었다. 무슨 일이 벌어질지 궁금해하며 승객들이 말없이 갑판 난간으로 모여들었다. 갑자기 모터 달린 어업용 평저선이 항구를 가로질러 무시무시한 전투함 아래로 곧장 내달렸다. 물보라에 흠뻑 젖은 두 여성이 배 위에 서 있었다. 배가 재빠르게 물살을 가르면서 우리 증기선을 지날 때 그 여성들은 "팽크허스트 부인, '고양이'들이 여기 있어요. 아주 가까이에 있어요"라고 소리쳤다. 그들의 목소리는 물보라에 묻혀서 사라졌고, 우리는 아무것도 더 들을 수 없었다. 일이 분 뒤에 배의 사환이 겁에 질린 채 갑판에 나타나서는 여객선 사무장의 사무실로 와달라는 메시지를 전해주었다. 물론 나는 거절했다. 그러자 곧 경찰들이 갑판에 무리 지어 나타났고, 고양이와쥐법에 따라 나를 다섯 번째로 체포한다는 고지를 들었다. 런던 경시청에서 다섯 명의 형사를 보냈고, 플리머스에서 두 명의 형사를, 홀로웨이에서 한 명의 여성 간수를 보냈다. 그 정도의 인원이면, 육지에서 2마일 떨어진 바다에 정박한 배에서 한 명의 여성을 체포하기에는 충분하고도 남는 숫자일 것이다.

어떤 식으로든 수치스러운 법을 집행하는 데 도움을 주지 않겠다는 확고한 결심에 따라 나는 형사와 함께 가기를 거부했다. 그러자 형사들은 나를 들어 올려, 대기 중인 경찰 평저선으로 끌고 갔다. 우리는 콘월의 해안을 따라 몇 마일 올라갔다. 경찰은 나를 어디로 데려가는지 말해주려 하지 않았으나, 마침내 일반인의 출입이 금지된 정부의 착륙 선창이 있는 불포인트에 정박했다. 이곳에 자동차가 대기하고 있었다. 나는 런던 경시청과 홀로웨이에서 파견된 호송인과 함께 다트무어를 지나 엑시터로 갔다. 엑시터에서는 그럭저럭 견딜 만한 감금 생활을 겪으면서 나흘간 단식 투쟁을 했다. 교도소장부터 여성 간수들까지 모두 내게 공공연하게 동정심을 보였고 친절했다. 교도소 직원 한 명은 런던의 얼스코트의 엠프레스 극장에서 대규모 집회가 열릴 때까지 나를 가두어놓으라는 명령을 받았다고 말하기도 했다. 이 집회는 나의 귀국을 환영하기 위해 마련된 것이었다. 집회는 내가 체포된 다음 일요일 저녁에 열렸다. 내가 미국 여행 동안 모아온 4500파운드를 포함해 이 집회에서 1만 4000파운드의 막대한 금액이 전투파의 금고로 쏟아져 들어왔다.

엑시터에서 석방되고 며칠 후, 곧 시작될 예정인 캠페인과 관련된 문제를 딸과 상의하기 위해서 나는 공개적으로 파리에 갔다가 가석방 허가 기간이 만료되기 하루 전에 여성사회정치연합의 회합에 참석하기 위해서 돌아왔다. 그때 나는 의사와 간호사와 함께 열차로 여행하고 있었다. 도버에 도착하자, 형사 두 명이 내가 타고 있던 객차에 뛰어들어 나를 체포했다. 형사들이 들이닥쳤을 때 우리는 차 마실 준비를 하고 있었으나, 즉시 창문 밖으로 차를 내버렸다. 왜냐하면 단식 투쟁은 항상 체포되는 순간부터 시작되기 때문이었다. 우리는 결코 타협하지 않고 공격받는 바로 그 순간부터 저항했다.

내가 도버에서 갑자기 체포된 이유는 체포에 저항하기 위해 조직된 여성 경호원을 경찰이 두려워했기 때문이었다. 정부뿐 아니라 경찰 역시 싸움을 무서워하지 않는 여성들과 직면하기를 두려워했다는 증거가 많이 있다. 이 경우에도 그런 증거가 있는데, 여성 경호원들이 빅토리아 역에서 기다리고 있다는 것을 알았기에, 당국은 열차가 도착하는 플랫폼에 누구든 다가서지 못하도록 막았으며, 많은 경찰병력을 그곳에 배치했다. 내가 열차가 도착하는 플랫폼에 줄 지어 선 경찰과 형사들 사이를 지나 40마력의 자동차에 태워질 때까지 어떤 승객도 열차에서 내릴 수 없었다. 자동차 안에는 평상복을 입은 두 명의 형사와 간수가 나를 지키기 위해서 타고 있었고, 차 밖에는 경찰 세 명이 배치되었다. 내가 탄 차 주위에는 열두 대의 택시가 있었는데, 각각의 차에는 평상복을 입은 네 명이 타고 있었다. 그중 세 명은 내가 탄 차를 지키는 형사들이었고, 한 명은 운전수였다. 물론 그 운전수가 경시청에 고용되었다는 것은 말할 필요도 없다. 오토바이를 탄 형사들은 나를 구하려고 오는 택시가 있다면 추격할 준비를 한 채 여러 지점에서 지키고 있었다.

홀로웨이에 도착하자, 나는 다시 자동차에서 들려 나와 접수계로 끌려가서 매우 지친 상태로 바닥에 내려졌다. 의사가 들어와서 퉁명스럽게 일어서라고 말했지만, 나는 전혀 그럴 수 없다고 대답해야만 했다. 나는 검진받기를 단호하게 거부하면서,

정부가 나의 상태에 대해 전적인 책임을 져야 한다고 주장했다.

"나는 당신이나 감옥의 어떤 의사한테도 검진받기를 거부합니다. 그리고 내가 검진을 거부하는 이유는 내게 내려진 선고와 내가 감옥에 갇히는 것에 저항하기 위해서입니다. 나는 더 이상 감옥의 의사를 진정한 의사로 인정하기 않겠습니다. 나는 감옥의 규칙에 따르겠다는 동의를 철회합니다. 나는 감옥의 직원이 갖는 권위를 인정하기를 거부합니다. 따라서 나는 정부가 내게 부과된 선고를 이행하는 것을 불가능하게 할 것입니다."

호출된 간수가 나를 휠체어에 태워 3층으로 옮긴 후 차가운 콘크리트 감방에 처넣었다. 휠체어에서 일어나기를 거부했더니, 그들은 나를 들어서 침대 위로 옮겼다. 밤새 침대에 누워 있었으나, 나는 옷을 벗거나 느슨하게 풀지도 않았다. 체포된 것은 토요일이었고, 다음 주 수요일 오전까지 감옥에 갇혀 있었다. 그동안 나는 어떤 음식이나 물도 먹기를 거부했고, 잠도 자지 않았다. 즉 나는 인간으로서 할 수 있는 한 잠과 휴식을 거부했다. 나는 이틀 밤 동안 콘크리트 바닥에 앉거나 누워 검진을 받으라는 반복되는 제안을 결연하게 거부했다. "당신은 의사가 아닙니다. 당신은 정부가 고용한 고문기술자이며, 당신이 원하는 것은 오로지 내가 아직은 죽지 않을 것이라는 사실을 확인하려는 것뿐입니다"라고 말했다. 지난번 투옥 이후 새로 부임한 의사는 얼굴을 붉히고 매우 불쾌한 표정을 지으면서, "당신이 그렇게 여길 거라고 생각했습니다"라고 중얼거렸다.

화요일 오전 교도소장이 나를 보러 왔을 때, 나는 분명히 심각한 상태였을 것이다. 교도소장과 함께 온 간수의 놀란 표정에서 그 사실을 알 수 있었다. 교도소장에게 나는 감옥을 떠날 준비가 되어 있으며, 살아서든 죽어서든 아주 빨리 감옥을 떠날 작정이라는 점을 간단하게 통지했다. 바로 그 순간부터 풀려날 때까지, 또는 걷다가 지쳐서 죽을 때까지 콘크리트 바닥에 가만히 있는 대신 계속해서 걷겠다고 그에게 말했다. 나는 하루 종일 이 결심을 지켰다. 좁은 감방을 왔다 갔다 하면서, 여러 번 쓰러지고 넘어졌다. 마침내 저녁에 의사가 와서, 다음 날 아침에 나를 풀어주라는 명령을 받았다고 전했다. 그제야 나는 외투를 약간 느슨하게 풀고 침대에 누웠다. 너무 지쳐서 즉시 죽음 같은 잠에 빠져들었다. 다음 날 아침 앰뷸런스가 나를 킹스웨이 본부로 데려갔다. 그곳에 나를 위한 의무실이 하나 마련되어 있었다. 열흘 사이 두 번의 투옥은 내 힘을 모두 앗아갔고, 홀로웨이 감방의 추위는 고통스러운 신경통을 일으켰다. 평소 내 건강 상태의 10분의 1 정도로 회복하는 데에도 여러 날이 걸렸다.

이 두 번의 체포로 새로운 투쟁이 크게 분출되었다. 정부는 이런 결과를 당연히 예상했어야 했다. 내가 플리머스에서 체포되었다는 소식이 전해지자마자 데븐포트의 리치먼드워크 가에 있는 목재 야적장에 큰 불이 나서, 수천 파운드에 이르는 막대한 양의 목재와 근처에 있는 유원지와 멋진 풍경을 볼 수 있는 기찻길을 태웠다. 어느 누구도 그 마을 역사상 가장 큰 화재 사건의 원인을 알아내지 못했다. 그러나 난간에 《서프러제트》가 한 권 묶여 있었고 다른 난간에는 두 장의 팻말이 묶여 있었는데, 각각의 팻말에는 정부에게 보내는 메시지가 적혀 있었다. 하나에는 '어떻게 감히 팽크허스트 여사를 체포하고, 에드워드 카슨 경과 보나 로 씨에게 자유를 허용하는가?', 두 번째 카드에는 '팽크허스트 여사를 플리머스에서 비겁하게 체포해 그녀에게 고통을 가한 것에 대한 보복'이라고 쓰여 있었다.

한밤중에 시작되어 새벽까지 맹렬하게 불타오른 이 사건 이외에도, 브리스톨에 있는 사람이 살지 않는 커다란 저택이 전소되었다. 스코틀랜드에서도 사람이 살지 않는 또 다른 저택이 화재로 크게 손상을 입었다. 리버풀 교외에 있는 세인트 앤 교회도 부분적으로 부서졌다. 런던과 에든버러, 더비와 다른 도시에 있는 많은 우체통에도 방화가 행해졌다. 대영제국 이곳저곳의 교회미사 중에 여성들이 양심상 고통을 겪고 있는 죄수들을 위한 기도를 함으로써 회중들을 놀라게 했다. 분명히 이렇게 미사를 방해한 사건에 대해 들어본 독자들이 있을 것이다. 그리고 큰 소리로 외치고 부르짖는 여성, 종교적인 의식이 거행되는 성소에 난입한 여성, 신의 집에서 소동을 일으킨 여성들에 관한 기사도 읽어본 독자들이 있을 것이다. 원래는 신앙심이 깊은 전투파 여성들이 종교 의식을 방해했을 때, 실제로 어떤 일들이 일어났는지 독자들은 알아야 한다. 내가 도버에서 체포된 후 홀로웨이에 갇혀 있던 일요일에 웨스트민스터 교회에서 열린 오후 미사에 참석한 몇 명의 여성들이 한 목소리로 "신이시여, 에멀린 팽크허스트를 구하소서. 당신의 사랑과 힘으로 그녀를 지키려는 우리를 도우소서. 양심상 고통을 겪고 있는 사람들을 구하소서. 당신께 간구하는 저희의 기도를 들어주소서"라고 기도했다. 그들이 이 기도문을 끝내기도 전에 교회 안내인이 나타나서 엄청난 폭력을 휘두르며 그들을 교회 밖으로 내쫓았다. 교회 안내인이 오기 전에는, 이 여성들 가까이에 무릎 꿇고 있던 한 남성이 신에게 간구하던 일을 잠시 제쳐두고 한 여성의 얼굴을 주먹으로 때리기도 했다.

비슷한 일이 영국과 스코틀랜드 전역에 있는 교회와 대성

당에서 일어났다. 그리고 많은 경우에 여성들은 교회 안내인과 회중들에게 너무도 야만스러운 대접을 받았다. 그러나 어떤 경우에는 이 기도하는 여성들이 전혀 방해받지 않았을 뿐 아니라, 깊고 동정적인 침묵 속에 기도를 끝내는 것이 허락되기도 했다. 어떤 목사는 용감하게 감옥에 갇힌 여성을 위한 이들의 기도문에 경건하게 아멘을 덧붙이기도 했고, 어떤 목사는 자발적으로 우리를 위한 기도를 하기도 했다. 그러나 교회는 전반적으로 여성에 대한 정의를 요구하거나 강제 급식 고문에 저항하는 의무를 수행하지 않았다. 그 해가 저물기 전에 우리는 교회 당국에 많은 대표단을 보냈고, 모든 주교를 차례로 방문했다. 캔터베리의 반동적인 대주교를 포함한 몇 명의 주교는 우리가 바라던 인터뷰를 거절했다. 그러자 대표단은 주교가 두 손 들 때까지 대문 앞에 줄곧 버티고 앉아 있었다. 그 작전은 언제나 성공했다.

홀로웨이 감옥이 런던 주교의 관구에 있었기에, 여성사회정치연합은 주교를 찾아가, 그가 직접 강제 급식을 눈으로 확인하고 고문의 공포를 인지해야 한다고 주장했다. 그는 그러한 고통을 겪고 있던 두 명의 여성을 만나보았지만, 강제 급식 과정을 직접 보지는 못했다. 돌아온 그는 여성들과의 면담에 대해 대중에게 알리면서도 사실상 정부의 설명을 되풀이했다. 우리 연합은 당연히 분개했다. 친정부 인사들은 고문 정책을 옹호하는 런던 주교를 환영했다. 강제 급식의 도덕적인 모멸감은 말할 것도 없이, 그 고통과 육체적 아픔을 겪은 사람들만이 정부가 런던의 주교에게 눈속임을 한 것이 얼마나 사악한 일인지 알 수 있다. 주교는 강제 급식 고문의 희생자가 그 과정이 진행되는 동안 심하게 저항하기 때문에 더 많은 고통을 겪는다고 말했는데, 이는 스스로를 위안하기 위해서 말한 것일 수도 있다. 그러나 메리 리처드슨이 《서프러제트》에 기고한 대로, 희생자에게 저항하지 말라고 하는 것은 눈에다 재를 뿌리면서 날뛰지 않고 가만있으면 훨씬 덜 고통스러울 것이라고 말하는 것과 마찬가지다. 리처드슨 양은 이렇게 주장했다.

"원칙은 같다. 고통이 너무 지독해서 저항하는 것이다. 눈과 귀와 안면 신경이 너무 극심하게 고통스러워서 극한까지 저항할 수밖에 없는 것이다. 사람들이 투쟁하는 또 다른 이유는 도덕적인 이유다. 왜냐하면 강제 급식은 육체적인 고통을 주는 공격일 뿐 아니라 부도덕한 공격이기 때문이다. 강제 급식을 당할 때 수동적인 상태로 가만히 있으면 죄를 짓는 느낌을 준다. 그 일에 찬동하고 있다는 죄의식 말이다. 본능 전체가 들고 일어나기 때문에 저항하지 않을 수 없는 것이다."

이 시점에 우리가 1914년에 새로 시작한 정책, 즉 우리의 대의명분을 직접 국왕에게 요구하는 정책에 대해 이야기해야겠다. 독자는 아마도 서프러제트들이 조지 왕과 메리 왕비에게 '무례한 짓'을 했다는 것을 들었을 것이다. 그러나 이 '무례한 짓'이 어떻게 일어났는지에 대해 직접 설명을 듣는 것이 합당할 것이다. 우리는 예전에 국왕에게 청원을 제출했던 적이 몇 번 있었다. 한번은 국왕이 의회를 열기 위해 웨스트민스터로 가는 길에서였으며, 한번은 그가 브리스톨에 가는 길이었다. 후자의 경우에 왕에게 청원서를 제출하려고 시도한 여성은 왕의 시종무관이 휘두른 칼등으로 얻어맞았다.

우리는 마침내 국왕에게 직접 청원서를 제출하는 정책을 취하기로 결정했다. 왜냐하면 우리는 내각 각료들에게 청원해 우리가 바라는 일을 이룰 수 있다는 희망을 버려야만 했기 때문이다. 매번 자유당 정부에 속고 배신당한 우리는 앞으로는 그들에게 신뢰를 보내는 척도 하지 않기로 결정했다. 우리는 우리의 정당한 요구를 국왕의 왕좌로 직접 가져갈 것이라고 선언했다. 1913년 12월 말 내가 영국에 돌아온 뒤 두 번째로 감옥에 갇혀 있을 때, 코벤트가든에서 성대한 축하 행사가 개최되었다. 레이먼드 로즈의 〈잔다르크〉 오페라 공연이 있었다. 국왕과 왕비와 내각 각료들이 참석했고, 놀라울 만큼 멋진 공연일 것이라고 기대를 모았다. 우리 연합 회원들은 이 공연을 그해에 일어난 가장 성공적인 시위로 만들 기회로 삼았다. 귀빈석 반대편의 관람석을 확보해 아름답게 차려 입은 세 명의 여성이 자리를 잡았다. 관람석에 들어서자마자, 그들은 다른 사람의 이목을 전혀 끌지 않은 채, 문을 잠그고 문을 막았다. 1막이 끝나고 오케스트라가 퇴장하자마자 여성들이 일어섰다. 그중 한 명은 메가폰을 이용해 국왕에게 직접 호소했다. 무대에서 벌어진 인상 깊은 장면을 언급하면서, 수세기 전에 잔다르크가 자유를 위해 싸웠던 것처럼 오늘날 여성들도 자유를 위해 싸우고 있다고 국왕에게 말했다. 국왕의 이름으로, 교회의 이름으로, 오늘날의 여성들도 오를레앙의 처녀처럼 고문을 당하고 죽음을 맞이하고 있다고 국왕에게 말했다. 정부는 이런 사실을 모두 알고 있으며, 정부가 책임을 져야 할 것이라고 말했다. 지금 이 시각에도 자유를 얻기 위해 싸우는 군대의 지도자는 국왕의 인가 아래 감옥에 갇혀 고문을 당하고 있다고 말했다.

관중은 흥분과 놀라움의 도가니에 빠져들었다. 그리고 고함과 탄원의 소란 속에 관람석의 문은 마침내 부서졌고, 여성들은 쫓겨났다. 이 여성들이 극장에서 쫓겨나자마자, 2층 관람석에 조용히 앉아 있던 40여 명의 연합 회원들이 벌떡 일어나 아래층 관객의 머리 위로 참정권 관련 인쇄물을 뿌렸다. 이러한 흥분이 가라앉고 가수들이 다시 공연을 하는 데는 거의 45분이 걸렸다.

이렇게 사태의 진정성을 깨닫게 만들기 위해 국왕에게 직접 호소하는 방식은 두 번째 시도로 이어졌다. 1월 초, 의회가 재소집되자마자, 내가 직접 버킹엄 궁으로 대표단을 이끌고 가겠다고 선언했다. 연합 회원들은 이 계획을 적극적으로 지지했고, 많은 이가 대표단에 참여하겠다고 자원했다. 이 대표단은 세 가지 사항을 중심에 두고 시위 계획을 세웠다. 첫째, 여성이 여전히 선거권을 갖지 못하고 있는 것. 둘째, 불의에 맞서 싸우는 사람들에게 가해지고 있는 강제 급식 고문과 고양이와쥐법에 의한 고문. 셋째, 정부가 아일랜드자치법에 반대하는 남성들, 즉 재산에 손해를 입힐뿐더러 사람의 목숨도 빼앗는 정책을 시행할 것이라고 공공연하게 떠들고 다니는 남성들에게 완벽한 자유를 허락하고 있는 반면, 전투파 여성들을 억압하고 고문하는 것.

나는 국왕에게 편지를 써서, '여성 대표단의 알현을 허락해 주시길 바라는 여성사회정치연합의 정중하면서 충성스러운 요청'을 전했다.

"대표단은 여성이 산업 분야와 사회 전반에서 겪고 있는 비통한 불의로부터 여성을 보호할 수 있는 유일한 방법인 의회 선거권에 대한 요구를 국왕 폐하께 직접 전달하고 싶습니다. 선거권은 대영제국의 시민이라는 것을 상징하는 보증서입니다. 선거권은 여성이 대영제국의 시민으로서 남성과 동동한 위엄과 가치를 갖고 있다는 것을 인정한다는 것을 의미합니다.

대표단은 폐하의 각료들이 시민권 박탈에 저항하는 여성들을 억압하기 위해 사용하고 있는 중세의 야만적인 고문 방법에 대해 국왕 폐하 앞에서 말씀드리고자 합니다. 여성들의 저항은 그 정신이나 목적에서 영국민들의 자랑거리인 자유를 쟁취하기 위해서 과거에 일어났던 어떤 투쟁만큼이나 고귀하며 영광스러운 것입니다.

저희들은 헌법상의 원칙에 근거해 폐하께서 알현을 허락해주시길 부탁드립니다. 생각 없는 사람들—헌법상의 원칙에 관심을 두지 않는 사람들—은 저희들이 폐하가 아니라 폐하의 각료들을 만나야 한다고 우리에게 말했습니다. 우리는 그런 충고를 거부합니다. 우선, 여성의 대의를 배반하고 그 대의를 위해 싸우는 사람들을 고문하는 바로 그 남성들을 만나는 것은 여성들의 위엄에 어긋날 뿐 아니라, 부조리하고 쓸모없는 일이기 때문입니다. 둘째로, 우리 여성들은 이 남성들에게 어떤 권위도 위탁한 적이 없으며, 또한 그들이 어떤 권위도 갖고 있다고 인정하지 않기 때문입니다. 우리 여성들의 눈으로 볼 때, 그들은 이 문제를 대변할 수 있는 어떤 법적인 혹은 헌법적인 지위를 갖고 있지 않습니다. 왜냐하면 그들이 의원 선거에 나서거나 국왕 폐하의 각료로 임명될 때, 우리 여성들의 의견을 한 번도 듣고자 한 적이 없기 때문입니다."

우리 주장을 입증하기 위해서 나는 국왕이 직접 알현을 허락한 선례를 인용했다. 그 선례는 1793년에 아일랜드 가톨릭교도 대표단이 조지 3세를 직접 알현한 일이었다.

나는 덧붙였다. "여성들이 국왕께 우리의 말을 들어주십사 요청하고 알현을 청할 권리는 남성들이 소유한 어떤 권리보다도 훨씬 더 강력합니다. 왜냐하면 여성들은 자신의 고통을 교정할 수 있는 방법을 확보할 어떤 헌법상의 수단도 갖고 있지 못하기 때문입니다. 의원을 뽑을 선거권도 갖고 있지 못한 우리 여성들에게는 하원이 존재하지 않습니다. 우리는 상원에서도 아무런 목소리를 낼 수 없습니다. 그렇지만 우리에게는 국왕 폐하가 계시므로, 폐하께 직접 우리의 고통을 보살펴주시길 호소하고자 합니다.

헌법에 근거해 말씀드리자면, 투표권이 없는 우리 여성들은 국왕 폐하의 권력이 무한했던 그런 시대에 아직 살고 있습니다. 억압받던 남성들이 권력과 정의와 개혁의 근원이었던 국왕 폐하께 의존하던 시대는 남성들에게는 이미 지나가버린 옛날이겠지만, 여성들에게는 그렇지 않습니다.

마찬가지 방식으로 우리 여성들도 이제 왕좌로 나아가서, 우리 여성들이 더 이상 참을 수도 없고, 참지도 않을 정치적인 불평등을 교정해주십사 하는 우리 여성들의 요구를 국왕 폐하께 직접 전할 권리를 주장합니다.

여성에게 선거권이 없기 때문에, 오늘날 우리 가운데 땀 흘리는 노동자와 백인 노예와 학대당하는 어린이와 순진한 어머니와 끔찍한 질병에 신음하는 아기 들이 있습니다. 우리 불행한 여성들을 위해 그리고 이들의 대의를 위해 우리 여성들은 폐하께서 우리들의 이야기를 들어주시리라 믿으며 폐하께 알현을 요청합니다."

이 편지에 대한 답변을 듣는 데 며칠 걸렸다. 그리고 그사이 대중의 관심을 끌 만큼 극도로 혼란스럽고 고통스러운 사건들이 일어났다.

어떻게 사람들을 살해하는 정부에
아무 말도 하지 않을 수 있습니까?

***

미국 강연 여행을 마치고 영국으로 돌아오기 몇 달 전부터, 얼스터의 상황은 점점 더 심각해졌다. 에드워드 카슨 경과 그의 추종자들은 더블린에 아일랜드 자치 정부가 수립된다면, 자신들도 합법적이건 비합법적이건 그에 맞설 독립 정부를 얼스터에 세우겠다고 선언했다. 무기와 탄약이 아일랜드로 선적되었고, 남성은 물론 여성도 군사훈련을 받고 있었으며, 내전도 불사하겠다는 것이 널리 알려졌다. 여성사회정치연합은 에드워드 카슨 경에게 얼스터 정부가 세워진다면 여성에게 남성과 동등한 투표권을 줄 것인지 물었다. 만일 얼스터의 남성들만 투표권을 갖게 되고 여성들이 배제된다면, 웨스트민스터에 근거지를 둔 영국 정부에게 했던 것과 똑같은 방식으로 '카슨 왕'과 그의 동지들을 대할 것이라고 우리는 솔직하게 선언했다. 에드워드 카슨 경은 처음에는 얼스터에 반군 정부가 만들어진다면 얼스터의 여성들에게도 투표권을 주겠다고 약속했다. 그러나 이 공약은 나중에 파기되었기에, 1914년 초겨울 얼스터에 전투파가 등장했다. 스코틀랜드에서는 이미 전투파가 맹위를 떨치고 있었지만, 이제 스코틀랜드 감옥에 갇힌 서프러제트에게도 영국에서처럼 강제 급식이 시행되고 있었다. 이에 대한 저항은 물론 더 극심한 투쟁으로 나타났다. 화이트커크에 있는 종교개혁 이전의 유물인 고대 스코틀랜드 교회가 방화로 파괴되었다. 비어 있는 시골의 저택 몇 채도 전소했다.

1914년 2월에 나는 런던 밖에서 일련의 집회를 개최했다. 첫 집회는 수천 명의 관중이 운집한 글래스고의 세인트앤드루스홀에서 열렸다. 나는 모임이 열리는 밤에 억류당하지 않기 위해서 경찰이 눈치 채지 못하게 자동차를 타고 런던을 떠났다. 나를 체포하려는 온갖 노력에도 지지 않고 나는 글래스고에 도착했으며, 세인트앤드루스홀의 연단에 올랐다. 그곳에서 매우 호의적인 어마어마한 수의 관중과 마주하게 되었다.

경찰이 연단으로 달려들지도 모른다는 의심이 들자 이에 저항할 계획을 세웠고, 경호원들이 대기했다. 내 연설은 시작하고 얼마 되지 않아 중단되었다.

"저는 약속을 지켰습니다. 정부의 온갖 방해에도 저는 오늘밤 이 자리에 왔습니다. 여기 오신 청중 중에서 그리고 우리나라 국민 중에서, 여성들을 침묵시키기 위해 얼마나 많은 나랏돈이 사용되고 있는지 알고 계신 분은 별로 없을 것입니다. 그러나 여성의 기지와 재간은 영국 정부의 권력과 금권을 능가했습니다. 오늘 밤 우리가 이 모임을 연 것은 잘한 일입니다. 왜냐하면 오늘은 영국과 아일랜드라는 왕국의 역사에 기억될 날이기 때문입니다. 오늘 하원에서 전투파—남성 전투파—의 승리가 목격되었습니다. 만일 얼스터의 남성 전투파와 여성 참정권 전투파에 대한 대우 사이에 뚜렷한 차별이 존재한다면, 이는 여성들에게 이득이 되리라는 것을 오늘밤 이 모임에 오신 분들에게 분명하게 말씀드리고 싶습니다. 여성 참정권 운동에서 우리의 가장 중요한 임무는 여성도 남성처럼 인간이라는 것을 증명하는 것이며, 우리의 싸움 하나하나는 남성들의 정신에, 특히 정치가의 정신에 이 어려운 교훈을 분명하게 심어주기 위한 것입니다.

저는 오늘 이 정치 집회에서 하나의 문구를 채택하자고 제안합니다. 문구들은 대체로 교회의 설교단에서 주어지지만, 제가 이 문구를 오늘밤 여러분에게 발표해도 저를 용서해주시리라 믿습니다. 제 문구는 '남성과 여성에게 동등한 정의를, 동등한 정치적 정의를, 동등한 법적 정의를, 동등한 산업적 정의를, 그리고 동등한 사회적 정의를'입니다. 저는 오늘 밤 여러분께 다음과 같은 사실을 분명하고 단순하게 전달하고 싶습니다. 즉 일상적인 정의를 위해 싸우는 것이 정당화된다면, 여성들의 싸움이 정당화될 이유는 충분히 많습니다. 아니, 반란과 혁명을 일으키는 데 여성들은 남성들이 인류의 전체 역사에서 가졌던 것보다 더 많은 정당성을 갖고 있습니다. 저는 이런 주장을 하는 데 그치지 않고, 이 사실을 증명하려고 합니다. 여러분께서 증거를 갖고 있는 정치적인 불의…"

내가 '불의'라는 말을 마치자마자, 건물관리인이 경고하는 외침이 들려왔다. 무거운 발자국 소리가 울려 퍼지고, 경찰들이 쏟아져 들어와 연단으로 달려왔다. 그들은 뛰어오면서 곤봉을 빼들었다. 경시청 형사들의 지휘하에, 경찰은 이쪽저쪽에서 물밀 듯이 들어왔다. 그러나 선두의 경찰들이 연단으로 돌진할 때, 화분, 책상, 의자 등이 그들 쪽으로 미사일처럼 날아갔다. 그들은 연단 난간을 잡고서 뜯어내려고 했다. 그러나 그들은 곧 난간

장식 아래에 미늘이 달린 철사가 숨겨져 있다는 것을 알게 되었다. 따라서 그들은 잠시 진격을 멈추어야만 했다.

한편 더 많은 병력이 다른 방향에서 쏟아져 들어왔다. 경호원과 많은 관중은 곤봉, 지팡이, 막대기, 널빤지와 손에 잡히는 것이면 무엇이든지 휘두르면서, 경찰의 공격을 격렬하게 물리쳤다. 그러나 경찰은 경찰봉을 전후좌우로 맹렬히 휘둘렀으며, 훨씬 더 폭력적으로 날뛰었다. 남성과 여성 들이 여기저기에서 얼굴에 피를 흘리는 것이 보였으며, 의사를 부르는 외침이 사방에서 들려왔다. 이렇게 싸우고 있는 중에, 몇 발의 총성이 울렸다. 총을 쏜 여성들은 경찰을 놀라게 해 그들을 저지할 수 있었다. 총에는 공포탄을 장전했을 뿐이라는 것을 밝혀둔다.

나는 경호원에게 둘러싸여, 연단에서 계단 쪽으로 서둘러 내려갔다. 그러나 경찰은 우리를 따라잡았다. 경호원들이 저항했지만, 나는 체포되어 홀 뒤쪽으로 난 좁은 계단으로 끌려갔다. 그곳에 택시가 대기 중이었다. 나는 폭력적으로 택시에 밀어 넣어져 택시 바닥에 내동댕이쳐졌다. 택시에는 순경들이 빼곡히 타고 있었다.

굉장한 혼란 속에 회합이 끝났다. 회합에 참석했던 글래스고 사람들은 경찰의 행동에 분노를 표했다. 정부의 지시에 따르는 경찰이 도시를 불명예스럽게 만들었다는 것이다. 연단에 있었던 우리 연합의 사무총장 드러몬드 여사가 상황을 접수했고, 힘차게 연설했다. 그 연설에서 그녀는 정부가 청중의 분노가 얼마나 큰지 느낄 수 있게 해야 한다고 청중을 독려했다.

나는 글래스고 경찰서 유치장에 밤새 갇혀 있었다. 다음 날 아침에 단식과 물 마시기 거부 투쟁을 하는 와중에 홀로웨이로 끌려갔다. 그곳에서 잊을 수 없는 닷새를 지냈다. 이번 수감은 정부가 로이드-조지 씨의 전원주택을 폭발시켰다는 것과 연계해, 음모론으로 내게 3년형을 선고하려는 일곱 번째 시도였다. 선고를 받은 지 열한 달 반이 흘렀으나, 나는 감옥에서 겨우 30일 정도 살았을 뿐이다. 3월 14일 단식과 물 거부 투쟁뿐 아니라 글래스고에서 야만적으로 체포될 때 입은 부상으로 심하게 아픈 상태로 다시 풀려났다.

체포 사태에 대한 응답은 신속하고 강력했다. 남성들이 투표권을 쟁취하기 위해 싸울 당시 폭동과 파괴의 현장이었던 브리스톨에서는 커다란 목재 야적장에 불이 났다. 스코틀랜드에서는 저택 한 채가 화재로 타버렸다. 조금 더 온건한 저항은 내무장관의 집을 급습하는 것이었다. 그 과정에서 열여덟 개의 유리창이 깨졌다.

지금까지의 시위 중 가장 충격적이었던 것은 국립중앙미술관이 소장하고 있던 벨라스케스가 그린 〈비너스의 단장〉이란 그림에 일어난 일이었다. 뛰어난 예술 감각을 지닌 젊은 여성 메리 리처드슨은 강력한 의무감으로 이런 일을 감행했다. 리처드슨 양은 재판에 회부되어 법정에서 감동적인 변론을 했다. 그녀는 자신의 행위가 미리 계획된 것이며, 그 일을 감행하기 전에 진지하게 숙고했다고 말했다.

　　"저는 미술학과 학생이며, 시위 당시 미술관에 있던 그 누구보다도 예술을 사랑한다고 생각합니다. 그러나 나는 예술보다는 정의를 더 사랑합니다. 그리고 국가가 정의를 바라볼 눈을 닫고, 정의를 위해 싸우고 있는 여성들을 부당하게 대우하고, 학대하고, 고문하는 상황에서 제 행위는 충분히 이해될 만하다고 확신합니다. 제 행위가 용서받을 수 있는 것이라고 말하지는 않겠지만, 그 행동은 이해되어야만 한다고 생각합니다.

　　저는 정부가 팽크허스트 여사에게 저지르는 일이 극악무도한 만행이라는 점을 지적하고 싶습니다. 그것은 살인입니다. 천천히 죽이는 살인이며, 계획된 살인입니다. 이것이 내가 그 일을 이해하고 있는 방식입니다.

　　어떻게 여러분은 여성들이 비웃음과 경멸을 받게 할 수 있으며, 그들을 감옥에 처넣을 수 있습니까? 그러면서 어떻게 사람들을 살해하는 정부에 아무 말도 하지 않을 수 있습니까? 저는 도저히 이해할 수 없습니다.

사실상 국가는 죽었거나 잠들어 있습니다. 국가가 죽었다는 명백한 증거를 하나 대보겠습니다. 여성들이 정부 당국자나 대주교, 심지어는 국왕의 문을 두드렸으나 아무 소용이 없었습니다. 정부는 우리 여성들에게 모든 문을 닫았습니다. 그러니 개인뿐 아니라 국가의 죽음 역시 결국 한 가지 결말, 즉 파멸에 이른다는 것을 기억하십시오. 나는 만일 우리나라 남성들이 이 마지막 순간에 손을 내밀어 팽크허스트 여사를 구하지 않는다면, 몇 년 이내에 그들이 이 제국을 구하기 위해 손을 내밀어도 허사일 것입니다."

치안판사는 리처드슨 양에게 6개월의 감옥형을 선고하면서, 만일 그녀가 예술작품 대신 유리창을 깨뜨렸다면, 그녀에게 최대 18개월의 감옥형을 선고할 수 있었을 것이라고 유감스럽게 말했다. 이런 일은 영국법이 매우 비정상적이라는 것을 보여주는 한 가지 예다.

몇 주 뒤 또 다른 서프러제트가 미술가 존 싱어 사전트가 그린 헨리 제임스의 초상화에 공격을 감행했다. 그녀도 리처드슨 양처럼 재판과 징역형 선고라는 우스꽝스러운 과정을 거쳐야 했다. 그러나 그녀는 감옥에 머물러 있지 않았다. 이 무렵 거의 모든 미술관과 박물관과 화랑은 대중에게 문을 걸어 잠갔다. 서프러제트는 영국이란 나라를 관광객이 가고 싶어 하지 않는 나라로 만들어, 경영업계에 타격을 입히는 데 상당한 성공을 거두었다. 예상했던 대로, 자유당 정권에 반대하는 기운이 나타나기 시작했다. 정부가 서프러제트 운동에 책임이 있지 않느냐는 질문이 신문과 하원을 비롯한 모든 곳에서 매일 제기되었다. 사람들은 이제 그 책임을 우리에게가 아니라 문제의 근원인 정부에 묻기 시작했다.

특히 대중들은 정부에 반란을 일으킨 여성에게 적용하는 처우와 얼스터에서 반란을 일으킨 남성에게 적용하는 처우를 비교하기 시작했다. 정부는 여성사회정치연합이 하이드파크에서 대중 집회를 여는 것을 1년 동안 막음으로써 여성의 언론 자유를 억압했다. 이에 대한 변명은 우리 연합이 전투적인 정책을 옹호하고 지지했다는 것이다. 그러나 정부는 얼스터의 전투파들이 하이드파크에서 그들의 전쟁 정책을 옹호하는 것을 허가했다. 따라서 정부가 허락을 하든 그렇지 않든, 얼스터의 집회가 열리는 날 우리도 하이드파크에서 참정권 집회를 열기로 결정했다. 사무총장 드러몬드 여사가 이 집회에서 대표 연설가로 지명되었다. 그날 얼스터의 전투파 남성들과 참정권 전투파 여성들은 하이드파크에 모였다. 전투파 남성들은 자유롭게 유혈 참사를 옹호하는 발언을 했다. 그러나 드러몬드 사무총장은 몇 마디도 하기 전에 체포되었다.

정부가 전투파 남성에 대해서는 관대한 반면에, 전투파 여성에 대해서는 박해를 가하고 있다는 또 다른 증거가 이 무렵 얼스터에서 체포된 우리의 조직원 도로시 에반스 양의 경우에서도 드러난다. 그녀와 다른 서프러제트인 모드 뮤어 양은 폭발물을 소지하고 있었다는 이유로 벨파스트에서 체포되었다. 아일랜드의 자치에 반대하는 반란자들이 벨파스트에 있는 자신의 집에 많은 화약과 무기를 비밀리에 숨겨두었다는 것은 널리 알려진 사실이다. 그러나 그중 어떤 집도 경찰의 수색을 받은 적이 없었다. 당국은 전투파 여성들의 지휘 본부를 진압하는 데 온 힘을 쏟아부었다. 법정에 소환된 두 명의 참정권 죄수는, 만일 정부가 남성 반란자들의 경우에도 자신들과 똑같은 절차를 거쳐서 재판을 하지 않는다면, 재판을 받지 않겠다고 주장했다. 소송이 진행되는 동안 죄수들이 그런 주장을 반복했기 때문에 재판은 제대로 진행되기 어려웠다. 이 사건의 심리가 시작되자, 에반스 양은 일어나서 큰 소리로 항의했다. "얼스터 전투파 운동의 잘 알려진 남성 지도자들이 이 피고석에 앉지 않는 한, 나는 이 사법권을 결코 인정하지 않겠습니다." 뮤어 양도 항의하는 에반스 양에 동조했고, 이 두 명의 여성은 끌려 나갔다. 한 시간 동안 정회한 뒤에 재판은 재개되었다. 그러나 여성들은 다시 말을 시작했고, 재판은 굉음과 소요 속에 성급히 끝났다. 이 여성들은 구속 기소되었으나, 나흘간의 단식 투쟁 뒤 조건 없이 풀려났다.

이 체포로 전투파들은 더욱 저항 수위를 높이기 시작했다. 불과 며칠 사이에 일어난 세 건의 화재로 벨파스트의 저택들이 파손되었다. 영국 전역에서 거의 매일같이 방화가 일어났다. 그중에는 가격이 3만 5000파운드나 되는 펠릭스토의 바스 호텔 화재도 있었다. 나중에 방화범으로 두 명의 여성이 체포되었다. 재판이 연기되어 아직 유죄 판결을 받지 않았는데도 그들은 여러 달 동안 강제 급식 고문을 당했다. 이 사건은 4월에 일어났는데, 우리가 국왕에게 대표단을 보내기로 정했던 날보다 몇 주 전이었다.

국왕은 각료를 통해서 우리를 만나길 거부한다는 뜻을 알려왔지만, 우리는 어쨌든 5월 21일에 국왕에게 대표단을 보내기로 결정했다. 국왕에게 보내는 답장에서 우리는 여성들이 선출하지 않은 각료들은 여성들에게 아무런 책임도 없기에, 여성이 국왕폐하를 알현하는 것을 각료들이 막을 수 있는 헌법상의 권리는 전혀 없다고 썼다. 우리는 계획대로 그날 알현을 요청하기 위해 버킹엄 궁 앞에 가 있을 것이라고 선언했다.

이 서한을 보낸 뒤, 정부가 경찰을 이용해 계속 나를 방해한 탓에 삶이 불편하고 불안정해졌다. 그들은 내가 대중 앞에 서는 것을 막았다. 그러나 나는 피난처로 삼았던 집 발코니에서 대중에게 여러 차례 연설을 했다. 이 연설은 모두 공개적으로 선언된 것이었으며, 매번 경찰은 대중 속에 섞여서 나를 체포하려고 애를 썼다. 그러나 여러 전략과 경호원의 용감한 노력으로, 나는 매번 연설을 할 수 있었고, 연설이 끝난 뒤 무사히 탈출할 수 있었다. 연설 때마다 경찰은 맹렬히 공격했고, 여성들은 멋지고 용기 있게 저항했다.

정부는 국왕에게 대표단을 보내는 사건을 구실로 나를 체포하려 들었다. 정해진 날에 나는 대규모 여성 대표단을 이끌고 버킹엄 궁전의 문 앞으로 갔다. 우리를 막기 위해 수천 명의 경찰이 파견되었다. 경찰의 행동을 살펴보니 암흑의 금요일에 사용했던 전술을 반복하도록 지시받았음이 분명했다. 이날 영국 왕궁의 문 앞에서 행해진 폭력, 야만성과 모욕은 암흑의 금요일에 발생한 것보다 더 심했다. 나는 다른 여성들만큼 심하게 고통을 겪지는 않았다. 왜냐하면 조금 멀리 떨어져서 경찰이 눈치 채지 못하게 궁전을 향해 먼저 나갔기 때문이다. 정문에 다다랐을 때 한 형사가 나를 알아보았다. 그는 즉시 나를 제압했고, 나는 홀로웨이로 또 한 번 끌려갔다.

앞서 대표단이 떠나기 전에, 나는 그들에게 무슨 일이 일어날지 경고하며, 간단하게 연설을 했다. 나의 마지막 메시지는 '무슨 일이 일어나든, 물러서지 말라'는 것이었다. 그들은 물러서지 않았다. 폭력에도 꺾이지 않고 그들은 궁에 도달하려는 시도를 포기하지 않았다. 많은 여성이 체포되었고, 그중 상당수가 감옥에 갔다. 대부분이 첫 수감이었는데도 이 용감한 여성들은 단식 투쟁을 벌여 7~8일 뒤에는 몸이 쇠약해지거나 아픈 채로 가석방되었다.

9
네 가지 해결책

***

버킹엄 궁 앞에서 수치스러운 사건이 일어나고 몇 주 뒤에, 정부는 여성사회정치연합을 박살내고 모든 지도자를 제거해 우리 신문인 《서프러제트》의 발간을 막으려 최후의 절박한 노력을 기울였다. 그들은 드러몬드 여사와 데이커 폭스 여사와 그레이스 로 양에게 소환장을 발부했다. 그들은 링컨 인 하우스에 있는 우리 지휘 본부를 수색했고, 임시로 사용하는 다른 지휘 본부도 두 번이나 수색했다. 이미 체포된 사람들을 대신해 조직을 위해 일하던 새로운 지도자들의 개인 주택을 수색한 것은 말할 것도 없다. 연속된 수색 때문에 우리로서는 정부의 방해에 더욱 잘 대응할 수 있게 되었고, 정부가 우리 일에 방해할 수 있는 범위는 점점 줄어들었다. 정부가 《서프러제트》의 발간을 막으려는 시도는 매번 실패했고, 이 신문은 매주 정기적으로 발간되었다. 비록 신문이 정기적으로 발간되기는 했으나, 신문을 배포하는 데는 거의 초인적인 에너지를 써야만 했다. 정부는 대규모 도매 신문 배급사에 편지를 보내 그들을 위협하고 협박해서 우리 신문을 취급하지 못하게 했다. 어쨌든 그런 편지는 많은 경우 정부가 원했던 효과를 잠시나마 가져왔다. 그러나 우리는 신문 판매 중개업자와 별개로 여성들 스스로 배급 체계를 만드는 즉각적인 조치를 취함으로써 위기를 극복했다. 우리는 또한 '서프러제트 보호기금'을 만들어서, 신문을 발간하고 배급하는 데 드는 추가 비용을 감당했다.

정부는 내게 선고되었던 3년형을 강제로 복역하게 만들려는 시도를 두 번이나 더 했다. 회합에 참석하기 위해서 앰뷸런스를 타고 가다가 체포된 적도 있었다. 그 일로 대규모 체포와 단식 투쟁이 동시에 일어났다. 여성들은 전투파 운동을 계속했고, 우리의 '저항과 보호 기금'으로 자금이 계속 흘러 들어왔다. 7월에 열렸던 큰 집회에서만 거의 1만 6000파운드에 이르는 기금을 모았다.

이제 우리의 길고 쓰라린 투쟁이 끝날 것을 알리는 분명한 징조가 나타나기 시작했다. 마지막으로 거리의 군중을 사주해 우리를 공격하게 만들려는 정부의 시도는 거의 성공을 거두지 못했다. 그리고 우리는 대중이 정부에 반대하는 반응을 보여주길 오랫동안 희망해왔는데, 이런 희망을 근래에 많이 찾아볼 수 있게 되었다.

전투파 운동은 매일매일 너무도 특이한 사건과 변화가 많이 일어나서, 이 이야기를 어디에서 끝맺어야 할지 결정하기가 쉽지 않다. 최근에 하원에서 일어난 논쟁이야말로 자유를 쟁취하기 위해 그동안 진행해왔던 여성들의 투쟁을 박살 내려는 정부의 노력이 완전히 물거품이 되었다는 것을 가장 잘 보여주는 예가 아닐까 싶다.

6월 11일 하원의 예산심의위원회에서 내무부의 예산안을 표결에 부칠 때, 로버트 세실 경은 예산안에서 100파운드를 깎자는 제안을 함으로써 전투파 문제에 대한 토론을 촉구했다.* 세실 경은 정부가 폭력적인 참정권 운동가들을 다룰 때 사용한 방

---

* 예산심의위원회에서 예산안을 심의할 때, 특정 부처에서 하는 일이 마음에 들지 않을 경우 의원들은 예산안에서 명목상으로 100파운드를 깎자고 제안할 수 있다. 그러면 특정 부처에 대한 불만 사항에 대해서 토론을 할 수 있게 된다. 이런 토론을 '불만 토론'(grievance debate)이라고 부른다.

법에 대해 스스로 어느 정도 만족하고 있다는 사실에 상당히 놀랐다고 말했다. 그는 정부가 영국의 어느 누구보다 이 문제에 대해 지나치게 낙관적인 관점을 갖고 있다고 호되게 질책했다. 현재 진행되고 있는 상황에 책임이 있는 서프러제트의 지도자를 추종하는 사람들이 얼마나 헌신적인지를 제대로 깨닫지 못한다면, 의회는 이 문제를 제대로 다룰 수 없을 것이라고 그는 주장했다. 이 발언에 각료들은 환호했다. 그러나 정부가 심각한 실수를 반복적으로 저지르지 않았더라면, 참정권 지도자들이 자신의 추종자들로 하여금 범죄를 저지르도록 만들 수 없었을 것이라고 덧붙이자 각료들은 즉시 환호를 멈췄다. 세실 경은 암흑의 금요일에 여성들의 시위를 수치스럽게 처리한 일과 강제 급식 정책, 레이디 콘스탄스 리턴과 '제인 와턴'을 다르게 대우해 일어난 스캔들 등을 정부가 저지른 실수의 예로 들었다. 이런 일들에 불만을 품은 반대파들이 환호성을 질렀다. 세실 경이 전투파 운동에 정부가 쏟아부은 끔찍한 정력 낭비와 소위 '훌륭한 전략'에 대해 한탄하자 반대파들의 환호가 이어졌다. 로버트 세실 경은 참정권 지지 의원들이 전투파 때문에 여성 참정권 운동에 대한 지지를 철회하는 것은 불공정할 뿐 아니라 무의미한 일이라고 생각하지만, 자신은 서프러제트를 국외로 추방하는 데 찬성한다고 말했다. 이러한 주장에 "그럼 어디로 추방을?"과 "얼스터로!"라는 외침이 이어졌다.

매케너 씨는 전투파 운동이 '역사상 전혀 전례가 없는' 현상이었다는 사실을 지적하며 답변을 시작했다. 그는 많은 여성이 유리창 깨기에서 시작해 방화로 진행되는 범죄를 저질렀는데, 그 동기는 일반 범죄의 동기와는 다르게 정치적인 대의를 선전하고 그들의 요구 사항을 대중이 인정하게 하려는 것이었다고 덧붙였다. 매케너 씨는 계속해서 답변을 이어갔다.

"이런 종류의 범죄를 저지르는 여성들은 극소수입니다. 그러나 그들에게 공감하는 사람들은 매우 많습니다. 경찰이 이런 형태의 범죄를 찾아내고, 그 범죄를 저지른 특정한 범인을 찾아내는 과정에서 어려움을 겪는 이유 중 하나는 부유하고 존경받는 계급에 속한 사람 중에 동조자가 많다는 사실 때문입니다. 그래서 이 범죄자들에게 법을 일상적으로 적용하는 것이 상대적으로 불가능합니다. 1906년에 전투파의 투쟁이 시작된 이후로 감옥에 갈 만한 범죄를 저지른 여성의 수를 보여드리겠습니다. 1906년에는 불과 31명이며, 기소된 사람은 모두 여성들이었습니다. 1909년에 그 수는 156명으로 급증합니다. 1911년에는 188명이며, 이들 중 여성은 182명이고, 남성은 6명입니다. 1912

년에는 290명이 되었고, 그중 288명이 여성이며, 2명이 남성입니다. 1913년에는 여성의 숫자가 183명으로 줄어듭니다. 그리고 올해에는 지금까지 108명으로 줄었습니다. 이 숫자는 감옥에 간 범죄자 모두와 고양이와쥐법에 따라 다시 체포된 사람들의 숫자를 포함합니다. 여기서 끌어낼 수 있는 명백한 교훈은 무엇입니까? 1912년까지 감옥에 갈 만한 범죄를 저지른 수는 지속적으로 상승했습니다만, 작년 초부터, 즉 새로운 법이 시행되면서부터 개별적인 범죄의 수는 많이 줄었습니다. 그렇지만 범죄의 심각성은 훨씬 더 커졌다는 것을 알 수 있습니다."

고양이와쥐법이 적용된 이후로 감옥에 간 여성의 수가 줄었다는 진술은 정확하지 않거나 기껏해야 사실을 호도하는 것이다. 감옥에 간 숫자가 줄어든 이유는 다음과 같다. 전에는 전투파들이 그들의 행위에 책임을 지기 위해서 기꺼이 감옥에 가려고 했지만, 이제는 가능하면 감옥행을 피하려고 하기 때문이었다. 또한 상대적으로 적은 수의 '쥐'만 다시 체포되었기 때문이기도 하다.

매케너 씨는 서프러제트에 대한 대중의 분노가 커지고 있다는 것을 잘 알고 있다고 말했다. 그리고 그는 "서프러제트가 바라는 것은 옳건 그르건 대중의 분노가 정부를 향하는 것입니다"라고 말했다.

"맞습니다. 그리고 분명 그렇게 될 겁니다"라고 어떤 의원이 거들었다.

"존경하는 의원님께서 그럴 것이라고 말씀하셨습니다만, 저는 의원님께서 잘못 생각하셨다고 믿습니다"라고 매케너 씨는 대답했다. 그러나 그는 왜 그렇게 믿는지 이유를 대지는 않았다. '최근에 국왕 폐하께 저지른 중대한 무례'를 언급하면서, "만일 청원이 존경할 만한 방식으로 제출된다면, 모든 국민이 국왕 폐하께 청원을 할 수 있다는 것은 사실입니다. 그러나 어떤 국민도 청원이나 다른 목적으로 국왕을 직접 알현할 권리는 갖고 있지 않습니다. 그러한 청원을 국왕께 제출하고, 폐하께서 어떤 조치를 취하실지 충고를 드리는 것은 내무부의 의무입니다. 국왕께서 내무장관의 충고에 따라 대표단을 접견하기를 거부한 것이 헌정상 위반이라는 주장은 말도 안 되는 일입니다."

또한 징역형을 받고 있는 사람—즉, 나를 가리키는 것인데—이 국왕 폐하를 알현하겠다고 요구하는 청원이었기 때문에 국왕께 그 청원을 허락하지 말라고 충고하는 것은 분명히 내무장관이 해야 할 일이라고 매케너 씨는 말했다. 그가 이 사건을 언급한 이유는 이 사건이야말로 전투파가 자신들의 대의명분을 선전하는 방법을 잘 보여주기 때문이라고 주장했다. 전투파가 이러한 방법을 채택한 걸 보면 그들이 영리하다는 것을 인정할 수밖에 없다고 그는 말했다. "전투파가 최근에 국왕 폐하와 연관시켜서 일으켰던 부조리한 사건만큼 만족할 만한 광고 효과를 볼 수 있는 일은 없을 것이기 때문입니다."

전투파와 맞서 싸워서 이길 수 있는 방법에 관해 언급하면서 매케너 씨는 이 문제에 대해 거의 모든 부문의 사람들이 끊임없이 편지를 보내고 있다고 말했다.

"저는 주로 네 가지 방법을 제안받았습니다. 첫째 방법은 그들이 죽게 내버려두는 것입니다. (옳소, 옳소.) 현재 제가 받은 편지의 숫자로 판단컨대 이것이 가장 인기 높은 방법이라는 것을 말씀드리고 싶습니다. (웃음) 둘째 방법은 그들을 추방하는 것입니다. (옳소, 옳소.) 셋째 방법은 그들을 정신병자로 취급하는 것입니다. (옳소, 옳소.) 그리고 마지막 방법은 그들에게 참정권을 주는 것입니다. (옳소, 옳소.) 이 네 가지가 이 문제를 해결할 수 있는 방법으로 제시된 전부입니다. 그리고 의원님들께서는 이 각각의 방법에 대해 어느 정도 찬동하고 계시다는 것을 알았습니다. 따라서 현재 우리가 이 방법 중 어떤 것도 채택할 수 없는 이유를 저는 말씀드리고자 합니다."

첫 번째 제안은 단식 투쟁을 하는 여성이 음식을 거부해서 결국 죽게 된다면, 모두는 아닐지라도 그들 대부분은 당연히 음식을 섭취할 것이라는 가정에 근거한 것이다. 매케너 씨는 하원 의원들에게 '서프러제트에 대해 상세한 지식을 갖고 있는 어떤 의사'가 이 관점에 반대하는 이유를 읽어주면서 "우리는 그들이 실제로 죽을 수도 있다는 사실을 직시해야 합니다"라고 말했다.

"참정권 운동가들을 실제로 다루어본 경험에 근거해 말씀 드리자면, 많은 경우에 그들은 견뎌낼 수 있는 것 이상으로 음식과 물을 거부했습니다. 그리고 그들은 자신들이 기꺼이 죽을 수도 있다는 것을 보여주기 위해서 할 수 있는 모든 일을 다 했습니다. 다른 주장을 펼치는 사람들도 물론 있습니다. 전투파 한두 명이 감옥에서 죽게 되면, 나머지는 단식 투쟁을 그만둘 것이라고 생각하는 사람들 말입니다. 제 판단으로는 이보다 더 큰 착각은 없습니다. 참정권 죄수들이 감옥에서 죽게 내버려두어야 한다는 의견에 대해 저는 끝까지 반대합니다. 저는 죄수들이 감옥에서 죽게 만드는 것을 정책으로 삼겠다는 사람들과 끝까지 싸울 것입니다. 이러한 죽음은 전투파를 끝장내기보다는 그들의 운동에 더욱 불을 붙이는 계기가 될 것입니다. 한 여성이 죽을 때마다 그보다 수십 배는 많은 여성이 순교자의 월계관을 얻을 수 있는 명예를 얻으려고 달려들 것이기 때문입니다."

"당신이 어떻게 알 수 있소?"라고 반대파 의원이 소리쳤다.

"제가 어떻게 아냐고요? 존경하는 의원님들보다 제가 이 여성들을 훨씬 더 많이 겪어보았습니다. 그런 의견을 가진 사람들은 이 여성들의 성격을 모릅니다. 제가 그들의 용기에 경탄한다는 말씀을 드리는 것은 아닙니다. 그들은 히스테리에 걸린 광신자들, 히스테릭한 극단주의자들입니다. 그들은 용기, 즉 다소 광기 어린 용기를 갖고 있어서 어떤 일도 주저하지 않으리라는 점은 명백합니다. 그리고 존경하는 의원님들께서 그들이 지상에서 가장 중요한 의제라고 생각하는 것을 위해 죽음을 무릅쓸 뿐 아니라 실제로 기꺼이 죽음을 맞이하지 않을 거라고 생각하신다면, 그것은 잘못된 생각입니다. 그들은 죽음을 찾아 나설 것입니다. 오늘날 그들을 죽게 내버려두라는 여론이 아무리 강하더라도, 그들이 감옥에서 스무 명, 서른 명, 마흔 명, 또는 더 많이 죽게 되면, 여론은 격렬하게 돌아설 것입니다. 그리하여 지금은 이 여성들이 '죽게 내버려두지'라고 가볍게 말씀하시는 의원님께서도 나중에는 정부가 비인간적인 입장을 채택했다고 비난하는 데 앞장설 것입니다.

그런 정책은 의회의 입법 없이는 채택될 수 없습니다. 앞서 말씀드린 이유로, 저는 감옥에 수감된 사람들이 살아 있도록 최선을 다해야 하는 교도관의 책임을 면책하는 법을 만들어달라고 의회에 요구할 수 없었습니다. 그러나 교도관이 이러한 법적 책임을 지지 않아도 된다고 가정하더라도, 의원님들께서 잠시 감방과 감옥에서 일하는 의사의 처지를 한번 상상해보시길 바랍니다. 감방에서 어떤 여성이 아무것도 먹지 않고 아무것도 마시지 않아 서서히 죽어가고 있는 상황에서, 자신이 도움을 주면 그 여성을 살릴 수 있는데도 곁에서 지켜보고만 있어야 하는 사람이 겪을 고통을 상상해보십시오. 어떤 의사가 그런 행동을 계속할 수 있다고 생각하십니까? 그리고 우리가 그런 상황에서 의사를 계속 고용할 수 있다고 생각하십니까? 저는 그럴 수 없을 거라고 생각합니다.

만일 의사가 감옥에 누워 있는 어떤 여성을 본다면, 저처럼 생각할 것입니다. '이 여자는 무슨 죄를 저질렀을까? 경찰 업무를 방해했나 본데, 광적인 고집으로 음식과 물을 거부하나 보다. 경찰을 방해했을 뿐인데, 죽게 되다니!' 저는 이 여성이 죽도록 내버려두어야 하는지 아니면 죽지 않게 해야 하는지 알 수 없습니다. 사실 어떤 내무장관도 이 여성들을 죽도록 놔둬야 하는지 아닌지 말할 수 없습니다. 일단 그들이 음식을 거부한다고 해서 죽도록 내버려두는 정책을 시행한다면, 그런 일은 계속 일어날 것입니다. 단지 경찰 업무를 방해하고, 창문을 깨고, 빈 집에 불을 낸 범죄를 저질렀을 뿐인 여성이 고집 때문에 한 명씩 한 명씩 죽는 것을 우리는 지켜보아야 합니다. 저는 그것이 영국민들에게 시행될 정책이라고 믿고 싶지 않습니다. 그리고 저는 이 정책을 실행하지 않을 것이라고 말할 수밖에 없습니다. (환호성)"

또한 매케너 씨는 로버트 세실 경이 선호하는 해결 방법인 추방령은 영국이 해결할 수 없는 문제를 다른 나라에 전가시키는 것에 불과하다는 이유로 거부했다. 만일 어떤 먼 섬나라가 감옥처럼 관리된다면, 여성들은 영국의 감옥에서 했던 것처럼 그곳에서도 단식 투쟁을 할 것이라고 말했다. 그리고 만일 그 섬나라가 감옥처럼 관리되지 않는다면, 서프러제트를 후원하는 부자 친구들이 요트를 타고 가서 그들을 구해올 것이라고 말했다.

전투파를 광인으로 취급해야 한다는 제안도 역시 불가능한 것으로 기각되었다. 그는 의사들이 전투파 여성들을 광인으로 만들려는 과정에 동의하지 않았기 때문에 자신이 전투파 여성들을 광인이라고 증명하려다 실패했다고 인정했다. 의회의 법은 의사들의 주장에 반해 그런 증명서를 만들어낼 수 없다고 말했다.

"따라서 마지막으로 남은 것은 그들에게 참정권을 주어야만 한다는 제안뿐입니다." 매케너 씨는 말했다.

"옳은 결정입니다." 윌리엄 레드먼드 씨가 외쳤으나, 내무장관은 다음과 같이 대답했다.

"이 제안의 장단점에 대해 어떤 논의가 이루어지든지 간에, 그것이 현재 예산심의위원회에서 논의할 수 있는 문제는 분명히 아닙니다. 저는 내무장관으로서, 참정권 관련 법 제정에 대한 책임이 없습니다. 이 문제에 관해 제 자신의 의견을 표현하거나 감추어야 할 이유도 없습니다. 그러나 저는 참정권법안을 제정하는 것이 불법행위가 난무하는 현 상황에 대한 해결책으로 심각하게 논의될 수 있다고 생각하지 않습니다. 위원회도 제 생각에 동의할 것입니다."

연설의 건설적인 부분에 이르러 마침내 매케너 씨는 정부가 여성사회정치연합의 기금에 기부하는 사람들에게 법적 제재를 가하는 마지막 방법이 한 가지 있다고 말했다. 현재 영국의 법은 여성사회정치연합의 기금에 분명히 아무런 영향도 미치지 못하지만, 정부는 사람들이 이 조직에 더 이상 기부할 수 없도록 만들 수 있는 방법을 모색하고 있다고 밝혔다.

"시민운동에 기부금을 내는 사람들에게 민사소송을 걸 수 있는 증거를 확보할 희망이 전혀 없는 것은 아닙니다. (환호성) 그리고 우리가 성공한다면, 기부금을 낸 사람들은 지금까지 전투파가 끼친 손해에 대해 개인적으로 책임을 져야 합니다. (환호) 그것은 증거의 문제입니다. 저는 기부자들이 민사소송뿐 아니라 형사적으로도 처벌받을 수 있는지 검토하라고 지시했습니다. (환호) 지금까지 우리가 이러한 증거를 얻을 수 있는 방법은 여성사회정치연합 사무실과 그들의 근거지들을 자주 수색하는 것뿐이었습니다. 1년 전 연합의 사무실을 수색했지만, 우리는 그런 증거를 전혀 얻지 못했습니다. 만일 우리가 기부자들에게 지금까지 일어난 손해에 대해 개인적 책임을 지우는 데 성공할 수 있다면 보험회사들도 재빨리 정부를 모방할 것이고, 지금까지 보험회사들이 책임져야만 했던 보험 비용을 벌충하기 위해서 차례로 조치를 취할 것입니다. 만일 그렇게 할 수만 있다면 전투파의 시대도 곧 끝장날 것입니다.

전투파는 부유한 여성들의 기부로 운영되고 있습니다. (환호) 그리고 그 부유한 여성들 자신은 다른 사람들의 노동을 통해 얻은 부유함을 즐기면서, 그 부를 사회의 이익에 반해서 사용하고 있을 뿐입니다.(환호) 불행한 희생자들이 범죄를 수행하고 단식 투쟁이라는 공포를 겪도록 돈을 지불함으로써 말입니다. (환호) 일주일에 2파운드 30실링을 받고 전국을 돌아다니면서 불을 지르고 파괴하는 불쌍한 여성들에게 우리가 어떤 감정을 갖고 있든 간에, 자신들은 호화롭게 살면서 이러한 범죄가 영속화되도록 기부금을 내며, 다른 여성들이 처벌을 받도록 내버려둔 여성들에 대해서 우리는 어떤 감정을 가져야만 하겠습니까? (환호) 만일 우리가 그들에게 대항하는 데 성공을 거둘 수만 있다면, 우리는 어떤 수고도 마다하지 않을 것입니다. 만일 그 조치로 여성사회정치연합의 수입을 완전히 막는 데 성공을 거둔다면, 우리는 팽크허스트 여사와 그 동료들의 권력의 종말을 보게 될 것이라고 생각합니다. (환호)"

매케너 씨의 연설 다음에 이어진 일반토론에서 정부는 전투파 여성에 대한 과거와 현재의 정책에 관해 신랄한 비판을 들어야만 했다. 키어 하디 씨는 이렇게 말했다.

"우리는 오늘 참정권 문제를 논의하지 않을 수도 있습니다만, 확실히 내무장관께서 하원의 규칙을 조금도 어기지 않은 채 이 시급한 문제에 대한 정부의 의도에 관해 말씀해줌으로써 미래를 위한 희망의 빛을 보여주었습니다. 여성 참정권과 관련한 제 생각은 이렇습니다. 옳은 일을 옹호하는 사람 중 일부가 승인되지 않는 방법을 사용한다는 이유로 옳은 일을 보류해야 한다고는 생각하지 않습니다. 그 이야기는 여러 번 논의되었습니다. 대중의 일부가 이런 행동에 강하게 반대하는 것은 사실이지만, 여성에게 투표권이 주어지지 않는 한 계속 발생할 이런 일들에 대해서 무관심한 사람이 많은 것도 마찬가지로 사실입니다."

하디 씨는 의회가 여성 참정권을 논의하는 대신에 전투파 여성들을 어떻게 처벌할지 논의한 것에 유감을 표명하면서 연설을 마쳤다.

보수당 의원 루퍼트 그윈 씨가 발언했다.

"누구도 내각 각료들보다 터무니없는 상황에 놓여 있지는 않을 것입니다. 그들은 형사를 동반하지 않고는 연설을 할 수도 기차역에 갈 수도 택시를 탈 수도 없습니다. 설사 각료들이 그런 상황을 즐긴다 해도, 우리 국민들은 그것을 좋아하지 않습니다. 왜냐하면 국민들이 그 비용을 부담해야 하기 때문입니다. 각료들이 개인적이거나 공적인 업무로 어디를 가든 형사가 쫓아다녀야 한다면 비용이 상당히 드는데, 그럴 만한 가치가 없습니다.

게다가 이 여성들이 대의명분을 위해 그들이 헌신하고 있다는 것을 광고할 목적으로 죽을 준비가 되어 있다고 내무장관이 말씀하셨는데, 그렇다면 그들이 기금 압류에 신경이나 쓸 것 같습니까?"

여성 참정권 지지자인 웨지우드 씨는 이렇게 말했다. "우리는 매우 심각한 문제를 다루고 있습니다. 제 생각으로는 사태를 이렇게까지 오래 끌고 갈 수 있을 정도로 여성 참정권을 지지하는 사람들이 많으며 그것을 뒷받침하는 여론이 존재하는 상황에서 존경하는 하원 의원님들께서 하실 수 있는 일은 오로지 하나뿐입니다. 그것은 그 사람들의 불평이 정당한 사안인지 아닌지에 대해서 매우 세심하게 그리고 분명하게 고려하는 것입니다. 우리는 공황상태에 빠진 채 대응하면 안 됩니다. 우리의 의무는 이런 식으로 행동하는 사람들의 옳은 점과 잘못된 점을 고려하는 것입니다. 저는 투표권에는 별반 가치를 두지 않지만, 지금까지 하원이 아무런 조처도 취하지 않은 여성 참정권 문제를 심각하게 고려해볼 때, 사람들이 이 정도로 자기희생을 불사하는 경우, 하원의 의무는 그들을 철저하게 짓밟는 것이 아니라 그들의 대의가 얼마나 정당한지 살펴보고 나서, 그에 합당한 정의를 실현시키는 것이라는 걸 기억해야만 합니다."

하원에서 이러한 논의가 가능하게 되었다는 사실을 보면, 전투파가 참정권 운동을 후퇴시킨 것이 아니라 오히려 최소한 반세기는 앞당긴 것이라는 것을 공평무사한 독자들은 확실하게 알 수 있을 것이다. 몇 년 전에는 하원에서 의원들이 여성 참정권을 언급할 때마다 경멸하고 비웃었고, 정치적인 자유를 얻기 위해서 애쓰는 여성들에게 치욕적인 말이 쏟아지는 것을 내버려두었다는 것을 기억한다면, 그리고 그들이 부적절한 조롱과 거친 농담으로 참정권법안의 논의를 방해한 것을 기억한다면, 우리 전투파가 이렇게 빨리 변화를 일으킨 것에 대해 놀라지 않을 수 없다. 매케너 씨의 연설은 그 자체로 정부가 완벽하게 항복했다는 것을 보여준 증표였다.

서프러제트들이 개인 재산에 입힌 손해에 대해서 우리 기금에 기부한 사람들에게 법적으로 책임을 지우는 것이 가능하다면 그렇게 할 것이라는 내무장관의 말은 결코 실행 의도를 가진 것은 아니었다. 사실 그것은 터무니없이 부조리한 공약이었다. 그리고 내 생각에 그런 공약에 속을 의원은 거의 없을 것이다. 우리 기부자들은 원할 경우 언제나 익명을 유지할 수 있었다. 그리고 그들이 우리가 벌인 일로 처벌을 받게 된다 하더라도, 그들은 자신의 특권을 이용해서 피난처를 찾을 것이다.

우리들의 전투는 사실상 끝났다고 확신한다. 우리는 적어도 현재로서는 무기를 내려놓았다. 해외에서 일어난 전쟁의 위협이 직접적으로 나라를 덮쳤기에, 우리 전투파는 완전히 정전을 선언했다. 유럽에서 일어난 전쟁이 어떤 결과를 가져올지 누구도 상상할 수 없겠지만, 전쟁을 피하자는 목소리조차 낼 수 없는 여성들에게 이 전쟁은 너무도 끔찍한 영향을 미칠 것이며, 아무것도 모르는 아이들에게도 치명적인 고통을 줄 것이다. 이 전쟁으로 분명 내각이 바뀔 것이므로, 앞으로 여성운동에서 전투파는 불필요할 것이라는 점은 어느 정도 확신할 수 있다. 미래의 어떤 정부도 애스퀴스 내각의 오류와 야만성을 반복하지는 않을 것이다. 이제는 어느 누구도 정당한 정치적 자유와 사회 및 산업의 자유를 향한 여성의 행진을 분쇄하거나 연기하는 불가능한 임무를 떠맡으려고 하지 않을 것이다.

돌이킬 수 없는 한 걸음을
온몸으로 내딛은 여성

영국의 여성 소설가 버지니아 울프는 『여성의 직업』이라는 에세이에서 작가가 되기 위해 '가정의 천사'를 죽여야만 했던 경험을 고백한다. 울프는 가정의 천사를 죽이지 않으면 단 한 줄의 글도 쓸 수 없고, 자신만의 생각을 할 수도 없었으므로, 그녀를 죽인 것은 정당방위였다고 말한다. '가정의 천사'란 당대의 이상적 여성상으로 자신의 자아나 욕망을 고려하지 않고 다른 사람을 위해서만 희생하는 헌신적인 여성이다. 남성들이 집 밖의 정치, 경제, 문화, 사회 영역에서 활발하게 공적 활동을 하는 동안, 여성은 가정이라는 사적 영역에 머무르며 남성을 따뜻하게 맞이하는 존재였던 것이다. 울프는 자신의 목소리를 내기 위해, 그리고 하고 싶은 일을 하기 위해 자기 안에 드리운 '가정의 천사'

라는 환영을 죽여야만 했으며, 당시의 여성 작가라면 누구나 그럴 수밖에 없을 것이라고 주장했다.

　19세기 말 20세기 초에는 울프와 같은 작가들 말고도 수많은 여성이 '가정의 천사'라는 이미지에 정면으로 대항하면서 공적 영역에서 여성의 권리를 찾고자 시도했다. 이들 중 영국에서 가장 두드러지게 논란의 대상이 된 여성들은 서프러제트(suffragette)라고 불리던 전투파 여성 참정권 운동가들이었다. 이들은 법적 권리로서 여성의 참정권을 요구하며 거리로 나섰고, 집회와 시위를 하고, 창문을 깨고, 방화를 했으며, 그 때문에 투옥되고, 단식 투쟁도 해야 했고, 심지어 목숨을 버리는 일도 있었다.

　이런 일이 벌어진 역사적인 배경을 우선 살펴볼 필요가 있다. 19세기 말까지 영국 여성은 법적, 사회적으로 아무런 주체적 권리를 갖지 못한 채 단지 남편의 소유물이자 재산으로 여겨졌다. 여성은 남성보다 모든 면에서 열등한 존재로 여겨졌고, 자신이 낳은 자녀나 자신이 번 돈에 대해서도 아무런 권리를 주장할 수 없었다. 심지어 여성들은 자신의 몸에 대한 권리조차 갖지 못해, 남편이 아내의 목에 밧줄을 감고 시장으로 끌고 가 가축처럼 경매에 붙여 팔아 넘기기도 했다. 아내가 간통을 저질렀을 경우 남편은 상대 남성에게 재산권 침해에 대한 보상을 청구할 수 있었다. 이는 여성이 남편의 사적 소유물, 즉 재산으로 여겨졌기 때문에 가능한 일이었다. 여성이 자신의 상속받은 재산이나 자신이 번 돈에 대한 권리를 처음으로 가질 수 있게 된 것은 1882년 기혼여성재산법이 통과된 뒤였다.

영국 여성들은 자신들의 삶을 지배하는 법률의 입안에 아무런 목소리를 낼 수 없다는 사실에 대해 몇백 년 동안 계속 항의해왔고, 남성의 권력 독점에 조직적으로 도전해왔다. 일례로 1659년 몇몇 여성은 법적 주체로서의 권리를 주장하기 위해 하원에 청원을 제출하러 갔으나 비웃음만 당했고, 집에 가서 접시나 닦으라는 대답을 들었다. 영국 사회가 점점 민주화되면서 19세기 들어 남성의 참정권은 지주에서 중산층과 노동자, 농민으로 점차 확대되어갔다. 이 과정에서 여성들도 참정권을 얻기 위해 남성들과 함께 싸웠으나, 여성들에게 돌아온 것은 경멸과 비웃음, 그리고 폭력뿐이었다. 그러나 수많은 이가 이에 굴하지 않고 여성도 남성과 평등한 권리를 누릴 자격이 있다고 주장했다. 가장 대표적인 예가 1792년에 『여성의 권리를 위한 옹호』를 쓴 메리 울스턴크래프트다. 그녀는 여성도 남성과 마찬가지로 이성적 능력을 지닌 존재이므로, 남성과 동등한 교육을 받아야 하고, 남성과 같은 직업에 종사할 권리가 있다고 주장했다. 그러나 그녀는 '치마를 걸친 하이에나'라고 비웃음을 샀으며, 그녀의 주장은 철저히 무시당했다. 19세기에는 『여성의 예속』을 쓴 존 스튜어트 밀이나 『카산드라』를 쓴 플로렌스 나이팅게일 등이 계속해서 여성의 사회적 억압에 대해 반대의 목소리를 냈다. 그러나 여성은 가정의 장식품일 뿐이며, 지적으로나 신체적으로나 남성보다 열등하기 때문에 정치, 경제 영역에 뛰어들 자격이 없다는 이유로 이들의 주장은 묵살되었다. 특히 여성의 권리는 남성에 의해 충분히 대표될 수 있기 때문에 여성의 정치적 대표권은 전혀 필요 없는 것이라는 주장이 성행했다.

1858년에 《영국 여성 저널》(English Woman's Journal)이 창간되고, 1872년에 전국여성참정권협회(National Society for Women's Suffrage)가 결성되면서 19세기 후반부터 여성 참정권을 얻기 위한 운동이 전국에 걸쳐 조직적으로 펼쳐진다. 당시 여성 참정권 운동은 노동당이나 자유당 등 기존 정치세력과 제휴하면서 의원들에게 로비를 하고, 하원에 청원을 하는 등 평화롭고 합법적인 활동이 중심을 이루었다. 그러나 이들의 계속된 활동에도 여성 참정권 획득에 진전이 없자, 1903년에 모든 정당과 손을 끊고 여성만으로 이루어진 여성사회정치연합이라는 조직이 만들어진다. 이 책 『싸우는 여자가 이긴다』는 이 조직을 만들고 이끌어간 에멀린 팽크허스트의 자서전이다.

1913년에 에멀린 팽크허스트는 미국인 기자인 레타 차일드 도어에게 여성사회정치연합을 만들게 된 배경과 자신을 비롯한 연합의 회원들이 어째서 점점 더 전투적인 방향을 채택할 수밖에 없었는지 설명한 바 있다. 도어는 팽크허스트의 이야기를 받아 적었고, 이를 《굿 하우스키핑》(Good Housekeeping)이라는 미국 잡지에 연재했다. 1914년 런던의 이블리 내시(Eveleigh Nash) 출판사에서 이 글들을 묶어 『나의 이야기』(My Own Story)라는 제목으로 출간했다. 『싸우는 여자가 이긴다』의 번역은 1914년 이블리 내시 판본을 바탕으로 했다.

에멀린 팽크허스트는 1858년 영국 맨체스터에서 태어나 1928년에 생을 마감할 때까지 영국의 가장 격동적인 시기에 가장 격동적인 삶을 살았다. 그녀는 자유당원으로 시작해 노동당원이 되었다가 초당파적인 여성 조직을 만들었고, 보수당원으로 생을 마감한다. 그러나 그녀의 정치적 변신의 바탕에는 언제나 여성의 의제에 대한 깊은 관심이 놓여 있다. 이 책에 잘 드러나듯이 그녀는 빈민구호소 후원위원과 교육위원으로 활동하면서 가난한 여성들의 비참한 삶을 목격했고, 남성들이 만든 법이 그 여성들의 삶을 부당하게 억압하는 것을 보면서 여성 참정권의 필요성을 절실히 느꼈다. 또한 그녀는 진보적인 자유당이나 노동당의 남성 의원들에게 철저히 실망하면서 계급 불평등보다 성별 불평등을 더욱 근본적인 문제로 인식했다. 이런 인식을 바탕으로 여성 노동자부터 영국 왕족과 인도의 공주에 이르는, 계급과 인종을 망라한 여성 조직을 만든 것이다. 또한 평화롭고 합법적인 참정권 운동이 계속 실패하자, 그녀는 영국 역사상 최초로 전투적이고 투쟁적인 여성 운동을 이끌어 '얌전하고' '조신하며' '순종적인' 빅토리아조의 여성상을 산산조각 냈다.

이 책은 1차 세계대전이 발발하면서 에멀린 팽크허스트가 정부와의 전쟁에 휴전을 선언하는 것으로 끝을 맺고 있다. 그러나 참정권 운동을 중단한 후에도 에멀린 팽크허스트는 공적인 목소리를 내는 것을 멈추지 않았다. 그녀는 독일과의 전쟁에서 영국이 승리하게 하기 위해 온 힘을 기울이는 한편, 영국 내에서 남성 노동조합이 독점하고 있던 일자리에 여성이 진출할 수 있도록 노력했다. 이렇듯 전쟁을 도운 팽크허스트는 국민적 영웅으로 떠올랐다. 1917년에 그녀는 민간외교사절로서 독일과의 전쟁에서 물러서려는 러시아를 설득하러 러시아로 간다. 그곳에서 도탄에 빠진 민중과 불안정한 사회 환경을 보면서 그녀는 공산주의가 여성 노동자들에게 아무런 도움이 되지 않는다고 생각하며 공산주의와 볼셰비즘에 극심한 반감을 갖게 된다.

여성들이 전쟁 승리를 위해 헌신한 결과 여성 참정권에 우호적인 여론이 형성되었고, 전쟁이 끝난 후 다시 극렬한 참정권 운동이 재개될까 봐 두려웠던 영국 정부는 결국 1918년 21세 이상의 모든 남성과 일정 자격을 갖춘 850만 명가량의 30세 이상 여성에게 참정권을 부여했다. 이로써 1903년부터 활동해온 여성사회정치연합의 목표는 일부나마 달성되었다. 전쟁 후에 팽크허스트는 딸 크리스타벨과 함께 여성당(the Women's Party)을 만들어 남녀 동일 임금, 평등한 결혼법, 동등한 이혼 조건, 부모로서의 동등한 권리, 동등한 취업 기회 등을 위해 애썼으나, 여성당은 별다른 결과를 내지 못하고 이내 사그라진다. 1926년에 에멀린 팽크허스트는 보수당이야말로 대영제국을 수호하고, 민주주의를 지지하고, 여성을 위한 정의를 시행하며, 공산주의에 저항할 수 있는 정부라고 믿으면서 보수당에 가입한다. 그러고 나서 1928년에는 보수당 국회의원 후보로 나선다. 그러나 투옥 경험과 단식 투쟁을 비롯한 오랜 기간의 불안정한 생활과 가정 불화로 인한 심리적 타격 등으로 건강이 크게 악화되어 1928년 6월 14일에 69세의 나이로 숨진다. 이는 보수당 정부가 21세 이상의 모든 여성에게 참정권을 부여하기 불과 몇 주 전의 일이다.

1930년에 예전의 여성사회정치연합 회원들은 기금을 마련해 하원과 맞닿아 있는 빅토리아 타워 공원에 에멀린 팽크허스트의 동상을 세운다. 그녀가 끝없이 진입을 시도했지만 좌절되었던 하원 바로 앞에 그녀의 동상이 서게 된 것은 역사의 아이러니다. 동상 개막식에서는 에멀린 팽크허스트의 전투파 시절 그녀를 수없이 체포했던 런던 경찰의 악단이 음악을 연주했다. 당시 보수당 수상이었던 스탠리 볼드윈은 "팽크허스트 여사가 명예의 전당에 영원한 이름을 새겼다"고 연설했다. 실제로 1999년에 《타임》지는 그녀를 20세기의 가장 중요한 여성 인물 100명 중 한 명으로 선정하면서 그녀가 '우리 시대의 여성상'을 근본적으로 바꾸어놓았다고 선언했으며, 2002년 BBC는 그녀를 100명의 위대한 영국인 중 27위로 선정했다.

에멀린 팽크허스트는 우아하고 품위 있고 예의 바른 전형적인 빅토리아조의 숙녀였다. 그러나 가녀리고 자그마한 몸집의 그녀가 연단에만 서면 어마어마한 카리스마로 청중을 휘어잡았다. 이렇듯 위대한 웅변가이자 정치적 지략가로 국제적 명성을 드높인 그녀는 여성운동계의 잔 다르크나 나폴레옹으로 불리기도 했고, 프랑스혁명의 아버지인 장 자크 루소나 미국 흑인 인권 운동의 대부인 마틴 루서 킹에 비유되기도 했다. 다른 한편으로, 강력한 지도력과 단호한 카리스마를 지닌 그녀가 평등을 지향하는 민주적인 운동을 지나치게 독재적인 방식으로 이끌었다는 비판을 받기도 했다. 또한 남성이 지배하는 정당과 노동조합에 대항해 모든 계급의 여성을 망라하는 조직을 만들고도 노동계급 여성이 아니라 중상층 여성 위주로 운동을 이끌었다는 비판도 받았다. 한편 생애 후반기에는 영국 제국주의를 옹호해 후대 역사가들에게 냉대를 받기도 했다. 그러나 그녀에 대한 평가가 어떻게 이루어지든 그녀의 삶은 처음부터 끝까지 여성 문제와 사회 개혁이라는 대의에 일관되게 바쳐졌으며, 이를 위해 그녀가 자신의 건강과 경제적 안정을 비롯한 모든 개인적인 삶을 희생했다는 사실에는 변함이 없다. 그리고 그녀가 이끈 여성운동이 빅토리아조의 억압적인 여성상인 '가정의 천사'라는 이미지를 되돌릴 수 없을 만큼 산산이 부숴버리고, 모든 분야에서 남성과 어깨를 나란히 하는 새로운 여성상을 만드는 데 크게 기여한 점도 부정할 수 없는 사실이다.

폭군이 남성들에게 노예의 속박을 강요할 때 남성들이 가만히 있으면 비겁하거나 불명예스러운 것이지만, 여성들이 가만히 순종하는 것은 존경할 만한 것이라고 남성들은 주장한다. 서프러제트는 이런 도덕의 이중 기준을 절대적으로 거부한다. 만일 남성이 그들의 자유를 위해서 싸우는 것이 옳다면―역사가 시작된 이래로 남성들이 그들의 자유를 위해서 싸우지 않았더라면 인간이란 종족이 오늘날 어떻게 되었을지는 신만이 알 것이다―여성들이 자신의 자유와 그들이 낳은 아이들의 자유를 위해 싸우는 것은 정당하다. (347~348쪽)

에멀린 팽크허스트는 한평생 이런 믿음을 갖고, 남성을 위해 봉사만 하는 여성의 역할을 벗어나 공적, 정치적 권리를 위해 목숨을 걸고 투쟁하는 여성 운동을 이끌었다. 여성의 권리를 위한 헌신적인 노력으로 인해 에멀린 팽크허스트의 이름은 여성 운동의 역사에서 지워지지 않을 것이다.

2016년 1월

김진아, 권승혁

연보

1832년 지주 중심의 선거권을 중산층에 확대하는 1차 선거법개정(First Reform Act)이 이루어짐. 이때 여성의 유권자 자격은 공식적으로 배제됨.

1858년 7월 15일 영국 맨체스터에서 에멀린 팽크허스트 출생.

1867년 2차 선거법개정으로 도시 숙련공에게까지 남성 선거권이 확대됨.

1867년 리디아 베커(Lydia Becker)가 여성참정권협회(National Society for Women's Suffrage) 설립.

1878년 변호사 리처드 팽크허스트(Richard Pankhurst)와 결혼.

1884년 3차 선거법개정으로 남성의 선거권이 농민에게까지 확대됨.

1889년 여성선거권연맹(Women's Franchise League)이 창립됨.

1894년 재산을 가진 여성에게 지방선거 투표권을 부여하는 지방정부법(Local Government Act) 제정.

1897년 전국여성참정권협회(National Union of Women's Suffrage Societies; NUWSS)가 설립됨.

1898년 남편 리처드 팽크허스트 사망.

1900년 맨체스터 교육위원회의 유일한 여성 위원이 됨.

1903년 여성사회정치연맹(Women's Social and Political Union; WSPU)을 설립함.

1904년 여성사회정치연맹이 전투적 전략을 채택함.

1908년 애스퀴스 수상에게 결의안을 전달하려다 금고 6주형을 선고받음.

1909년 투옥된 서프러제트 운동가들이 단식 투쟁을 시작했고, 강제 음식물

투여가 고안됨.

1910년 가두시위를 벌인 여성들을 경찰이 잔인하게 진압한 '암흑의 금요일' (Black Friday) 사건 발생.

1911년 둘째딸 실비아 팽크허스트의 저서 『서프러제트: 전투적 여성 참정 권 운동의 역사』(The Suffragette: The History of the Women's Militant Suffrage Movement)가 출간됨.

1912년 유리창 깨기, 방화, 가두시위 등의 행위로 12차례 체포되었다가 풀 려나기를 반복함.

1913년 단식 투쟁 수감자를 석방했다가 건강이 회복되면 다시 체포하는 고 양이와쥐법(Cat and Mouse Act)이 제정됨.

1913년 여성사회정치연합 활동가 에밀리 와일딩 데이비슨(Emily Wilding Davison)이 엡섬의 더비 경마장에 뛰어들어 사망함.

1914년 1차 세계대전 발발로 서프러제트 운동이 중단됨.

1918년 21세 이상의 남성과 30세 이상의 여성에게 투표권을 부여하고 남 성 선거권의 재산 소유 관련 조항을 삭제하는 국민대표법(Repre- sentation of the People Act)과 여성의 의회 피선거권을 허용하는 여성자격법(Eligibility of Woman Act)이 제정됨.

1928년 6월 14일 69세의 나이로 에멀린 팽크허스트 사망.

1928년 21세 이상의 모든 여성에게 투표권을 부여하는 국민평등선거권 (Representation of the People Act)이 제정됨.

1959년 첫째딸 크리스타벨 팽크허스트의 저서 『해방: 투표권을 얻기까지』 (Unshackled: The Story of How We Won the Vote)가 출간됨.

에멀린 팽크허스트 Emmeline Pankhurst

영국의 여성 참정권 운동을 이끈 시민운동가. 1858년 맨체스터의 급진주의자 가정에서 태어났고, 여성 참정권 운동을 지지하는 변호사 리처드 팽크허스트를 남편으로 맞아들였으며, 세 딸과 함께 참정권 운동에 투신했다. 여성으로서 공적 능력을 증명해 보이라는 자유당의 요구에 따라 빈민구제위원회, 교육위원회 등 지자체에서 봉직하는 동안 남자들이 만든 세상의 비참함과 불행을 아프게 확인했고, 여성의 정치적 현실을 더욱 절감했다. 1903년에 여성사회정치연합WSPU을 설립해 어느 정당에도 의지하지 않는 독자적인 운동을 펼치기 시작하며 '서프러제트'라는 명칭을 얻었다. 팽크허스트가 진두지휘한 서프러제트는 가두시위와 날 선 연설, 유리창 깨기, 방화, 단식 투쟁을 서슴지 않았고 구타, 체포, 투옥, 고문에도 움츠리지 않았다. 1918년 30세 이상의 영국 여성이 투표를 할 수 있게 되었고, 1928년 팽크허스트 사망 직후, 영국 정부는 투표권을 21세 이상의 모든 여성에게 확대했다.

옮긴이 김진아 · 권승혁

두 사람은 고려대학교 영문학과를 졸업했고, 동대학원에서 석사학위를, 미국 뉴욕주립대학교에서 박사학위를 받았다. 김진아는 영국 여성 소설가 제인 오스틴과 마리아 에지워스를 연구했고, 현재 충북대학교 영어영문학과 교수로 재직 중이다. 권승혁은 대표적 현대 영미시인인 T. S. 엘리엇과 에즈라 파운드를 연구했고, 현재 서울여자대학교 영어영문학과 교수로 재직 중이다. 함께 번역한 책으로 『작가란 무엇인가』 1, 2권이 있다.